Verein für Psychoanalytische Sozialarbeit (Hg.)
Vom Entstehen analytischer Räume

# *Vom Entstehen analytischer Räume*

Dokumentation der 9. Fachtagung des Vereins für Psychoanalytische Sozialarbeit im November 1998 in Rottenburg

Herausgeber:
Verein für Psychoanalytische Sozialarbeit
Rottenburg und Tübingen

edition diskord

Die Deutsche Bibliothek – CIP-Einheitsaufnahme

**Verein für Psychoanalytische Sozialarbeit:**
Dokumentation der ... Fachtagung des Vereins für Psychoanalytische Sozialarbeit ... - Tübingen : Ed. diskord.

9. Vom Entstehen analytischer Räume. - 1999

**Vom Entstehen analytischer Räume** : im November 1998 in Rottenburg / Hrsg.: Verein für Psychoanalytische Sozialarbeit Rottenburg und Tübingen. - Tübingen ; Ed. diskord, 1999
(Dokumentation der ... Fachtagung des Vereins für Psychoanalytische Sozialarbeit ... ; 9)
ISBN 3-89295-670-7


Computer-Satz: Alexa Much, Tübingen
Druck: Fuldaer Verlagsanstalt
ISBN 3-89295-670-7

# Inhalt

# Vorwort der Herausgeber

In diesem Band legen wir die Beiträge unserer 9. Fachtagung vom 6. bis 8. November 1998 in Rottenburg vor, um sie einer breiteren Öffentlichkeit zugänglich zu machen.

Das Sujet dieser Tagung: „Vom Entstehen analytischer Räume in der Psychoanalytischen Sozialarbeit“ ist sicherlich ein sehr anspruchsvolles. Dennoch – oder deshalb? – erfreute sich die Tagung eines regen Zuspruchs und engagierter Beteiligung der Teilnehmer.

Warum haben wir ein so komplexes Sujet gewählt? Dieses Sujet stellt einen weiteren Versuch dar, das Spezifische der Arbeit, die wir „Psychoanalytische Sozialarbeit“ nennen, dem Nachdenken zugänglich zu machen. „Psychoanalytische Sozialarbeit“ siedelt sich nach unserem Verständnis immer im Spannungsfeld zwischen Psychoanalyse und Sozialarbeit, zwischen Pädagogik und Psychotherapie bzw. Psychiatrie an und zwar insbesondere dort, wo ein einseitig pädagogischer, sozialarbeiterischer, psychiatrischer, psychotherapeutischer oder gar psychoanalytischer Zugang im strengen Sinne bei Menschen mit psychisch motivierten Lebensschwierigkeiten nicht möglich erscheint. Dieses Spannungsfeld wird in der Psychoanalytischen Sozialarbeit nicht im Sinne eines additiven Nebeneinander oder Nacheinander der oben skizzierten, unterschiedlichen Zugänge erschlossen, sondern in einem je spezifischen, in jedem einzelnen Fall neu zu erfindenden Setting. Die Erfindung eines individuellen Settings soll einen intersubjektiven Begegnungsraum eröffnen, in dem dann psychoanalytische Prozesse der Auflösung fixierter psychischer Konstrukte und neue Spielräume des Denkens und Verhaltens stattfinden können. Der Begriff des Settings bezeichnet hier zunächst konkrete, im Außen der sozialen Realität wahrnehmbare Hilfsangebote, Setzungen und Bestimmungen. Diese zielen aber auf das Entstehen innerer, intrapsychischer und intersubjektiver Räume, eben analytischer Räume. Was darunter verstanden werden kann, wollen wir an dieser Stelle nicht zusammenfassend referieren, es vielmehr der Offenheit und Unterschiedlichkeit der Stimmen, der theoretischen Hintergründe und der praktischen Erfahrungen der Autoren überlassen.

Daß Psychoanalytische Sozialarbeit nicht nur in Institutionen geleistet wird, die ihre Arbeit unter diesem Namen beschreiben, zeigt der sehr unterschiedliche regionale, institutionelle und berufliche Hintergrund der Autoren. Wir haben uns entschieden, die Reihenfolge der Texte in diesem Band sehr eng an die Dramaturgie unserer Tagung anzulehnen. Daraus ergibt sich eine deutliche Zentrierung der Zugänge zum Tagungsthema über die Reflexion klinischer Einzelfälle: Nach den einleitenden Überlegungen zum Tagungsthema von Olaf Schmidt folgen im Wechsel zwischen Beiträgen von Gastreferenten – Joachim F. Danckwardt, Annemarie Hamad, Michael Kögler, Eva Busch und Karoline Winkler – und von Mitarbeitern des Vereins für Psychoanalytische Sozialarbeit – Horst Nonnenmann und Martin Feuling, Christof Krüger, Frank Grohmann, Ingrid Pertramer und Reinhold Wolf – mehrere Fallgeschichten und theoretische Reflexionen dazu. Anzumerken ist, daß die Texte von Eva Busch und Karoline Winkler, Frank Grohmann und von Ingrid Pertramer und Reinhold Wolf aus Seminarbeiträgen hervorgegangen sind, also nicht als Vorträge vor dem Tagungsplenum vorgetragen wurden.

An diese fallzentrierten Beiträge schließen sich die Texte von Georg Bruns, Johan de Groef, Heinfried Duncker und Irmgard Salzmann an, die breiter angelegte Zugänge zum Tagungsthema erschließen: Diese Texte widmen sich vor allem auch der eminent wichtigen Frage politischer und sozialer Zusammenhänge und Voraussetzungen, unter denen analytische Räume entstehen können. Teilweise wurden auch diese Texte in Seminaren (Heinfried Duncker) vorgetragen bzw. entstanden in nachträglicher Reflexion auf die Tagung (Irmgard Salzmann und Georg Bruns).

Die aktuelle sozialpolitische Lage mit all ihren Problemen und Spannungen – Mittelkürzungen, Operationalisierungs- und Effektivierungstendenzen im Bereich der Medizin wie der Sozialarbeit (Jugendhilfe und Sozialhilfe) – bildet auch den Hintergrund unserer Entscheidung, das zwanzigjährige Bestehen und Arbeiten des Vereins für Psychoanalytische Sozialarbeit e.V. in Rottenburg und Tübingen nicht einfach nur zu feiern, sondern zum Anlaß kritischer Reflexion und Selbstreflexion zu nehmen. Der abschließende Text von Ingrid Allerdings und Joachim Staigle ist ein Versuch, die Entstehungs- und Entwicklungsgeschichte des Vereins, seine aktuelle Lage und seine institutionelle Verfassung darzustellen und zu reflektieren. Besonders der Aspekt der institutionellen Verfassung des Vereins erscheint uns bedeutsam, weil wir der Überzeugung sind, daß Psychoanalytische Sozialarbeit nicht unter allen denkbaren Rahmenbedingungen gleich gut und kreativ gemacht werden kann.

Wir danken Frau und Herrn Kimmerle für ihre Hilfe bei der Herausgabe unseres nunmehr sechsten Buches in der edition diskord. Vor allem aber danken wir unserer Kollegin Alexa Much, die die technische Herstellung dieses Buches bis hin zum druckfertigen Satz alleine bewältigt hat. Jeder, der schon einmal ein Buch herausgegeben hat, weiß, wieviel Mühe, Sachverstand und Arbeit das bedeutet.

*Olaf Schmidt*

# Anfängliche Umschreibungen des Tagungsthemas – in Gedanken-Strichen – [1]

„Jede Analyse ist ein singuläres Ereignis, eine Begegnung. Eine einzigartige Begegnung wie es die Liebeserfahrungen immer sind, was einen nicht daran hindern muß, davon eine gewisse Anzahl in seinem Leben gemacht zu haben."

Lucien Israël

## Ein-Satz zum Anfangen

Wer fängt an? Irgend jemand *muß* einen Anfang machen, das Spiel beginnen, etwas setzen, einen Einsatz wagen. Und dieser *Irgend*jemand muß *ein bestimmter* Jemand sein, der sich an der Stelle des bis dahin Unbestimmten einsetzt. Das Spiel verlangt nach einem Subjekt, das sich der Notwendigkeit des Sagens verantwortlich aussetzt und sich durch seinen ersten 'Satz' auf *seine* bestimmte Weise riskiert. Selbst auf die Gefahr hin, vom eigenen Sprechen überrascht zu werden und sich oder etwas von sich im Spiel zu verlieren. Und sei es sein 'Image' oder seinen 'Namen'. Ist der Einsatz erst einmal im Spiel, kann – einmal gesetzt – nichts von ihm zurückgenommen werden. Rien ne va plus. Und (fast) alles scheint möglich. Selbst ein einsetzendes Schweigen würde etwas setzen, bildet eine These, ein Thema, einen Ausgangspunkt – wäre ein 'Sagen', wenn auch ohne Worte. Unsicher ist nun, ob und wie es beim anderen ankommen wird. Und ich weiß auch nicht im voraus, was kommen wird, was der andere damit anfangen wird und ob sich etwas fortsetzen läßt. Und trotzdem: einer muß anfangen. Jemand wird angefangen haben.

„Vom Entstehen analytischer Räume." – Unter diesem Titel, dieser Über-Schrift, haben wir Sie – in Abweichung von früheren Tagungen, bezeichnenderweise ohne stützenden Untertitel – zu dieser 9. öffentlichen Fachtagung des Vereins für Psychoanalytische Sozialarbeit eingeladen. Entstehen die Tagungsthemen jeweils auch aus den spezifischen Kontexten unserer Praxis – der ambulanten und stationären Arbeit mit (schwerpunktmäßig) autistischen und psychotischen Kindern, Jugendlichen und jungen Erwachsenen – so leben die Tagungen doch davon, daß sich, bei allen möglichen Differenzen, ähnliche Probleme und Fragen auch anderswo stellen.

Was ist ein 'Analytischer Raum'? Was meinen wir, wenn wir vom 'Entstehen analytischer Räume' sprechen? Worum soll es hier gehen? Als Gastgeber sind wir ein Stück weit in der Pflicht, einen Anfang mit unserer eigenen Vor-Gabe zu wagen.

Als ich sagte, ich könne mir vorstellen, ein paar allgemeine „Einleitende Gedanken" zum Thema zu formulieren, war mir noch nicht klar, daß ich in Gedanken etwas zu leicht-fertig war. Ich dachte, mir würde schon irgend etwas einfallen. Wenn ich auch nicht voraus-sagen und vorweg-nehmen konnte, was nach mir erst noch gesagt werden und was jeder von sich ins Spiel bringen würde, so setzte ich darauf, mich zumindest auf die Wieder-Gabe des bis dahin Gesagten und Geschriebenen stützen zu können. Neben dem, daß ich auch hierbei auf unerwartete Schwierigkeiten stieß, kamen mir noch ganz andere Fragen. So fragte ich mich nicht nur, *was* ich sagen könnte. Dies schien mir noch aus-denkbar. Etwas weniger sicher war ich mir bei der Frage, *wie*, in welchem *Stil*, in welcher *Form* ich es denn würde sagen sollen und können. Am wenigsten schien ich mich darauf vorbereiten zu können, in welchem *Ton*, mit welcher *Stimme* ich denn sprechen würde, und ob sie Ihnen vielleicht mehr bedeuten würde, als ich eigentlich hätte sagen wollen. Aber nicht nur ich hatte Schwierigkeiten, einen Zugang zum Thema zu finden und das Subjekt der Tagung näher zu bestimmen.

Der 'Analytische Raum' – das ist ein weites Feld, Psycho-Anna-Luise, hätte ein Fontaner Einfall unserer frei-schwäbischen Aufmerksamkeit sein können. Ein zufällig vorbeigehender zen-buddhistisch angehauchter Maler hätte sich dieses *weite* Feld vielleicht als ein *weißes* Feld ausgemalt und es als blanke Leere bezeichnet, als großes Nix. In unserer Einladung zur Tagung ist von diesem Nix nur noch – schwarz auf weiß – ein Schnörkel in der Form eines Buchstabens übriggeblieben: ein X. So oder ähnlich hätte – verdichtet – zumindest *ein* vorläufiges Ergebnisprotokoll unser Tagungsvorbereitungen aussehen können. Vermeinten wir, in dem Begriff des 'Analytischen Raumes' vielleicht schon eine erste Antwort auf unsere offenen Fragen nach der Ausrichtung in unserer Arbeit gefunden zu haben, so zeigte sich bald, daß er zunächst einmal als das Etikett eines Aufhängers für diese fungierte. Bei all der Versuchung, bei diesem X als einer schönen, mysteriösen Unbekannten stehen zu bleiben und es, im Sinne einer X-beliebigkeit oder geheimnisvollen 'großartigen Unbestimmtheit', für *alles* Mögliche und Unmögliche offen zu lassen, haben wir doch versucht, wenn das X nicht gänzlich zu bestimmen, so doch ihm etwas näher zu kommen und es zu umschreiben. Markiert das X zunächst ein Manko und verweist darauf, daß etwas an seinem Platz fehlt, so hält es, sofern man es nicht sofort wieder durch etwas anderes ersetzt, als Platzhalter diese Leerstelle offen und läßt *mehrere* mögliche Besetzungen und 'Einsätze' zu.

Teils in mehr theoretischen Zugängen, teils von der Praxis her – auf der gemeinsamen, verbindenden Suche nach dem, was keiner von uns weiß, – versuchten wir uns nicht nur an der *Arbeit an einem (definierten) Begriff* des 'Analytischen Raumes', sondern ließen uns auch vom *(in-finiten) Spiel der Metapher* – der Metaphorik des 'Raumes' im weitestens Sinne – leiten und gleiten. Liegt ein 'Vorteil' im Spiel mit Metaphern darin, eine Nähe zur Alltagssprache und zur Anschaulichkeit zu bewahren (und hierin – vermeintlich – einen unmittelbareren, weniger 'abstrakt'-theoretischen Zugang zur 'konkreten' Praxis zu schaffen), so besteht hierin doch auch gleichsam die Versuchung und die potentielle Gefahr, sie zu 'wörtlich' zu nehmen und unvermittelt 'anwenden' zu wollen und in den gleichen Konkretismus zu verfallen, den wir in unserer Arbeit in den Begegnungen mit den autistischen und psychotischen Menschen erleben. Werden hierdurch nicht nur die Differenzen zwischen Theorie und Praxis, zwischen Denken und Sein schnell vergessen gemacht, so droht auch, daß die Metaphorik ihren *metaphorischen* Charakter einbüßt und der Spiel-Raum des Metaphorisierens verloren geht.

Die Metaphorik des Raumes (die sich zudem auch in der Übertragung auf Vorstellungen und Darstellungen von *Zeit*erfahrungen wiederfinden läßt) durchzieht nicht nur unsere Alltagssprache, sondern in einem großen Maße auch die psychoanalytischen Theorie- und Konzeptbildungen. Nicht nur die beiden Freudschen Topiken von den Systemen (Bewußt, Vorbewußt, Unbewußt) als 'Orten' des Gedächtnisses und den psychischen Instanzen (des Ich, Es und Über-Ich, samt seiner weitergehenden Differenzierungen), auch die Lacansche Topologie des Subjekts mit seiner Unterscheidung der Register des Symbolischen, des Imaginären und des Realen und sein Modell des 'borromäischen Knotens' arbeiten oder spielen mit dieser Metaphorik. Auch für unsere Arbeit so bedeutsame Konzepte wie Winnicotts 'haltende Umwelt' oder Bions Modell des Container-Contained und des Containment (und insgesamt die Kleinianische Vorstellung vom psychischen Raum als 'Behältnis' innerer Objekte, ihre Aufteilung zwischen 'Drinnen' und 'Draußen') implizieren und evozieren die Metaphorik des Raumes und bilden fast schon einen Gemeinplatz in der psychoanalytischen Theorie. Ohne sich prinzipiell gegenseitig auszuschließen, gehen sie doch von unterschiedlichen Perspektiven aus. Manche Modelle versuchen die Bildung, Konstituierung und Differenzierung von inner-/intrapsychischen Räumen und Orten zu beschreiben, manche Konzepte setzen mehr an der Beschreibung des intersubjektiven Begegnungsraumes zwischen den Subjekten an. Schon auf früheren Tagungen haben wir thematisiert, welche maßgebliche Bedeutung in unserer Arbeit einem Begriff wie zum Beispiel dem der 'Grenze' in der Konstituierung des Subjekts zukommt, wie durch die Konstruktion 'äußerer Orte' über Verinnerlichungsprozesse die Differenzierung und Ausbildung 'innerer Orte' und innerpsychischer Strukturen ermöglicht werden können, welche Rolle dabei der Rahmen, das Setting und die Übertragungs- und Gegenübertragungsprozesse spielen.[2]

Der Terminus des 'Analytischen Raumes' findet sich in der Literatur der analytischen Theorie verhältnismäßig selten oder wird auch uneindeutig verwendet. Stattdessen ist in allgemeiner Form z.B. vom 'Therapeutischen Raum', in spezifischer oder unspezifischer Weise auch vom 'Setting', vom 'Rahmen' und von der 'Analytischen Situation' die Rede. Als Hauptbezugspunkt und Paradigma dient zumeist die 'klassische' analytische Situation, das 'klassische' ambulante Setting. Freud selbst gebrauchte den Terminus des 'Analytischen Raumes' meines Wissens nicht. Häufiger und in spezifischerer Weise wird er dagegen bezeichnenderweise z.B. im Kontext der Kinderanalyse und im Zusammenhang der Klinik von 'Frühstörungen', Psychosen und Borderline-Störungen verwendet. Und hier oft in Anlehnung und in Rückgriff auf Winnicotts Konzept des 'potentiellen Raumes' ('potential space'), auf dessen praktische Umsetzung im sogenannten „Squiggle-Spiel" ich später noch kurz eingehen möchte. Dabei möchte ich vorwegschickend anmerken, daß – obwohl Winnicotts Konzept des 'potentiellen Raumes' für uns in der Vorbereitung eine Rolle gespielt hat –, er mir nicht deckungsgleich mit unserem Platzhalter-Begriff des 'Analytischen Raumes' scheint.

Auf zwei leichte Verschiebungen in unserem Tagungstitel möchte ich noch eingehen. So sprechen wir nicht vom 'Analytischen Raum', sondern in pluraler Form von analytischen Räumen. In vielleicht zu etwas konkretistischer Weise kommt doch darin nicht nur zum Ausdruck, daß wir uns nicht auf *einen* Begriff vom 'Analytischen Raum' (oder ein Thema) *einigen* konnten, sondern, bezogen auf unsere alltägliche Praxis, daß wir es auch im 'konkreten Außen' mit einer Vielheit verschiedener Orte zu tun haben. Stichwort: Mehrpersonensetting. *Wo* (und wann) sich Veränderungen, *sofern* sie stattfinden, abspielen, können wir nur schwer lokalisieren. Zumindest läßt sich dieser Ort nicht eindeutig eingrenzen. Und oft haben an mehreren Orten zugleich Veränderungen eine Stätte – oder auch nur an einem von den vielen. Die Situationen, die dem 'klassischen' analytischen Setting vielleicht ihrem Anschein nach noch am nächsten kommen, unterscheiden sich nicht nur in sich schon in großem Maße von der klassischen analytischen Situation, die psychoanalytisch ausgerichteten Einzelstunden im Zweipersonensetting bilden zudem 'nur' *ein* Moment im Gesamtsetting.

## [Der 'analytische Raum' als 'potentieller Raum' bei Winnicott[3]]

## Auf Umwegen

Noch eine allgemeine Anmerkung, die einerseits den Kontext der Schwierigkeit mit unserem X berührt als auch die Frage der 'Anwendung' psychoanalytischer Theorien und Konzepte aufwirft: In allgemeiner Form könnte die Frage, die unsere Tagungen immer wiederkehrend begleitet, lauten: Wie kann – mit den Erfahrungen der Psychoanalyse – im sozialen Feld ein Boden für Menschen, die nicht – oder 'noch nicht' – im Bereich der ambulanten 'klassischen' Niederlassungen der Analyse und Psychotherapie einen Ort, eine 'Stätte' finden können, fruchtbar gemacht werden. Allein, dieses Anliegen berührt nicht nur das sogenannte Problem der Indikation und Gegenindikation und Zuständigkeit, sondern wirft auch Fragen nach den inneren Schranken und den äußersten Grenzen, der 'Reichweite' der Psychoanalyse selbst auf.[4]

Mit der Ausweitung der Psychoanalyse auf andere Gebiete der Theorie und Praxis spricht man hier oft von Formen der 'angewandten' Psychoanalyse. In der Idee einer 'Anwendung' der psychoanalytischen Technik, Methode und Theorie liegt zumindest die Suggestion nahe, die Psychoanalyse sei – losgelöst von ihrem 'Anwender' – möglich als eine 'neutrale' Methode und Technik im Sinne eines Mittels zur Erreichung bestimmter vorgegebener Ziele. Spart dieses Verständnis zwar nicht zwangsläufig die ethische Dimension der Psychoanalyse aus, so übersieht sie doch die Notwendigkeit der *Deutung*.

Lassen sich die Elemente der klassischen analytischen Technik und der Rahmen der analytischen Situation nicht ohne weiteres auf andere Verhältnisse und Grundgegebenheiten übertragen, so erfordert es eine Deutung der Psychoanalyse selbst. So kann es aus der Ersetzung einzelner Elemente und der Verschiebung der Rahmenbedingungen nicht nur zu Unterschieden an einzelnen Punkten, sondern auch zu einer veränderten Gesamtkonstellation kommen, die andere Fragen aufwirft und einen anderen 'Einsatz' (aller Beteiligten) nötig macht. (Darüber hinaus stellt sich die Frage, ob und wieweit die Erfahrungen, die man in den jeweiligen 'Einzelfällen' macht, auf andere 'Einzelfälle' übertragbar sind, und/oder wieweit nicht für jede neue singuläre Begegnung eine eigene Sprachweise und 'Technik' gefunden und erfunden werden muß.)

## Zwei leitende Fäden

Nachdem ich einige wenige mögliche Zugänge zum X dieser Tagung anzudeuten versucht habe, möchte ich nun zwei persönliche Fäden, die mich in der Ausarbeitung dieser Einleitung innerlich durchs Labyrinth der Gedankengänge und gedanklichen Streifzüge geleitet haben, nicht verschweigen. In gewissem Sinne überschneiden sich diese Gedankenstränge und bilden in ihrer Verflechtung ein Fadenkreuz, einen Chiasmus, ein weiteres X.

In den Schwierigkeiten, einen Zugang zum Tagungsthema über den Titel zu finden, entdeckte ich eine weitgehende, wenn auch entfernte Analogie zu den Schwierigkeiten und Fragen in der Arbeit. Als Brücke diente mir das sicherlich vielen bekannte sogenannte „Squiggle-game" (Schnörkelspiel) von Winnicott.[5] Winnicott nahm es als Versuch, mit Kindern, die (noch) nicht spielen können, in einen ersten Kontakt zu treten und ins Gespräch zu kommen. Bei allen Variationen möchte ich vereinfacht und grob umreißen, wie dieses Spielen vor sich geht. In der Regel begann Winnicott damit, das jeweilige Kind aufzufordern, mit einem Stift etwas, was ihm gerade einfällt, auf ein Blatt Papier zu zeichnen, besser: einen Schnörkel zu kritzeln. Das *Gekritzel* wird dann von Winnicott im Sinne einer *Figurierung* fortgesetzt. Dabei besagt eine Regel, daß derjenige, der etwas aus dem Gekritzel figuriert, ihm eine Form verleiht, die Aufgabe hat, etwas dazu zu sagen, es mit Worten zu *benennen*. Gelegentlich begleitete Winnicott dieses Spielen mit Deutungen. Nun wechseln die Positionen und der andere fängt an. Er kritzelt, reicht es an den anderen weiter, der wieder etwas mit dem Gekritzel des anderen anfangen soll und so weiter. Hin und Her. Pontalis sieht im squigglegame Winnicotts weniger eine allgemeine Technik als eine *Erfindung* (die nur für ihren Urheber fruchtbar ist) und beschreibt es folgendermaßen:

„'Ich fange an; jetzt bist du dran. Du kommst; ich bin dran.' Ja, aber nicht, um Punkte zu notieren, nicht damit der eine dem anderen sein Ich aufzwingt, um ihn auszuspielen und in die Enge zu treiben. Nein, cin Spiel, um gemeinsam herauszufinden, was wir nicht wissen. Vermischen, entmischen wir deins und meins. Tatsächlich lebt dieses Spiel, das das Gegenteil eines projektiven Tests ist, regelrecht von einer ganzen Konzeption des Austauschs – oder wenn man so will, der Zirkulation der 'Signifikanten' zwischen zwei Subjekten."[6]

Und Pontalis fügt an: „Schade, daß man das nicht erleben durfte – eine Partie squiggle mit Winnicott".

Ich möchte Winnicotts Squiggle-Spiel als eine mögliche Deutung der Psychoanalyse aufgreifen, mit der wiederum ich versucht habe, etwas anzufangen. In zweifacher Hinsicht: Bezogen auf die Schwierigkeit, mit dem X der Tagung – begriffen als ein erstes gedankliches 'Gekritzel' unsererseits – etwas anzufangen, es im Denken zu figurieren und in ein symbolisches Register einzutragen.

Für meine alltägliche Praxis bin ich, da ich es nicht unmittelbar anwenden kann, wiederum darauf angewiesen, es auf dem Umweg der Deutung für unsere Gegebenheiten und den jeweiligen Einzelfall zu übertragen. Ganz davon abgesehen, daß manche Kinder nicht oder nur wenig verbalisieren, so nimmt ihr Sprechen – seiner imaginären und symbolischen Bekleidung weitgehend beraubt – zuweilen sogar nackte, triebhafte Formen an und stellt so etwas wie verbales Ritzeln dar. Das Papier zerrissen, der Stift gegessen, findet die Möglichkeit der Winnicottschen Fassung des Squiggelns – noch bevor es richtig begonnen hat – ein vorzeitiges, kurz-schlüssiges Ende. So bildet nicht selten der Körper des einen und/oder des anderen die Unterlage und den Stil auf dem etwas – in der Art eines Action- und Body-Paintings – eingeschrieben wird. Dies erfordert von unserer Seite her auch nicht selten etwas anderes von uns, einen anderen Einsatz. Der Einsatz geht über den Einsatz des Sprechens und über den Austausch von Worten hinaus. Oder, wenn man so will: bleibt hinter ihm zurück. Weitere Analogien können Sie sich vielleicht – ausgehend von Ihren eigenen Erfahrungen – selbst ausmalen.

Den zweiten Leitfaden für mich bildete ein Text von Franz Rosenzweig, einem jüdischen Philosophen. Hierin versucht Rosenzweig, zwei Formen des Denkens voneinander abzuheben: ein „altes" von einem „neuen" Denken, ein „denkendes Denken" von einem „Sprachdenken". Während das alte Denken „zeitlos ist und sein will", „mit einem Schlag tausend Verbindungen schlagen" will und „das Letzte, das Ziel ... ihm das Erste" ist, ist das neue Denken „zeitgebunden, zeitgenährt", „es weiß nicht im voraus, wo es herauskommen wird; es läßt sich seine Stichworte vom andern geben", so „wie es überhaupt vom Leben des anderen lebt. Während das denkende Denken immer einsam ist, ... der andre mir nur die Einwände macht, die ich mir eigentlich selbst machen müßte, – worauf ja die Langweiligkeit der meisten ... Dialoge ... beruht", geschieht „im wirklichen Gespräch ... eben etwas; ich weiß nicht vorher, was mir der andre sagen wird, weil ich nämlich auch noch nicht einmal weiß, was ich selber sagen werde; ja vielleicht noch nicht einmal, daß ich überhaupt etwas sagen werde; es könnte ja sein, daß der andre anfängt, ja es wird im echten Gespräch meist so sein; ... Der Denker weiß ja eben seine Gedanken im voraus; daß er sie 'ausspricht', ist nur eine Konzession an die Mangelhaftigkeit unsrer, wie er es nennt, Verständigungsmittel; die nicht darin besteht, daß wir Sprache, sondern darin, daß wir Zeit brauchen. Zeit brauchen heißt: nichts vorwegnehmen können, alles abwarten müssen, mit dem Eigenen vom andern abhängen. ... der Unterschied zwischen altem und neuem ... Denken liegt nicht in laut und leise, sondern im Bedürfen des andern und, was dasselbe ist, im Ernstnehmen der Zeit: denken heißt hier für niemanden denken und zu niemanden sprechen (wobei man für niemanden, wenn einem das lieblicher klingt, auch alle, die berühmte 'Allgemeinheit', setzen kann), sprechen aber heißt zu jemandem sprechen und für jemanden denken; und dieser Jemand ist immer ein ganz bestimmter Jemand und hat nicht bloß Ohren wie die Allgemeinheit, sondern auch einen Mund".[7]

In diesem Sinne möchte ich zum Schluß meiner allgemeinen Einleitung – begriffen als (m)ein erstes 'Gekritzel' in gedanklichen Streifzügen –, doch noch eine Szene aus meiner Arbeit vorstellen, die ich ursprünglich für unser Seminar[8] vorgesehen hatte. Und ich hoffe, daß Sie – auf dem Hintergrund dessen, was ich ihr vorausgeschickt habe – auch ohne weiteren Kommentar etwas mit ihr 'anfangen' können.

Haben wir im Tagungstitel vom '*Entstehen* analytischer Räume' gesprochen, so verweist dieses Wort in einem ersten Sinne darauf, daß etwas noch nicht besteht, noch nicht ist, noch nicht als Voraussetzung im Sinne einer notwendigen Bedingung eines anderen gegeben ist. In diesem Wort klingt aber auch das Prozeßhafte eines Prozesses selbst an, das Werden und Ereignishafte der Bewegung selbst. Ereignis in dem Sinne von: es ereignet sich, es passiert mir, es läuft gerade eben an mir vorbei, ich bin gerade im Begriff dies zu tun. So gibt es neben der Frage: wie können wir bewußt etwas herstellen, das dazu beiträgt, Veränderungen zu ermöglichen, eine Platt-Form, eine Matrix für ein Ereignis zu schaffen, den Wunsch, etwas von dem augenblickhaften Moment des Entstehens, dem 'Jetzt' selbst – und sei es in der berühmten Freudschen 'Nachträglichkeit' – zu erfahren, etwas zu erhaschen „Vom *Entstehen* analytischer Räume".

In diesem Sinne kann mein Beitrag als *Versuch* gelesen werden, die Aufmerksamkeit auf das Prozeßhafte (das 'Entstehen' von Veränderungen) in der Arbeit – sowohl im Reflektieren und Konzeptualisieren als auch in den konkreten Begegnungen im Alltag – zu lenken und dabei die Frage nach dem jeweiligen 'Einsatz' des Subjekts in der Zeit hervorzuheben. Dabei scheint mir in der Arbeit mit unserer spezifischen Klientel in einem verstärkten Maße ein Einsatz und ein Wagnis vonnöten, etwas von seinem subjektiven 'Sein' einzusetzen, wobei man im vorhinein nicht weiß, ob und was dabei 'herauskommen' wird. In diesem Zusammenhang hat mich besonders die Frage interessiert, wo und in welchem Maße es möglich ist, von dem auszugehen, was vom anderen 'gegeben' und 'voraus-gesetzt' ist – der 'Tendenz des Materials' zu folgen –, und wo es nötig ist, etwas entgegen-zu-setzen, um überhaupt so etwas wie einen ersten Anhaltspunkt in der Begegnung zu schaffen.

## Es war einmal in ... *Amerika*. – Oder: In 80 Worten um die Welt

> „Die Sprache wird durch das ermöglicht, was die Töne von den Körpern trennt und sie in Sätzen organisiert, sowie für die Ausdrucksfunktion freisetzt. Es ist stets ein Mund, der spricht; doch der Laut ist nicht länger das Geräusch eines essenden Körpers, reine Oralität, er wird zur Manifestation eines sich ausdrückenden Subjekts."
>
> Gilles Deleuze

Im folgenden möchte ich eine kurze Szene aus einem alltäglichen Abendessen im Heim schildern, bei der es in der Begegnung mit Janina – im wahrsten Sinne des Wortes – 'um die Wurst' geht. Janina ist dreizehn Jahre alt und kam – mit der Diagnose eines frühkindlichen Autismus und nach akut-psychotischer Dekompensation – vor zwei Jahren zu uns ins Therapeutische Heim. Am Essenstisch sitzen – neben Janina und mir – noch die anderen Kinder und Jugendlichen des Heims und eine Kollegin.

*Amerika* – Das ist das Wort, was Janina – auf unsere Frage, ob sie noch etwas essen will – in den Raum stellt. – *Amerika.*

Janina hat schon etwas gegessen. Sie sitzt etwas unruhig vor ihrem Teller, sagt aber nichts. Sie sucht auch nicht unseren Blick. Und doch haben wir irgendwie das Gefühl, daß sie durchaus noch gerne etwas essen würde. „Möchtest Du noch etwas essen, Janina?" – *Amerika.* – Nicht im entferntesten können wir ihre Äußerung in Verbindung mit unserer Frage bringen. Wir sind uns nicht einmal sicher, ob sie uns damit eine Antwort geben will. Auch eine Bekundung ihres Hungers können wir nicht darin entdecken. Wir fragen sie noch einmal: „Hast Du noch Hunger?" Sie sagt weder „ja" noch „nein", sieht uns nach wie vor nicht an und gibt uns auch sonst kein

Zeichen, aus dem wir irgend etwas entnehmen könnten. Unvermittelt wiederholt sie nur – *Amerika.*

Janinas Eßgewohnheiten schwankten zeitweise zwischen Extremen. Eine Zeitlang schien sie überhaupt nichts essen zu wollen. Oder sie aß förmlich *Nichts*, zermalmte in ihrer Mundhöhle knirschend statt der Nahrung zwischen ihren Zähnen ihre Zähne selbst und schluckte Luft hinunter. Eine andere Zeit aß sie gierig und konnte nicht genug bekommen.

Von Anfang an sah sie sich aber, wenn auch in unterschiedlicher Ausprägung, konfrontiert mit unserem Anspruch: sie solle doch *sagen*, was sie (von uns) will. Zu Beginn ihrer Zeit im Heim sah uns Janina zumeist nur mit weit offenen Augen – nichts sagend – an. Mit der Zeit entschlüpfte ihr ein magisches „Desda", ohne daß sie das, was sie wollte, genauer benannte oder uns zumindest einen hinweisenden Fingerzeig gab, welches Objekt sie mit dem „Desda" meinte. Mit der Zeit gelang es ihr, „Desda" zu sagen und es mit einer demonstrierenden Geste ihrer Hand zu verbinden, so daß wir besser erkennen konnten, was sie jeweils wollte. Heute ist Janina potentiell in der Lage, deutlich zu artikulieren, was sie möchte und was nicht. Und wir halten sie auch dazu an, daß sie dies in der Form eines Satzes tut, daß sie sowohl sich als Subjekt bezeichnet als auch die Dinge bei ihren konventionellen Namen nennt. Im 'Normalfall' gelingt ihr dies auch. Nicht so in dieser Szene.

*Amerika.* – Nicht einmal den Wink ihres „Desda" vernehmen wir. Wir können nur *vermuten, daß* sie vielleicht noch etwas möchte. Wir können auch nur *spekulieren*, daß sie vielleicht noch einmal etwas *von dem Wurstsalat* möchte, der neben anderen Sachen auf dem Tisch steht. Ich überlege, ob ich, statt sie nach *ihrem Hunger* zu fragen, ihr eine Brücke baue, und ihr statt dessen – wie so manches Mal zuvor – *das Objekt* selbst näher bringe, indem ich es ihr – durch unsere fragenden Worte: „Möchtest Du noch Wurstsalat?" – fast schon in den Mund lege. Ich zögere.

Und – während ich noch zögere – wieder, nun schon abgelöst von unserer Frage: *A-me-ri-ka.* Nun fängt Janina an, dieses Wort regelrecht zu zerkauen und genießerisch auf der Zunge zergehen zu lassen, so daß sich das Wort selbst allmählich aufzulösen scheint. Vermeinen *wir* zunächst noch in der rhythmischen Aufeinanderfolge der einzelnen Silben einen Bezug zum Wort und zumindest noch die Spur einer damit verbundenen Vorstellung und Bedeutung entdekken zu können, so verflüchtigt sich allmählich auch dieser Zusammenhang. Ihr 'Amerika' wirkt wie ein lawinenartig losgetretener erratischer Wort-Brocken, der, einmal ins Rollen geraten, zunehmend nicht nur an Geschwindigkeit gewinnt, sondern auch allmählich mit Wucht in kleine Stücke zerfällt. Und damit einhergehend: Janina selbst. Von den Silben des Wortes bleiben als Rest nur noch Wortfetzen. Selbst die Buchstaben scheinen sich durch das Wiederkäuen noch einmal enzymhaft zu zersetzen, so daß nur noch der Klang von Janinas Stimme den Raum ausfüllt. Ins eigene Sprechen rauschähnlich versunken, nichts anderes mehr hörend, wird Janina, gefesselt an und von ihrer eigenen Stimme von ihrem Redefluß mitgerissen, weggespült und fortgetragen.

Wir nehmen noch einmal einen Anlauf und suchen, bevor *uns* die Luft ausgeht, verzweifelt nach einem Strohhalm. Wir erinnern uns, daß sie gerne Amerika-ner mag, d.h. sie gerne ißt. Obwohl auf dem Abendbrottisch keine Amerikaner stehen, erlauben wir uns die Frage, ob sie vielleicht einen Amerikaner möchte. Keine Antwort. Dort, wo sie gerade ist, scheint sie uns nicht mehr zu hören. Stattdessen ihr stetig wiederkehrendes und zunehmend erregteres: *A-me-ri-ka*. Wir scheinen nicht mehr die gleichen Welten zu bewohnen, keinen gemeinsamen Raum mehr zu teilen, ja nicht einmal mehr uns in der Nähe voneinander zu bewegen. Uns trennt eine Kluft atlantischen Ausmaßes. Janina wirkt von uns, wie von sich selbst, – und sei es dadurch, daß sie *zu sehr in ihrem* Hunger steht – inzwischen wirklich so weit weg wie Rottenburg von dem besagten Land der unbegrenzten Möglichkeiten. Alles scheint möglich. Und nichts geht mehr – zumindest nicht hier am Essenstisch. Uns fällt nichts mehr ein. Und das ist noch milde gesagt.

Es schmeckt uns nämlich immer weniger. Nicht nur das Band zu ihr scheint gerissen. Auch unsere Geduld hängt nur noch an einem dünnen Faden aus Seide. Haben wir doch von ihr nur das eine – vielleicht das Schwierigste – verlangt: „über Nahrung sprechen oder Wörter essen“ (Deleuze), ihren Mund zum Sprechen zu benutzen, um zum Essen zu kommen. Selbst hin- und hergerissen, wissen wir nicht, ob wir verzweifeln, verstummen und aufgeben, Abstand von unserem Anspruch und dem ihr unterstellten Wunsch nehmen sollen, oder ob wir – verstimmt durch sie – wütend werden sollen. Uns wird selbst schon ganz schummrig von ihrem – *Amerika* – in stereotyp. Wir haben indessen fast vergessen, daß wir nicht alleine am

Tisch sitzen, und es auch für alle anderen zunehmend unmöglicher wird, weiterzuessen.

*A-me-ri-ka* – Janinas Stimme wird immer lauter und unerträglicher. In einer eindringlichen und eindringenden Weise bekommt sie eine Art materiale, körperhafte – wenn auch gestaltlose Dichte und Präsenz. Sie pocht regelrecht auf unser Trommelfell. Scheint Janinas Sprechen jede Spur eines Sinns verloren zu haben, so sehen wir uns doch zunehmend weniger mit dem Problem eines intentionalen Un-Sinns oder eines Mangels an Sinn und Inhalt konfrontiert als vielmehr mit der spürbaren Intensität und *Über*-Sinnlichkeit der triebhaft lärmenden Komponente ihres entformten Sprechens, die immer mehr in den Vordergrund tritt. Janina wiederholt – nun in immer kürzeren Abständen ihr – *Amerika* – *Amerika*.

Es erreicht schließlich ein Maß des Unerträglichen. Wir sind am Ende mit unserem 'analytischen' Latein und am Rande dessen, was wir für uns noch aushalten können und den anderen am Tisch noch zumuten wollen. Wir verspüren fast nur noch den Impuls, der Situation – durch einen realen Schnitt, einem Schnitt im Realen – ein Ende zu bereiten: Sie, oder besser: Es soll einfach nur aufhören. Wir sind kurz davor, Janina anzubrüllen, sie anzupacken und vom Tisch zu schmeißen.

An dieser Schwelle, kurz vorm Platzen, hole ich noch einmal tief Luft. Ich versuche zumindest noch *meine Haut* zu retten. Ich frage Janina, ob sie eigentlich wisse, wo *Amerika* sei. Janina gibt zwar keine Anwort, aber sie wird kurz still, hört und horcht auf und ich nehme ein erstes *Aufblicken* bei dem Wort *Amerika* aus *meinem Munde* bei ihr wahr. An diesem dünnen Faden fange ich langsam an herumzuspinnen. Ich weiß in diesem Moment selber nicht, wohin mich dieser Faden führen wird, und ob ich mir selber daraus einen Strick drehen werde. Von der Ausgangsfrage an Janina habe ich innerlich ebenso schon Abstand genommen wie von dem Anspruch und der Hoffnung, daß sie vielleicht irgend etwas mit dem anfangen könnte, was ich sage. Ich bin auf nichts Bestimmtes aus. Und ich spinne auf einmal – wenn auch aus einer Art Übersprungshandlung heraus – weniger aus meinem Ärger als aus einer un-sinnigen Lust am Sprechen.

Ich sage in etwa: A-me-ri-ka, weißt Du wo das liegt? Amerika ist ein groo-ßes Land, das liegt über einem wei-ten Meer. Man muß mit einem Flugzeug hinfliegen oder mit einem Schiff dorthin fahren. Es gibt Noord-Amerika und Süüd-Amerika. In den Vereinigten Staaten von A-me-ri-ka gibt es selbst noch einmal viele Staaten. Flo-ri-da zum Beispiel. Da gibt es Kro-ko-dile und Al-li-ga-tooren. Schöpfend aus meinen inneren Bildern, mit einer groben Landkarte, male ich mir die Landschaften und Gegenden aus, von denen ich spreche. Neben Florida gibt es Co-lo-ra-do, Ok-la-ho-ma, A-la-ba-ma. Ich hangele mich in meinem Sprechen weniger an den realen semantischen Verkehrswegen entlang als daß ich das Feld nach klangreichen Wörtern abgrase, die mir spontan einfallen. Ich mache Abstecher nach Hawaii, Ho-no-lu-lu, Gu-a-te-ma-la, nach Bolivien und Vee-nee-zu-ee-la und zum Ti-ti-ca-ca-See. Mit besonderer Freude, in einer Art Verbal-Manie, verweile ich länger am Po-po-ca-te-pe-tl. Ich weiß noch wie schwer es mir in der Schule fiel, den Namen dieses Berges auszusprechen. Weißt Du, der Po-po-ca-te-pe-tl ist ein grooßer Berg in Mexiko. Der Po-po-ca-te-pe-tl ist der höchste Berg von Mexiko. Und vom Po-po-ca-te-pe-tl hat man ein schönes Pa-no-ra-ma. Meine Reise setze ich fort über Ka-na-da nach A-las-ka. Über die A-le-u-ten gelange ich so nach Kam-tschat-ka und die Mon-go-lei und suche meinen 'verlorenen Schlafanzug' auf dem 'Futschi-ja-ma'. In dieser Art rede ich ununterbrochen einige Minuten lang. Janina sagt währenddessen kein Wort. Sie sitzt wie paralysiert an ihrem Platz. Mit fasziniertem, gebanntem Blick und sperrangelweit geöffnetem Mund klebt sie förmlich an meinem eu-phonischen Sprech-Gesang. Von In-do-nesien und Neu-gu-i-ne-a komme ich nach Neu-see-land, wo die Ki-wis herkommen, sehe in Australien viele Kän-gu-ruhs und Ko-a-las. Von dort komme ich über Sri Lanka und Ma-da-gas-kar nach A-fri-ka, wo ich in Ke-nia nicht nur Mom-ba-sa besichtige, sondern auch auf den Ki-li-mand-ja-ro steige. Von dort aus führt mich meine Reise u.a. nach Tan-sa-nia, Sam-bia, An-go-la, den Kon-go und Gha-na. Ca-sa-blan-ca bildet für mich die Brücke nach Eu-ro-pa. Schließlich gelange ich auch wieder in die Bundesrepublik Deutschland, in heimatliche Gefilde und lande sicher und wohlbehalten in Rottenburg, wo ich am Essenstisch Platz nehme und mich wieder dort befinde, von wo aus ich mich 'auf und davon' gemacht hatte. Zum Ende meiner Reise 'In achtzig Worten um die Welt' sage ich: „Das fällt *mir* zu – *Amerika* – ein.“ – Pause. –

Janina sitzt noch an ihrem Platz, unbewegt, mit nach wie vor weit offenem Mund. Plötzlich, wie wenn etwas von ihr abfällt, löst sie sich mit ihrem Mund und ihrem Blick von mir ab. Wie aus einem

Traum erwacht, sieht sie sich gelöst um, blickt auf den Tisch und sagt – wie wenn nichts gewesen wäre – in einer Selbstverständlichkeit: „Ich möchte Wurstsalat."

Überrascht und verwundert – ohne zu wissen was sich da eigentlich ereignet hatte, löste sich auch unsere Anspannung in einem Lachen. Wobei ich nicht sagen konnte, worin die Pointe, der Witz dieser Szene lag. Ich konnte mir zumindest – in Erinnerung an den Ausgangspunkt nicht verkneifen zu sagen: Vielleicht wolltest Du ja *amerikanischen* Wurstsalat.

Mit dieser Szene möchte ich hier schließen und unsere Squiggle-Party mit den Worten eröffnen: Das ist das, was *mir* zum „Entstehen von analytischen Räumen" eingefallen ist. Ich habe angefangen. Nun ist jemand anderes an der Reihe.

## Anmerkungen

1 Nachträgliche leichte Umschrift der 'Einleitenden Gedanken' zum Tagungsthema. Nachträgliche Vorbemerkung: Diese Vorworte waren ursprünglich als ein kurzer, den Appetit auf die nachfolgenden Vorträge der Tagung anregenden leichten 'Aperitif' gedacht und auf das 'Mündliche' hin angelegt. Die Intention lag weniger darin, ein thematisches Feld genau vor-abzustecken und einzugrenzen und allgemein zu informieren (oder etwas allzu Bestimmtes zu verstehen zu geben) als vielmehr – eröffnend, anspielend und einladend – (wenn auch nicht Gedankenlos) Fort-Setzungen zu evozieren. Hieraus erklärt sich auch der weitgehend bewußte Verzicht auf die explizite Angabe theoretischer Referenzlinien und Quellen im Text selbst. Für die schriftliche Fassung habe ich, ohne die ursprüngliche, leicht unfertige Form maßgeblich zu 'glätten' oder zu verändern, an wenigen Stellen ergänzende und/oder erläuternde Kommentare und Verweise hinzugefügt.

2 Siehe z.B. 'Innere Orte – Äußere Orte.' Dokumentation der 6. Fachtagung des Vereins für psychoanalytische Sozialarbeit 1992.

3 Die Ausführungen zum 'analytischen Raum' als 'potentieller Raum' bei Winnicott, die ich an dieser Stelle in der 'Einleitung' mündlich vorgetragen habe, sind hier weggelassen. Sie lassen sich wiederfinden in den diesbezüglichen Ausführungen von Frank

Grohmann („Der 'analytische Raum' in der Theorie") im Beitrag „Mit vollem Munde spricht man nicht" in diesem Band. In diesem Beitrag lassen sich auch verschiedene, hier nur angedeutete Gedankengänge, etwas weiter ausgeführt - zum Teil variiert und modifiziert - wiederfinden. In diesem Hinweis möchte ich auch zum Ausdruck bringen, daß ich wertvolle Anregungen für meinen Beitrag in besonderem Maße der - im Zuge der Vorbereitung des Seminars vom Therapeutischen Heim geführten - gemeinsamen Diskussion mit Frank Grohmann verdanke.

[4] Vgl. hierzu insbesondere den Aufsatz „Innere Schranken oder äußerste Grenzen" von Pontalis in: Pontalis (1977), S. 161 - 177.

[5] Vgl. Winnicott (1971).

[6] Pontalis (1977): zit. nach Neubaur (1987), S. 94 f. In etwas anderer Übersetzung auch in Pontalis (1988), S. 168.

[7] Rosenzweig (1937): S. 386 ff.

[8] Siehe den Beitrag von Frank Grohmann: „Mit vollem Munde spricht man nicht". AusHöhlungen des 'analytischen Raumes' in der Begegnung mit autistischen und psychotischen Kindern und Jugendlichen; in diesem Band.

## Literatur


Neubaur, C. (1987): *Übergänge. Spiel und Realität in der Psychoanalyse Donald W. Winnicotts*, Frankfurt a. M. 1987.

Pontalis, J.-B. (1977): *Zwischen Traum und Schmerz*, Frankfurt a. M. 1998.

Pontalis, J.-B. (1988): *Aus dem Blick verlieren*, München 1991.

Rosenzweig, F. (1937): *Das neue Denken*, in: ders., Kleinere Schriften, Berlin 1937.

Winnicott, D.W. (1971): *Die Therapeutische Arbeit mit Kindern*, München 1973.

*Joachim F. Danckwardt*

# Die seelischen Räume des schiefen Mannes

„Der Bruch eines Damms 'übersetzt' den Durchbruch einer bisher zurückgehaltenen Triebregung, aber es bedarf nur der geringsten Deutung oder sogar nur der einfachen Aussage, damit dieser Dammbruch seine volle metaphorische Bedeutung gewinnt, so daß die reale Wahrnehmung eines Dammbruchs notwendig auf den Nachhall eines inneren Bruchs verweist und *vice versa*.
Unterdessen holt der Psychotiker Eimer, um das verschüttete Wasser aufzuschöpfen, ohne daß man zunächst wüßte wozu" (Neyraut 1976, S. 81).

## 1. Einleitung: Das Phänomen des seelischen Raums

Die neunte Fachtagung des Vereins für psychoanalytische Sozialarbeit hat das Thema „Vom Entstehen analytischer Räume" zum Leitgedanken gewählt. Was aber sind 'Analytische Räume'? Ist mit dem Begriff die 'analytische Situation' gemeint, Winnicotts 'potentieller Raum' oder Bions 'container'? Die Raumbezeichnungen ließen sich fortsetzen. Das gewählte Thema hat mich darauf hingewiesen, daß zwischen den zahlreichen Konzepten und Begriffen ein Bedarf an Klärung und Abgleichung besteht.

Mein Beitrag will sich jedoch mit dem Entstehen beschäftigen; mit den Vorläufern dieser Räume; mit den Voraussetzungen für „analytische Räume". Eine erstrangige Voraussetzung für „analytische Räume" ist die, daß 'seelische Räume' als solche überhaupt bemerkt, gesehen, gehört, gefühlt, geträumt und als solche anerkannt werden. Eine zweite Voraussetzung ist die grundsätzliche Anerkennung der Existenz von seelischen Räumen *außerhalb* der Person, *außerhalb* des Ich-Selbst-Systems des Individuums. Es geht also zweitens um eine Extension des intrapsychischen seelischen Raumes in die Umwelt. Diese vollgültige seelische Leistung sollte man von pathologischen Spaltungs-, Verschiebungs- und Projektionsphänomenen unterscheiden. Denn, wenn diese Voraussetzungen nicht gegeben wären, könnten aus seelischen Räumen schwerlich analytische Räume entstehen. Nun ist es aber so, daß vollgültige seelische Räume außerhalb der Person in der abendländischen Kultur mit ihrer Idealisierung der abgeschlossenen Persönlichkeit und der Vorrangigkeit des Bewußtseins nicht unbedingt Konsens sind. Denn 'seelische Räume außerhalb der Person' würde bedeuten, daß seelische Regulation und Elemente, Strukturen dieser Regulation, also Elemente des 'psychischen Apparats', ebenfalls außerhalb des eigenen Selbst existieren könnten, ohne daß wir schon von pathologischer Spaltung, pathologischer Verschiebung, pathologischer Projektion, pathologischer projektiver Identifizierung oder pathologischer Idealisierung sprechen müssen. Diese Ansicht verträgt sich nicht mit der herkömmlichen Auffassung von 'Individuum', 'Charakter' und 'Persönlichkeit'. Daher sind 'seelische Räume außerhalb der Person' entweder nur für Kinder als entwicklungsbedingtes oder für Kranke als regressionsbedingtes Durchgangsstadium bzw. als chronifiziertes 'Finalstadium' zugelassen, und es ist gar nicht selbstverständlich, daß ein derartiges Durchgangsstadium als 'vollgültige seelische Leistung' anerkannt sein soll. Die Anerkennung und die Konstruktion von Realität hängt jedoch ganz grundlegend vom Umgang mit der Angst des Beobachtenden und Handelnden (Devereux 1967) ab.

Im folgenden muß ich Ihnen diese Angst und den Umgang mit ihr zumuten, wenn ich das Phänomen des seelischen Raumes außerhalb der Person und seinen Nutzen für jene schwerkranken Patienten, deren Erleben wir alle miteinander teilen, beschreibe. Ich will mich schrittweise mit einem Beispiel des verstorbenen Schweizer Psychiaters Manfred Bleuler, dem Sohn Eugen Bleulers, der Freud den Eingang in die Universitätspsychiatrie ebnete, herantasten. Die Eindrücke werde ich an einer Klinikerfahrung verallgemeinern und mit dem „Schiefen Mann" entfalten und vertiefen. Lassen Sie mich programmatisch-begrifflich den Rahmen meiner Darstellung abstekken. Ich möchte den seelischen Raum begrifflich vom 'potentiellen Raum' i.S. Winnicotts unterscheiden und ihn als 'virtuellen' Raum bezeichnen.

Anfang der siebziger Jahre hatte Manfred Bleuler in der Universitäts-Nervenklinik Tübingen einen Vortrag über langfristige Verläufe schizophrener Erkrankungen gegeben. Damit hatte Bleuler in mir eine psychoanalytische Idee wachgerufen. Das war sicher nicht seine Absicht, sondern das war mein Verständnis seines Vortrags. Bleuler stellte den langen Verlauf der schizophrenen Erkrankung einer jungen Frau dar, die nach ihrer Verheiratung mit einem Pfarrer ausgebrochen war. Zahlreiche der damals üblichen Behandlungsversuche und Behandlungsmethoden waren erfolglos geblieben. Am Ende sah selbst der barmherzige Kirchenmann nur noch einen Ausweg: er ließ sich von seiner Frau scheiden. Und nun kommt das besondere an der Falldarstellung, die sich natürlich über viele Leidensjahre erstreckte. Der Pfarrer heiratete eine zweite Frau. Nachdem ein Versuch der ersten Ehefrau, als Gärtnerin zu arbeiten, zurückgezogen befriedet und von ihren Kindern getrennt zu leben, gescheitert war, nahm sie der Pfarrer wieder in seine Familie, so daß sie wieder mit allen zusammen war. In dem Haushalt fungierte sie jedoch fortan als Haushälterin. Das war sicherlich eine ungewöhnliche Maßnahme, von dessen Patentierung mit Recht abgeraten werden muß. Hier nahm sie jedoch einen ganz überraschenden Verlauf. Vom Zeitpunkt des Zusammenlebens mit ihrer Familie als Haushälterin an hörte die psychotische erste Ehefrau auf, produktive Symptomatik zu entwikkeln. Sie war zwar nie mehr gesund geworden. Man kann auch sagen, sie hatte nie wieder ihre prämorbide Persönlichkeit erreicht. Sie war weiterhin chronisch krank. Aber sie litt nicht mehr unter der Entstehung einer schmerzlichen und zerstörerischen Symptomatik.

Eine derartig spektakuläre Veränderung ist natürlich nicht einfach zu erklären. Ich entnahm der kasuistischen Darstellung, daß die Patientin offensichtlich zur Ruhe gekommen war. Es erhob sich die Frage, wo war sie zur Ruhe gekommen? An den rein formalen, äußeren und sozialen Gegebenheiten der Ruhefindung konnte es nicht gelegen haben. Denn die Patientin wohnte schon vor der Scheidung mit ihrem Ehemann zusammen. Im Gegenteil, man möchte meinen, daß es für sie jetzt eher schwerer geworden sein mußte. Denn der Ehemann hatte eine neue Frau und sie mußten also zu dritt auskommen. Mit anderen Worten: Es muß sich vielmehr bei den Veränderungsbedingungen um einen nicht äußeren realen Raum gehandelt haben, in dem die Patientin nun ruhte. Nun hat es sich als hilfreich erwiesen, an Winnicotts 'potentiellen Raum' zu denken. Er könnte der Patientin einen „intermediären Bereich von Erfahrung erlaubt haben, in dem innere Realität und äußeres Leben einfließen. Es ist ein Bereich, der kaum infrage gestellt wird, weil wir uns zumeist damit begnügen, ihn als eine Sphäre zu betrachten, in der das Individuum ausruhen darf von der lebenslänglichen menschlichen

Aufgabe, innere und äußere Realität voneinander getrennt und doch in wechselseitiger Verbindung zu halten" (Winnicott 1979, S. 11). Aber genau diese Definition im Original muß unsere Erwartung an das Konzept vom potentiellen Raum in diesem Fall eher enttäuschen. Denn es war gerade die Unfähigkeit der Patientin, den Spannungsbereich zwischen Trennung und wechselseitiger Verbindung in der Ehe und später als Gärtnerin halten zu können. Erst das konkretistische Zusammenleben mit dem geschiedenen Ehemann, den eigenen Kindern und der neuen Ehefrau führte zur Entspannung. Der Konkretismus verweist uns auf das Offenbleiben von Symbolisierungsprozessen, die im potentiellen Raum vorausgesetzt, wenn nicht sogar erst keimhaft fundiert werden. „Trennung wird jedoch gleichzeitig [zur „Abtrennung des Nicht-ich vom Ich". Ergänzung J.F.D.] dadurch vermieden, daß der potentielle Raum mit kreativem Spiel, mit Symbolen und dem, was allmählich das kulturelle Erleben ausmacht, erfüllt wird" (Winnicott 1979, S. 127). Gerade im „kreativen Spiel" als Gärtnerin und im dem Umgang mit Symbolen, nämlich mit dem Wachstum von Pflanzen, war die Patientin eben nicht zurecht gekommen. Daher muß es sich bei dem 'heilsamen' Arrangement um einen anderen als den potentiellen Raum gehandelt haben. Es muß ein seelischer Raum gewesen sein, der gleichzeitig so konkretistisch unsymbolisiert und dennoch real i.S. der Beobachtung nicht recht faßbar ist. Ich möchte ihn daher einen 'virtuellen Raum' nennen. Dessen Elemente inszenierten sich aus der seelischen Konstellation der Umgebung und den seelischen Bedingungen der Patientin. Virtuell möchte ich ihn deshalb nennen, weil er einerseits real nicht faßbar ist. Man kann ihn z.B. noch nicht mit den Charakteristika der Übergangsobjekte beschreiben. Andererseits muß es ihn 'geben'. Er ist charakterisiert dadurch, daß er 'nicht wirklich' ist, sondern nur 'scheinbar'. Virtuell meint, daß dieser *Raum der Anlage nach* als Möglichkeit, d.h. also als ein möglicher Entwicklungsprozeß, vorhanden ist. 'Virtuell' bezeichnet also im Gegensatz zu 'potentiell' den möglichen prozessualen, den möglichen Geschehenscharakter dieses 'Raumes'.

Lassen Sie mich diesen möglichen Entwicklungsprozeß mit dem von Bleuler dokumentierten langen Verlauf beschreiben. Ich denke, daß die Patientin deshalb nicht mehr 'psychotisch sein' mußte, weil sie virtuell aus einem ödipalen Konfliktraum regredieren konnte. Man kann auch sagen, wieder angelangen konnte in einem *vorkon-*

*flikthaften* Raum, in dem sie den ödipalen Konfliktanforderungen nicht mehr ausgesetzt ist. Man könnte holzschnittartig sagen, sie regredierte auf den Status einer präödipalen Tochter, die mehr oder weniger behindert wieder im Hause der Eltern lebt. Allerdings ist die Regression sozusagen neu 'gemischt'. In der neuen regressiven Verfassung ist sie nicht mehr psychotisch inzestuös ununterscheidbar verbunden mit einer Vaterrepräsentanz. Durch die existierende und real anwesende zweite Ehefrau kommt sie nicht mehr in eine zerstörerische Auseinandersetzung um die Existenz der inneren, aber äußerlich früher nicht anwesenden Mutter. Sie war also auch nicht mehr mit der postödipalen Katastrophe konfrontiert, den Mann für sich sexuell real gewonnen, und die Mutterrepräsentanz aber real nicht mehr vor Augen zu haben. 'Beseitigung' der Mutterrepräsentanz und reale Abwesenheit einer anderen Frau mußten nicht mehr psychotisch gleichgesetzt erlebt werden. Mit der Regression auf diese besondere präödipale Szene, in der sie noch alle drei Objekte real beisammen erlebt, war einer von zahlreichen psychologischen Gründen entfallen, pathologische Abwehren und Restitutionsversuche (die sich in Symptomatik äußerten) zu unterhalten.

Diese Fallschilderung war für mich ein erstes Beispiel für virtuelle seelische Räume, in denen ein Patient sozusagen befriedet und sicher vor dem Terror der inneren Objekte leben kann. Man kann auch sagen, daß in dem Fall der Pfarrersfrau seelische Regulation in seelische Räume außerhalb des eigenen Selbst verlegt war. Eine durch die Extension begünstigte Entidentifizierung des Ichselbstsystems von terroristischen inneren Objekten erspart dieser Patientin die Produktion von anderen pathologischen Angstabwehrprozessen und von anderen aus dieser Angstabwehr erwachsenden Symptomen.

## 2. Die Gegenübertragung als seelischer Raum

Obwohl das Beispiel Zusammenhänge aus großer Distanz schildert und Details beiseite läßt, erlaubt es vielleicht eine Zuordnung oder Definition des virtuellen seelischen Raumes außerhalb des eigenen Selbst. Es ist dies eine behandlungspraktische Definition. Als seelischer Raum außerhalb des eigenen Selbst kann die Gegenübertragung angesehen werden. Also nicht die Übertragung, nicht das Wissen, nicht das Hilfsich, nicht die Interaktion, nicht die Beziehung und nicht der potentielle Raum i. S. Winnicotts. Sondern die Gegenübertragung ist der seelische Raum außerhalb des Selbst des Subjekts. Im vorigen Beispiel waren es vermutlich die Gegenübertragungen der Beteiligten. Sie blieben natürlich 'stumm', da die forschende Aufmerksamkeit nicht auf sie gerichtet war. Um diese Gegenübertragungen weiter zu untersuchen, muß ich nachher ein Beispiel aus der eigenen Praxis schildern.

Die Gegenübertragung kann als ein virtueller Raum angesehen werden, *der lediglich der Anlage nach* als Möglichkeit für seelische Entwicklung und Stabilität besteht. Im Gegensatz zum potentiellen Raum i.S. Winnicotts kann der Patient auf den virtuellen Raum weder einen spielerischen noch einen konstruktiven Einfluß nehmen. Denn der virtuelle Raum ist weder ein sicherer noch ein unhinterfragbarer Besitz. Bei der geringsten 'Unverträglichkeit' mit dem seelischen Gleichgewicht des Therapeuten, insbesondere mit dem Gleichgewicht von komplementärer und konkordanter Gegenübertragung (Cohen 1952; Racker 1978), sind die Anlagen für eine Möglichkeit (vorerst) unbrauchbar geworden. Kann der Therapeut mit seiner Gegenübertragung 'umgehen', dann finden der seelische Apparat oder Elemente des seelischen Apparats und Elemente der seelischen Prozesse des Subjekts dort einen Ort. Das Subjekt ist um diesen Ort extendiert und, wenn es überwiegend gut geht, durch die Prozesse in dieser Extension in ein seelisches Gleichgewicht gebracht.

## 3. Der seelische Raum als zentrales Konzept einer Behandlung

Sie können sich denken, daß ich von dieser Idee, die Bleuler in mir wachgerufen hatte, angetan war. Ich nahm mir vor, dieses Konzept von den seelischen Räumen weiter zu verfolgen und vor allem auch langfristig zu untersuchen. Daraus sind verschiedene praxisnahe Einblicke hervorgegangen (vgl. Danckwardt 1978). Es gehört aber leider zu einer regelhaften Erscheinung bei der Entdeckung, Durchführung, Erforschung und Modifizierung psychotherapeutischer Behandlung bei Schizophrenen, oder überhaupt bei Psychosen, daß die Beteiligten nach kurzer Zeit ernüchtert, enttäuscht oder resigniert sind. In der Regel wird dieses Phänomen als ein Zeichen dafür gehalten, daß psychotherapeutische Konzepte bei Psychosen nicht wirklich tragend sind. Höchstens bis auf eine begleitende und stützende, führende oder edukative Psychotherapie der Pharmakotherapie und der Familienbehandlung der Psychosen (vgl. dazu Albers 1998; Frauenfelder, Ebner, Schätzle 1998). Erst langfristige und diversifizierende Beobachtungen von Behandlungseinflüssen bei chronisch psychotischen Patienten führen zu der Vermutung, daß Behandlungskonzepte entweder zu grob gefaßt sind oder daß Behandlungskonzepte zu wenig differenziert an den je spezifischen Kranken 'herangedacht' werden oder daß Behandlungskonzepte an irgendwelchen Punkten dezisionistisch abgebrochen und die 'Behandlungsphilosophie' gewechselt werden. Die psychotherapeutische Behandlung von Psychosen muß man gewissermaßen 'durch dick und dünn' konzipieren. Häufiger scheitert es auch daran, daß man eine exemplarisch so inhaltsvolle Fallgeschichte wie die Bleulersche nicht alle Tage hört und auch nicht finden kann. Dennoch beobachtet man spontane Veränderungen, an denen man etwas von Veränderungsprozessen begreifen kann, in Hülle und Fülle. Es ist sehr dankbar, sie zu entschlüsseln und das Entschlüsselte zu konzeptualisieren. So beispielsweise die hochakute perniziös-katatone Wiedererkrankung eines Patienten an seinem Entlassungstag, obwohl er lege artis psychopharmakologisch eingestellt und seit längerer Zeit in einer stabilisierten Verfassung war. Nach dem überraschenden Zusammenbruch konnte rekonstruiert werden, daß der Patient unbeabsichtigt an seinem Geburtstag entlassen worden war. Diese 'Vergeßlichkeit' im Team erlebte der Kranke als einen dramatischen Kollaps seines extendierten seelischen Raumes, und er mußte nun wieder psychotisch gegen diesen Objektverlust kämpfen (Danckwardt 1977 a und b). Die reale Entlassung war psychotisch identifiziert mit der ausgelöschten Existenz der virtuellen Geburt in die Gegenübertragungen des Stationsteams. Die objektiv gerechtfertigte Entlassung hatte eine unerkannte subjektive Nebenbedeutung, die die eigentlich pathoplastische war. Die subjektive Nebenbedeutung interagierte sogar mit der protektiven Pharmakotherapie über den Weg der subjektiven Verarbeitung der objektiv psychotropen Medikamentenwirkung (die sogar durch Plasmaspiegelnachweis verifiziert war); die objektive psychotrope Medikamentenwirkung wurde durch hochakute Vernichtungsangst 'entwertet'.

Das Auffinden und die Anerkennung von seelischen Räumen hängt also von der Wahrnehmung und Untersuchung spontaner Veränderungsprozesse ab. Da ich das Bleulersche Beispiel psychoanalytisch nicht weiter auf die Gegenübertragungsräume hin untersuchen kann, will ich den Fragen, wie man sich den seelischen Raum der Gegenübertragung, die als stattfindende Prozesse (wie fließendes Wasser) aufgefaßt wird, vorstellen sollte, am Beispiel des „Schiefen Mannes" beschreibend nachgehen.

## 4. Der seelische Raum einer chronischen Psychose im Spiegel von Behandlungsepisoden

Der „Schiefe Mann" hat seinen Namen von Kindern, die sich nach ihm umdrehen, wenn er schief daher schlurft. Wie der schiefe Turm zu Pisa zieht er staunende und ungläubige Blicke an. Kinder erkennen offensichtlich schneller etwas existentiell Grundsätzliches in der Haltung. Auch mir geht es so. Wenn er vor mir sitzt, hat er den Kopf auf die eine Seite, den Oberkörper auf die andere Seite gewendet und die Knie wiederum entgegen gesetzt. Im Körper drücken sich zahlreiche Bewegungsrichtungen als miteinander unvereinbar und verkantet aus. Keine der möglichen Bewegungsrichtungen kann für sich alleine die Oberhand gewinnen. Aus dem schief gehaltenen Kopf herausspähend, kann kein Gegenstand, kein Mensch, den er in dieses Blickfeld nimmt, eine von ihm nicht kontrollierte Richtung nehmen. Hielte er den Kopf nach hinten schiefer, dann müßte der Mensch vor ihm bergauf laufen oder zu ihm zurückrollen.

Der „Schiefe Mann" steht jetzt in seinem siebzigsten Lebensjahr. Ich versuche, ihn seit dreißig Jahren zu behandeln. Er erkrankte vor über fünfzig Jahren, als seine Oberschulzeit endete. Er erkrankte akut und derart destruktiv, daß er für fast fünfzehn Jahre in einer entlegenen norddeutschen Landesnervenklinik untergebracht werden mußte. Dort wurden beinahe alle Behandlungsmethoden angewandt, die im Verlauf der europäischen Psychiatriegeschichte des zwanzigsten Jahrhunderts entwickelt wurden: Zwangsjacke, Insulinkur, elektrische Krampfbehandlung und Leukotomie. Bei der Leukotomie wurden Verbindungsbahnen zum Stirnhirn operativ durchschnitten, um extreme Angst- und Erregungszustände bei Schizophrenen zu behandeln. Die Einführung der Psychopharmakotherapie brachte anscheinend einen Durchbruch. Dann wurde sein Vater, ein Philosoph, pensioniert. Er folgte dem damaligen Chefarzt, der einen Ruf auf den Lehrstuhl einer süddeutschen Universität erhalten hatte, gleichzeitig damit in verwandtschaftliche Nähe ziehend. Die beiden Männer verstanden sich wegen gemeinsamer philosophischer Interessen, die auch bei der Behandlung des Sohnes von Bedeutung zu sein schienen. So wurde die Behandlung vorzugsweise an solche Kollegen delegiert, die philosophisch orientiert waren.

Als ich den Patienten übernahm, sah er anorektisch aus und sprach kaum ein Wort. Das wenige, was er sprach, blieb entweder wegen eines kaum zu durchbrechenden klonischen Stotterns ungesagt. Oder es blieb wegen einer verwaschenen Sprache unverstanden. Das, was überhaupt noch verstanden werden konnte, waren einsilbige Äußerungen zu den üblichen Fragen, die ohnehin nur je eine Antwort zulassen. Er war auf mehrere Medikamente, die jeweils isolierte Leitsymptome behandelten, eingestellt. Versuchte man, daran Änderungen vorzunehmen, entstand sofort ein heilloses Chaos. Offensichtlich hatte er zu jedem einzelnen dieser Medikamente eine Art rituelles Beziehungssystem, das zusammenbrach, wenn es geändert wurde. So war es z.B. unabdingbar, daß er ein Neuroleptikum in zahlreichen Fünfundzwanzig-Milligramm-Portionen gestückelt einnahm. Die vereinfachte Hundert-Milligramm-Portion lehnte er ab. Objektiv psychopharmakologisch gesehen war das nicht leicht nachzuvollziehen. Trotz all der Medikation halluzinierte er sichtbar, kicherte frenetisch oder starrte lang anhaltend in die Ferne. Dabei tropfte ihm der Speichel aus dem Mund und mit der rechten Hand machte er plötzlich heftige Schüttelbewegungen. Sie riefen regelmäßig nur eine Phantasie hervor: 'öffentliches Onanieren'. Bei der Veränderung der Medikation verschlimmerte sich alles. Zu Hause bekam er Wut- und Zerstörungsanfälle. Er schlug seinen Kopf gegen die Wand. Zu Hause? Es war gelungen, daß Vater und Mutter nach der Pensionierung den Patienten zu Hause hatten und ihn ambulant, zeitlich beschränkt – heute würde man sagen: tagesklinisch – versorgen ließen. Dort ließ er ebenfalls so gut wie keine Änderung zu. Ich glaube, er hat mehrere hundert Pettigrohrkörbe geflochten oder ebenso viele Bilderdominos angefertigt. Die Eltern waren als Philosophen verständlicherweise unzufrieden mit einer derartigen Entwicklung, denn früher hatten sie ihn liebevoll „das Professorle" genannt. Als ich ihn kennenlernte, hatten sie ihn angehalten, Physik-

und Mathematikvorlesungen zu hören. Auch sollte er regelmäßig sein Readers Digest lesen. Einmal nuschelte er, endlich nicht mehr Charles Dickens lesen zu sollen.

Ich hatte Anfang der siebziger Jahre die „Übernahme“ der Behandlung zugesagt, weil er die Sprechstunden beim ausscheidenden Kollegen verläßlich wie eine Bahnhofsuhr wahrnahm und weil sich sein Verhalten verschlechterte, wenn er nicht ebenso pünktlich empfangen oder wenn er gar vergessen wurde. Ich dachte damals schon, daß er in diesen Kontakten etwas sehr Bedeutsames sah. Der versteckte Beziehungswunsch hatte mich verwundert, angerührt und für den Patienten eingenommen.

Von den äußeren Behandlungsumständen will ich nur sagen, daß die Eltern natürlich inzwischen verstorben sind. Ich fand es bewundernswert, daß es ihnen mit der Unterstützung der Autorität und dem Geschick der Klinik zuvor noch gelungen war, ihn in ihrem Altersheim mit unterzubringen. Von dort aus besuchte er täglich die Klinik, wo er an der Ergotherapie teilnahm und mich traf. Auch muß an dieser Stelle gewürdigt werden, wieviel diese Abteilung zu diesem Verlauf beigetragen hat. Nachdem ich mich vor zwanzig Jahren in einer Praxis niederließ, kam er in diese neue Sprechstunde. In den vergangenen dreißig Jahren wurde er nur einmal für einen Monat in eine andere Klinik eingeliefert. Das geschah während meiner Abwesenheit aufgrund einer gegen ihn gerichteten 'Revolte' im Altersheim, die auch von der sehr engagiert kooperierenden Heimseelsorgerin nicht mehr aufgehalten werden konnte.

Nun muß ich kurz hervorheben, daß der Patient in der ganzen Zeit durchschnittlich drei bis viermal pro Woche psychotisch war und immer wieder alles durcheinanderwirbelte. An den Medikamenten war nichts zu ändern, weil ich beobachtet hatte, daß alle psychotischen Erscheinungen auf situationelle Einwirkungen hin erfolgten, die ich allerdings zunächst nicht durchschauen konnte. Ich mußte aber daraus schließen, daß es psychologische Faktoren waren, die ihn immer wieder reizten.

Nun komme ich zu der Frage, warum der schon seit Jahrzehnten chronisch psychotische und gewissermaßen schon 'mit allen Wassern gewaschene' Patient psychotherapeutisch behandelt werden mußte. Zum einen litt er selber. Wenn er nicht halluzinierte, wirkte er gehetzt, scheu, extrem verschämt und verleugnend und zugleich unterwürfig, ratlos, Hilfe heischend. Dann hatte er auch sehr versteckt etwas Liebenswürdiges. Zum anderen wurde ich extrem unter Druck gesetzt, weil ihn niemand so recht verstand, denn er sprach so knapp wie ein „Ja“ oder „Nein“, niemand wußte, woran man mit ihm war. Rückübersetzte ich den Druck auf mich als seinen Druck, dann mußte er erheblich unter seinem Unglücklichsein leiden.

Der Druck des Vaters auf mich ging so weit, daß er verlangte, ich möge seinen häuslichen Einladungen folgen, oder daß er direkt forderte, ich möge den Jungen dazu erziehen, daß er wieder studieren könne. Seine Forderungen hatten gewissermaßen zum Inhalt, mich zu einem Hauslehrer zu ermuntern. Die aggressiven und zerstörerischen Ausbrüche des Patienten waren gewiß schlimm und bedrohlich. Zu Hause, bei mir in der Sprechstunde und in der Ergotherapie, bei der er einmal eine Patientin verprügelte, weil sie ihn einen roten Teufel nannte. Die mehr oder weniger kurzen psychosefreien Etappen waren nicht weniger beunruhigend, weil damit das Selbstverständnis eines Gelehrtenhauses in Frage gestellt war.

Die Sache spitzte sich zu, als sich ein entfernter Verwandter in Irland öffentlich verbrannte, um dort den Frieden anzumahnen. Ich hatte diesen Verwandten Jahre zuvor einmal auf der Durchreise kennengelernt, weil er sich für alles missionarisch einsetzte, also auch für diesen Patienten, und ich wußte aus diesem Kontakt, daß er genau so psychotisch war wie mein Patient. Trotz dieses Drucks von außen wußte ich aber eigentlich gar nicht recht, was ich von all diesen pathologischen Erscheinungen psychotherapeutisch bei diesem chronisch kranken und chronisch exazerbierenden, sicherlich viel früher behandlungstechnisch traumatisierten, durch Hospitalisierung gezeichneten Patienten behandeln sollte, der auf mich innerlich adoleszentenhaft wirkte, aber äußerlich immer mehr verwelkte.

## 5. Der seelische Raum und die Gegenübertragung im Spiegel von Behandlungsepisoden

Neben dem notwendigen Management nahm ich mir zum Ziel, nur das zu behandeln, was sich in der Sprechstunde einstellte. Nur das, was sich bei mir im Hier und Jetzt szenisch ereignete, konnte ich vielleicht verstehen lernen und dem Patienten vielleicht erleichtern.

Eine derartige Behandlung war aber nicht auf gewohnten Wegen möglich. Der Patient teilte generell so gut wie nichts mit. Auf Anfragen antwortete er meist nur mit Ja und Nein, was in der Regel eine heillose Verwirrung erzeugte, weil man nicht mehr ausmachen konnte, worauf er denn nun das Ja oder das Nein bezog, und gleichzeitig extrem stotterte. Ich war in meinem Verständnis fast ausschließlich auf die Wahrnehmung dessen angewiesen, was die Psychoanalytiker Gegenübertragung nennen. Ich hatte große Vorbehalte gegen dieses Vorgehen, obwohl ich damals in psychoanalytischer Ausbildung war. In den frühen siebziger Jahren war dieses Verfahren als methodisches Vorgehen aber noch nicht einmal bei Neurosen systematisch verbreitet (vgl. die Übersicht von Tyson 1986). Wohlgemerkt als methodisches Vorgehen. Als ein analysensteuernder technischer Bestandteil (Racker 1978) war die Analyse der Gegenübertragung nach ihrer Aufdeckung durch Freud (1910) und Wiederaufnahme durch Paula Heimann (1950) wohlbekannt, nicht aber als höchstpersönliches und systematisches 'Therapieverfahren' im Sinne der systematischen Einbeziehung der Dimension der gemeinsamen Beteiligung (vgl. Gill 1982 a und b).

Meine Lernmöglichkeiten im Rahmen von Supervisionen waren eingeschränkt. Zwar fand ich zum Beispiel im englischen Sprachraum wertvolle Hilfe (Searles 1974). Aber sie war ich- und objektpsychologisch orientiert und ließ sich auf die Besonderheiten der Verlaufsgeschichte dieses Patienten nicht übertragen. Oder die Erfahrungen bezogen sich eher auf psychotische Episoden oder auf Borderline-Fälle. Das unterscheidende Element war der Umstand, daß die meisten damaligen Ansätze einer Psychosentherapie stets implizit von einer versteckten Spezifität der Psychosenentstehung ausgingen, die ich wegen der Behandlungsvorgeschichte des Patienten nicht teilen konnte. Ich hatte schon darauf hingewiesen, daß er ein lebendiges Dokument europäischer Psychiatriegeschichte ist, der mit Zwangsjacke, Insulinkur, elektrischer Krampfbehandlung, Leukotomie und Psychopharmakotherapie behandelt worden war.

Mein Behandlungskonzept, nur das psychotherapeutisch zu behandeln, was sich in der Sprechstunde einstellte, trägt dieser Vorgeschichte Rechnung und fußt auf folgender Überlegung. Aus allen inneren spezifischen und erworbenen Störungen, die der Patient hat, wird in der Sprechstunde mit mir nur ein ganz bestimmter psychodynamischer Sektor aktualisiert, dringlich und 'virulent'. Wegen dieser Ansicht habe ich viel Achselzucken bekommen. Bis mir ein Analytiker zu verstehen gab, daß die daraus erwachsende Arbeit mit der Gegenübertragung deswegen so schwer zu supervidieren ist, weil solche Supervisionen schnell die Grenze zur persönlichen oder der Selbstanalyse überschreiten, ohne als solche verabredet zu sein. Fehlt aber die Selbstanalyse, dann kann diese Methode nicht mehr zu unterscheiden sein von einem inkaufnehmenden Gegenübertragungsagieren oder von einer 'Das-kommt-bei-mir-so-an-Psychologie'. Es blieb mir in der geschilderten Situation kaum etwas anderes übrig, als den technischen Hinweis auf eine Selbstanalyse der Gegenübertragung ernst zu nehmen (Freud 1910, S. 108), zu deren Handhabung ich mir auch ein Schema entwickelte (z.B. „Welche Phantasien weisen offenkundig auf den Patienten hin? Welche Phantasien weisen offenkundig auf den Therapeuten hin?"). Die Selbstanalyse ist dadurch von einer Lehranalyse oder einer tendenzlosen Selbsterfahrung als eine fokussierende, in gewisser Weise 'themenzentrierte' Analyse der Gegenübertragung charakterisiert, von der der Therapeut um Willen seines Patienten soviel profitieren kann, daß er „im eigenen Unbewußten ein Instrument besitzt, mit dem er die Äußerungen des Unbewußten beim anderen zu deuten vermag" (Freud 1913, S. 445), und damit zugleich einen gewissen Krankheitsschutz erwirbt, weil er sein symbolisierendes gegenüber dem verkörperlichenden Denken des Patienten behauptet.

Die ersten 'Erfolge' dieses Vorgehens, mich auf die Wahrnehmung und Untersuchung der einzigen 'Datenquelle' im Hier und Jetzt, die Gegenübertragung, zu verlassen, waren verblüffend. Zwar war der Patient im Hier und Jetzt zunächst nicht weniger psychotisch. Er wurde aber offener, argloser und treuherziger. Darunter konnte ich plötzlich ohne zu fragen mehr über die Auslösesituation zu Hause erraten. Ich mußte mich sehr kontrollieren, darauf nicht mit einem Gegenübertragungsagieren zu antworten, nämlich das Material von außerhalb mit ihm durchzugehen, so daß daraus weder eine versteckte Elternbeschimpfung (konkordante Gegenübertragung) noch Unterrichtsstunden im Besserwissen und Bessermachen (komplementäre Gegenübertragung) wurden (Racker 1978). Solche Versuchungen hatten mich an den Vater erinnert, der als Philosoph für alles Menschliche Verständnis zu haben schien, dann aber im nachhinein stets Handlungsanweisungen und Veränderungswünsche vermittelte. Ich hatte mich also darauf zu beschränken, das Mitgeteilte so zu hören, als könne ich lediglich als potentieller Adressat (Übertragung) das meiste daraus entnehmen. Ich hatte inzwischen begriffen, daß die Symptomatik den Charakter der pathologischen Abwehr einer unerträglichen Situation hatte. Es war also meine Aufgabe, die unerträgliche Situation bei mir kennenzulernen und auf andere Wege der Veränderung oder der Erträglichkeit zu lauschen. Ich verknüpfte diese Überlegung mit der durch Bleuler angeregten Idee: Die Unverträglichkeit besteht darin, daß der Patient plötzlich keinen seelischen Raum außerhalb seiner selbst hat.

Ich schildere nun einige Sequenzen, die ich mir deshalb notiert hatte, weil ich sie für exemplarisch hielt. Der weitere Fortschritt dürfte in einer Aneinanderreihung derartiger Sequenzen bestanden haben. Ich vermute, daß der Patient deshalb inzwischen bei mir so gut wie keine aggressiven, destruktiven oder produktiven Ausbrüche mehr hat und daß sie auch in der Ergotherapie und im Altersheim nicht mehr Stein des Anstoßes sind. Der Patient erscheint äußerlich heutzutage als ein mehr oder weniger typischer Alter unter zahlreichen typischen Alten, die ihr Zimmer und ihr Essen gestellt bekommen und noch in der Lage sind, ihre Sachen zur Wäscherei und in die Änderungsschneiderei zu geben oder ihre Grippeimpfung beim Hausarzt abzuholen.

## 6. Das Gegenübertragungsleben und die Gegenübertragungsarbeit

Einmal kam er in einer lauthalsen Verfassung an, rücksichtslos überall schellend und bei mir sehr gespannt und sprungbereit landend. Ich konnte nichts verstehen. Ich entnahm seinem Gestammel lediglich, daß er zugeschaut hatte, wie eine bei den Eltern zur Untermiete wohnende japanische Philosophiestudentin Besuch von einem japanischen Kollegen bekam. Die beiden sprachen Japanisch miteinander. Augenblicklich geriet er in einen destruktiven Erregungszustand und schlug sich den Kopf an der Wand blutig. Die Sache war mir unbegreiflich. Als Antwort auf die Unbegreiflichkeit erschien in mir natürlich zuerst eine theoriegeleitete Phantasie, er habe gleichsam einer Urszene zugeschaut und sich ausgeschlossen erlebt. 'Natürlich' deshalb, weil bei diesen Krankheiten Theorie und Fachwissen als Sicherheit vermittelnde Gegenübertragungsphantasien regelmäßig zuerst auftauchen.

Diese Gedanken 'griffen' jedoch nicht recht, weil ich wußte, daß er schon häufiger zugeschaut hatte, wenn der Vater dieser japanischen Philosophiestudentin Deutschunterricht erteilte. Also war er eigentlich insofern stets ausgeschlossen gewesen. Nie war er dann meines Wissens nach in einen Erregungszustand geraten. Ich fand die Erklärung, die jedem Analytiker geläufig ist, daher plötzlich fremdartig. Während ich sie so davonschwimmen sah, tauchte ein ebenso fremder und deplaziert erscheinender Ausspruch von Goethe an Eckermann in meinen Gedanken auf. Goethe äußerte sich zum Phänomen des Staunens. Er sagte: „Den Menschen ist der Anblick eines Urphänomens [wie das Staunen] nicht genug, sie denken, es müsse noch weiter gehen, und sie sind den Kindern ähnlich, die, wenn sie in einen Spiegel geguckt, ihn sogleich umwenden, um zu sehen, was auf der anderen Seite ist."

Als ich aus dieser literarischen Erinnerung an einen Text wieder auftauchte, fühlte ich mich erneut befremdet, diesmal darüber daß ich tatsächlich so gescheit wie der Philosophie-Vater reagierte. Ich glitt in Ratlosigkeit hinein, nicht bemerkend, daß ich die literarische Erinnerung verwarf, anstatt mich in ihr umzuschauen. Dennoch war der Patient etwas weniger gespannt, als sei er bei mir wie 'auf einen fruchtbaren Boden gefallen'. Ich konnte mich innerlich etwas zurücklehnen und erinnerte mich an ein Erlebnis aus *meiner* Oberschulzeit, das mir in diesem Augenblick erneut weh tat. Ich war sehr verliebt gewesen, aber es war klar, dieses *fremde* Mädchen würde für mich unerreichbar sein. Ich stand jetzt erneut gebannt unter dem Eindruck, förmlich leibhaftig zu spüren, wie ich meine Liebe dadurch verlor, daß sie auf das Mädchen übergegangen war und daß ich diese Liebe nicht einfach wieder zurückholen konnte, weil aus der Beziehung nichts würde, so daß ich mein Gefühl in ihr nicht wiederfinden könnte. Das Erleben, daß meine Liebe nicht in mir blieb, daß sie sich auf jemanden richtete und daß ich mich vielleicht nur deshalb in Beziehungen stürzte, weil ich meine Liebe ganz konkret durch Umarmen und durch Liebemachen wieder haben wollte, schmerzte mich in diesem Augenblick aufs neue. Nach geraumer Zeit kam mir die Idee, ob ich den Patienten etwas mehr 'angefühlt' hatte. Als ich mit dieser Frage in meinen Augen aufschaute, grinste er mich an. Anscheinend hatte er bemerkt, daß er (in vertrackten literarischen und schmerzlichen Erinnerungen) 'lebendig in mir angekommen' und sozusagen 'in Arbeit war'. Sich in mir so erlebend, war seine psychotische Abwehr unnötig geworden. Er war in einem seelischen Raum angelandet. Er befand sich in meinem Gegenübertragungsleben.

## 7. Gegenübertragungsleben und Objektverlieren

Im Gegensatz zu dem Gegenübertragungs*erleben* auf neurosenpsychologischem Gebiet muß man das Erleben dieses Gegenübertragungstyps wegen seines Konkretismus als Gegnübertragungs*leben* bezeichnen. Das ist ein weiterer Unterschied zum Erleben des 'potentiellen' Raumes: der symbolische Mangel des Patienten wird „dadurch behoben, daß er durch eine Verkörperung dargestellt ist" (Neyraut 1976, S. 81). Sie sorgt für eine „psychische Beschlagnahme, eine Einkerkerung der Person des Therapeuten im subjektiven Raum des psychotischen Denkens" (ebd. S. 82). Was ich in dem Gegenübertragungsleben 'wahrgenommen' hatte, bekam ich erst heraus, als er gegangen war, und damit die Grenzen der eigenen Innerlichkeit wieder errichtet waren. Ich erinnerte mich an mächtige affektive Bewegungen. Die von Goethe beschriebenen waren das Verwundern und Entzücken, das Anfühlen als ursprünglichster Modus des Erkennens. Das andere war das Lieben. In beiden Erinnerungen gehen jedoch die Gefühle verloren. Goethe stellt dar, wie das Übergehen der Verwunderung auf einen Gegenstand dazu führt, hinter dem Gegenstand nach Gründen zu suchen. Die Gründe sollen den Verlust und das Unerklärliche abwehren. Gründe können so zu Symbolen werden. In meiner persönlichen Erinnerung geht Leidenschaft in einem anderen Menschen verloren. Das Verlieren dieser Lebenskräfte war das eine. Das andere war das Erleben, daß sich die Kräfte, bevor sie durch Projektion verloren gingen, schon in mir isolierten, ablösten, nicht integriert blieben, weil ich zu 'fassungslos' war, sie in mir zu behalten; und so gingen sie auch schon in mir verloren. Ich erinnerte mich an diese Spannung. Ich erinnerte mich an einen elementaren Objektverlierprozeß, der hinter den emotionalen Höhen und Tiefen der Pubertät verborgen sein kann. Der Patient war in der Pubertät erkrankt.

Auch in der ersten Erinnerung, in dem Dialog zwischen Goethe und Eckermann, verbarg sich ein elementarer Objektverlierprozeß, das Verlieren der Neugierbewegung; das Verwundern und Staunen nicht bei sich behalten zu können; sehen, daß sie in der Umwelt verschwinden und daß dies Unterkommen keine wiedererkennbare Bleibe findet; hinter dem Gegenstand suchen, also nach dem was, wo, warum und um wessen Willen fragen. Wenn ich beide in der Gegenübertragung wahrgenommenen Objektverlierprozesse auf den „Schiefen Mann“ zurückübersetzte, dann hieß das: Dadurch, daß die japanische Philosophiestudentin plötzlich japanisch sprach, war Sprache, über die etwas von ihm extendiert verarbeitet wurde, in einem fremden Sprachbehälter verlorengegangen. Nicht verstehen hieß verlieren. Er erkannte sich, sein Gehört-Gesprochenes in der fremden Sprache nicht mehr wieder. Er verlor sich. Es war also nicht das Einer-Urszene-Zuschauen und davon Ausgeschlossensein. Es war auch nicht der als 'homosexuell' zuschreibbare Gehalt des Gegenübertragungslebens, sondern es war das Verlieren eines Kraftflusses. Für seine Kraft hatte der Patient plötzlich keinen seelischen Raum mehr. Er erlebte sich nicht nur selbst auf das höchste entleert. Er erlebte sich auch im Anderen nicht mehr wieder 'zurück'.

Diese Ahnung, die der Patient in der geschilderten Gegenübertragungsarbeit generierte, wurde zu einem Schlüssel zum „Schiefen Mann“, der mir das Verständnis weiterer Episoden in meiner Sprechstunde eröffnete und handhabbar machte.

Zum Beispiel die folgende: Eines Tages saß er mir gegenüber und starrte mir unverwandt in den Schritt. Der Speichel tropfte ihm aus dem geöffneten Mund. Ich bemerkte meinen Ekel, das Geschehen wurde mir unheimlich, ich begann, unruhig zu werden. Als ich mich bewegte, brüllte er mich augenblicklich an und sprang Einhalt gebietend auf.

Ein paar Tage später bemerkt ich schon an seinem weitgestellten Blick und am versabberten Mantelrevers, daß er sich bedroht fühlte. Er sagte gar nichts, nachdem er sich hingesetzt hatte. Er sah mir diesmal unverwandt auf den Mund und seine Hand begann plötzlich mit heftigen Schüttelbewegungen. Als ich nach einiger Zeit etwas sagen wollte und eben den Mund öffnete, brüllte er mich an. Diesmal verstand ich ihn besser. Warum konnte ich ihn verstehen?

Als er mir auf den Mund schaute, kam mir ein kleines Porträt in den Sinn, das Andy Warhol 1952 „Truman Capote“ nannte. Das Portrait zeigt nur einen Haarschopf, die Umrisse einer Hand und Augen, die durch eine Lücke zwischen dem Ring- und kleinen Finger hindurch schauen. Und dann noch die Mundpartie. Ein sinnlicher Mund ist zu sehen. Und eine Nase mit den beiden Nasenflügeln, die ungewöhnlich knotig gestaltet sind. Graphisch merkwürdig ist zwischen Nase und Mund das Philtrum, die Nasenoberlippenrinne, ausgeführt. Folgt man der Verwunderung, dann entdeckt man, daß die Nasenoberlippenrinne und die knotigen Nasenflügel einem Kippbild gleich die Bedeutung ändern und zu einem Penis mit Hoden werden. Dann zeigt ein Penis auf die sinnlichen Lippen. Der Patient, der mir lange auf den Mund starrt und mit seiner Hand gleichzeitig 'masturbatorische' Bewegungen macht, gerät in Panik, als sich mein Mund öffnet, um etwas zu sagen. Dadurch gerät ihm sein Geschehen zu einer Fellatio. Das 'masturbierte Glied' gerät in den Sog des Mundes, in den Schlund, und er brüllt mich an, um das ihn verschlingende Geschehen zu unterbrechen. Er kann zwischen der fiktiven 'Masturbationsbewegung' und dem Projektionsprozeß nicht mehr die Herrschaft der Grenzziehung und der Bedeutungsgebung aufrechterhalten. Seine Bewegung geht in meine über, seine Bewegung entgleitet ihm in meiner Bewegung.

Alle diese Episoden aus dem Gegenübertragungsleben und Gegenübertragungsarbeiten zeigen, daß er die Herrschaft über seine Lebenskraft entweder verliert, wenn sie in mir verschwindet oder aber, daß er die Herrschaft dadurch verliert, daß sich der Andere die Lebenskraft, ohne die Mehrdeutigkeit des Geschehens zu bemerken, zu eigen macht und sie ihm damit enteignet und buchstäblich, nein, handgreiflich aus der Hand nimmt.

## 8. Gegenübertragungsleben und Objektüberfließen

Seelischen Raum zu suchen, hatte für den „Schiefen Mann" mit extremen Eindrücken, Objekte zu verlieren, zu tun. Nun möchte ich zum Abschluß darauf hinweisen, daß das Gegenteil, der Objektüberfluß, ebenfalls zutrifft. Ich hatte mich stets gewundert, daß er häufig schon so gespannt zu mir gekommen war. Aus der Kenntnis über diesen Patienten, die ich Ihnen hier schon entwickelt habe, wird einfühlbar, daß er eigentlich schon auf der Fahrt zu mir Unerträgliches erlebt haben mußte. Er fährt meist mit einem Bus von seinem Altersheim in die Stadt und von dort zu mir in die Praxis. Mit Umsteigen ist er etwa eine halbe Stunde unterwegs. Ich fragte ihn, ob diese halbe Stunde schon eine kleine Hölle für ihn bedeutete. „Nein", nuschelte er. Als ich jedoch einmal mit dem Bus zur Praxis fuhr, sah ich ihn einige Reihen vor mir sitzen. Ich beobachtete, wie geduckt er da saß und den Blick starr am Busfahrer vorbei in die Ferne richtete. Anscheinend versuchte er krampfhaft, irgend etwas festzuhalten. Ich setzte mich zurecht und starrte in die Ferne. Nach geraumer Zeit bemerkte ich in mir etwas Unheimliches hochsteigen. Zugleich ging eine Faszination davon aus. Während ich da saß und den Blick in die Ferne hielt, traten die Details der Umwelt zurück und es entstand eine Umkehr der Bildeindrücke. Zu Anfang bewegte sich mein Blick mit der Geschwindigkeit des Fahrzeugs über die Dinge hinweg, ja, ich hatte den Eindruck, ich könnte die Welt vor mir herschieben. So wurde der Blick wie zu einer Kraft. Aber nach kurzer Zeit begannen sich die Verhältnisse umzukehren. Plötzlich bewegten sich die Gegenstände auf mich zu, strömten in mich hinein und überfüllten mich, und ich drohte zu zerspringen. Von dieser Umkehr der Blickrichtung ging eine ungewöhnliche Faszination aus, gepaart mit einer großen Angst, Bewegung nicht mehr kontrollieren zu können. Als ich mit ihm zusammen in meiner Praxis ankam, wo wir wie gewöhnlich gegenüber Platz nahmen, und als ich bemerkte, daß er wieder so eigentümlich schaute, da setzte sich das kinetische Gegenübertragungsleben aus dem Bus fort, und ich schien über diesen Weg auf einmal zu begreifen, warum er schon mit großer Angst zu mir kam, warum er bei mir versuchte, seinen Aufruhr zu beruhigen und warum meine Bewegungen dazu führen mußten, Panik zu erzeugen.

Schließlich bekam ich eine Ahnung davon, warum er stundenlang am Eingang seines Altersheimes sitzt und in die Ferne starrt. Seine Projektionen finden einen virtuellen seelischen Raum in der Landschaft, in den Gegenständen, wenn sie sich nicht bewegen. In Abwandlung eines Ausspruchs von Valery könnte er sagen: 'Die Dinge, die ich als schiefer Mann sehe, sehen mich ebensowohl, wie ich sie sehe'. Der „Schiefe Mann" ist also gleichzeitig derjenige, der das Gegenübertragungsleben generiert und derjenige, der das Gegenübertragungsleben als gegebene Realität erlebt. Durch Stolpern, Stottern, Schiefstehen, Schauen, Schütteln und Schweigen verdichtet und verschiebt er das Gegenübertragungsleben in mir zu einer erlebbaren Wirklichkeit, in der er sich am hellichten Tag konfiguriert, um sich nicht zu verlieren oder überzufließen.

## 9. Seelischer Raum und Behandlung – eine Episode

Bisher war aus der fast dreißigjährigen Behandlung viel von averbaler Gegenübertragungsarbeit die Rede, deren Kern die Sicherheitsregulierung war. Sie werden mich fragen, wie konnte man mit dem „Schiefen Mann" überhaupt 'normal' reden? In der Zeit, als ich entdeckte, daß er in den Gegenständen 'wohnt' (und zu denen ja auch meine Worte gehören), habe ich lediglich explizit machen können, daß er z.B. das Zimmer, die Gegenstände oder mich betrachtend gleichsam in Besitz nimmt, sich in dem Gesehenen einrichtet. Ich folgte gewöhnlich seinen Blicken, und manchmal 'antwortete' ich, was er darin gerade sei, worin er sich gerade befinde. Dann wurde sein Gesicht straffer, lebendiger und offener. Er aß mehr. Eines Tages hatte er sich sogar ein Oberlippenbärtchen wachsen lassen. Obwohl sich in der Gegenübertragung die Phantasie konstellierte, nun sehe er beinahe wie Hitler aus, hielt ich es in zweierlei Hinsicht für fortschrittlich, daß er sein Philtrum bedeckte. Zum einen bemerkte ich, daß ich ihn mit Hitler verglich und ihn nicht für Hitler hielt. Damit war eine symbolische Dimension etabliert. Zum anderen kann man sagen, daß sich der „Schiefe Mann" eine Raumbegrenzung am Körper-Ich errichtete. Das war ein großartiger Fortschritt, den ich mir gegenüber seinen Primärobjekten früher nicht hatte vorstellen können. Geschweige denn mir gegenüber, um mich nicht erröten lassen zu müssen, wenn er sich aus mir heraus betrachtete. Er hatte 'verstanden', daß er nicht alleine im Bild war, sondern zu zweit, und daß ein phantasiertes Risiko oder gar eine phantasierte Katastrophe durch sein Dazutun, durch sein Bärtchen, ausblieb. So hatte er 'verstanden', daß wir zu zweit und dennoch getrennt waren. Wenn ich dann an der Art seines Blickes, an seiner Hand oder an seinem Speichelfluß beobachten konnte, daß die 'Gegenstände' in einen gemeinsamen und unhinterfragten Besitz übergegangen waren, dann konnte ich vielleicht mit einem 'Sprachkritzel' weitere Bedeutungen zufügen. An solchen Stellen hatte ich erstmals den Eindruck von einen potentiellen Raum i.S. Winnicotts *zwischen* uns. Aus dem 'virtuellen' Raum mochte ein 'potentieller' Raum geworden sein. Erst wenn ich also feststellen konnte, daß sein Blick nicht weitgestellt und dekonzentriert war, war ich mir einigermaßen sicher, daß er nicht mehr darum rang, über seine Augen in meinem Gegenübertragungsleben in einer befriedeten Welt zu sein und zu bleiben, und daß ich dieses Ankommen und Bleiben nicht stören würde. Wenn ich so sah, daß er befriedet in seiner Welt war, konnte ich ihm mit meinen Sprachbewegungen einen Vorschlag machen. Hierzu ein Beispiel: Eines Tages hatte seine Mutter eine Operation, die sie so schlecht überstand, daß sich der Vater, der auch nicht mehr gut beisammen war, kurzerhand in das gleiche Krankenzimmer aufnehmen ließ. Trotz dieses 'rooming-in' wurde die Mutter immer verwirrter, und sie wurde von der dreieinhalb Jahre jüngeren Schwester versorgt, die sonst weit außerhalb wohnte. Mit dieser Schwester hatte sich der Patient noch nie verstanden. Die Schwester ihrerseits sagte über ihn nur drei Worte: „verwöhnt", „faul" und „eifersüchtig". Insgesamt war durch die Operation eine Situation entstanden, in der große Konfusion herrschte. Es konnte vorkommen, daß er schrie, kommandierte – womit er offensichtlich die Herrschaft über das unkontrollierte Gegenübertragungsleben des Hauses übernehmen wollte – und daß er anschließend mit dem Kopf gegen die Wand schlug. In diesen zwei Wochen kam er einmal zu mir und brachte scheinbar nebensächlich einen ausgefransten Korb aus Pettigrohr mit. Dann interessierte er sich für einen zerbrochenen Krug in meinem Zimmer. Als ich daran bemerkte, daß er pantomimisch, über die Sprache der Bilder, Botschaften austauschen wollte, konnte ich annehmen, daß ihm die Gegenstände sicherer geworden waren. Dann dienten sie nicht mehr als virtuelle Räume, sondern als Mittel der Botschaft, sie hatten Symbolstatus bekommen. Ich dachte mir, daß dieser Bedeutungswandel auch für Worte gelten konnten und daß wir Worte nicht mehr allein als 'Wohnorte', sondern als 'Bedeutungsorte' benutzen könnten. Ich sagte daher: „Der Korb sieht so verwirrt aus wie jetzt manchmal Ihre Mutter. Wie gut, daß Sie ihn wieder richten können." Er nickte und zeigte auf ein Bild von Piranesi, das einen der „Carceri" darstellt. Piranesis „Carceri" zeigen Visionen, die er im Fieber gehabt hatte. Diese Visionen bestehen aus phantastischen Räumen, in denen sich immer wieder neue Perspektiven aus neuen Standpunkten und damit scheinbar neue Räume auftun. Sie erzeugen den Eindruck des Fortschreitens. Aber sie enden niemals im Freien. Nachdem der „Schiefe Mann" auf einen „Carceri" gezeigt hatte, fragte er mich: „Ist das Wirklichkeit?" Ich nickte. Einerseits war es wirklich, daß er mehr Raum und mehr Raumgrenzen gewonnen hatte. Andererseits mußte ich seine Frage: „Führt Ihre 'Korbinterpretation' wirklich ins Freie?" verneinen. Der

„Schiefe Mann" führte jedoch mit seiner Frage eine Auseinandersetzung darüber, ob ihm meine Sätze wirklich heraushelfen aus einer 'gruftigen' Identifizierung mit seiner verwirrten Mutter. Früher hatte er getobt, jetzt setzte er sich verbal auseinander. Nun sprach er nicht 'mit seiner Mutter' sondern '*über* seine Mutter'. Damit war er bereits etwas mehr herausgekommen. Das war eine gegenseitigere Form der Auseinandersetzung als die abstrahierte, die er einen Monat später aus Anlaß seines Geburtstages skizzierte. Da sagte er nämlich, daß er sich zum Geburtstag ein lateinisch geschriebenes Buch von Euklid schenken lassen wolle, in dem die Spiegelgeometrie abgehandelt wird. Zwar war dies eine narzißtische Form der Sehnsucht nach 'Gegenübertragungsleben' und 'Gegenübertragungsarbeiten' und eine narzißtische Form der Sehnsucht nach Triangulierung (Euklid). Aber es war doch vor allem ein prozessualer Charakter, ein Antwortcharakter, der sich unverkennbar zwischen uns über die 'Carceri-Thematik' entwickelt hatte, und der wesentlich weniger unpathologisch und unpathoplastisch war.

## 10. Zusammenfassung

In der therapeutischen Arbeit mit leichten und schweren Neurosekranken wird der 'analytische Raum' der Übertragungsneurose zu einem Ort, an dem sich das gegenwärtige psychische Leben in einer neuen Beziehung repetitiv entfalten kann. Das repetitive Element kann sich auch in jeder alltäglichen Beziehung entfalten. In einer therapeutischen Beziehung kann sich neben dem repetitiven Element in der Übertragungsneurose ein erneuerndes Element auftun. Das *neurotische* Denken vermag dort die Übertragung zu benützen, d.h. psychischen Gewinn aus ihr zu ziehen. Das neurotische Denken breitet seine Phantasiewelt anhand innerer Objekte aus, die in inneren Vorstellungen symbolisierbar sind. Auch der Prozeß der Verschiebung der inneren Objekte auf innere Vorstellungen muß selber als symbolische Verschiebung verstanden werden: „Die symbolische Verschiebung des psychischen Inhaltes ist unerläßlich, damit überhaupt Aussicht besteht, eine Übertragung eines Tages *bewußt* zu machen" (Neyraut 1976, S. 80).

„Endopsychische Verschiebung" (die also noch vor einer Projektion liegt) ist beim *psychotischen* Denken ebenfalls zu beobachten.

Aber sie vollzieht sich in einem nicht-symbolischen Raum. Der Vorgang der Verschiebung wird 'verkörpert'. Der Psychotiker holt „Eimer, um das verschüttete Wasser aufzuschöpfen, ohne daß man zunächst wüßte, wozu" (ebd. S. 81). Mit einem verkörperlichenden Prozeß ist die grundsätzlich erneuernde Seite der Übertragung nicht verwendbar. Das verkörperlichende Eindringen des psychotischen Denkens in das Unbewußte Anderer 'verkörperlicht' sich dort, drängt das symbolisierende Denken an die Wand und verstört es zumeist. Diesen Vorgang beobachten wir jedoch nicht nur beim psychotischen Denken, sondern zum Beispiel auch beim psychosomatischen Denken und bei allen Erscheinungsformen erzwungenen konkret-helfenden Denkens.

Ich habe am Beispiel des psychotischen Denkens eines chronisch Schizophrenen versucht zu beschreiben und zu diskutieren, daß aus diesen Gründen Winnicotts Konzept vom 'potentiellen Raum' kaum zu einer Handlungsorientierung anwendbar ist. Ich habe den intrapsychischen Ort, in dem verkörperlichendes Denken eindringt, sich den Raum 'schnappt' und auf symbolisierendes Denken aufprallt und es verstört, als 'virtuellen Raum' aufgefaßt. 'Virtuell' deshalb, weil dieser Raum nur der Anlage nach als möglicher Entwicklungsprozeß vorhanden ist. Der Raum ist kein (Hohl-)Raum in statisch-metrischem Sinne, sondern der Prozeß ist der Raum. Behandlungspraktisch definiert transportiert der virtuelle Raum die Gegenübertragung. 'Virtuell' ist der Raum, der die Gegenübertragung transportiert, deshalb, weil die Umwandlung des in diesem Raum sich unvermeidbar ereignenden 'Gegenübertragungslebens' in 'Gegenübertragungsarbeit' nur ein der Anlage nach denkbarer Entwicklungsprozeß ist. Erst die Bewältigung der beschriebenen innerseelischen Vorfälle in der Gegenübertragungsarbeit des jeweiligen Therapeuten (container-contained-Interaktion i.S. Bions: vgl. Grinberg et al. 1993, S. 61; z.B. fokussierende Selbstanalyse) vermögen das verkörperlichte Verschieben zu einem symbolisierenden Verschieben zu transformieren. Die Reintrojektion erlaubt dem 'psychoti-schen Denken', sich 'pathologische Antworten' zu ersparen. Psychotherapeutische Arbeit mit psychotischem Denken kann ein Ziel erfolgreich zum Inhalt haben: pathologische Antworten zu erübrigen. Die ungewöhnliche Arbeit an einem gewöhnlichen Ziel kann jedoch von einer alltäglichen Umwelt und von Medikamenten nicht erwartet werden.

## Literatur


Albers, M. (1998): *Die Langzeitbehandlung der chronischen Schizophrenie*, in: Nervenarzt 69, S. 737 - 751.

Cohen, M.B. (1952): *Countertransference and anxiety*, in: Psychiatry 15, S. 231 - 243.

Danckwardt, J.F. (1977a): *Die Bedeutung der Psychotherapie im Behandlungsplan akut Schizophrener*. Erweiterte Fassung eines Vortrags gehalten an den Fortbildungstagen der Universitäts-Nervenklinik, Tübingen, S. 24 - 26. Oktober 1975.

Danckwardt, J.F. (1977b): *Objektbeziehungen und Psychopharmakon bei der Auslösung eines Falles perniziöser Katatonie*. Erweiterte Fassung eines am 14.5.1976 in der Universitäts-Nervenklinik, Tübingen, gehaltenen Vortrags.

Danckwardt, J.F. (1978): *Zur Interaktion von Psychotherapie und Psychopharmakotherapie*. Psyche 32, S. 111 - 154.

Devereux, G. (1967): *Angst und Methode in den Verhaltenswissenschaften* (Hanser) München.

Eckermann, J.P. (1917): *Gespräche mit Goethe in den letzten Jahren seines Lebens*. Leipzig.

Freud, S. (1913): *Die Disposition zur Zwangsneurose*. GW, 8, S. 441 - 452.

Freud, S. (1910): *Die zukünftigen Chancen der psychoanalytischen Therapie*. GW, 8, S. 103 - 116.

Frauenfelder, A., Ebner, G, Schätzle M. (1998): *Zum Stand der Psychotherapie der Psychosen*. Nervenarzt, 69, S. 823 - 825.

Gill, M.M. (1982 a): *Analysis of Transference*. Vol. I Theory and Technique (IUP) Madison/Connecticut.

Gill, M.M. (1982 b): *The interpersonal paradigm and the degree of the therapists involvment*. Contemp. Psychoanalysis 19, S. 202 - 237.

Grinberg, L., Sor, D., Tabak de Bianchedi, E. (1993): *W.R. Bion - Eine Einführung*. (frommann-holzboog) Stuttgart.

Heimann, P. (1950): *Über die Gegenübertragung*, in: Forum der Psychoanalyse 1996, 12, S. 179 - 184.

Neyraut, M. (1976): *Die Gegenübertragung*, in: Neyraut, M: Die Übertragung. S. 13 - 97. (Suhrkamp) Frankfurt.

Racker, H. (1978): *Übertragung und Gegenübertragung*. (Reinhardt) München / Basel

Searles, H.F. (1974): *Der psychoanalytische Beitrag zur Schizophrenieforschung*. (Kindler) München.

Tyson, R.L. (1986): *Countertransference evolution in theory and practice*. J. Amer. Psychoanal. Assn., 34, S. 251 – 274.

Winnicott, D. (1979): *Vom Spiel zur Kreativität*. (Klett-Cotta) Stuttgart.

Winnicott, D.W. (1960): *Counter-Transference*. British J. Med.Psychol., 33, S. 17 – 21.

Warhol, A. (1998): *Zeichnungen 1942-1987*. Tafel 47 Truman Capote, c. 1952, (42,5 x 34,9). Katalog Kunstmuseum Basel / The Andy Warhol Museum, Pittsburgh.

*Horst Nonnenmann und Martin Feuling*

# Von einem langen Marsch durch die Instanzen – Analytische Räume und Topik

## Teil 1: Horst Nonnenmann

Es ist mir ein Vergnügen, mit Martin Feuling zusammen am Beispiel eines heute einundzwanzigjährigen jungen Mannes über unsere Arbeit nachzudenken. Wir begleiten ihn gemeinsam, wenn auch auf unterschiedliche Art, seit etwa drei Jahren. Wir wollen den jungen Mann Diego nennen. Nicht etwa, weil er ein genialer Fußballer wäre, sondern weil er mich geradezu heftig an den berühmten mexikanischen Künstler Diego Riviera erinnert. Dieser Koloß von einem Mann, dessen Leben als exzentrisch und expansiv beschrieben wird, schaffte es, sein von einer Art Urgewalt getriebenes Leben mit Malerei in Zaum zu halten und ein kreatives und an Erfahrung reiches Dasein zu führen.

Außerdem sagt man, daß Riviera gerne und viel aß und ein großer Geschichtenerzähler war. Unser Diego ißt auch viel und spricht auch gerne, wenngleich es nicht immer Geschichten sind, sondern eher fragmentarische Einfälle, die sich meist um dasselbe drehen. Ich lerne ihn lange vor seiner Aufnahme in unserer Wohngruppe „Hagenwört" kennen: Bei meinen häufigen Besuchen in der Jugendpsychiatrie begegnet mir immer mal wieder ein junger Mann, der aufgeschlossen den Kontakt zu mir sucht. Er erzählt mir, daß er gerade Ausgang habe, heute schon sieben Zigaretten geraucht habe, und fragt mich dann, ob ich das viel finde. Ich erfahre von ihm, woher er kommt, daß er sich für Drogen und Alkohol interessiert, und er scheint mit mir gerne auch dieses Thema vertiefen zu wollen. Da ich meist nur wenig Zeit habe, kommt es dazu nicht. Aber ich bin durchaus erstaunt, daß er geradezu höflich meine Verabschiedung akzeptiert und mir mit angedeuteter Verneigung die Hand gibt. Und ich, ob so viel Höflichkeit ziemlich überrascht, ziehe von dannen.

Jedenfalls merke ich, wenn sich diese kurzen Begegnungen andeuten, daß sie mich freuen, und als schließlich die Jugendpsychiatrie eine Aufnahmeanfrage an uns richtet, tut es mir richtig leid, daß wir in absehbarer Zeit keinen Platz für Diego frei haben. Viele Monate später dann, die für Diego sicher keine gute Zeit waren, zieht er bei uns in der Wohngruppe „Hagenwörtstraße" ein, und wir lernen ihn besser kennen. Diego ist noch immer ein kontaktfreudiger Mensch, verhandelt mit jedem, der ihm begegnet und in allen möglichen und unmöglichen Situationen seine Themen, die ihn beschäftigen. Er fragt seine Mitmenschen, ob sie ihn für dick oder dünn halten, verwickelt sie in Gespräche über Alkohol und Drogen oder will ihre Meinung über Sekten erfahren. Er spricht Menschen auf der Straße an, bringt seine Themen am Arbeitsplatz ein, verhandelt sie tagtäglich mit uns in der Wohngruppe, läßt sie in seine Therapiestunden einfließen, und auch die Käseverkäuferin in unserem Supermarkt weiß um seine leidenschaftlichen Interessen.

Diego stellt seine Fragen schon seit vielen Jahren, und er erinnert sich auf unglaubliche Weise an all die Antworten, die er darauf bekommen hat. Häufig beantwortet er sich seine Fragen auch selbst und gewährt dadurch Einblick in den Schatz der pädagogischen, philosophischen oder therapeutischen Interventionen, die im Laufe seines Lebens Aufnahme in ihm gefunden haben, damit sie dort, sicher verwahrt, keine Unruhe in sein Seelenleben bringen. Und er packt sie zu ihm günstig erscheinenden Augenblicken aus, um etwas Unruhe in das Seelenleben der ihn umgebenden Pädagogen zu bringen.

Diego ißt gerne und viel und will auch trotz seiner eifrigen Nahrungsaufnahme auf das Reden nicht verzichten, was öfter zu einem Durcheinander von dem, was rein und raus soll, führt. Sein kaum stillbarer Hunger sorgt dafür, daß Diego auf erstaunliche Art seine Garderobe sprengt und er dann den robustesten Jeans die Nähte aufreißt. Dies liegt auch daran, daß er die Hosen nicht mehr über seinen Bauch gezogen bekommt und sie deshalb immer etwas zu tief sitzen. Außerdem werden die Nähte dadurch aufgeweicht, daß er häufig von Durchfall geplagt wird, weil seine Körperfunktionen den gierig hineingestopften Lebensmitteln nicht mehr gewachsen sind.

Seine zerrissenen Hosen liegen meist mit brauner Bremsspur kreuz und quer in seinem kleinen Zimmer. Auf seinem Schreibtisch stapeln sich leere, halbvolle und volle Zigarettenschachteln. Dazwischen liegen halb ausgeleerte Tabakbeutel und jede Menge Krümel, weil er sich gerade im Zigarettendrehen übt. Diese sind noch von ausgelutschten Kaugummis an den Schreibtisch festgeklebt. Unmengen an Einpackpapieren, die auf dem Boden, auf dem Schreibtisch oder unter dem Bett liegen, lassen darauf schließen, was er in den vergangenen Tagen an Süßigkeiten konsumiert hat. Und irgendwo vergraben liegt ein wichtiges Schreiben vom Arbeitsamt, das er vergessen hat, uns zu zeigen. Unzählige Flaschen liegen herum. Die einen sind nicht recht verschlossen, weshalb sie auf dem Teppichboden große Flecken hinterlassen, in den anderen halbvollen Flaschen schwimmen Zigarettenkippen, die das Mineralwasser unangenehm verfärben.

Diego kennt die Regeln und Gesetze Hagenwörts ganz genau. Er hat, wenn man es so bezeichnen will, ein ausgeprägtes „Über-Ich". Er weiß um die Abmachungen am Essenstisch. Er weiß, was als schriftlich ausgearbeitete Abmachung an seiner Tür hängt, auch darum, daß er nur eine Getränkeflasche in seinem Zimmer haben darf. Ebenso ist ihm bekannt, daß im Zimmer nicht geraucht wird. So häufig wie mit keinem anderen Bewohner haben wir mit ihm auch verhandelt, wie notwendig es ist, die Grenzen der Mitbewohner und Mitbewohnerinnen zu respektieren, um ein möglichst angstfreies Leben in der Gemeinschaft zu ermöglichen. Diego weiß, wenn er diese Grenzen verletzt.

Und er tut es. Zum Beispiel wenn er seine Mitbewohner mit seinen Themen „belämmert" oder ihnen auch körperlich zu nahe tritt. Er betatscht Mitbewohner und Mitbewohnerinnen, dringt in ihre Zimmer ein und bestiehlt sie schließlich auch. Wir erfahren von seinen Vergehen meist von ihm selbst. Langsam nimmt die Verzweiflung in uns zu, und wir wissen nicht mehr, wie es mit Diego weitergehen soll. Bevor ich einige anamnestische Daten über Diego vortrage, um mich ihm dann über einige Sequenzen aus dem Alltag der Wohngruppe zu nähern, werde ich einen kleinen Exkurs zu Diegos psychiatrischer Diagnose nehmen.

## Zum Tourette-Syndrom

Diego wurde mit einem *Gilles de la Tourette-Syndrom* diagnostiziert. Dieses Syndrom wurde erstmals 1885 von dem französischen Arzt Gilles de la Tourette beschrieben als eine „nervöse Affektion, die sich durch motorische Unkoordiniertheit, begleitet von Echolalie und Koprolalie auszeichnet". Dieses Krankheitsbild machte einige Jahre Furore und verschwand dann um die Jahrhundertwende weitgehend aus dem psychiatrischen Kanon im Zuge der historischen

„Spaltung in eine seelenlose Neurologie und eine körperlose Psychologie.“[1]

Der in Amerika lebende Neuropsychologe Oliver Sacks brachte dieses Krankheitsbild Anfang der siebziger Jahre neu in die Diskussion. Nach Sacks ist das *Tourettsche Syndrom* gekennzeichnet durch einen Überschuß an nervlicher Energie und eine übersteigerte Neigung zu seltsamen Bewegungen und Impulsen. Diese drücken sich in Tics, Zuckungen, gekünstelten Verhaltensweisen, Grimassen, Geräuschen und Flüchen aus. Die unwillkürlichen Imitationen und zwanghaften Handlungen sind häufig gepaart mit einem sonderbar schalkhaften Humor und einer Neigung zu übermütigen, neckischen Spielereien. Tourette verstand dieses Syndrom als eine Art von Besessenheit, bei der der Betroffene von primitiven Impulsen und Riten beherrscht wird. Sacks beschreibt die Krankheit als „Kampf zwischen einem Es und einem Ich“ und kommt zu der Auffassung, daß der Tourette-Patient im Gegensatz zu anderen organischen Psychosyndromen wie z.B. Parkinsonismus und Veitstanz (Chorea) „sein Leiden mit schmerzlicher und letztlich paradoxer Scharfsichtigkeit erkennt, obwohl er nicht in der Lage und auch nicht willens sein mag, etwas dagegen zu unternehmen!“ [2]

Der „Kampf des Ich mit dem Es“, kompliziert sich bei Diego dadurch, daß die anderen, von Freud herausgearbeiteten Entwicklungsstufen des Ich, die Instanzen des „Lust-Ich“, des „Ideal-Ich“, des „Ich-Ideals“ in Gleichzeitigkeit vorhanden sind. Diego springt oft innerhalb von Sekunden zwischen diesen sehr unterschiedlich strukturierten Ich-Niveaus und reißt seine Begleiter mehr oder weniger heftig in diesem Schwanken mit. Durchgängig wirksam scheint Diegos „Über-Ich“, das oft als sehr rigide, auslöschend, selbstentwertend und archaisch erscheint und meist nur in Gegenwart eines mildernden anderen als begrenzter moralischer Imperativ und konstruktiv wirksames schlechtes Gewissen wirkt. Aus der Position des Ich und des Über-Ich nimmt Diego tatsächlich seine Lebenssituation immer wieder paradox-scharfsichtig wahr. Allerdings kann er diese Scharfsichtigkeit kaum als Fähigkeit benutzen, Veränderungen oder Entwicklungen zu ermöglichen, vielleicht weil er befürchtet, dadurch seine Identität zu verlieren. Er selbst spricht oft von seiner „Krankheit“, sowohl im Sinne einer Hoffnungslosigkeit über sich selbst, wie auch im Sinne einer Entschuldigung für seine Übeltaten, die er selbst durchaus als solche wahrnimmt. Vielleicht um die einmalige Singularität seiner Existenz zu unterstreichen spricht er selbst von seinem „Euro-Gilette-Symptom", das in der Tat noch in keinem psychiatrischen Lehrbuch aufgeführt ist.

Die Angst, durch die Aufgabe pathologischer Bewältigungs-, Abwehr- und Verhaltensmuster seine Identität zu verlieren, ist zweifellos kein Privileg organisch begründeter Psychosyndrome, sondern ebenso bei primär psychogenen Erkrankungen anzutreffen. Sicherlich wäre es auch weitestgehend möglich, Diegos pathogene Verhaltensweisen aus seinen mißlingenden primären Beziehungserfahrungen zu begründen. Aber zum einen ist eine Anamnese der frühen Zeit mit Diegos Eltern noch kaum zu erarbeiten gewesen. Diese Lücke wiederum hat andererseits auch etwas damit zu tun, daß der adoleszente Diego an der Schwelle der Verselbständigung und Ablösung von seinen Eltern steht.

Weshalb haben wir hier die medizinisch-psychiatrische Diagnose Diegos ins Spiel gebracht? Weil sie tatsächlich zu einem konkreten Zeitpunkt der Arbeit mit ihm in unseren Supervisionen ins Spiel kam. Zu diesem Zeitpunkt hatte das Ins-Spiel-Bringen dieser Diagnose wohl in erster Linie die Funktion eines Schutzes für uns selbst, die wir mit Diego arbeiten: Sie sollte uns schützen vor einem verleugnenden therapeutischen Idealismus, der angesichts von Diegos vorhandenen Ich-Fähigkeiten einerseits und seinem verzweifelten Festhalten an seinen pathogenen Verhaltensmustern andererseits immer nur enttäuscht werden kann. Aufgrund von zu hohen Erwartungen an seine Entwicklungsfähigkeit hätten wir Diego schon vielfach fallen lassen müssen, um unsere eigenen Ideale, unsere Hoffnung und den Glauben an den Sinn dessen, was wir tun, wo wir unsere Kräfte investieren, zu schützen.

Die Schwierigkeit besteht dann darin, nicht umgekehrt in einen therapeutischen Nihilismus zu verfallen, der etwa sagen würde: was soll die vergebliche Liebesmühe bei einem Menschen wie Diego; gegen die organische Dysfunktion kann man psychotherapeutisch und sozialtherapeutisch doch nichts ausrichten! Wegen der großen Kluft zu seinen offensichtlich auch vorhandenen Fähigkeiten begannen wir nämlich zu denken, daß bei Diego nicht ein Nicht-Können sondern ein Nicht-Wollen vorliegt. Die Unterstellung eines Nicht-Wollens ist aber nur in einem bestimmten Maße tragfähig, kann auch in einer analytisch reflektierenden Institution nur schwer als identische Willensäußerung akzeptiert werden.

Wir wollen hier ausdrücklich nicht in eine detaillierte Diskussion der somatopsychischen Ergänzungsreihen bei neurologisch-organischen Psychosyndromen eintreten, sondern diese Fragen hauptsächlich in ihrer Bedeutung für das Entstehen analytischer Räume im komplexen Spiel von Übertragungen und Gegenübertragungen aufgreifen. Eine psychiatrische Diagnose ist zunächst eine Form des Wissens, die als solche dem Entstehen analytischer Räume entgegensteht. Denn das Entstehen-Können analytischer Räume hat sehr viel mit einer spezifischen Form des Nicht-Wissens zu tun. Man bewegt sich hier immer am Abgrund eines Zuviel und eines Zuwenig an Wissen, aber auch eines Zuviel und eines Zuwenig an Begehren auf beiden Seiten: des Analytikers wie des Analysanten.

## Anamnese

Laut Akten war die Schwangerschaft und Geburt von Diego unauffällig. Seine Sprachentwicklung war verzögert und mit dreieinhalb Jahren wurde er erstmals mit Stottern auffällig, was zum Besuch eines Sprachheilkindergartens führte. Schon im Kleinkindalter zeigte Diego Verhaltensauffälligkeiten, konnte sich nicht mit sich selbst beschäftigen und brauchte ständig Hilfe. Seit seinem siebten Lebensjahr hat er eine chronische *Diarrhö* ohne organischen Befund. Da beide Eltern als Inhaber eines mittelständischen Betriebs berufstätig waren, führte Diegos Hilfsbedürftigkeit zu großen Spannungen in der Familie. Mit zehn Jahren kam es zu einer erstmaligen Vorstellung bei einem Psychiater, der neben zwanghaften Verhaltensweisen und einer Angstsymptomatik auch Teilleistungsstörungen mit Erschwerung der Anpassung an Umweltanforderungen feststellte.

Mit elf Jahren nahm Diego selbst plötzlich ausgeprägte Ticsymptome an sich wahr. Ein Jahr danach begann sein erster stationärer Aufenthalt in einem heilpädagogisch-therapeutischen Jungenheim, der drei Jahre dauerte. Während dieses Aufenthalts wurde zum ersten Mal ein *Gilles de la Tourette-Syndrom* mit faszialen und oralen Tics sowie Stottern, Echolalie und einem hyperkinetisch anmutenden Bewegungsbild diagnostiziert. Durch eine medikamentöse Einstellung ließ sich die Symptomatik bessern.

Mit fünfzehn Jahren wechselt Diego in eine Sonderberufsschule mit angeschlossenem Internat. In diesem Rahmen, der wesentlich weniger Betreuung als das vorhergegangene Jungenheim bot, eskalierte die Situation innerhalb weniger Wochen, und es folgt eine erste

Krisenintervention in der Kinder- und Jugendpsychiatrie und, nach dem endgültigen Scheitern in dem Internat, eine stationäre Psychotherapie von beinahe zwei Jahren.

Da in unserer Wohngruppe „Hagenwört" auf absehbare Zeit keine Aufnahme möglich ist, wird Diego im November 1994 in eine Rehabilitationseinrichtung für erwachsene psychisch kranke Menschen verlegt. Auch dort ist er sehr schnell in dem gebotenen Rahmen überfordert. Nach sechs Wochen wird er deshalb zu seinen Eltern entlassen. Diego verfällt dort mehr und mehr in einen Zustand des Schwankens zwischen manischem Agieren und depressiver Verwahrlosung. Arbeitsversuche im elterlichen Betrieb scheitern kläglich, er treibt sich in Kneipen herum, wo er teilweise gefährliche Ablehnung gegen sich provoziert. Neben suizidalen Tendenzen kommt es zu Hause auch immer wieder zu aggressiven Eskalationen mit den Eltern, insbesondere mit der Mutter, was zweimal zu kurzfristigen Aufenthalten in einer Erwachsenenpsychiatrie führt.

Im September 1995 nehmen die Eltern Kontakt mit unserem Verein auf mit dem Ziel, Diego in der Wohngruppe „Hagenwört" unterzubringen. Da dort aber erst ein halbes Jahr später ein Platz frei wird, richten wir übergangsweise ein ambulantes Setting ein. Die wesentlichen Bestandteile dieses Settings sind zwei therapeutische Einzelstunden pro Woche bei Martin Feuling und an drei Wochentagen eine jeweils zweistündige Arbeitserprobung in einer Behindertenwerkstätte für psychisch Kranke, wobei er von Kolleginnen und Kollegen unseres „Arbeitsprojekts" begleitet wird. Im April 1996 wird Diego in „Hagenwört" aufgenommen, und hat, was für die Konzeption der Wohngruppe selbstverständlich ist, auch weiterhin seine therapeutischen Einzelstunden und Kontakte mit dem „Arbeitsprojekt", das für seine Integration in das Arbeitsleben zuständig sind.

## Sequenzen aus dem Alltag

Im folgenden möchten wir uns dem Tagungsthema in der Form nähern, daß ich zuerst einige Sequenzen mit Diego aus dem Alltagsleben darstelle und dann Martin Feuling aus den therapeutischen Einzelstunden berichtet. Daran anschließend werden wir einige Überlegungen zu analytischen Räumen anstellen.

Beispiel 1:

Ich erinnere mich spontan an ein Abendessen, wie wir es ähnlich schon x-mal vorher erlebt haben. Diego schlingt wieder gierig Unmengen in sich hinein. Auf seinem Teller und drum herum sieht es aus wie auf einem Schlachtfeld. Dazu redet er ohne Punkt und Komma, was ihm gerade in den Sinn kommt. Da er meist mit vollem Munde spricht, bekommt man vom Inhalt seines Redens wenig mit, dafür mehr von dem zerkleinerten Inhalt seiner Essensreste, die statt in seinem Magen auf dem Tisch landen. Meine Versuche, ihn in seinem Eßverhalten zu begrenzen, bewirken nicht viel, außer daß die immer lautstärker werdende Auseinandersetzung die Atmosphäre am Tisch verdirbt. Meine anschließende Bemühung, Diego eher ruhig und durch Blickkontakt im Zaum zu halten, erzeugt in mir zusehends ein Gefühl der Wut, die gefährlich zunimmt. Neben oder vielleicht auch bedingt durch diese Wut nehme ich so deutlich wie noch nie die Verletzungen wahr, die sein Verhalten (vielleicht auch meine Versuche, daran etwas zu verändern) in der Gruppe anrichten.

In aller Ruhe bitte ich ihn, jetzt mit seinem Reden aufzuhören und seinen Teller leer zu essen, ohne daß er diesen nochmals auffüllen kann. Ich bin in diesem Augenblick bereit, notfalls mit Gewalt die alle Anwesenden verletzende Situation aufzulösen. Ich nehme an, daß Diego meine Gewaltbereitschaft sehr genau spürt, und das Essen kann in Ruhe zu Ende geführt werden.

Was ist bei diesem Abendessen geschehen? Diegos immerwährender Kampf zwischen seinem rigiden Über-Ich und seinen mächtigen Es-Impulsen plagt ihn immer wieder, natürlich auch in Essenssituationen. Und er verwickelt seine Umgebung über projektiv-identifikatorische Prozesse in diesen Kampf, weil sein Ich damit überfordert ist. Er weiß, wie man sich am Tisch benimmt, genauso wie er die Zusammenhänge zwischen zu vielem Essen und Dickleibigkeit kennt. Meine Bemühung, ihm bei diesem inneren Prozeß als Hilfs-Ich zur Verfügung zu stehen, erzeugt Wut und Ärger, die Diego wiederum nicht in sich halten kann und mich zum Träger dieser Affekte macht. Aber er schafft sich dadurch nicht nur eine Erleichterung für sich, sondern belastet auf geradezu unerträgliche Weise eine Gruppe mit vielem, was ich in diesem Moment für nicht mehr akzeptabel ansehen kann. Und ich verlange ihm deshalb ab, etwas in sich zu halten, was er meint nicht in sich ertragen zu können und deshalb gerne im Außen deponieren würde. Ich setze seiner Kommunikationsform, in der er die Getrenntheit von sich und den anderen immer wieder verleugnet, eine Grenze und bestehe darauf, daß er seine inneren Konflikte nicht nach Belieben zu äußeren Kampffeldern machen kann.

Beispiel 2:

Diego, Sie wissen es schon, ist dick, und er hat eine Begabung dafür, seine Mitmenschen in Auseinandersetzungen um das Dick- oder Dünnsein zu verwickeln und sie auch immer wieder dazu zu verleiten, ihm auf die eine oder andere Weise verletzend zu begegnen.

Ich erinnere mich an eine Zeit, in der ich mich sehr darum bemühte, diese sado-masochistischen Spiele nicht mehr mitzumachen und auf seine Fragen um das Dicksein in keiner Weise mehr bewertend zu antworten. Es scheint mir, daß ich ein wohlwollender Begleiter seiner inneren Auseinandersetzungen werde, alles haben und verschlingen, aber doch auch schlanker werden zu wollen. Ich biete ihm auch an, ihm dabei behilflich zu sein, einige Kilos abzunehmen, wenn er es denn wirklich will. Ich empfinde diese Phase der Beziehungsentwicklung als angenehm und meine auch zu bemerken, daß Diego damit beginnt, die Kämpfe zwischen seinem ausgeprägten Über-Ich und seinen drängenden Es-Impulsen mehr in sich halten zu können. Mein Umgang mit ihm wird liebevoller, und mein Glaube sowie die Hoffnung, daß Diego sich weiterentwickeln möchte, erwacht von neuem. Als er schließlich selbst auf die Idee kommt, eine Gewichtstabelle anzulegen und sich selbst zu wiegen, erkenne ich darin Diegos Anerkennung der „objektiven Wahrheit" unserer Personenwaage und damit auch eine Chance, daß er sich selbst zu kontrollieren versucht.

Einige Tage später begebe ich mich, einer spontanen Idee folgend, in sein Zimmer, um sein dort herrschendes Chaos ein wenig zu lichten. Diego ist keinesfalls begeistert von meiner Idee und möchte mich eher abwimmeln. Nichtsdestotrotz mache ich mich mit Feuereifer an die Arbeit, um schon bald ungeahnte Lager mit teilweise verschlossenen, aber auch schon reichlich angeknabberten Süßigkeiten zu entdecken, die Diego im Schreibtisch, Nachttisch, unter dem Bett und in seinem unübersichtlichen Kleiderschrank versteckt hat. Diego kann ob meiner Entdeckungen nun kein schlechtes Gewissen entwickeln, sondern grinst mich an und fragt, wieso ich so schaue. Ohne groß nachzudenken, schnauze ich ihn an, bezeichne ihn als

„verantwortungslose Arschgeige" und teile ihm mit, daß er seinen „Schweinestall" alleine aufräumen soll.

Dies ist eins von vielen Beispielen, wie man blitzschnell von Diego projektiv identifiziert werden kann und, ob gewollt oder ungewollt, als Träger seiner sadistischen Impulse fungiert. Die Unübersichtlichkeit und die Wirren des Alltags lassen immer wieder Situationen entstehen, in denen die notwendige Distanz und Räume schützendes Denken verlorengehen können. Zugleich kann diese Geschichte auch als Angriff auf unsere Verbindung betrachtet werden, in der das Gute und Hoffnungsvolle nicht bewahrt sein darf. Diego muß sich und seiner Umwelt immer wieder beweisen, daß er schlecht ist, als könne er nur darüber so etwas wie eine Identität empfinden. Immer wieder wird dadurch ein Kreislauf projektiver Identifikation geschaffen, der dafür sorgt, daß seine Über-Ich-Anteile ins Außen verlagert werden, damit sie ihn innerlich nicht zerreißen.

### Beispiel 3:

Nach etwa zwei Jahren Aufenthalt in unserer Wohngruppe verändert sich spürbar etwas im Sozialverhalten von Diego. Sein Essen wird manierlicher, und er findet immer häufiger selbst zu der Erkenntnis, daß er satt sei. Er verwickelt seine Mitmenschen weitaus weniger in seine oft seltsam anmutenden Gespräche. So erwähnt er zum Beispiel am Essenstisch, es sei ihm gerade etwas eingefallen, aber das würde jetzt nicht so recht passen. Und er schafft es, seinen Einfall bei sich zu behalten.

Er sucht in dieser Zeit häufig den Kontakt zu uns Betreuern, um mitzuteilen, daß schlechte Gedanken ihn quälen. Eher selten kann er dann von einer Wut reden, die ihn plagt, die deutlicher einzuordnen ihm allerdings sichtlich schwerfällt. Wesentlich häufiger spricht er davon, daß er traurig sei, nicht mehr leben wolle und daran denke, sich umzubringen. Schnell versichert er sich nach solchen Aussagen bei uns, daß man das ja nicht tun dürfe.

Im Verlaufe dieses Verinnerlichungsprozesses beginnt Diego mehr an sich zu leiden, und er ist kaum in der Lage, diese für ihn unbekannten Gefühlswahrnehmungen auszuhalten. Er gibt daraufhin auch immer vehementer seinem Wunsch Ausdruck, in die Klinik zu wollen. Wir ermöglichen ihm schließlich auch die Erfahrung, auf seinen Wunsch hin in die Psychiatrie zu gehen und nicht, wie bisher, nach aggressiven Triebdurchbrüchen in seiner Wahrnehmung durch willkürliche Kräfte eingewiesen zu werden.

Diego, den ich während der Krisenintervention regelmäßig besuche, genießt den „Kuraufenthalt" in der Nervenklinik. Die geschlossene Tür, in der das Raus und Rein sehr klar strukturiert ist, sowie die übersichtliche Vollversorgtheit tun ihm vorübergehend gut. Bei meinen Besuchen bin ich über die angenehm abgegrenzten Gespräche, die wir führen, überrascht. Beim letzten Besuch, kurz nach einem Gespräch, in dem ich mit dem Stationsarzt und Diego abspreche, daß er am nächsten Tag wieder nach „Hagenwört" zurückkommen soll, kippt die Atmosphäre unserer Beziehung. Er schafft es in kürzester Zeit, sich so darzustellen, daß er mich anwidert und ich große Lust verspüre, ihn auf der Akutstation „versauern" zu lassen.

Auch in dieser Sequenz wird deutlich, wie Diego an einem bestimmten Punkt die Affekte, die in ihm brodeln, ins Außen verlagert. In dem Gespräch mit dem Arzt zeigt er sich noch einverstanden und bereit dazu, sich wieder den Anstrengungen der Welt draußen zu stellen. Die weitere, innere Auseinandersetzung damit, daß er die distanzschaffende und sicherheitsstiftende Außenstruktur der Station wieder verliert, macht ihm Angst und erzeugt eine große Wut ob der Zumutungen, die ihm abverlangt werden. Diesen unangenehmen Gefühlen die ihn angesichts der anstehenden Entlassung anfallen, will er in mir deponieren. Und ich brauche selbst Zeit und Distanz, um zu begreifen, daß die an sich gut gemeinte Idee, Diego möglichst bald wieder aus der Klinik zu holen und seinen regressiven Tendenzen eine Grenze zu setzen, daß eben diese Idee für Diego zu einem verfolgenden, in ihm Zerstörung anrichtenden Objekt wird.

### Beispiel 4:

Während unseres diesjährigen Urlaubs in Frankreich stehen wir an einem Morgen alle früh auf, um einen Tagesausflug nach Aix-en-Provence zu machen. Während wir noch halbverschlafen alles Nötige für die Reise zusammenpacken, kommt Diego auf mich zu und meint, er wolle nicht mit, um es sich statt dessen in unserem Urlaubshäuschen gemütlich zu machen. Auf meine lapidare Auskunft, daß er selbstverständlich mitzukommen habe, meint er in geradezu selbstverständlicher Ruhe, daß es doch eigentlich er selbst entscheiden könne, und er wolle gerne hier im Haus bleiben. Die Klarheit, mit der Diego mir gegenüber seinen eigenen Willen formuliert, ohne gleich darüber zu erschrecken, läßt mich regelrecht munter werden. Und ich gestehe ihm, daß mein Befehl mitzukommen aus einer gewissen Ängstlichkeit meinerseits resultiert, ob er ohne uns den Tag auch auf gute Weise rumkriegen würde, und daß es doch auch schön sei, mit uns durch Aix zu schlendern. Diego bleibt bei seiner Meinung, daß er es sich gerne im Ferienhaus gemütlich machen würde. Und ich bummle durch Aix, ohne mir auch nur ein Mal Sorgen um ihn zu machen. Und als wir am Abend zurückkehren, empfängt uns Diego aufgeräumt und guter Dinge.

## Teil 2: Martin Feuling

### Vorbemerkungen

Ich weiß nicht, ob es uns gelingen wird, die Erwartungen zu befriedigen, die wir durch den Titel unseres Vortrags geweckt haben. Der Titel: „Von einem langen Marsch durch die Instanzen" erweckt Assoziationen an die Zeit nach 1968 und dem damals von einem Teil der Studentenbewegung aufgenommenen „Marsch durch die Institutionen". Ich gedenke hier durchaus auch der revolutionären Fraktion, die eine ganz andere Intention eines Marsches hatte. Was ist aus ihr geworden? Als solche scheint sie mir verloren, ausgeschlossen und mit ihr die Ideale, die sie getragen haben.

Ist der lange Marsch durch die Institutionen just in diesen Tagen des Jahres 1998, in denen ehemalige 68er Revolutionäre in SPD und Grüner Partei am Etappenziel der politischen Machtübernahme in der BRD angekommen sind, wirklich dort angekommen, wo er hinwollte? Diejenigen, die sich damals auf den langen Marsch machten, meinten zu erkennen, daß es unmöglich ist, die Gesellschaft von außen zu revolutionieren. Aber kann es gelingen, eine Gesellschaft von innen her umzuwälzen? Wälzt nicht vielmehr die Gesellschaft und ihre Institutionen die Marschierenden um? Dem Wort „Marsch" hängen einerseits Assoziationen von Zielgerichtetheit und Kollektivität an. Aber verdeckt das Wort andererseits nicht auch, daß es den Marschierern unbewußt vor allem um das individuelle soziale Überleben, um die Legitimation ihrer Anpassung ans bürgerliche Leben ging?

Geht es uns als Wegbegleiter Diegos nicht ähnlich: daß die bewußte Zielrichtung des Marsches ganz andere unbewußte Motive kaschiert? Zu welchem bewußten Ziel wollten wir mit Diego kommen, und welches unbewußte Begehren bestimmte den Verlauf unserer Reise, deren Ausgang und Endpunkt heute noch offen ist? Spontan fällt mir dazu das Wort Odyssee ein. Aber was heißt das? Odysseus' Reise hatte ein einziges Ziel: zurück zur Frau, zur Mutter, zur Heimat. Auf den Stationen seiner umwegigen Reise dorthin begegnet er in vielfältiger Gestalt dem Fremden, dem Anderen, aber nicht, um sich ihm zu öffnen, sich dadurch bereichern zu lassen, sondern nur um die Identität seines Ich zu finden und zu bewahren. Adorno und Horkheimer haben in ihrem Buch „Die Dialektik der Aufklärung" die Odyssee als eine Metapher für das Entstehen des bürgerlichen Subjekts interpretiert, das das Fremde außer sich und in sich unterdrückt, es beherrscht und damit als Fremdes vernichtet.[3] Ganz sicher beschreibt das Thema der Odyssee etwas von der inneren und äußeren Bewegung Diegos: sowohl den Wunsch eines Zurück-zur-Mutter, als auch den Wunsch, qua Beherrschung seiner Impulse eine dauerhafte Ich-Identität zu konstituieren. Ebenso unzweifelhaft ist dies auch unser, seiner Betreuer, Bestreben, ihn in diesem Prozeß der Ich-Entwicklung und Identitätsfindung zu unterstützen. Zumindest insofern wir unsere Arbeit als eine therapeutische Arbeit begreifen.

Aber sind therapeutische Ziele und analytischer Raum überhaupt miteinander vereinbar? So zugespitzt möchte ich hier die Frage in den Raum stellen. Auf Diegos Odyssee gelingt etwas hartnäckig nicht; seine Impulse schießen immer wieder quer und machen das Erreichen des Ziels: sowohl das Heim-Kommen zur Mutter wie die Errichtung einer Ich-Identität unmöglich. Ist diese Unmöglichkeit nur als Scheitern zu interpretieren oder hat dieses Mißlingen auch einen konstruktiven Aspekt? Nämlich den des Bewahrens seiner Nicht-Identität?

Der jüdische Philosoph Emmanuel Lévinas stellt Odysseus, der zu sich selbst und nach Hause kommen will, Abraham gegenüber, der von Ort zu Ort zieht, sich zwar immer wieder vorübergehend niederläßt. Aber von dort aus geht er mehrfach in die Wüste, also in das Gegenteil einer Heimat. Die Wüste ist eine Metapher des Bruchs mit jedem Kontext, mit jedem Eingebunden- und Gehaltensein. In der Wüste findet er nicht sich selbst, sondern er begegnet dem Anderen in einer radikalen Form, die die Theologen „Gott" nennen. Lévinas ist kein Theologe. Er sagt: „Jemandem begegnen heißt, den Raum zwischen sich und dem anderen als einen unbekannten Raum sein zu lassen." Und: „Einem Menschen begegnen, heißt, von einem Rätsel wachgehalten zu werden", „Utopie wäre die opferlose Nicht-Identität des Subjekts" schreibt Adorno in seiner „negativen Dialektik"[4]. Und etwas von dieser Utopie einer Begegnung mit dem radikal Anderen ist nach meiner Überzeugung auch in analytischen Räumen enthalten. Alles hängt davon ab, wie man den Begriff des Anderen faßt: im Rahmen einer Logik der Identität oder der Nicht-Identität. Zweifellos ist Diegos Status der Nicht-Identität keine „opferlose", sondern eine opferhafte. Deshalb halte ich es auch für legitim, therapeutisch mit ihm auf das Finden einer Identität hinzuarbeiten. Was ich hier jedoch andeuten wollte, ist, daß der Begriff des analytischen Raumes auch eine andere Dimension, eine ethische Dimension impliziert: die Dimension des radikal anderen.

Wie eigentlich jeder junge Mensch, dem wir in unserer Arbeit begegnen, so hat auch Herr R., wie ich Diego nenne, uns darüber belehrt, daß wir nicht Ziel und Dauer eines Marsches durch die Instanzen vorherbestimmen können, daß vielmehr die Eigenlogik der Instanzen Ziel und Dauer bestimmt. Anders gesagt: man kann keinen Menschen von außen revolutionieren; und wenn man ihn von innen her umzuwälzen versucht, bleibt man dabei selbst nicht der gleiche und wird selbst umgewälzt. Dieser Aspekt scheint mir essentiell für das Entstehen „analytischen Räume".

Meine ursprüngliche Idee zu diesem Vortrag war, daß bei Herrn R. in bemerkenswert klarer Form alle von Freud beschriebenen psychischen Instanzen und Entwicklungsstufen des Ich in schnellem Wechsel auftauchen: von der ursprünglichsten Form des „anfänglichen Real-Ich, über das „purifizierte Lust-Ich" des Autoerotismus, das narzißtische Ideal-Ich, das symbolische Ich-Ideal, bis zum Über-Ich, dieses wiederum schwankend zwischen archaischen und reiferen Formen. Auch der selbstbeobachtende und selbstreflektierende Aspekt des Ich erscheint manchmal in erstaunlich klarer Form. Das „endgültige Real-Ich" verfügt jedoch nur über geringe Fähigkeiten, die widerstrebenden Impulse der Instanzen zu kontrollieren und an das eigene Vermögen wie an die Erwartungen seiner Umwelt anzupassen.[5]

Ich wollte in meinem Beitrag eigentlich darüber nachdenken, daß jede der Freudschen Instanzen einer eigenen Zeitlichkeit folgt und vor allem ein je spezifisches Verhältnis zum Anderen strukturiert, daß die unterschiedlichen Instanzen also von diesem Anderen auch eine je spezifische Antwort erfordern. Ich wollte darüber nachdenken, wie ich in den Einzelstunden die „Grammatik" meiner Deutungen und Interventionen wählte, je nachdem, welcher Instanz ich gerade zu begegnen wähnte. Den Begriff der Grammatik von Interventionen habe ich übrigens aus einem Vortrag von Anne Alvarez[6] aufgegriffen. Beim Versuch des Schreibens bemerkte ich aber, daß ich auch heute noch nicht in der Lage bin, auch nur eine einzige von bisher zweihundertfünfzig Stunden mit Herrn R. in meiner Erinnerung annähernd vollständig zu reproduzieren, geschweige denn einen kohärenten Sinnzusammenhang einer Stunde zu rekonstruieren. Alles fällt mir aus den Händen, sobald ich versuche, es zu be-greifen und im Schreiben festzuhalten. Genauso geht es mir mit meiner ursprünglichen, spontanen Idee zu meinem Vortrag. Inszeniert sich in diesem Zerfallen, Nicht-Festhalten-, Nicht-Integrieren-Können etwas, was genuin auch Herrn R.s Problem ist? Ist es auch das Zerfallen meines Ideals?

## Die Einzelstunden

Von unserer ersten Begegnung an besetzte Herr R. mich und unsere regelmäßigen Termine fast unambivalent positiv. In den ersten beiden Jahren unserer Arbeit versäumte er keinen Termin unentschuldigt. Die selbständige Einhaltung des Rahmens der Einzelstunden war über lange Zeit der einzige Bereich, in dem mit ihm klare und verläßliche Vereinbarungen möglich waren. Seine Ich-Funktionen stehen ihm hier weitgehend zur Verfügung. Vor und nach den Stunden gab es zwar einige Grenzüberschreitungen, z.B. wenn er im Wartezimmer unserer Ambulanz oder in Lebensmittelgeschäften in der Stadt Getränke, Alkohol, Zigaretten oder Süßigkeiten stahl. Innerhalb der Stunden zeigte er mir jedoch alle Facetten seiner Persönlichkeit, versicherte sich manchmal auch meiner Grenzen. Aber immer blieb das innerhalb des Rahmens.

Bemerkenswerter aber noch als die durchgehend positive Besetzung unserer Stunden und meiner Person durch Herrn R. scheint mir, daß ich ihm fast ebenso ungebrochen positiv begegnen konnte: mit ganz wenigen, punktuellen Ausnahmen, in denen er mich in kurze aber heftige, negative Affekte der Abstoßung versetzte, freute ich mich immer auf das Zusammentreffen mit ihm. Dies scheint mir durchaus bemerkenswert und weiterer Überlegungen würdig, denn objektiv gesehen hat mir Herr R. vielerlei Anlaß gegeben, seiner überdrüssig zu werden, ihn als nervtötend, grenzverletzend und abstoßend zu erleben. Es ist ihm nie eindeutig gelungen, solche Affekte in mir zu etablieren. Kann man sagen: er habe mich in positiver Form projektiv identifiziert? Anne Alvarez[7] schreibt:

> „Bion hat betont, daß es normal sei, ein Bedürfnis nach einem Container für solche Kommunikation zu haben, es sei ein sehr frühinfantiles menschliches Bedürfnis, in Gesellschaft einer mitfühlenden Seele zu sein. Das beinhaltet, daß diese kommunizierten Gefühle nicht unbedingt Gefühle sind, die der Patient los sein will, es können auch Gefühle sein, die das Objekt an seiner Stelle haben soll. Es können Gefühle sein, die der Patient in uns erforschen muß und sich erst dann allmählich aneignet. Außerdem müssen es keine negativen Gefühle sein. Positive Gefühlszustände, wie verwirrt und verrückt auch immer, können genauso mächtig durch diesen Prozeß der unbewußten Kommunikation vermittelt werden wie Bions frühere Beispiele von Angst und Mordgefühlen. Bion sagt, daß der Psychotiker Schmerzen hat, aber sie nicht erleidet: man könnte hinzufügen, daß der Psychotiker auch Lustgefühle hat, aber sich ihrer nicht erfreuen kann."

Es wäre hier noch genauer zu fragen, ob die positive Färbung der Begegnungen zwischen Herrn R. und mir alleine auf dieser frühen Ebene projektiver Identifikation als basaler Kommunikation anzusiedeln ist, oder aber auch auf reiferen Niveaus der Übertragung, etwa auf der Ebene der Identifikation und Introjektion eines Ich-Ideals. Mein weitgehendes Vergessen der Inhalte und des Ablaufs der Stunden deutet jedoch darauf hin, daß die basale Kommunikation diesseits der Inhalte des Gesprochenen, das sich auf einem strukturell viel höheren Niveau ansiedelt, die primär wirksame ist.

Ein Beispiel: Herr R. beschäftigt sich sehr oft auch mit meiner Figur, die so ist, wie Herr R. gerne werden möchte und wie er als Jugendlicher auch selbst annähernd einmal war. Gelegentlich kann er diese Identifikation mit mir auf der Ebene des Ich-Ideals über den einzigen Zug: die Schlankheit für eine Weile aufrechterhalten. Er denkt dann ernsthaft mit mir darüber nach, auf welchem Wege er auch dahin gelangen könnte. Angesichts des Gedankens an die notwendige, lange Anstrengung, die er qua Real-Ich durchaus gedanklich antizipieren kann, sagt er: „Ich werde es nicht schaffen. Ich bin ein schwacher Mensch." Hier taucht der selbstreflektierende Teil des Ich auf. Diese Selbstwahrnehmung ist aber sogleich so unerträglich, daß er sie nicht aufrechterhalten oder mit meiner Hilfe ermäßigen kann. Er weicht deshalb in andere Positionen aus, z.B. indem er aus der Position des Lust-Ich triumphierend sagt: „Ich bin ein fauler Mensch. Ich möchte mich nicht anstrengen! Ich möchte so viel essen, wie ich will, und trotzdem schlank sein." Oder er kippt in die Position eines archaischen Über-Ich, das ihm lautlos sagt: „Herr Feuling ist gut, weil er schlank ist, aber Du, Diego, bist schlecht, weil Du fett bist." Von dieser inneren Stimme höre ich meist nur den Satz: „Ich bin eine fette Sau!" Oder er kippt in die Position des Ideal-Ich: dies scheint mir der Fall zu sein, wenn ein destruktiv-aggressiver Impuls, wenn der Neid auf meine gute im Gegensatz zu seiner schlechten Figur in ihm virulent wird. Gegen diesen aggressiven Impuls setzt er dann häufig Mechanismen der Verleugnung ein und flüchtet sich in die Halluzination eines Idealzustandes seiner selbst: „Ich bin schlank. Jetzt gerade habe ich das Gefühl, daß ich schlank bin!"

Das Tempo seines Springens zwischen den Positionen ist atemberaubend, immer wieder werde ich selbst sehr verwirrt und kann keinen Gedanken festhalten. Anschließend an solche Stunden geht er dann oft in der Stadt Lebensmittel stehlen, die er bis zum Erbrechen in sich hineinstopft, um so aktiv etwas daran zu tun, daß sich an seiner Misere nichts ändert. Vielmehr scheint er seine Selbstentwertung und/oder die Wut bei den Wohngruppenmitarbeitern zu genießen, wie es Horst Nonnenmann am Beispiel der Sequenz gezeigt hat, in der Diego mit ihm etwas für seine Gewichtsabnahme tun wollte. Im Rahmen der Einzelstunden ist es mir viel leichter möglich, ihm nicht spiegelbildlich auf seine eigene Wut, Selbstentwertung und Hoffnungslosigkeit zu antworten.

Die ersten eineinhalb Jahre unserer Arbeit lassen sich insgesamt dadurch charakterisieren, daß ich seinen Versuchungen, auf seine stereotypen und grenzüberschreitenden Verhaltensweisen mit moralisierenden, ablehnenden, gar sadistisch gefärbten Reaktionen zu antworten, widerstehen und dies im Schutze des Settings und seiner durchgängig positiven Besetzung auch durchhalten konnte.

Dies führte dann in der zweiten Phase unserer Arbeit dazu, daß seine überaus negative Selbstwahrnehmung, die er nicht bei mir zu externalisieren vermochte, im Rahmen der Einzelstunden mehr und mehr auf ihn selbst zurückfiel und sich dort im Sinne einer zunehmenden Depressivität und zugleich Fähigkeit zur Selbstreflexion bearbeiten ließ. In diesem Zusammenhang äußerte Herr R. immer wieder Selbstwahrnehmungen und Fragen, wie z.B. die folgende: „Geht es Ihnen auch manchmal so, daß Sie nicht wissen, wer Sie sind und was Sie wollen?" Diesen Satz, diese sehr auf mich bezogene Frage äußerte Herr R. vor etwa einem Jahr zu Beginn einer Stunde. Seine Frage berührt mich sehr. Sie wirkt in diesem Augenblick auf mich nicht wie eine sich selbst pädagogisierende Phrase, von denen er unzählige verinnerlicht hat. Er reproduziert diese Sätze übrigens meistens durchaus situationsadäquat, gleichwohl bleiben es aber irgendwie leere Über-Ich-Worthülsen. Diesmal taucht seine Frage jedoch für mich sehr überraschend auf. Herr R. läßt mir auch den Raum, auf seine Frage zu antworten:

Ich: Mir geht es sicherlich auch manchmal so, daß ich nicht recht weiß, wer ich bin und was ich will. Wahrscheinlich weiß das kein Mensch immer ganz genau. Aber vielleicht ist es bei Ihnen ja sehr häufig und besonders stark der Fall.
Er: Ja. Das ist aber schlimm, gelt?
Ich: Ich würde das Wort schlimm hier nicht so gerne gebrauchen, weil Sie dann vielleicht denken, daß es nicht nur schlimm ist, daß sie manchmal nicht wissen, wer Sie sind und was sie wollen, sondern daß Sie selbst ganz und gar schlimm sind. So verstehen Sie es ja manchmal, wenn ich etwas sage.
Er: Ja, das stimmt. Das ist aber schlimm, gelt?
Ich: Was heißt denn schlimm für Sie?
Er: Irgendwie schlecht halt.
Ich: Ich würde es eher traurig, anstrengend und sehr verwirrend nennen, wenn man in einem solchen Zustand lebt, nicht recht zu wissen, wer man ist und was man will. Wie fühlen Sie sich denn dabei, wenn Sie daran denken?
Er: Das ist sonderbar, irgendwie unheimlich.

Nach einer knappen Minute berührten Schweigens sagt er: „Ich bin schlank", wobei er das „L" des Wörtchens „schlank" mit der Zunge schnalzen läßt.

Diese wahrhaft existentiellen Fragen und Einsichten über sich selbst und den Schmerz, die Trauer die sie mit sich bringen, kann Herr R. weder in dieser einen Stunde noch gar im Alltag der Wohngruppe und bei der Arbeit festhalten. Er kann sie nicht integrieren und in eine psychische Veränderung umwandeln. Vielmehr treibt er es zur gleichen Zeit durch sein distanzloses und grenzüberschreitendes, alle Regeln ignorierendes Verhalten so weit, daß er seinen Arbeitsplatz in einer Werkstatt für Psychisch Kranke Menschen tatsächlich verliert, und auch in der Wohngruppe kurz davor steht, herausgeworfen zu werden.

In der alle fünf Wochen stattfindenden gemeinsamen Supervisionsrunde mit den Wohngruppenmitarbeitern, den Kolleginnen und Kollegen des „Arbeitsprojekts" und mir macht sich bei allen Kollegen außer mir zu dieser Zeit eine große Hoffnungslosigkeit darüber breit, daß Diego rettungslos unfähig ist, die minimalsten Anforderungen und Anstrengungen des Alltagslebens in sich und auf sich zu nehmen. Er stellt sich im Alltag so durchgängig grenzverletzend und asozial dar, daß kein innerer Konflikt, kein inneres Leiden an seiner Einsamkeit mehr hinter seinem äußeren Agieren wahrgenommen werden kann. Diese inneren Konflikte und sein Leiden daran zeigt er mir aber im Rahmen der Einzelstunden immer wieder sehr deutlich, vor allem seine massiven Selbstbestrafungstendenzen, die ihm sein Über-Ich aufzwingt, und für die er andere in seinen Inszenierungen projektiv identifikatorisch mißbraucht.

In dieser Situation kämpfe ich in der Supervision mit den Kollegen der Wohngruppe und des Arbeitsprojekts zum einen darum, diese inneren Konflikte und den Sinn einer weiteren Arbeit mit Herrn R. zu sehen. Zum anderen schlage ich eine Erhöhung der Stundenfrequenz von zwei auf drei Stunden pro Woche vor, was ich mit gutem Gefühl tun kann, und was Herr R. auch unambivalent annimmt. Diese Stundenerhöhung scheint auf ihn – in einer Situation, in der er versucht, seine eigene Schlechtigkeit zu beweisen und sie zu externalisieren – wie eine Mitteilung zu wirken, daß es in ihm doch noch etwas Gutes und Bewahrenswertes gibt. In der Folge kann sich die Situation in der Wohngruppe etwas entspannen und auch an seinem neuen Arbeitsplatz, in einer Werkstatt mit überwiegend geistig behinderten Menschen, kann er sich sozial besser integrieren.

In der anschließenden Zeit wird Herr R. zunehmend depressiver und äußert öfter suizidale Gedanken. Die Mitarbeiter der Wohngruppe berichten, daß Herr R. manchmal in der Wohngruppe eher nachdenklich wirke, sich zurückziehe und fürsorgliche Gefühle bei den Betreuern erwecke, und daß seine Grenzüberschreitungen und Übergriffe auf seine Mitbewohner phasenweise deutlich abnehmen.

Es ist etwa die Zeit der dritten Sequenz, die Horst Nonnenmann vorgetragen hat. In den Einzelstunden konnte er darüber sprechen, daß er das Nachlassen der Ablehnung durch andere durchaus wahrnimmt. Er kann sogar den Gedanken zulassen, daß das etwas mit ihm und seinem veränderten Verhalten zu tun haben könnte, ein Zusammenhang, den er zuvor immer ganz entschieden projektiv abgewehrt hat: nur die anderen verletzten ihn, sein eigener Anteil war ganz verleugnet.

Die Phasen eines gewissen Zur-Ruhe-Kommens in der Wohngruppe werden immer wieder unterbrochen, wenn Herr R. aus einem Wochenende bei seinen Eltern zurückkommt. Von seinen Eltern kann er sich immer wieder die „gewünschte“ Ablehnung und negative Selbstbestätigung abholen. Er fällt dann vorübergehend wieder in seine alten Verhaltensmuster zurück.

Die relative Stabilisierung in der Wohngruppe kann aber noch nicht durchgängig sein, denn durch die erhöhte Stundenfrequenz wird auch die Beziehung zu mir dichter und die Vertiefung seiner Selbstreflexion belastender. Durch diesen therapeutischen Prozeß verschlimmern sich die Symptome vorübergehend eher, als sich zu reduzieren: seine dissozialen Abwehrversuche wie Stehlen in Lebensmittelgeschäften, sexuelle und andere Grenzüberschreitungen auf andere Menschen, nehmen wieder zu und damit auch die Ablehnung durch andere Menschen. In einer Stunde in dieser Zeit sagt er:

> „Ich glaube, ich kann nicht mehr aufhören zu stehlen, weil ich mir selbst immer wieder beweisen muß, daß ich schlecht bin.“

In manchen Träumen, die er mir in dieser Zeit berichtet, wird eine Intensivierung der Übertragung auf mich deutlich. Auf der Basis unserer grundlegend positiven Beziehung können zunehmend auch negative Übertragungsanteile ins Spiel kommen und thematisiert werden. Zu Anfang diesen Jahres verdichtet sich seine teils manifeste, teils abgewehrte Depressivität zu einer akuten Suizidalität. Herr R. äußert immer öfter, daß er nicht mehr leben wolle, daß er überhaupt nichts könne und nichts wert sei, und begann sich auch zunehmend durch scheinbar unbeabsichtigtes Verhalten selbst zu gefährden. Daraufhin erfolgte eine erste viertägige Krisenintervention in der Psychiatrie auf expliziten Wunsch seiner selbst: in dieser Krise spricht er so klar, ernsthaft, zusammenhängend und ohne Tics wie noch nie in den vergangenen zweieinhalb Jahren.

Im Zusammenhang einer zweiten, ebenfalls von ihm selbst gewünschten Aufnahme in der Klinik im Oktober dieses Jahres, wirkt er viel weniger suizidal, sondern eher traurig. Er meint aber, diese Trauer nicht ertragen zu können, und nimmt in der Klinik eine Art Urlaub von seinem Ich, mit dem er im vertrauten Rahmen der Wohngruppe und der Arbeit viel dichter konfrontiert ist. Diesmal will er selbst vorzeitig entlassen werden und in die Wohngruppe zurückkehren. Dort bekämpft er seine Trauer weiter durch Flucht in dissoziale Verhaltensweisen, womit er es erreicht, seine inneren Konflikte zu externalisieren in Form von heftigen Streits mit seinen Betreuern. Bemerkenswert ist aber, daß sich in der zeitlichen Rhythmisierung seines Schwankens zwischen den Extremen etwas verändert hat: So paßt er sich über etliche Wochen an vier Wochentagen und dem Wochenende an die Anforderungen der Wohngruppe und der Arbeit an, um aber am fünften Wochentag seinem Lust-Ich zu frönen, nicht zur Arbeit zu gehen und statt dessen zu stehlen, zu essen und zu trinken.

## Zur Funktion des Sprechens

An dieser Stelle möchte ich meinen sehr fragmentarischen Bericht über die Arbeit in den Einzelstunden abbrechen und noch einige Gedanken über die Form des Sprechens zwischen Herrn R. und mir anfügen: Herr R. bevorzugte immer das Medium des Gesprächs. Nur wenige Male versuchte er sich an anderen Medien wie Regelspiele oder Zeichnen. Er vermied sie aber sogleich wieder, vielleicht weil dabei seine Unfähigkeit, sich auf etwas anderes als seine inneren, pausenlos andrängenden Impulse zu konzentrieren, sehr deutlich wurde? Oder weil ihm genuin das Sprechen das Wichtigste an unseren Begegnungen schien? Aber wofür dient ihm das Sprechen, welcher Art ist sein Sprechen? Ich meine, daß Herr R. sehr unterschiedliche Formen des Sprechens gebraucht, je nachdem, aus welcher Position er spricht.

Meist ist sein Sprechen ein „taktiles" Sprechen: Seine Stereotypien über Alkohol und Drogen, über sein Dicksein, oder ein eindringendes Fragen nach Details meines Lebens. Oft habe ich das Gefühl, daß sein Sprechen primär einer motorischen Abfuhr dient. Manchmal geht sein Sprechen in ein Tanzen im Zimmer oder in ein Herumwälzen am Boden über. Füllt er mit diesem Sprechen den Raum zwischen sich und mir mit Worten, weil der Abstand ihm sonst unaushaltbar groß wäre? Oft hat diese „taktile“, von mir nahe an einer motorischen Abfuhr empfundene Form des Sprechens eine Tendenz, in handgreifliche Taktilität überzugehen: Er tritt nahe zu mir heran und sagt: Herr Feuling, darf ich Sie streicheln, darf ich Sie anfassen, darf ich Ihre Schuhe berühren, ich möchte mit Ihnen ins Bett gehen und mit Ihnen schlafen. Diese Impulse scheinen wie ein Automatismus dann aufzutauchen, wenn er mir – wohl ohne bewußte Absicht – im Raum auf etwa einen Meter nahe kommt. Ähnlich sagt er oft, wenn sein Blick zufällig aufs Fenster fällt: ich denke gerade, daß ich aus dem Fenster springen will!

Wenn er selbst merkt, daß sich sein bzw. unser Sprechen im Kreis dreht, nimmt sich Herr R. vor, nicht mehr sprechen zu wollen, wenigstens für ein paar Minuten. Ich denke, er wünscht sich sehr, endlich einmal zur Ruhe zu kommen, Alleinsein zu können in der Gegenwart eines anderen. Aber dieser Wunsch entfremdet sich ihm sogleich zu einer Über-Ich-Forderung, gegen die er sich dann zur Wehr setzt, indem er nach dreißig Sekunden weiter spricht: „Ich bin schlank.“

Immer wieder taucht aber überraschend auch eine anderes Sprechen, in dem sein Leiden gesagt wird, auf, scheinbar beiläufig in das stereotype, taktile Sprechen eingewoben. So, wenn er etwa sagt:

> „Bin ich feige, wenn ich die anderen Bewohner nur dann betatsche, wenn keine Betreuer da sind?
> Ich bin so verzweifelt, wegen meiner Schwierigkeiten mit anderen Menschen!
> Es läuft so vieles schief in meinem Leben.
> Ich bin so unglücklich mit mir selbst.
> Ich komme mir so ulkig und blöd vor!
> Warum denke ich selbst immer, daß ich schlecht bin?“

Zwischen diesen drei Formen des Sprechens schwankt Herr R. hin und her: taktiles Sprechen, unerträgliches Schweigen, Sprechen von sich und seinem Leiden, seinem Mangel. In jeder Form des Sprechens aber ist er mit einer grundlegenden Versagung der Befriedigung, mit dem Mangel des Objekts konfrontiert. Dies scheint mir selbst im taktilen Sprechen der Fall zu sein, auch wenn er damit den Mangel des Objekts abzuwehren versucht, sich eine halluzinatorische Befriedigung verschaffen will. Der Mangel des realen Befriedigungsobjekts ist unhintergehbar, das Sprechen von Alkohol, Zigaretten und Drogen ist etwas anderes als ihr realer Konsum. Und ich meine, Herr R. spürt das auch. Er versucht zwar, unsere Getrenntheit, diesen Mangel des Objekts, das immer zu weit weg oder zu nahe ist, durch Verleugnung zu überwinden, indem er mich tatsächlich berühren will. Etwas in ihm selbst scheint jedoch zu spüren, daß er damit den analytischen Raum des Sprechens zwischen sich und mir zerstören würde. Deshalb wohl hat er sich vor dem Überschreiten dieser Grenze selbst jedesmal gehemmt.

Im Wunsch nach Schweigen scheint sich die Anerkennung des Verlusts des ursprünglichen Objekts anzukündigen, kann aber noch nicht ertragen werden. Im Sprechen von seinem Leiden ist die Anerkennung des Mangels und der Schmerz darüber jedoch mehr als nur andeutungsweise enthalten. Über lange Zeit konnte er in dieser Form nur in den Einzelstunden mit mir sprechen, bevor er Aspekte dieses Sprechens auch in den Alltag transferieren konnte.

Was ist die Funktion des vielfach stereotyp sich wiederholenden Sprechens im Rahmen der Einzelstunden? Lacan hat darauf hingewiesen, daß das, was kommunikationstechnisch als Redundanz, nämlich als überflüssiger Rest der Information beschrieben wird, das eigentliche Medium der Psychoanalyse ist. Hier geht es primär nicht um Information sondern um etwas anderes. Lacan schreibt:

> „denn was bei der Information als Redundanz auftritt, ist genau das, was beim Sprechen als Resonanz dient. Die Funktion der Sprache besteht ja hier nicht darin zu informieren, sondern zu evozieren. Was ich im Sprechen suche, ist die Antwort des anderen. Was mich als Subjekt konstituiert, ist meine Frage."[8]

So oft Herr R. versucht, sein und mein Sprechen zu einem stimulus – response Schema zu reduzieren, in dem keine Frage über sich selbst entstehen kann, so oft stößt er darauf, daß ich von einem anderen Ort her antworte. Jenseits der halluzinierten oder realen Befriedigung seiner Bedürfnisse, jenseits des Anspruchs auf bedingungslose Anwesenheit des anderen taucht gelegentlich sein Begehren auf. Als er wieder einmal beim Anblick des Fensters den Gedanken hat, aus diesem springen zu wollen, sagt er spontan:

„Ich glaube, ich bringe mich nicht um, weil ich dann nicht mehr zu Ihnen kommen kann!"

## Zum Entstehen analytischer Räume

Zum Schluß will ich noch einige kursorische Gedanken und Thesen zum analytischen Raum entwerfen:

Den Terminus „analytischer Raum" beziehe ich sehr eng auf den strengen Wortsinn des Analytischen, auf den Freud im Sinne einer Analogie zur Chemie hinwies: Psychoanalyse ist das Zerlegen, Zersetzen, Auflösen bestehender psychischer Verbindungen ohne gezielte Gestaltung neuer Synthesen. Diese stellen sich, wie Freud sagt, unwillkürlich und ungewollt in jedem Falle von selbst her.[9] Das erträgliche Maß und die Geschwindigkeit der Zersetzung ist abhängig von der Angst der Analysanten wie der Analytiker.

Unsere Analysanten greifen meist den von uns im Sinne einer ersten Arbeitshypothese und Deutung konstruierten Rahmen an und versuchen damit eben das, was sie „halten" soll, zu durchlöchern. Vielleicht beginnt aber genau mit dieser Zersetzung des Rahmens ihre Suche nach analytischen Räumen, nach etwas Neuem, Offenem. Daß diese Form der „Analyse" oft nur schwer zu ertragen ist, leuchtet wohl ein!

Daraus folgt auch, daß analytische Räume nicht gemacht werden können; sie entstehen im günstigen Fall, wenn durch geeignete und flexible Handhabung des Settings ein undefinierter Raum, eine Öffnung gebildet wird, in dem das Unerwartete sich ereignen kann. Winnicotts Begriff des Möglichkeitsraums impliziert ja, daß er nur jenseits der omnipotenten Kontrolle durch die Subjekte entstehen kann. Diese Bedingung gilt ebenso für Analysanten wie für Analytiker!

Vielleicht ist aus unseren Darstellungen evident geworden, daß der analytische Raum für einen Menschen wie Herrn R. nicht alleine in einer analytischen Psychotherapie im Zweiersetting entstehen kann, sondern nur in einem komplexen milieutherapeutischen Setting. In einem solchen Setting soll die analytisch reflektierte Gestaltung äußerer Orte die Bildung innerer Orte, also psychischer Strukturen und Instanzen ermöglichen. Je tiefergehend eine Ich-strukturelle Störung ist, desto mehr muß ein milieutherapeutisches Setting die fehlenden intrapsychischen Instanzen im intersubjektiven und sozialen Raum solange und so weitgehend substituieren, bis sie zu etwas Intrapsychischem assimiliert werden können.

Ein analytisch reflektiertes milieutherapeutisches Setting sollte, das ist meine Überzeugung, immer antizipierend den spezifischen Platz der analytischen Zweiersituation vorsehen, um sich irgendwann auf diese zentrale Funktion reduzieren zu können und nicht die reale Bedürfnisbefriedigung und die Abhängigkeit unendlich zu verlängern. Im Falle von Herrn R. heißt dies konkret, daß seine Entlassung in eine andere Einrichtung in absehbarer Zeit möglich erscheint, und daß die Einzelstunden mit mir für einen mittleren Zeitraum fortgeführt werden können, solange, bis der analytische Raum nicht mehr nur als intersubjektiver, sondern auch als intrasubjektiver Raum bestehen kann.

Das milieutherapeutische Setting für Herrn R. besteht aus drei bzw. vier Orten:

- Der Alltag der Wohngruppe als Ort basaler Gemeinschaft, als Ort der Befriedigung der Grundbedürfnisse des Überlebens und des Anspruchs auf Anwesenheit verläßlicher, versorgender aber auch grenzsetzender erwachsener Betreuer und Erzieher. Dieser Ort wird von Herrn R. stark mit mütterlichen, primären Übertragungsanteilen besetzt und auch als Theaterbühne für die Dialektik von guten und bösen, inneren und äußeren Objekten, Projektion und Introjektion gebraucht. Hier kollidieren ungehemmtes Lust-Ich und rigide strafendes Über-Ich immer wieder vehement, sei es innerhalb von Herrn R. oder zwischen ihm und den Menschen seiner Umgebung.
- Die Arbeit außerhalb des Hauses als Ort der sozialen Realität und des gesellschaftlichen Produzierens und Austauschens, prospektiv ein Ort zur Herausbildung eines positiven Ich-Ideals, das schließlich zur Entwicklung und Stabilisierung seines Ichs führen könnte. Bei Herrn R. lassen sich bezüglich der Entwicklung seiner Arbeitsfähigkeit weit weniger Fortschritte als bei all seinen Mitbewohnern feststellen. Warum? Vielleicht, weil bei ihm das Arbeiten sehr stark im Sinne eines Ideal-Ich seiner Eltern besetzt ist, die Herrn R. wohl schon vor seiner Geburt als künftigen Nachfolger und Chef ihres Betriebes narzißtisch besetzt haben. Die Kluft zwischen Ideal und Realität ist so groß, daß ein motivierendes Ich-Ideal kaum entstehen kann.

- Die Einzelstunden als dritter Ort außerhalb des Alltags des Wohnens und des Arbeitens. Hier kann er mich im Medium unserer stark positiv gefärbten Beziehung und unter weitgehendem Ausschluß von Realitätsanforderungen, wie sie mehr oder weniger verbindlich an den anderen drei Orten des Gesamtsettings herrschen, erbarmungslos mit Liebe besetzen: er bringt in mir projektiv Gefühle unter, die ich an seiner Stelle haben soll, damit er sie in mir erforschen kann, um sie sich – wenn es gut geht – selbst allmählich anzueignen. Zugleich macht er in den Einzelstunden permanent die Erfahrung, daß das Objekt fehlt und daß dieser Verlust – wenn auch mit Schmerzen – zu ertragen ist. Bei Herrn R. zeigt sich in bezug auf die Einzelstunden das Paradox, daß sich hier sowohl die höchsten Ich-Leistungen in bezug auf die Einhaltung des Rahmens wie auch die basalsten Formen projektiver Identifikation zeigen.
- Der vierte Ort ist die anonyme soziale Realität außerhalb des von unserer und anderen kooperierenden Institutionen – wie Arbeitsplatz, Ärzte, Kliniken – generierten therapeutischen Milieus. Es ist bemerkenswert, wie sicher sich Herr R. in dieser Realität alleine bewegen kann, vor allem bei den Übergängen zwischen den Orten des Settings, also wenn er ein bestimmtes Ziel hat. Aber durchaus auch beim Stehlen: er trägt mitunter eine ganze Sporttasche voll Süßigkeiten und Getränken aus den Läden heraus, ohne erwischt zu werden.

Dieses Konzept unterschiedlicher Orte lehnt sich an Maud Mannonis Konzeption einer „gesprengten Institution“ an, wobei es jedoch auch einige spezifische und gravierende Unterschiede zu unserer Konzeption gibt. Das Gemeinsame beider Konzeptionen ist vielleicht die Einsicht, daß analytische Räume als Räume der Begegnung mit dem Anderen und des Erscheinens eines Subjekts als Frage weder alleine innerhalb der drei definierten Orte des milieutherapeutischen Settings noch alleine außerhalb des Settings, und noch weniger an einem einzigen der drei Orte, beispielsweise in den Einzelstunden entstehen. Analytische Räume können nur entstehen zwischen den Orten, an denen unterschiedliche Regeln und Gesetzmäßigkeiten herrschen. Maud Mannoni schreibt:

> „An Stelle der Permanenz bietet der Rahmen der Institution von nun an auf der Grundlage der Permanenz Öffnungen nach außen, Breschen aller

Art (Beispielsweise Aufenthalte außerhalb der Institution). Unverändert bleibt er nur als Ort des Rückzugs; aber der wesentliche Teil des Lebens spielt sich woanders ab, bei der Arbeit oder in irgendeinem Projekt außerhalb. Vor dem Hintergrund dieser Oszillation von einem Ort zum anderen kann ein Subjekt entstehen, das sich nach seinem eigenen Willen befragt."[10]

Die besondere Bedeutung der Einzelstunden im beschriebenen Gesamtsetting liegt zunächst vor allem darin, daß ich durch den Schutz des zeitlich und räumlich begrenzten Settings am ehesten davor gefeit bin, Herrn R.s Versuchungen, seine unendlichen Wiederholungen mitzuagieren, und seinen negativen projektiven Identifikationen besser widerstehen kann. Dies ist eine negative Definition der Einzelstunden im Gesamtsetting.

Eine positive Funktion der Einzelstunden liegt darin, daß sie offensichtlich einen konkreten Raum darstellen, in dem sich Herr R. aufhält und gelegentlich auch wohl und sicher fühlt. Hierdurch entsteht ein gewisses Vertrauen, das es ihm ermöglicht, die Versagung der Befriedigung, die das Sprechen impliziert, auszuhalten. Dadurch eröffnet sich ein Möglichkeitsraum, im dem psychische Experimente zugelassen werden können, die in einem weniger geschützten und anforderungsfreien Rahmen nicht zu wagen wären.

Ein wesentlicher Aspekt des Entstehens analytischer Räume liegt in unseren gemeinsamen Supervisionen, fernab also von der unmittelbaren Begegnung mit dem Analysanten. In den Supervisionen wird nach meinem Verständnis primär nicht Wissen hergestellt oder Verstehen, sondern Nicht-Wissen und Offenheit für Überraschendes.[11] Insofern ist auch Supervision etwas Analytisches, Zersetzendes, Subversives. Das in Supervisionen aus sekundären Gründen notwendig herzustellende Wissen und Verstehen dient der vorübergehenden Stütze der Analytiker gegen ihre Angst vor dem Nicht-Wissen.

## Anmerkungen

1 Sacks (1987): S. 131.
2 Ebd. S. 171.
3 Adorno/Horkheimer (1969): S. 42 ff.
4 Adorno (1966): S. 277.

5 Das Wort vom „langen Marsch“ verknüpft auch einen räumlichen mit einem zeitlichen Aspekt, und zwar einem zweifachen: es verknüpft die Lebenszeit der Individuen und ihres Wollens mit der eigenlogischen Zeitlichkeit der Institutionen. Einer ebenso eigenlogischen Zeitlichkeit folgen auch die psychischen Instanzen, wie sie Freud in seinen zwei Topiken entfaltet hat. Die sogenannte erste Topik von 1900 mit den Systemen unbewußt, vorbewußt, bewußt, wurde nach 1920 durch die sogenannte zweite Topik ergänzt: den Instanzen Ich, Es, Über-Ich. Dazwischen hatte Freud in seinen metapsychologischen Schriften weitere Entwicklungsstufen des Ichs, die ich hier ebenfalls als Instanzen interpretiere, beschrieben. Ich habe bereits in einem früheren Text (Feuling 1993a, S. 23 ff.) gezeigt, wie sich im Zuge der Entwicklungsstadien des Ich das Verhältnis zum Innen und zum Außen mehrfach umordnet:

- Für das „anfängliche Real-Ich“ ist das Außen indifferent, weil man es durch eine Muskelaktion bewältigen kann, die von innen andrängenden Impulse aber sind schlecht, weil diese Flucht bei ihnen nicht gelingt.
- Für das „purifizierte Lust-Ich“ des Autoerotismus ist gut, was es sich einverleibt, zum Inneren gemacht hat; das Unlustvolle wird ausgestoßen und damit zum schlechten äußeren gemacht.
- Für das narzißtische „Ideal-Ich“ verkehrt sich das Verhältnis von innen und außen erneut: der spiegelbildliche, beneidete Doppelgänger im Außen verfügt über all das Gute, was dem Subjekt in seinem Empfinden selbst fehlt. Die Zeitlichkeit des Ideal-Ich ist vielleicht die des: *ich möchte sein, wie* ... und dieses Sein ist gedacht wie eine unendliche Gegenwart, wie die stillgestellte Zeit eines Bildes.
- Für das „Ich-Ideal“, das sich aus dem „kritischen Einfluß der Stimme der Eltern“ (Freud) entwickelt, gilt eine ganz andere Zeitlichkeit, vielleicht die eines: *ich möchte werden, wie* ... Gut und schlecht sind nicht mehr zeitlos dem Innen vs. Außen zugeordnet, sondern der Gegenwart vs. der Zukunft: jetzt bin ich schlecht, zukünftig wird es besser sein. Das Ich-Ideal bringt eine Öffnung der unendlichen Gegenwart des Ideal-Ich in eine offene Zukunft.

Beim Über-Ich sind zwei Stufen zu unterscheiden:

- ein „archaisches Über-Ich“, das verfolgend, vernichtend, auslöschend ist, in einem Modus unendlicher Gegenwart: *Du bist ... schlecht, ungenügend*
- ein „reiferes Über-Ich“: *Du solltest ... sein*; es hat zu tun mit einem begrenzteren schlechten Gewissen, mit Scham (die eher auf das Ideal-Ich verweist) und Schuld, (die eher auf das Ich-Ideal verweist);
- für das „endgültige Real-Ich“ gilt die Zeitlichkeit eines: *Ich werde .... gewesen sein*. Die Welt innen und außen ordnet sich nicht mehr nach dem exklusiven Modus: entweder gut oder schlecht.

6 Alvarez (1999).

7 Alvarez, a.a.O.: S. 117.

8 Lacan (1973): S. 143.

9 Freud (1919a): S. 241 ff.: „Die Arbeit, durch welche wir dem Kranken das verdrängte Seelische in ihm zum Bewußtsein bringen, haben wir Psychoanalyse genannt. Warum ‘Analyse’, was Zerlegung, Zersetzung bedeutet und an eine Analogie mit der Arbeit des Chemikers an den Stoffen denken läßt, die er in der Natur vorfindet und in sein Laboratorium bringt? Weil eine solche Analogie in einem wichtigen Punkte wirklich besteht. Die Symptome und krankhaften Äußerungen des Patienten sind wie alle seine seelischen Tätigkeiten hochzusammengesetzter Natur; die Elemente dieser Zusammensetzung sind im letzten Grunde Motive, Triebregungen. [...] Aus diesem berechtigten Vergleich der ärztlichen psychoanalytischen Tätigkeit mit einer chemischen Arbeit könnte sich nun eine Anregung zu einer neuen Richtung unserer Therapie ergeben. Wir haben den Kranken analysiert, das heißt seine Seelentätigkeit in ihre elementaren Bestandteile zerlegt, die Triebelemente einzeln und isoliert in ihm aufgezeigt; was läge nun näher als zu fordern, daß wir ihm auch bei einer neuen und besseren Zusammensetzung derselben behilflich sein müssen? Sie wissen, diese Forderung ist auch wirklich erhoben worden. Wir haben gehört: Nach der Analyse des kranken Seelenlebens muß die Synthese desselben folgen! Und bald hat sich daran auch die Besorgnis geknüpft, man könnte zuviel Analyse und zuwenig Synthese geben, und das Bestreben, das Hauptgewicht der psychotherapeutischen Einwirkung auf diese Synthese, eine Art Wieder-

herstellung des gleichsam durch die Vivisektion Zerstörten, zu verlegen. Ich kann aber nicht glauben, meine Herren, daß uns in dieser Psychosynthese eine neue Aufgabe zuwächst. Wollte ich mir gestatten, aufrichtig und unhöflich zu sein, so würde ich sagen, es handelt sich um eine gedankenlose Phrase. [...] Die psychoanalytische Arbeit bietet Analogien mit der chemischen Analyse, aber ebensolche mit dem Eingreifen der Chirurgen oder der Einwirkung der Orthopäden oder der Beeinflussung des Erziehers.“

[10] Mannoni (1976): S. 77.

[11] Feuling (1994): S. 124 ff.

## Literatur


Adorno, Theodor Wiesengrund (1966): *Negative Dialektik*. Frankfurt/M., 1980-2.

Adorno, Theodor W., und Horkheimer, Max (1969): *Dialektik der Aufklärung – Philosophische Fragmente.* Frankfurt/M.

Alvarez (1999): Anne Alvarez: *Projektive Identifizierung als Kommunikation: Ihre Grammatik bei Borderline-psychotischen Kindern*, in: Arbeitshefte Kinderpsychoanalyse BD. 27, Kassel 1999.

Feuling, Martin (1993): *Überlegungen zum Problem von „innen“ und „außen“*, in: Hrsg. Verein für Psychoanalytische Sozialarbeit: Innere Orte – Äußere Orte. Die Bildung psychischer Strukturen bei ich-strukturell gestörten Menschen. edition diskord, Tübingen.

Feuling, Martin (1994): *Supervision – Subversion, Bemerkungen zur antipsychotischen Funktion der Supervision für die / in der Organisationsstruktur des Vereins für Psychoanalytische Sozialarbeit*, in: Hrsg. Verein für Psychoanalytische Sozialarbeit e.V.: Supervision in der Psychoanalytischen Sozialarbeit.

Freud, Sigmund (1919a): *Wege der psychoanalytischen Therapie*, in: ders.: Studienausgabe Ergänzungsband, Schriften zur Behandlungstechnik, Frankfurt/M. 1982.

Lacan, Jacques (1973): *Funktion und Feld der Sprache und des Sprechens*, in: ders. Schriften 1, Olten.

Lévinas, Emmanuel (1983): *Die Spur des Anderen, Untersuchungen zur Phänomenologie und Sozialphilosophie*. Freiburg/München.

Mannoni, Maud (1976): *„Scheißerziehung" Von der Antipsychiatrie zur Antipädagogik*. Frankfurt/M.
Sacks, Oliver (1987): *Der Mann, der seine Frau mit einem Hut verwechselte*. Reinbek bei Hamburg.

*Annemarie Hamad*

# Vom Begehren des Analytikers in der Psychose

Die Formulierung meines Titels erfordert als erstes, daß ich etwas aussage über das Begehren des Analytikers als Begriff, und danach versuche, seine spezifische Funktion in dem von der psychotischen Struktur bedingten Arbeitsfeld zu artikulieren.

Ohne allzu weit auszuholen, möchte ich doch daran erinnern, daß das Begehren des Analytikers als Begriff ohne Rücksichtnahme auf Lacans theoretische Erarbeitung des Begehrens an sich kaum angegangen werden kann.

Das Begehren entsteht im Zwischenraum zwischen Bedürfnis und Forderung. Das heißt vom ersten Lebenstag an, daß die Mutter oder ein anderer bemutternder Erwachsener den Schrei des Kleinkindes interpretiert, ihm eine Bedeutung zumißt, was wiederum heißt, sich etwas dazu denkt; und denken kann man sich bekanntlich nur etwas, indem man es sprachlich artikuliert. „Vom Schrei ist es nicht mehr weit zur Erfindung der Sprache", schrieb Freud schon 1895 in seinem *Entwurf einer Psychologie.* Wir könnten hinzufügen: je mehr Sprache – und dazu gehört bestimmt eine Unzahl feinster Ausdrucksweisen durch Mimik, Gesten und Tonfall – als Deutung des Kinderschreis im Spiel ist, um so weniger weit ist für das Kind (infans: der Sprache nicht mächtig) der Weg zur Erfindung seiner eigenen Sprache. Je mehr Spielraum sich die Eltern in der Deutung dieser sich im Schreien kundgebenden ersten Forderungen erlauben können (oftmals stehen sie hilflos verängstigt vor dem kleinen brüllenden Fremdling), desto zahlreichere Mittel und Wege stellen sie ihm zur Verfügung, den Abstand zwischen physiologischem Bedürfnis und dem unaufhaltsamen Verlangen nach dessen Befriedigung nicht nur zu ertragen, sondern gar zu genießen. Das Verb „genießen" ist hier zu verstehen als ein Nutznießen, ein sich Zunutzemachen dessen, was da geboten wird an Sprachlichem als Ersatz des nicht sofort verabreichten Materiellen.

In der Arbeit mit Kleinkindern, und noch sichtbarer mit Säuglingen, erlebt man täglich diese wahrhaftige Begierde nach Worten. Die

Augen der Kinder leuchten auf oder schauen tief ernst, wenn man sie bei ihrem Namen nennt, ihnen von ihrem Dasein und von ihrer Geschichte spricht; kurz, wenn man sie als Subjekt in der sprachlichen Verkettung mit ihrer Umwelt anerkennt. Andererseits lehren uns anorektische Säuglinge, daß ihr Leben an etwas anderem als einer Milchflasche hängt.

Das Begehren entsteht also einerseits durch das Ausbleiben sofortiger Befriedigung körperlicher Bedürfnisse und durch die Artikulierung dieses Ausbleibens in der Sprache. Grammatisch gesehen artikuliert das Verb die Beziehung zwischen dem Subjekt und dem Objekt, und somit von Anfang an, gewissermaßen als drittes Element, die unzähligen Nuancen der Beziehungen zu den ersten Liebesobjekten. Wie es schon der biblische Mythos ausdrückt, ist am Anfang das Wort. Es steht am Ursprung jedes menschlichen Werdens, wie auch des menschlich Werdens, wenn wir unter menschlich Sein die Lebenshaltung verstehen, den anderen als der Sprache fähig in seinem körperlichen Dasein zu respektieren.

Dieser Respekt, diese Art der Rücksichtnahme gegenüber dem Körper des anderen ist nicht naturgegeben, weshalb sich ja gerade die entscheidende Abtrennung der Kultur von den Naturgesetzen in den beiden Hauptgeboten der Menschheit, dem Inzestverbot und dem Mordverbot kundtut.

In der Beziehung zwischen Mutter und Kleinkind artikulieren sich die beiden als Verbot des kannibalistischen Sich-Einverleibens: „Du sollst Dir die Frucht Deines Schoßes nicht einverleiben!“ für die Mutter, und „Du sollst die Mutterbrust, die Du als Dir zugehörig empfindest, auf lebensewig gehen lassen!“ für das Kind. Beide sollen das aufgeben, was ihnen die Illusion einer osmotischen Einheit verlieh. Der Urverlust eines Teilstücks dieser vermeintlichen Einheit ist die Bedingung für das Entstehen des Begehrens. Dieses Teilstück, von Lacan Objekt „a“ benannt, ist die Triebfeder des faustischen Lebensdrangs. Paradoxerweise treibt uns die Sehnsucht nach dem Urverlorenen in unserem Streben nach Neuem. Wir erliegen wohl hie und da in einer vollbrachten Leistung, einer blitzartigen Erkenntnis, einer Begegnung, seinem glitzernden Reiz, der in dem Augenblick verblaßt, in dem wir es zu erhaschen meinen. Zu unserem Glück natürlich, denn im Innersten haben wir wohl verstanden, daß der Ausruf: „Oh Augenblick, verweile doch!“ unsere Seele dem teuflischen Mephistopheles ausliefert.

Die ersten Lehrerinnen Freuds, seine hysterischen Patientinnen, gaben ihm zu verstehen, daß ihr Begehren danach strebte, unbefriedigt zu bleiben, was er aus dem Doppelsinn ihrer Symptome ablas. Wohlverstanden war und bleibt dieses Streben unbewußt, weshalb wir auch jeden irgendmöglichen Partner oder unseren Analytiker für unsere Unzufriedenheit verantwortlich machen. Die Analyse sollte dazu führen, diesen grundlegenden Mangel als strukturell in sich selbst ruhend, seit Urzeiten als Grundstein verankert zu erkennen und so die Tragik der persönlichen Geschichte als ein Jedermannsstück betrachten zu können. Soviel zum Begehren im allgemeinen, kurz gefaßt, als durch den sprachlich artikulierten Mangel bedingt.

Was nun das Begehren des Analytikers betrifft, möchte ich es in seiner Unterscheidung von der sogenannten Gegenübertragung definieren. Alles, was man unter der Rubrik der Gegenübertragung zu hören bekommt, zeugt von der Einmischung des Imaginären (hier als im Unterschied zum symbolischen Register der sprachlichen Signifikantenverkettungen zu verstehen), von Gefühlen der Sympathie oder der Abneigung, die die Patienten erwecken. Wie das Verb erwecken besagt, handelt es sich um die Rückkehr alter Dämonen, mit denen der Analytiker selbst noch nicht abgerechnet hat und die deswegen seine ganze Widerstandsmechanik in Gang setzen, das heißt, seinem analytischen Begehren emotionelle Hindernisse in den Weg legen. Lacan führt diesen Gedankengang dahin, festzustellen, daß Widerstände in der Analyse allein die des Analytikers sind. Diese extreme Äußerung hat den Vorteil, uns diesbezüglich ständig wachsam zu halten, und es wird uns klar, daß man die Gegenübertragung lieber woanders hinträgt, als damit die Arbeit mit dem Patienten zu belasten, und zwar gerade auch da, wo sie sich in der Form freundlicher Zuneigung kundtut, denn dem Begehren des Analytikers und dadurch auch dem des Patienten kann sie nur Abbruch tun. Letzteres ist nämlich Funktion des ersteren.

Anders gesagt: Das eingefrorene, verbarrikadierte, unterdrückte, verdrängte Begehren des Patienten wispert sich dort eine Spur, wo es im Vertrauen des Analytikers in die sprachliche Artikulierung dessen, was uns alle von der Allwissenheit trennt, seine symbolische Referenz außerhalb seiner Person erspürt.

Demnach ist das Begehren des Analytikers wie das eines jeden durch den Mangel bedingt; mit der Besonderheit, daß er sich, dessen Fruchtbarkeit bewußt, die Aufrechterhaltung dieses Mangels zum

Beruf macht. Hinter ihm sitzt sein einziger absoluter Meister, der Tod, Symbol der Endlichkeit aller Dinge und Grenze des menschlichen Tuns.

Mit dem Bewußtsein der Vergänglichkeit entstanden wohl die ersten plastischen Symbole in Form von Grabhügeln und Stelen. Das bedeutet, daß der Verlust erstens empfunden und zweitens symbolisiert werden konnte. Zurück zu diesen ersten Verlusterlebnissen und Symbolbildungen geht es oft in der Arbeit mit Patienten, die in einer Psychose eingeschlossen zu bleiben drohen.

Die Analyse mit einem kleinen Mädchen, das ich Lucia nennen möchte, hat von Anfang an an dieses Begehren angeknüpft: ein Begehren, daß das Subjekt das Licht erblicke ...

Lucia war etwas über vier Jahre alt, als sich ihre Mutter auf Anraten der Kindergartenlehrerin wegen massiver Sprachretardierung an die psychopädagogische Ambulanz wandte. Wie oft in diesen Fällen erforderte es die Vermittlung eines Dritten außerhalb der Familie, um eine Mutter aus dem Dornröschenschlaf mit ihrem Kind herauszurütteln. Bis dahin hatte sie nichts gestört. Schwangerschaft und Geburt waren normal verlaufen. Jedenfalls hatte sie nichts dazu zu berichten. Lucia offenbar auch nicht, denn sie wurde als außerordentlich ruhiges Baby beschrieben, als von Natur aus eher faul, denn sie habe erst mit achtzehn Monaten laufen gelernt. Wie viele Kinder in Frankreich (der gesetzliche Mutterschaftsurlaub beschränkt sich auf drei Monate vor und drei Monate nach der Geburt des Kindes) kam sie mit drei Monaten zu einer ersten, dann, infolge eines Umzugs, zu einer zweiten Tagesmutter, bei der sie nach den Aussagen der Mutter oft allein in einer Ecke saß, weil sie nicht reden konnte und sich nicht für die anderen Kinder interessierte. Krankheiten hätte sie keine gehabt. Auch auf die Geburt der Schwester, als sie noch kein Jahr alt war, schien sie kaum reagiert zu haben.

Erst viel später werde ich erfahren, daß die Geburt Lucias eine Bresche in die Paarbeziehung der Eltern geschlagen hatte: War es die Tatsache, daß die Mutter, ein depressives junges Mädchen, das ihrem Mann nach dem Tod ihres Alkoholikervaters auf der Flucht vor einer „ bösen“ Mutter „in die Arme gefallen war“, sich durch ihre Mutterfunktion so verändert hatte, daß sie in dem jungen Mann etwas Unerträgliches wachrief? Hatte sie in ihm unbewußt das Ebenbild des Vaters gesucht und so die Geschichte ihrer eigenen Eltern wiederholt? Jedenfalls griff der junge Vater selbst zur Flasche und schlug auf seine Frau ein, so daß sie schließlich mit ihren beiden Mädchen auszog, um nicht dasselbe wiederzuerleben, was in ihrer Kindheit geschehen war. Es geht hier nicht darum, in der Anamnese die Lösung des Rätsels der psychotischen Struktur als Lebenswahl herauszukristallisieren, was uns andererseits nicht daran hindern soll, bereits in der Geschichte der Eltern festzustellen, daß der symbolischen Funktion buchstäblich Gewalt angetan wurde. Zum Zeitpunkt der ersten Konsultation lebte Lucias Mutter in ständiger Panik davor, daß der Vater, wie schon öfters, bei ihr eindringen und alles kurz und klein schlagen würde.

Etwas später folgte der Vater doch meiner Einladung, herzukommen, um mit mir über die Schwierigkeiten seines Töchterchens zu sprechen. Er war baß erstaunt darüber, hatte nichts bemerkt, beeilte sich aber auch sofort, alles der kreischenden, geduldlosen Mutter zu unterschieben. Er hätte mit seinen Töchtern keine Probleme, spiele mit ihnen, das heißt, es gefiele ihm vor allem, mit ihnen rumzuraufen, sie zu kitzeln und sie so zum Lachen und Schreien zu bringen. Kurz gesagt: er erotisierte sie nach Lust und Laune.

Obwohl sie sozial angepaßt sind und modisch gekleidet auftreten, haben beide Eltern etwas Dürftiges, Armseliges in ihrem Gehabe, als ob sich das Fadenscheinige der symbolischen Tätigkeit nicht überdecken ließe. Was hindurchscheint ist, daß die Versagung des Körpers des anderen nicht funktioniert, daß weder gesagt noch versagt werden kann zwischen ihnen beiden wie auch zwischen ihnen und ihren Kindern, was ihnen schon von den eigenen Eltern in die Wiege gelegt worden war.

Gesprochen wurde zu Hause nicht, sagt die Mutter. Freunde hatte sie auch keine, auch jetzt noch nicht. In der Schule hatte sie es doch bis zu einem Buchhaltungsabschluß gebracht. Dort allein, in ihrem Beruf, rechnet sie mit all dem ab, was ihr an Ungerechtigkeitsgefühlen und Demütigungen im Halse stecken geblieben ist. Voller Trotz gegen die in der Provinz verbliebene Familie schlägt sie sich einsam durchs Leben. Ihr Einziges sind ihre beiden Mädchen, die, immer adrett und herausgeputzt, Mamas Selbstbild erhöhen. Zuzuhören scheint sie ihnen nicht immer, denn manchmal kommt sie mit dem Kopfhörer auf den Ohren in der Sprechstunde an. Vielleicht wiegt sie sich selbst als Kleinkind im Rhythmus der abgeschlossenen Tonwelt.

Soviel zur Vorgeschichte und zum Familienkontext, in den sich die Arbeit mit Lucia einschreibt.

Wie gesagt ist das von der Schule festgestellte Symptom eine massive Sprachretardierung. Lucia ist schon groß für ihr Alter, jedoch noch pummelig wie ein Baby. Sie verwendet rudimentäre Ausdrükke, um ihre Bedürfnisse anzumelden; was darüber hinausgeht ist eine Art Nuscheln mit übertriebenen Gesten, unterbrochen von nervös dummem Gelächter, als mimte sie jemanden, der spricht, und machte sich gleichzeitig über sich selbst lustig. Was zu verstehen ist, hat weder Hand noch Fuß: etwa „ratata, bumbum, giligili" etc.; scheinbar ohne sich im geringsten um irgendeine Sinngebung zu kümmern. Es ist, als ließe sie das Tonband des ohne ihr Dazutun aufgenommenen Geredes der Umwelt ablaufen, das sie jedoch in ihrem Mund wie eine Nahrung kostet und wie ein Säugling sein erstes Lallen lustvoll zum besten gibt. Wahrscheinlich war ihre stille Welt, als sie mit zweieinhalb Jahren in den Kindergarten kam, mit Geplauder überschwemmt worden, das sie vorerst nicht persönlich betraf, nicht direkt an sie gerichtet war, wie es normalerweise Mütter im zärtlichen Austausch tun. Die Idee der Überschwemmung soll veranschaulichen, daß die Sprachlaute nur wenige Signifikantenspuren und vor allem keine Spuren der grammatischen Artikulierung von Subjekt und Objekt vorfanden, in die sie sich hätten einreihen können. Das Unbewußte war nicht sprachlich strukturiert, sondern sozusagen ein unbeschriebenes Blatt geblieben.

So wie die Grabstele das Verschwinden eines Menschen symbolisiert, kommt das Wort anstelle des Gegenstandes oder der Person, die aus dem Blickfeld verschwindet. Das lernte Freud von seinem achtzehnmonatigen Enkel, als er ihn, ganz Ohr und ganz Auge, dabei beobachtete, wie er eine an einem Faden befestigte Holzspule in sein Bettchen hineinwarf, dabei „Oh!" (fort!) ausrief, um sie dann alsbald mit einem triumphierenden „Ah!" (da!) wieder zurück an sich zu ziehen. Erinnern wir uns daran, daß es Freud in seinem Artikel *Jenseits des Lustprinzips* (1920) darum ging, den Wiederholungszwang als „Arbeitsweise des seelischen Apparats an einer seiner frühzeitigsten normalen Betätigungen"[1] zu studieren. Daselbst anerkennt er das Spiel als eine große kulturelle Leistung des Kindes, das heißt für ihn, als einen Triebverzicht (genauer gesagt einen Verzicht auf Triebbefriedigung), der ihm gestattet, das Fortgehen der Mutter ohne Sträuben zu ertragen.

Halten wir fest, daß es sich um eine normale Betätigung des Kleinkindes handelt, die man tagtäglich beobachten kann. Freuds Verdienst, darin eine hohe kulturelle Leistung erkannt zu haben, hat Françoise Dolto in ihrer unermüdlichen Entzifferungsarbeit der alltäglichen „Umgangssprache" mit und unter Kleinkindern ihr Leben lang weitergeführt. In seinem Spiel erarbeitet das Kind die sprachliche, dialektische Artikulierung der körperlichen Entfernung zwischen Subjekt und Objekt. „Oh, oh! = Fort" vergegenwärtigt das verschwundene Objekt, und „Ah, ah!" bezeichnet die Freude des Wiederfindens. So zeichnet sich im Gedächtnis die Spur des Gewesenen immer deutlicher ab, und zwar soweit, bis das Kind auch die Idee seines eigenen Verschwindens im Spiegel ertragen und meistern kann, indem es die nach längerer Abwesenheit zurückgekehrte Mutter mit der Mitteilung begrüßt: „Bebi, oh, oh!" In dieser frühen Mitteilung hört man schon heraus, was man vielleicht als Anerkennungserheischung einer Trauerarbeit des Kindes beschreiben könnte: „Als Du weg warst, habe ich mich beinah' selbst verloren! Aber sieh, ich bin noch da!" In diesem frühen Nominalsatz bedeutet sich das Subjekt in einem Signifikanten der Mutter (es ist das Bebi der Mutter) für einen anderen Signifikanten, den es sich im Versteckspiel mit seinem Körper zu eigen gemacht hat.

Der Rückgriff auf dieses klassische Beispiel erlaubt uns, das Sprachsymptom, d.h. die Notwendigkeit zu sprechen, die uns zu Menschen macht, und die Fähigkeit, den Verlust zu symbolisieren, in ihrer gegenseitigen Abhängigkeit darzustellen. Diese letztere Fähigkeit ist nun in der Psychose zu Schaden gekommen, und zwar würde ich als Hypothese vorschlagen, daß sich vom Kommen und Gehen der Mutter nicht genügend Spuren sprachlicher Art in die Psyche des Kindes eingeschrieben haben. Das kann einerseits geschehen, wenn körperliche Bedürfnisse sofort gedeckt werden, ohne Zwischenraum für das Begehren nach etwas, was F. Dolto im Gegensatz zum Materiellen, das Subtile nannte. Andererseits auch durch Vernachlässigung, zu lange physische oder auch psychische Abwesenheit der Mutter, während der das Kind sie sich herbeihalluziniert. In beiden Fällen fehlt nicht der Verlust, sondern das symbolische Zeichen des Verlustes, das das Subjekt als solches, als von der Mutter differenziert, brandmarkt und gleichzeitig den Leerraum für Ersatzgegenstände schafft. Aus Gründen ihrer eigenen traumatischen Geschichte oder auch von einer schwer zu ertragenden Gegenwart überfordert mag es einer Mutter schwerfallen, sich dem in den ersten Lebensmonaten des Kindes notwendigen „Wahn“ (um Winnicotts Ausdruck zu verwenden) hinzugeben, der es erlaubt, seine Wünsche zu erraten, seine winzigsten Regungen und Mimiken zu deuten, auch Pläne für seine Zukunft zu schmieden, kurz: sich das kleine hilflos strampelnde Baby als eigenständiges menschliches Wesen vorzustellen.

Wie die Dinge für die Eltern von Lucia verliefen, können wir nur äußerst skizzenhaft festhalten, zumal sie selbst vorerst nicht in der Lage sind, etwas darüber auszusagen. Da ich der Meinung bin, daß sie sicher etwas zu sagen haben, wenn man sich die Zeit nimmt, ihnen selbst die Worte dazu zu leihen, werde ich den Raum dafür schaffen, sie aufs engste mit der Arbeit ihrer Tochter zu assoziieren. Diesen Raum wird sich die Mutter schüchtern zunutze machen, während der Vater sich eher entfernt und eine neue Beziehung eingeht.

Lucia selbst hat die Art der Arbeit von der ersten Sitzung an mit einer rätselhaften Frage markiert. Sofort nahm sie sich ein Blatt Papier und ergriff einen der auf dem Tisch bereitliegenden Filzstifte, hielt ihn ihrer Mutter vor die Augen und fragte: „C’est qui?“ „Wer ist das?“, worauf die Mutter antwortete: „Rot!“ Lucia kritzelte flink einen roten Flecken auf das Blatt, nahm einen zweiten Stift und wiederholte ihre Frage, die wieder die entsprechende Antwort der Mutter zur Folge hatte. Der Austausch wiederholte sich mehrere Male, bis der Mutter die Fragerei, die eine beinah frenetische Wendung annahm, zu bunt wurde. Schließlich gab sie verzweifelt auf vor dem, was ihr als trotziges Dummtun ihrer Tochter erschien. Man stellt sich leicht vor, daß eine für sie unvorstellbare, unsagbare Verzweiflung vor der Ohnmacht des Unverständnisses sich im tagtäglichen Leben in Wutanfällen und zerstörerischem Geschrei äußerte.

Was mich betrifft, war ich verdutzt von Lucias Frage. Vielleicht symbolisierte der Stift eine Person? „Wer ist das?“ hatte sie gefragt. Das Kind selbst? „Wer bin ich?“, die Mutter, der Vater in den Augen der Mutter, oder gar die Analytikerin? Ich begnügte mich damit, die Frage als Ansatzpunkt zur Eröffnung eines Raumes, in dem sie sich vervielfältigen und verfeinern würde, auf mich einwirken zu lassen und sie Lucia gegenüber als wichtig anzuerkennen. Vom Blatt mit den Farbflecken, das mir etwa wie die noch formlose Sicht der Umwelt eines Säuglings vorkam, sagte ich ihr, ich würde es in einer mit ihrem Namen versehenen Aktenmappe verwahren. Darauf fragte ich sie, ob sie Lust hätte, weiterhin regelmäßig zu mir zu kommen, um zu zeichnen, damit wir zusammen mit ihrer Mama ihre Schwierigkeiten zu verstehen versuchen könnten. Sie bejahte freudig.

Wie üblich oblag es der Analytikerin in dieser ersten Sitzung, sich gewissermaßen von der Frage des sich suchenden Subjekts in Verlegenheit bringen zu lassen, seine Verlegenheit auf sich selbst zu nehmen, den Weg der subjektiven Entfaltung der in der Frage enthaltenen Rätsel offen zu halten und die Äußerungsarten des Subjekts unvoreingenommen abzuwarten. Was mir jedoch erst im nachhinein klar wurde, war die spezifische Art der Fragestellung, das heißt, daß es um ein Aufzeichnen, um ein Spurenschaffen ging, das die Matrix einer später möglichen Artikulierung bilden sollte.

Aus dem anfänglichen Chaos der Farbflecken ergaben sich schon beim zweiten Mal Formen: eine Art Walfisch mit Schwanz und Extremitäten sowie schnecken- und sternförmige Pseudopoden darum herum. Die Farbwahl war in den Hintergrund getreten. Zu deuten gab es nichts, bloß zu entziffern, was sich dem Blick darbot. Es hatte sich etwas aus dem Chaos herausgelöst, Konturen angenommen, eine belebte Unterwasserlandschaft. Vielleicht erkennt man in solchen Momenten, wie die analytische Arbeit der Patienten an das Poetische in uns appelliert.

Während der dritten Sitzung blieb die Mutter im Wartezimmer. Lucia zog einen senkrechten Strich über das leere Blatt und teilte die beiden Hälften in je vier separate Felder auf. Links wurden die Formen vom Farbgekritzel wieder verwischt, rechts sind nur zwei Felder besetzt: das eine enthält eine große ovale Form mit einer kleinen, das andere zwei kleine. Ich dachte mir, daß sie früher zu viert gelebt hatten, daß es da chaotisch gewesen war, und daß sie jetzt zu dritt eine andere Dynamik gefunden hatten. Irgendwie gab ich mich Winnicotts notwendigem Wahn hin, indem ich das Sichselbstwerden des Kindes in einem Abteilungsprozeß begleitete. Dadurch, daß das unbeschriebene Blatt im zeitlich begrenzten Raum der Analyse einen Augenzeugen seiner Teilung gefunden hatte, ergab sich auch die Idee des Körperbildes, rudimentär, ohne Kopf, zwei aufeinandergestellte Rechtecke, als „Zimmer“ benannt, oben eine „Tür“ und einem senkrechten Strich auf jeder Seite, als „Arme“ bezeichnet.

Inzwischen hatte Lucia ihren Vater wiedergesehen, plauderte von ihm und fabrizierte aus der Knetmasse „einen Hut für einen Mann“!

Sie stellte dann auch Tierchen auf und suchte diejenigen heraus, die Hörner und Buckel hatten. Das seien die Papas, meinte sie.

Wenig später stellte sie fest, Papa habe einen großen Penis, gefolgt von: „und ich heiße Lucia!“, was sie mit einem Kreuz illustrierte, als unterschreibe sie das Gesagte.

Man sei davor gewarnt, die Partie als gewonnen anzusehen. Die Tatsache, daß sie das Bild des Vaters als Träger des „großen“ Geschlechts in ihre Mythologie einschließt, bedeutet bei weitem nicht, daß sich der Name des Vaters als Symbol der Endlichkeit der Dinge eingeschrieben hat. Das andere Geschlecht erscheint ihr plötzlich als ein Kuriosum in der Entdeckung einer sich langsam in sprachliche Einheiten differenzierenden Umwelt. Sie entwickelt eine wahrhaftige Neugier nach dem Sinn der Dinge, die sich als unterschiedliche Formen vor ihr entfalten. Wenn es ihr jedoch nicht gelingt, den Penis des Vaters als Symbol dessen, was eben der Mutter fehlt und deren Begehren bedingt, in die Dialektik ihrer eigenen Subjektivierung einzubeziehen, so ist es, weil sie als Subjekt ausschließlich vom „Genießen“ des realen Anderen abhängig bleibt. Das wird ziemlich brutal sichtbar, wenn sie erneut Augenzeugin der Haß- und Gewaltbeziehung ihrer Eltern wird. In den Zeichnungen stellt es sich dann so dar, als sei sie wieder in Stücke zerfallen: ins Farbfleckenchaos.

Folgende Formel aus Lacans Seminar über die Angst (1962-1963) möge erlauben, die respektiven Positionen des Subjekts, des realen Anderen und des Analytikers zu definieren. Es ging ihm damals darum, den Subjektivierungsprozeß als arithmetische Teilung in bezug auf das Angstsignal und das Entstehen des Begehrens darzustellen:

$$\begin{array}{c|ll} A & S & X \\ \hline a & \not{A} & \text{Angst} \\ \not{S} & & \text{Begehren} \end{array}$$

Er kommentierte die Formel wie folgt: das Subjekt hat sich am Ort des Anderen und auf der Grundlage dieses schon bestehenden Signifikantenschatzes zu konstituieren, der für die Entstehung jedes menschlichen Lebens genauso wesentlich ist wie alles, was wir von der natürlichen Umwelt begreifen können. In der Bezugnahme auf den Signifikantenschatz, der es bereits erwartet, der den Spielraum bildet, in dem es sich zu stellen hat, das auf dieser Ebene noch mythische Subjekt, das erst vom Signifikanten her, der ihm vorausgeht, entsteht, dieses mythische Subjekt stellt sich diese erste Rechenaufgabe: „Wieviel S in A?" Zusammenfassend kann man sagen, daß die Rechnung nicht aufgeht, daß ein Rest (a) übrigbleibt, wobei A und S gleichzeitig als gestrichen (—), d.h. als unvollkommen, mangelnd hervorgehen. Die Urangst dieser ersten Teilung/Trennung ist der Preis des Begehrens. Gegen ihre Wiederkehr in den Wirren des Lebens ist niemand gefeit.

Ich möchte nun diese allgemeine Formel der Subjektwerdung auf die analytische Arbeit mit einem psychotischen Kind anwenden. Der Signifikantenschatz A verschmilzt mit dem realen Genießen der Mutter, in dem das Subjekt ganz aufgeht. Sich daraus herauszulösen würde psychotische Zerstückelungsangst erzeugen, da eben gerade das fehlt, was der Trennung eine Richtlinie gibt: die phallische Metapher; und noch davor, was den Signifikantenverkettungen eine ursprüngliche Verankerung verleiht: der Name des Vaters. Indem sich der Analytiker gewissermaßen unter das gestrichene A setzt, sich selbst und das Kind den Grenzen des „Spielraumes" unterwirft, darf sich die Angst in den „a" symbolisierenden Produktionen ausdrücken, wobei gleichzeitig die Teilung des Subjekts real aufgezeichnet wird. Der Analytiker ist dazu da, den Spielraum a/S sich entfalten zu lassen und das Subjekt im buchstäblichen Sinne aufrechtzuerhalten durch sein wahnhaftes Begehren, daß sich eben trotz allem Spuren ziehen werden, die dem Kind ein einigermaßen angepaßtes Lebensprojekt erlauben. Sonst, wenn S von A verschlungen wird und bleibt, ist Debilität die einzige Lösung, die das Kind findet.

Lucia hat es ziemlich weit gebracht. Irgendwie hatte der Appell an den Namen des Vaters ein Echo gefunden. Zu der Zeichnung der letzten Sitzung (obwohl mitten im Sommer handelte es sich um einen Weihnachtsbaum, einen Weihnachtsmann und ein kleines Haus mit Kamin) sang sie mir das bekannte französische Weihnachtslied:

> Kleiner Weihnachtsmann
> Wenn Du vom Himmel runterkommst
> Mit Tausenden von Geschenken
> Vergiß nicht
> meinen kleinen Schuh!

Sie hatte wohl schon eine Weile lang gespürt, daß die Erhaltung ihres Symbolproduktionsraumes, den sie inzwischen auch auf die Schule und besonders auf die Arbeit mit einer Logopädin erweitert hatte, davon abhing, daß auch etwas mehr von der Geschichte der Mutter zur Sprache kam. Regelmäßig schloß sie dann ihre Sitzung ab, indem sie sagte: „So, jetzt geh' ich raus zu meiner Schwester, und Du sprichst mit Mama!"

Die Übertragung der Mutter war intensiv; und als ich meine Stelle in der Ambulanz verließ, zögerte sie keinen Augenblick, den weiten Weg zu meiner Praxis zurückzulegen und auch für die Sitzungen aus ihrer Tasche zu bezahlen. Jedoch begann wohl die fortschreitende Autonomie ihrer Tochter eine unerträgliche Leere bei ihr zu hinterlassen. Nach drei Jahren pünktlicher Regelmäßigkeit hat sie sich von neuem einen Partner gefunden, der alle Anzeichen der Gewalttätigkeit hat, und die Arbeit unter dem Vorwand finanzieller Schwierigkeiten vorläufig unterbrochen.

Natürlich hatte ich ihr eine Adresse für sie selbst gegeben. Es war ihr nicht gelungen, davon Gebrauch zu machen. Ihre eigene Frage war da, wo ihr Kind war. Sie nannte sich übrigens nie anders als „Lucias Mama"; und als Lucia es schulisch einigermaßen schaffte, also gesellschaftlich eingegliedert war, hatte die Triebfeder ihrer Anfrage, d.h. sie sollte normal wie alle Kinder lernen, nachgegeben. In der Identifizierung mit den langsam als Ausdruck leidender Hilflosigkeit anerkannten „Krisen" und Symptomen ihrer Tochter hatte sie selbst ein Stück Weg zurückgelegt, ohne jedoch die subjektive Kraft aufzubringen, anderswo einen symbolischen Raum zu investieren. Statt dessen fiel sie dem Wiederholungszwang als Leidensobjekt des gewalttätigen Genießens eines Anderen erneut zum Opfer. Ich hege die bescheidene Hoffnung, sie werde in nicht allzu langer Zeit auf den begonnenen Weg zurückfinden.

## Anmerkungen

1 S. Freud: *Jenseits des Lustprinzips*, Studienausgabe, Bd. III, S. 224.

*Christof Krüger*

# „Schau mich nicht an"

## Finden und Gestalten von Begegnungsräumen mit einem früh traumatisierten Jungen

Ich möchte Ihnen aus einer vierjährigen, inzwischen beendeten ambulanten Begleitung eines damals zwölfjährigen Jungen berichten. Klaus, wie ich ihn hier nennen möchte, hat mich wie kaum jemand vorher oder nachher mit seinen meist destruktiven Aktionen über lange Zeit in Atem gehalten, in Schrecken versetzt und ständig zum handelnden Eingreifen gezwungen. Gleichzeitig habe ich ihn auf einem äußerst spannenden und sehr bemerkenswerten Entwicklungsweg begleiten können. Nur über das Aufsuchen und Erfinden immer wieder neuer Begegnungsräume ist es uns vor allem in der Anfangszeit gelungen, eine Beziehung aufzubauen und trotz massiver Attacken und Bedrohungen aufrechtzuerhalten. Die dadurch geschaffenen Öffnungen in einer immer wieder sich zuschnürenden, „erstickenden Zweierbeziehung" haben einen ganz entscheidenden ersten Begegnungsraum geschaffen. Dieser hat sich später zu weiterführenden analytischen Räumen des Sprechens, der Symbolisierung und eines schließlich erfolgreichen psychotherapeutischen Prozesses ausweiten können. Der Imperativ im Titel meines Vortrages: „Schau mich nicht an!" verweist darauf, wie gerade in der Kategorie des Blicks, im visuellen Raum des Sehens und Gesehenwerdens, es lange Zeit kaum möglich war, sich zu begegnen. Ich habe den Fokus meiner kasuistischen Darstellung genau auf die Prozesse, kreativen Veränderungen und Umwege gelegt, die es überhaupt erst ermöglicht haben, eine gemeinsame Interaktionsebene herzustellen und damit eine Beziehungsmöglichkeit zu schaffen.[1]

## Zur Vorgeschichte meiner Begegnung mit Klaus

Die Einrichtung eines ambulanten Betreuungsangebotes für Klaus kommt aufgrund der dringlichen Anfrage einer Tagesgruppe zustande, von der er nachmittags betreut wird. Die MitarbeiterInnen zeichnen das Bild eines ziemlich verrückten Jungen, den man im Grunde nie aus den Augen lassen kann, weil er sonst über das Zerstören von Dingen oder aggressive Attacken und Übergriffe auf kleinere Kinder sehr schnell die Aufmerksamkeit der PädagogInnen wieder auf sich lenkt. Besonders gerne gehen dabei Gläser und Sprudelflaschen zu Bruch, oder er drückt kleineren Kinder, die er vorgibt, nur liebevoll „knuddeln" zu wollen, die Luft ab. Die Geschichten, die er erzählt, und die Dinge, die er sagt, entbehren oft jeglichen Realitätsgehaltes. Trotz großem Engagement des dortigen Teams, die für Klaus sogar eine Einzelbetreuung einrichten, ist er wegen seines schwierigen Verhaltens kaum noch tragbar. In der Schule für Erziehungshilfe sieht es ganz ähnlich aus.

Aus den umfangreichen Akten geht hervor, daß Klaus nach einer Frühgeburt mit siebeneinhalb Monaten wegen eines Atemnotsyndroms und einer Trinkschwäche die ersten zwei Wochen seines Lebens in der Kinderklinik verbracht hat und lange Zeit unter schweren Verdauungsstörungen litt. Seiner Mutter ging es nach eigenen Angaben in der Zeit vor und nach der Geburt psychisch so schlecht, daß sie z.B. trotz Schwangerschaft stark abmagerte. Aufgrund einer sehr ausgedehnten doppelten Berufstätigkeit als Schichtarbeiter und Landwirt war sein Vater für Klaus wenig präsent. Erste schwerwiegende aggressive Verhaltensauffälligkeiten von Klaus werden schon im Kindergartenalter berichtet. Sie haben später auf Anraten der Grundschule und verschiedener Beratungsstellen sogar zu einem einjährigen stationären psychiatrischen Aufenthalt geführt. Dieser hat jedoch ebenso wie medikamentöse und therapeutische Behandlungsversuche in der Folgezeit keine grundlegende Verhaltensbesserung bewirken können. Da die Eltern eine Heimunterbringung strikt ablehnen, hat man ein kombiniertes Hilfsangebot von Sonderschule und Tagesgruppe eingerichtet. Als die Situation dort immer mehr zu eskalieren droht, kommt es zu einem weiteren Behandlungsversuch von Klaus bei einer niedergelassenen analytischen Kindertherapeutin. Dieser muß wegen seines aggressiven und chaotischen Verhaltens nach kurzer Zeit erneut abgebrochen werden.

An diesem Punkt wenden sich die MitarbeiterInnen der Tagesgruppe gemeinsam mit den LehrerInnen an unsere Ambulanz. Die Berichte über diesen Jungen und seine Geschichte machen mich neugierig. Es lockt mich auch die Perspektive einer hier offensichtlich notwendigen interinstitutionellen Zusammenarbeit. Ich erkläre mich so nach einer Gruppensupervision in unserem Team bereit, Klaus und seinen Eltern erste probatorische Kontakte anzubieten. Als vorläufiger Betreuungsrahmen werden zwei Einzeltermine pro Woche, die später auf drei Termine erhöht werden, vierzehntägige Elterngespräche und ein regelmäßiger Austausch mit der Tagesgruppe vereinbart. Zum Setting gehört ebenfalls eine vierzehntägige Einzelsupervision. Die Termine nachmittags bei mir haben über lange Zeit auch die Funktion, die Tagesgruppe an mehreren Tagen real von der Anwesenheit von Klaus zu entlasten.

## Es gibt keinen Raum

Aufgrund der Vorberichte bin ich doch etwas überrascht, als ich Klaus im Schlepptau seiner Mutter zum ersten Mal begegne. Hinter seiner Mutter herschlurfend, schleppt sich ein äußerst schüchterner, adrett gekleideter zwölfjähriger Junge die Treppe zu den Räumen in unserer Ambulanz hoch.

Er senkt den Kopf noch mehr zu Boden, als ich ihn zusammen mit seiner Mutter begrüße. In dieser steifen und verschlossenen Haltung bleibt Klaus im Gang wie angewurzelt stehen, bis ich die Mutter schließlich verabschiede und ihn einlade, mit mir in mein Zimmer zu gehen. Klaus setzt sich nicht mir gegenüber an den Tisch, sondern nimmt auf dem für ihn viel zu kleinen Kinderstuhl in der Ecke des Raumes Platz. Sein vornüber kraftlos zusammengesunkener Oberkörper vermittelt mir eine große Schwere und Erschöpfung. Die Hände umklammern die Knie wie in einem verzweifelten Versuch, sich zu schützen. Nach einer Weile des Schweigens eröffne ich das Gespräch und erkläre nochmals den Sinn der ersten beiden Termine, die dazu dienen sollen, sich gegenseitig kennenzulernen. Ich frage ihn schließlich nach den Dingen, die er gerne macht, und fordere ihn auf, sich ruhig einmal im Zimmer umzusehen. Plötzlich springt Klaus völlig unerwartet und abrupt vom Stuhl auf. Er beginnt, mir den Rücken zuwendend, im Zimmer hin und her zu tigern wie eine Raubkatze in einem zu engen Käfig. In raschem Wechsel wendet er sich verschiedenen Spielsachen zu, läßt zwei Autos mit voller Wucht gegeneinander knallen und leert dann die Legokiste aus, ohne mit dem Material etwas anfangen zu können. Mit den Playmobilfiguren in der Kiste daneben spielt er eine kurze Sequenz, in der einer dem anderen Hände und Beine abhackt, die Augen aussticht und sich daraufhin selbst umbringt. Übergangslos steht er danach auf und nimmt die Armbrust von der Wand. Als er einen Buntstift anstelle des Gummipfeils einlegt, sage ich laut stop, aber meine Worte verklingen scheinbar ungehört im Zimmer. Schließlich springe ich von meinem Stuhl auf und reiße ihm in wütendem Affekt die Armbrust regelrecht aus der Hand. Innerlich schon längst nicht mehr ruhig, erkläre ich ihm die Regeln, die bei mir gelten und die auch einen schonenden Umgang mit den Spielsachen mit einschließen. Gleichzeitig bemühe ich mich, verstehend und kommentierend, seine bisherigen Handlungen aufzugreifen. Ich könne mir vorstellen, daß er voller Unruhe und Wut sei und dies mir so mitteile bzw. ihn die Situation mit mir im Zimmer verunsichere. Als ich in das verständnislose Gesicht von Klaus schaue, habe ich das Gefühl, ins Leere zu reden. Um die offensichtlich ihn ängstigende, zu offene Situation besser zu strukturieren und gleichzeitig seinen Aktivitätsdrang aufzugreifen, schlage ich ihm vor, gemeinsam zu trommeln. Dies klappt zunächst auch, bis er wiederum mit solcher Wucht aufs Tambourin einschlägt, daß ich befürchten muß, daß so auf kurz oder lang das Fell zerreißt. Er läßt mir dieses Mal gar keine Zeit, ihn zu unterbrechen und die Situation zu klären, sondern springt sofort, als ich beginne etwas zu sagen, auf die Polster meiner Kuschelecke. Dort deckt er sich mit den Stofftieren zu, die er heftig an sich drückt mit den Worten: „Die lieben mich so sehr, daß ich keine Luft mehr kriege". Kurz darauf schleudert er sie auch schon im hohen Bogen durchs Zimmer.

Inzwischen hat es mir den Atem verschlagen. Ich stoppe ihn erneut, indem ich ihn an beiden Armen festzuhalten versuche, während er sich in meinem Griff windend, sofort losgelassen werden will. Als ich loslasse, verschwindet Klaus fluchend, mich als Hure beschimpfend auf die Toilette. Ich bleibe konsterniert zurück. Was passiert hier zwischen uns? Aus der Ferne höre ich derweil schon das Geplätscher eines überlaufenden Waschbeckens und seine Hilferufe und eile hinaus, um das Schlimmste zu verhindern. Als ich ihn wütend anbrülle, was das jetzt schon wieder soll und er wohl nicht wisse, was er mit seiner ganzen Aggression anfangen wolle, schaut er mich ganz ruhig mit einem sonderbar versteinerten, ausdruckslosen Gesichtsausdruck ohne jegliche mimische Regung an. Er sagt, daß er nicht wütend sei und auch nicht wisse, warum er immer solche Sachen mache. Mir jedenfalls reicht es für heute, und wir verbringen den Rest des Termins irgendwie gemeinsam damit, die Überschwemmung wieder aufzuwischen. Als er geht, fühle ich mich einerseits erschlagen und überschwemmt von all dem, was da auf mich eingestürzt ist, gleichzeitig aber auch ziemlich leer und erschöpft. Es gelingt mir auch nicht, die Stunde zu protokollieren. Statt dessen gehe ich spontan spazieren und frische Luft schnappen. Ich verspüre den Drang, etwas in den Magen zu bekommen, als hätte die Begegnung in mir ein großes Loch gerissen.

In den nächsten Terminen ergeht es mir, obwohl ich innerlich jetzt gewappneter bin, im Grunde ganz ähnlich. Klaus zwingt mich von Beginn an, ihn nicht aus dem Blick zu verlieren. Gleichzeitig scheint er genau die dadurch entstehende Nähe, das Angeschaut-Werden, nicht auszuhalten und über aggressive Attacken abzuwehren, ein offensichtlicher Teufelskreis. Gerade weil ich verhindern möchte, daß er Spielsachen und Dinge zerstört und beschädigt, und ihn deshalb im Auge behalte, wirft er mir genau das vor und beschwert sich bitterlich über mein Mißtrauen und meine Kontrolle. In diesem Zusammenhang fällt auch immer wieder der verzweifelte Satz von ihm: „Schau mich nicht dauernd so an“. Wenn ich ihn jedoch nicht auf diese Weise kontrolliere, kann ich fast sicher davon ausgehen, daß ich spätestens beim Aufräumen des Zimmers beschädigtes Spielmaterial finde bzw. Dinge ganz verschwunden sind. Stelle ich ihn zur Rede, so leugnet Klaus empört, daß er damit etwas zu tun habe, oder stellt es als „Unfall“ oder unbeabsichtigtes Mißgeschick hin. Was mich innerlich fast rasend macht und zur Verzweiflung bringt, ist vor allem seine Leugnung jeglichen aggressiven Affektes. Diesen kann er offenbar nicht wahrnehmen, und so scheint zwangsläufig alle Wut auf mich überzugehen. Er bleibt Opfer und erlebt sich offenbar ausschließlich als Objekt und nicht als Subjekt in unserer Begegnung. Aus dieser Position heraus beschwert er sich über alle von mir vorgenommenen Konsequenzen oder Einschränkungen seines Handlungsspielraumes, die er als reine Willkür bezeichnet.

Trotz seiner Attacken auf mich und meinen Raum spüre ich hinter seinem verrückten Verhalten eine große Not. Seine Aktionen und Geschichten erlebe ich auch als verzweifelten Versuch, mir etwas mitzuteilen. Es fällt mit jedoch schwer, etwas davon aufzunehmen und mit ihm darüber in Kontakt zu kommen, da jeder Verständigungsversuch an einem bestimmten Punkt in destruktives Agieren umkippt. Sei es, daß Klaus erzählt, daß er früher bei seiner Lehrerin einmal unbeabsichtigt das Zimmer angezündet hat, und während er diese offensichtliche Phantasie mitteilt, beginnt, etwas Brennbares in meine Stehlampe zu werfen, die dann auch prompt anfängt, ganz konkret und gar nicht mehr in der Phantasie zu schmoren und zu stinken. Sei es, daß er mit der Punkfigur darstellt, wie diese die Mutter umbringt, und schon drohen den beteiligten Handpuppenfiguren Haare und angenähte Kleider im Eifer der Spielhandlung auszugehen und abzureißen.

Ich spüre, wie ich beginne, eine wichtige Distanz zu verlieren. Ich fühle mich emotional dünnhäutig und angreifbar und merke, wie ich immer schneller drohe, aus der Haut zu fahren, und mir die Kontrolle der Situation abhanden kommt. Mir erscheint es so, daß Klaus von mir, meinen Gefühlen und Gedanken immer mehr Besitz ergreift. Er ist schon da, bevor er kommt, und bleibt, auch wenn er geht. Mit der abnehmenden Fähigkeit, mich von meinen Affekten distanzieren zu können, mich innerlich zu entfernen, verliere ich meinen Raum. Klaus hat in mir auf eine Weise Platz genommen, daß ich den immer stärker werdenden Impuls verspüre, ihn auf welche Weise auch immer loszuwerden.

Dieses ohnmächtige In-Besitz-Genommen und gleichzeitig dabei als Subjekt Ausgeschlossen-Werden, erlebe ich sehr konkret vor einem Termin. Nachdem ich Klaus aufgemacht habe, rennt er plötzlich draußen im Gang an mir vorbei in mein Zimmer und schließt sich dort ein. Er ist in meinem Zimmer, und ich stehe wütend und ohnmächtig vor verschlossener Tür. Mein Zorn ist so groß, daß ich von einem Moment auf den anderen völlig außer mir gerate. Ich brülle ihn durch die Tür hindurch an, mir sofort zu öffnen, was er dann auch tut. Ich muß mich mit all meinen Kräften zusammenreißen, ihm nicht an die Gurgel zu springen.

Ich verstehe mit Hilfe der Supervision, daß ich mich mit Klaus offensichtlich in einer sehr frühen, schwierigen Übertragungsbeziehung befinde. Wir sind noch weit davon entfernt, uns als getrennte

Individuen in einem symbolischen, sprachlich strukturierten Raum zu begegnen.[2] Der ganze hektische Wirbel, den Klaus mit seinen Aktionen veranstaltet, scheint primär dazu zu dienen, die Beziehung zu vermeiden, ihr auszuweichen und damit elementare Beziehungsängste abzuwehren. Ein Bild für hinter diesen Ängsten stehende reale Beziehungserfahrungen ist das einer bedrohlich Besitz ergreifenden und Luft abschnürenden Beziehung. Diese läßt weder Denken noch Sprechen und auch kein gemeinsames Verarbeiten von Erfahrungen zu. Es fehlt der Raum zwischen Phantasie und Realität, die nicht mehr klar voneinander unterschieden werden können.[3] Neben ihrer Abwehrfunktion enthalten die auf den ersten Blick verrückt erscheinenden Handlungen und Aktionen von Klaus und die daraus entstehenden Interaktionen offensichtlich auch wichtige Mitteilungen. Eine Möglichkeit, sie zu entschlüsseln, bieten die theoretischen Konzepte der „Projektiven Identifizierung“ und der „Gegenübertragung“[4]. Danach wiederholt Klaus innerhalb unserer Beziehung ein frühes traumatisierendes Interaktionsmuster, indem er mir etwas zufügt, was ihm selbst zu erleben und damit zu verarbeiten nicht möglich ist. Wenn ich meine emotionale Befindlichkeit in und nach den Terminen in diesem Sinne als Gegenübertragungserleben und als Folge einer projektiven Identifikation interpretiere, und wenn ich diesem Gefühl eine Stimme verleihe, dann könnte sich das so anhören:

„Ich werde von dir in meinen grundlegenden Bedürfnissen und meinen elementaren Grenzen nicht wahrgenommen, fühle mich ausgeliefert und in extremer Weise ohnmächtig. Ich finde keinen Kontakt zu dir, obwohl du mir so auf die Pelle rückst, ich dich nicht aus den Augen lassen kann aus Angst, daß dann etwas Schlimmes passiert. Du nimmst mich zwar in Besitz, aber du nimmst mich nicht wahr. Mit deinen Aktionen raubst du mir den Atem und hinterläßt bei mir nur Leere, Zerstörung und einen abgrundtiefen Haß, der mich erschreckt. Am schlimmsten ist, daß ich dich trotz aller meiner Versuche, selbst wenn ich schreie und wütend werde, nicht erreiche, mit meinen Empfindungen und Wahrnehmungen isoliert und abgeschnitten bleibe.“

Es ist sicher falsch, mein Erleben in der Gegenübertragung komplett spiegelbildlich als Gefühle und Phantasie zu übersetzen, die Klaus an einem bestimmten Punkt seiner Entwicklung aus seiner eigenen Wahrnehmung ausgeschlossen hat. Trotzdem finden sich hier meiner Ansicht nach wichtige Bilder und Hinweise auf frühe traumatisierende[5] Interaktionserfahrungen von Klaus als Säugling. Im Zentrum dieser nicht verarbeiteten Erfahrung steht offensichtlich das Gefühl, ohnmächtig und ausgeliefert zu sein und den anderen nicht zu erreichen.

Greift man zur Erklärung dieser Situation auf das schon erwähnte Kleinianische Konzept der Projektiven Identifizierung zurück, so zeichnet sich unsere Interaktion dadurch aus, daß mir eine bestimmte Rolle zwangsweise zugeordnet wird[6], in diesem Falle die eines ohnmächtigen Verfolgers. Ich kann gar nicht anders, als mich entsprechend den hier von Klaus in Szene gesetzten unbewußten Interaktionserwartungen zu verhalten, als realer Verfolger nämlich. Es gibt hier keinen wie auch immer gearteten Spielraum für eine Begegnung. Die Übertragungsbeziehung erhält dadurch, wie Ogden es formuliert, eine „tödlich ernsthafte Qualität“ (Thomas H. Ogden, 1997, S. 10).

Wie ist es möglich, das geschilderte projektiv Identifiziertwerden in ein fruchtbares und haltendes Containment zu verwandeln? Wie kann es gelingen, mit Klaus aus dem Teufelskreis einer gegenseitigen verfolgenden Beziehung auszusteigen?

## Wir verlassen den konkreten Raum

Trotz aller angestellten sinnvollen Reflexionen und dem Versuch, meine Affekte als Folge einer offenbar schwierigen frühen Übertragungsbeziehung zu verstehen und als Gegenübertragungserleben einzuordnen, bin ich nach wie vor ratlos, wie es weitergehen kann. Es gelingt mir trotz Supervision und vieler Gespräche nicht, genügend Distanz zu meinem eigenen Erleben, vor allem dem Erschrekken über meine eigenen gewalttätigen Impulse und Handlungen zu bekommen. Ich verspüre den starken Impuls, die Beziehung abzubrechen und zu beenden. In einem Traum, der mehr ein Alptraum ist, sehe ich Klaus vor mir, wie er mit seiner Hand in mich eindringt, als hätte ich keine Haut, keinen Körper, keine Grenze, und in meinem Innersten beliebig rumhantiert und mich quält. Ich brauche Abstand, aber wie bekomme ich ihn, ohne die Betreuung abzubrechen oder wenigstens eine Pause einzuführen? Die Gedanken der

Supervision bestätigen mich darin, mich vor unseren Begegnungen innerlich zu wappnen und so weit wie möglich zu schützen.

Als Klaus an einem der darauffolgenden Termine kommt, wie immer Sturm klingelt und mir schon im Treppenhaus seine Forderungen und Flüche entgegenschallen, stelle ich mich ihm in den Weg. In einem ungefilterten Affekt aus Haß und Ärger platzt es aus mir heraus: „Du kannst gleich wieder umdrehen, mein Junge, ab nach draußen!"

Klaus wirkt sichtlich überrascht, beschwert sich dann aber lautstark über mein ungerechtes Verhalten ihm gegenüber, ihn einfach rauszuschmeißen, obwohl er doch gar nichts gemacht habe. Er dreht daraufhin postwendend um und läuft mit schnellen Schritten Richtung Bahnhof. Nach einem kurzen Zögern laufe ich ihm hinterher. Ich bin innerlich sehr aufgewühlt. Ich fühle mich verantwortlich für diesen rabiaten „Rausschmiß", und mir geht's nicht gut damit. Offenbar bemerkt mich Klaus, denn anstatt weiter zum Bahnhof zu rennen, verlangsamt er auf der Neckarbrücke sein Tempo so, daß ich ihn einholen kann. Ich schlage ihm vor, mit mir gemeinsam auf die Neckarinsel abzubiegen und zu meiner Überraschung geht er wirklich mit. Wir gehen ein längeres Stück schweigend nebeneinander her. Ich eröffne schließlich das Gespräch und versuche ihm zu erklären, warum ich so reagiert habe und daß es mir dabei vor allem darum geht nach (Aus)-wegen zu suchen, um die Beziehung mit ihm fortsetzen zu können. Klaus geht wie immer auf mein Reden nicht ein, sondern ist bald an einem scheinbar ganz anderen Thema interessiert. Er kickt eine Bierdose weg und fragt mich dann recht unvermittelt, ob ich schon einmal Drogen gefunden habe. Er würde es niemand sagen, wenn er welche finden würde. Man kommt schnell ins Gefängnis mit solchen Dingen. Mißtrauisch schaut er sich gleichzeitig in der Platanenallee um, denn man wisse nie, wer so hinter den Bäumen stehe und einen beobachte oder zuhöre. In meinem Zimmer wäre es da schon besser, da würde er es eher erzählen. Wenn er ins Gefängnis käme, hielte er es nicht lange aus. Dort dürfe man die Zelle ja nur ab und zu für Spaziergänge verlassen.

Ich bestätige ihm, daß es in meinem Zimmer sicher auf eine Art geschützter ist und auch Dinge, die er mir anvertraut, von mir nicht einfach weitergegeben werden. Andererseits sei ich jedoch froh, daß wir heute die Möglichkeit gefunden hätten, gemeinsam das Zimmer zum Spazierengehen auch zu verlassen. Daß wir hier von anderen gesehen und beobachtet werden könnten, sehe ich nicht nur als Verlust von Intimität, sondern auch als Schutz. Darüber hinaus gelten öffentliche Regeln und Gesetze hier wie in meinem Zimmer für uns beide.

Klaus nützt ab diesem Zeitpunkt noch häufig die so geschaffene Möglichkeit, das Zimmer zu verlassen. Ich bestehe jedoch darauf, daß das Zimmer Ausgangs- und Endpunkt unserer Termine bleibt.

Ich erkenne in der Supervision, daß meine aggressiven Affekte in dieser Situation für mich die einzige Möglichkeit sind, mich als lebendig zu erfahren und mein geäußerter Haß durchaus ein konstruktives Element in dieser so bedrohlich festgefahrenen Beziehung spielt.[7] Die hier *in mir* aufbrechende Wut und mein Haß sind wichtige Bestandteile meiner Überlebensstrategie, ein Überleben, welches nach Winnicott erst die Voraussetzung für einen veränderten Umgang im anderen schafft.[8] Entscheidend dabei ist nicht nur, seinen eigenen Haß auf den Patienten zu tolerieren, sondern wie Ursula Kreuzer-Haustein betont, ihn als eigenen Haß anzuerkennen und nicht als etwas, „was der Patient über projektive Identifikation in einen hineinverlagert hat, ein häufiges Mißverständnis der projektiven Identifikation" (Ursula Kreuzer, 1998, S. 121).

Der Rausschmiß aus dem Zimmer hat offenbar den Effekt, daß es Klaus darüber möglich wird, in seinen Äußerungen erstmals mit einem eigenen Bild indirekt auf unsere Beziehung einzugehen. Mit der in seinem Sprechen auftauchenden Gefängnismetapher, deren komplementäres Bild das der zerstörerischen Explosion ist, ein ebenfalls immer wieder in den Handlungen und Phantasien von Klaus auftauchendes Motiv, beschreibt Klaus für mich in einfachen, verdichteten, archaischen Bildern sein grundlegendes Dilemma zwischen tödlichem Einschluß und destruktiver Lebendigkeit, als möglicherweise einzige ihm bisher zugängliche Form des Beziehungserlebens und der Beziehungsgestaltung. Damit diese Phantasie über unsere Beziehung, unseren Raum, hat entstehen können, mußten wir ihn erst verlassen. Der im öffentlichen Raum sichtbar präsente Andere bietet für Klaus die Möglichkeit, die durch den Blick des Anderen ausgelösten paranoischen Ängste außerhalb unserer Beziehung festzumachen. Es scheint nicht mehr der auslöschende Blick „unter vier Augen" zu sein, den Klaus hinter den Bäumen befürchtet, sondern eher das „Auge des Gesetzes". Klaus selbst stellt diesen Blick ja in Verbindung zu einem Gesetz. Der damit geschaffene Dritte und die so hergestellte Triangulierung ermöglichen es, über den Blick eines anderen zu reden. D.h. Klaus kann mir seine paranoiden Befürchtungen sprachlich mitteilen und muß sie nicht in unserer Beziehung destruktiv agieren.

Über das Sprechen und die Sprache und dem Aufsuchen konkreter anderer räumlicher Umgebungen eröffnen sich langsam neue Beziehungs- und Begegnungsräume.

## Auf der Suche nach der Gruft

Eine neue Phase in unseren Begegnungen bricht an, als Klaus beim Spazierengehen plötzlich vorschlägt, er wolle gerne zum Tübinger Schloß gehen, weil er gehört habe, daß es dort unterirdische Räume und Grabkammern gibt. Als wir an den Schloßmauern vorbeilaufen, fallen ihm als erstes vergitterte Fenster auf, die sofort seine Phantasie anregen. „Da hätten sie sicher früher die Gefangenen mißhandelt und verhungern lassen. Da gibt es sicher noch Gräber und Skelette." Klaus ist erregt und fasziniert, und wir machen uns auf die Suche nach den Kellerräumen des Schlosses, die wir jedoch innerhalb dieses Termins nicht finden. Immer wieder zieht es Klaus in den nächsten Wochen hierher, und er bringt mich schließlich dazu, den Hausmeister nach den „Katakomben" des Schlosses zu fragen. Dieser bestätigt, daß es solche unterirdischen Gänge und Räume gibt, diese jedoch wegen der großen Zahl von Fledermäusen für Besucher gesperrt sind. Klaus stellt sich diese Räume als völlig abgedunkelte, von der Außenwelt isolierte Zimmer vor, in die kein Licht von außen dringen kann. Die dort eingesperrten Menschen sind seiner Phantasie nach sicher vor Hunger und Einsamkeit umgekommen oder von den Schloßherren, die allein Zugang zu den Verliesen gehabt haben, gequält und gefoltert worden.

In den nächsten Wochen suchen wir immer wieder auf Wunsch von Klaus nach ähnlichen unterirdischen Gängen und Räumen in alten Häusern oder Kirchen der Altstadt von Tübingen. Klaus entwickelt mit der Zeit eine große Lust, sich dort im Dunkeln immer wieder zu verstecken und sich von mir suchen zu lassen. Ich rufe ihn dabei, ohne daß er mir antwortet, bis er plötzlich hinter mir auftaucht, um mich zu erschrecken. Diese gemeinsamen Erlebnisse lösen bei mir, wie vieles in der Anfangszeit, sehr zwiespältige Gefühle aus. Es kommt mir vor wie eine schmale Gratwanderung zwischen Spiel und tödlichem Ernst, eine problematische Mischung zwischen realem Erschrecken und spielerischem Verstecken, über die ich noch wenig Kontrolle habe und die mir immer wieder Angst einjagt.

Zwar versuche ich so weit dies geht, immer wieder neu mitzuentscheiden, worauf ich mich mit ihm einlasse und worauf nicht, aber die Beziehung scheint ohne ein gewisses Maß an geteiltem Schrekken, Ohnmacht und Angst nicht möglich zu sein. Gleichzeitig gelingt es Klaus in zunehmendem Maße, sich mir mittels der Sprache und Worten und nicht nur über aggressive und verrückte Handlungen mitzuteilen, was es mir erleichtert, ihn auf diesen Wegen zu begleiten.

Das gemeinsame Aufsuchen einer äußeren Realität und die dort auffindbare konkrete Gegenständlichkeit ermöglichen es Klaus offenbar, abgegrenztere innere Phantasien zu entwickeln und zu äußern. Anders als dies bei neurotisch strukturierten Menschen der Fall ist, scheint Klaus in ganz anderer Weise auf den äußeren Raum zur Externalisierung angewiesen zu sein, um sich mit inneren Objekten beschäftigen zu können. Gerade weil bei ihm der innere und der äußere Raum noch so ungetrennt sind und an vielen Stellen ineinander übergehen, ist die potentielle gemeinsame Realität von so großer Bedeutung. Entscheidend scheint auch zu sein, daß wir uns in unserer Wahrnehmung auf all diese konkreten Dinge und äußeren Objekte draußen, anders als auf die Dinge in meinem Zimmer, als etwas außerhalb von unserer Person und Beziehung liegendes Drittes beziehen können, eine zentrale Voraussetzung übrigens für das Gelingen sprachlicher Symbolbildung.[9] Zwar kann man das „Verlies“ und seine Bedeutung für Klaus als Fortsetzung der ebenfalls von ihm als Bild für unsere Beziehung ins Spiel gebrachten Gefängnismetapher verstehen, jedoch sind wir bei unseren gemeinsamen Besuchen im Schloß auch Besucher eines anderen Dramas aus einer anderen Zeit, wie Klaus mit seinen Phantasien über „abgemagerte Frauen“ andeutet.

Erst später begreife ich, daß Klaus mir immer schon in all seinen unbewußten Inszenierungen und Handlungen auch etwas von der traumatischen Geschichte seiner Mutter mitteilt.

## *Fort-und-Da-Spiel* zwischen konkreten Räumen

Einige Monate später entdeckt Klaus im Zusammenhang mit dem wegen Renovierung länger leerstehenden Zimmer meines Kollegen auf unserem Stockwerk neue Möglichkeiten, mir zu begegnen und sich mitzuteilen.

Als er das erste Mal beim Warten auf unseren offiziellen Terminbeginn im Gang in dieses Zimmer schleicht, ist mein erster Impuls, ihm den Zugang sofort grundsätzlich zu verbieten. Klaus bittet mich jedoch so inständig, ihn in dieses Zimmer zu lassen, daß ich mich schließlich doch, wenn auch mit ungutem Gefühl, auf dieses neue Wagnis einlasse. Ich setze mich also mit angespannter Erwartung in mein Zimmer, und es dauert wirklich nicht lange, bis ich seine mir inzwischen vertrauten unverständlichen, aber offensichtlich an mich adressierten Schreie höre.

Ich eile also los, auf einen erneuten Ärger vorbereitet, finde Klaus jedoch zu meiner Überraschung ganz friedlich zusammengekauert auf der Matratze vor. Kaum haben wir uns erblickt, schickt er mich auch schon wieder weg. Ich merke, wie wieder eine große Wut in mir hochsteigt, reiße mich aber zusammen und verlasse das Zimmer. Es entwickelt sich daraus in der Folgezeit ein recht einseitiges Rollenspiel mit der ganz klaren Vorgabe, daß die Fäden dieser Interaktion völlig in den Händen von Klaus liegen. Einmal darf ich länger bleiben und schaue, ob es mir in dieser Zeit gelingt, mit ihm in Kontakt zu kommen, ein anderes Mal muß ich länger in meinem Zimmer bleiben, bis ich von ihm „gerufen" werde. Meistens werde ich jedoch sofort wieder weggeschickt, wenn ich auftauche. Meine Handlungsmöglichkeiten sind etwa vergleichbar mit denen eines toten Objektes, eines Dings, ganz so wie die der Spule in der Hand des Kindes in der bekannten Schilderung Sigmund Freuds des „Fort-und-Da-Spiels". Leider bleibt es nicht aus, daß Klaus auch in diesem Zimmer in meiner Abwesenheit kleinere Zerstörungen anrichtet und Dinge verschwinden. Nur kann ich damit anders umgehen, indem ich ihm z.B. mit dem Verweis auf meinen Kollegen vorübergehend Zimmerverbot erteile. Dieser neue Raum eines anderen ist auch neutraler als die von Klaus oft schon in diesem Sinne als Zufluchtsort benützte Toilette, die man schlecht absperren kann, ohne gleichzeitig zentrale Grundbedürfnisse mit zu verletzten. Klaus liegt mit der Zeit selbst viel daran, sich diesen neuen Raum, diese zusätzliche Zufluchtsmöglichkeit, durch sein Verhalten nicht zu zerstören.

## Telefonieren und „Sich-Totstellen" als neue Beziehungsmöglichkeit

Bald entstehen aus der anfänglich sehr einseitigen Interaktion neue Möglichkeiten einer mehr wechselseitigen Begegnung mit mehr spielerischen Elementen. Als ich wieder einmal länger nichts von ihm im anderen Zimmer höre, komme ich beispielsweise auf die Idee, das Telefon zu benützen. Zu meiner Verwunderung nimmt er tatsächlich im anderen Raum das Telefon ab, überrascht, meine Stimme zu hören. Von diesem Moment an nützen wir beide diese neue Möglichkeit, um in Kontakt miteinander zu treten. Er verwendet zunächst das Telefon, um genauso wie vorher den Kontakt zu mir zu gestalten, indem er mich anruft, und wenn ich den Hörer abnehme, auflegt. Die Kontaktaufnahme ist jetzt aber auch umgekehrt möglich, allerdings mit einer wesentlichen Einschränkung. Wenn ich mich melde, weiß ich nie, ob Klaus am anderen Ende der Leitung mir wirklich zuhört. Nicht selten höre ich als Antwort auf meinen Anruf nur seltsame unverständliche Laute. Es kann auch vorkommen, daß sich Klaus mit einem babylonischen Stimmenwirrwar selbst meldet. Es klingt dann so, als ob unterschiedliche Stimmen in verschiedenen Sprachen durcheinander reden. Darunter sind auch Stimmen, die mich aufs übelste beschimpfen. Es ist eine sehr brüchige und verwickelte Nabelschnur, die uns hier trennt und gleichzeitig verbindet.

Eine neue entscheidende Veränderung tritt ein, als ich Klaus eines Tages am Telefon mit einem Schrei vom Stuhl fallen höre. Die Leitung bleibt danach stumm, obwohl sie nicht unterbrochen wurde. Ich mache mich also wieder einmal auf den Weg zum anderen Zimmer und finde zu meiner Verwunderung – ich habe erwartet, wie üblich wieder weggeschickt zu werden – Klaus regungslos und wie tot auf dem Boden liegend. Ich bleibe im Zimmer und versuche, ihn anzusprechen, allerdings ohne sichtbare Reaktion. Ich äußere laut meine Sorgen um den am Boden liegenden Jungen, decke ihn vorsichtig mit einer Decke zu und versuche mich mittels lauter Gedanken, was wohl jetzt in ihm vorgehe, wie er sich fühle, in ihn hineinzuversetzen. Klaus bleibt mit geschlossenen Augen regungslos liegen und rührt sich erst wieder, als ich ihn kurz vor Ende unseres Termins wecke. Er räkelt sich, gähnt demonstrativ und gibt mir gegenüber an, eingeschlafen zu sein. Diese Szene wiederholt sich in den folgenden Terminen in ähnlicher Weise noch sehr oft. Ich bin immer wieder konfrontiert mit einem regungslosen Gegenüber, zu dem der Kontakt sehr plötzlich abgebrochen ist. Obwohl ich eigentlich jetzt Zeit und Raum zum Verschnaufen habe, überfallen mich in diesen Situationen oft unerträgliche Gefühle des Alleinseins und Ausgeschlossenwerdens, und ich spüre erneut den starken Handlungsdruck, einen Kontakt herstellen zu müssen.

Die Supervision hilft mir wieder einmal, Distanz und einen wichtigen Raum zum Denken herzustellen. Denn versteht man auch dieses Mal mein Erleben als Gegenübertragungsphänomen, dann rückt eine andere Seite der frühen Beziehung ins Blickfeld. Anstelle eines mißbräuchlichen aggressiven In-Besitzgenommenwerdens durch den anderen, bin ich hier mit einer Situation konfrontiert, in welcher der Kontakt zum Gegenüber plötzlich ohne eigene Einflußmöglichkeit gänzlich abzureißen scheint.

Angesichts des stummen, abgewandten, völlig passiven Anderen fällt es mir ähnlich schwer wie vorher, innerhalb einer Beziehung eine Trennung herzustellen und eine innere Distanz zu bewahren. Ich gerate anscheinend schnell in die Gefahr, um unerträgliche Gefühle von Einsamkeit abzuwehren, deutend und die möglichen Gefühle des anderen interpretierend in diesen einzudringen.

Diese Überlegungen helfen mir in diesen Momenten, bei mir zu bleiben, die Getrenntheit anzunehmen und als solche auch auszusprechen. Ich kann nicht wissen, was in meinem stummen Gegenüber vor sich geht, aber *ich* kann davon sprechen, was ich in dieser Situation empfinde und hoffen, daß es gehört wird. Vielleicht sitze ich ja nicht einem erstarrten, toten Wesen gegenüber, sondern befinde mich mit einem noch ungeborenen Kind in einem Raum, welches sich mir nicht mitteilen, mich aber trotzdem hören kann. Auf diese Weise erschließe ich zunächst nur für mich einen Raum zum Träumen und Phantasieren, in dem der andere einen wichtigen Platz bekommt.

Mit dem Ende der Renovierungsarbeiten und dem Wiedereinzug meines Kollegen ins benachbarte Zimmer scheinen uns diese geschilderten Begegnungsspielräume zunächst wieder verloren zu gehen.

Klaus gelingt es jedoch bald, ganz ähnliche Situationen mit mir jetzt auch im Zimmer herzustellen. Meistens fällt er dabei vom Stuhl und bleibt regungslos am Boden liegen. Manchmal legt er sich zum Schlafen auch direkt auf die Matratze und bricht auf diese Weise den Kontakt zu mir ab. Die Mauer, die er so zwischen uns zu seinem Schutz aufzurichten scheint, ist jedoch nicht immer gleich undurchlässig, sondern gleicht manchmal einer sensiblen Membran, die ähnlich wie die Haut filtert, schützt, aber auch sehr viel aufnehmen kann. So gibt es beispielsweise Situationen, in denen er nach einer Weile des völligen Rückzugs beginnt, völlig in sich versunken am Boden liegend Geräusche von sich zu geben. In diesen Momenten gelingt es mir, mit ihm wieder in Verbindung zu treten, indem ich ebenfalls Geräusche mache, die er im Gegensatz zu Worten, mit neuen Geräuschen beantwortet. Das Zimmer wird so bald von einem brummenden Miteinander erfüllt, einem Geräuschteppich, an dem wir beide weben und der uns gleichzeitig umgibt.

Auch wenn hier nur in Ansätzen Symbolisierungen gelingen und viele der geschilderten Situationen immer noch an einem bestimmten Punkt in destruktive Handlungen umkippen, so gelingt es uns inzwischen doch viel häufiger als früher, uns gegenseitig im Zimmer auszuhalten. Ich habe den Eindruck, daß vieles von dem, was sich vorher draußen, in und zwischen den verschiedenen Realräumen abspielte, von Klaus jetzt im Zimmer inszeniert werden kann.

## Das Problem von Trennungen und deren Überbrückung

Je mehr es uns gelingt, uns während der Termine im Zimmer gegenseitig auszuhalten, um so mehr wird die Situation am Ende der Stunden zu einem immer größeren Problem. So löst meine Ankündigung des bevorstehenden Terminendes entweder die bekannten destruktiven Aktionen bei Klaus aus, wo ich Mühe habe ihn wieder zu begrenzen, oder er stellt sich in bewährter Weise tot und überläßt mir das Problem, wie ich ihn so aus dem Zimmer bekomme.[10] Er scheint die Trennungssituation immer mehr als Katastrophe[11] wahrzunehmen, auf die er entsprechend reagiert. Auch ich erlebe das Ende der Termine zunehmend als katastrophal und suche verzweifelt nach einem Ausweg. Wo keine Trennung gelingt, ist auch kein Raum möglich. Ich biete ihm zunächst an, daß er etwas aus meinem

Zimmer mitnehmen kann, aber seine Antwort darauf lautet nur, daß er alles mitnehmen möchte. Erneut stehe ich kurz davor, die Beziehung abzubrechen, weil ich nicht mehr weiter weiß.

Als Klaus wieder einmal heimlich Dinge, darunter einen Spielzeugpanzer, aus meinem Zimmer entwendet[12], schlage ich ihm vor, ihm den Panzer nachträglich unter gewissen Bedingungen auszuleihen. Klaus geht verwundert darauf ein, da ich nicht wie sonst verlange, daß er ihn sofort zurückbringt, sondern lediglich darauf bestehe, ihn in größeren Abständen immer wieder mal zu Gesicht zu bekommen. Auch für mich sehr überraschend, bekommt dieser Panzer im weiteren Verlauf unserer Begegnung eine ganz zentrale Bedeutung. Weil er nicht da ist, kann er in unserem Reden auftauchen, indem ich mich nach ihm erkundige oder Klaus ihn erwähnt. Mit diesem konkreten Objekt, das zwar mir gehört, das er aber auch verwenden darf, gelingt es offenbar, so etwas ähnliches wie ein Übergangsobjekt zu schaffen, welches uns in der sehr eng gewordenen Beziehung wieder etwas Luft verschafft. Wie Elfriede Löchel richtig feststellt, ist „das Übergangsobjekt nicht nur da, um eine Lücke zu füllen, sondern vor allem auch, um eine zu schaffen" (Elfriede Löchel, 1996, S. 256).

Auch andere Dinge tragen dazu bei, die Abschiedssituation etwas zu entschärfen. Dazu zählt z.B. mein Angebot, ihn kurz vor Ende unseres Termins bis zur Neckarbrücke zu begleiten. Uns mitten auf der Brücke zu verabschieden, fällt ihm leichter, als wenn konkret eine Tür sich zwischen uns schiebt und trennt.

Die beschriebenen Eskalationen in den Abschiedssituationen verdeutlichen mir auch, in welchem Ausmaß sich Klaus inzwischen auf die Beziehung mit mir eingelassen und wie stark sich die Übertragung entwickelt hat. In diesem Zusammenhang werden auch seine riesengroßen Erwartungen und Wünsche an mich als ein idealisiertes mütterliches oder auch väterliches Primärobjekt immer deutlicher und auch teilweise mit ihm besprechbar. In seiner Forderung, ohne festgelegte Zeiten zu mir kommen zu können, steckt der Wunsch, daß ich immer für ihn Zeit haben soll. Daran schließen sich bald Erwartungen an, ihn auch zu Hause zu besuchen oder mit ihm wegzufahren.

Die geschilderte extreme Idealisierung meiner Person schlägt jedoch bei jeglicher Grenzsetzung und Verweigerung meinerseits sehr schnell in extremen Haß um. Im Unterschied zu früher kann Klaus seine Affekte jetzt jedoch eher wahrnehmen und auch selbst formulieren. Von mir einmal ärgerlich zur Rede gestellt, warum er überhaupt herkomme, wenn er doch nur vorhat, hier alles zu zerstören, antwortet er mir mit dem Satz: „Ich muß zu dir kommen, weil ich dich hasse!"

## „Ich bin hungrig und werde nicht satt, sondern nur schwer"

In dieser Zeit bringt Klaus ein anderes, ihn immer schon stark interessierendes Thema stärker in unsere Begegnungen ein. Es beginnt damit, daß er ein von meiner Kollegin im Spülkorb liegengelassenes Milchtrinkfläschchen entdeckt. Von da an wird das Essen auf unterschiedliche Weise ein zentrales Thema unserer Begegnungen.

Meistens bringt er nun vor dem Termin gekaufte Cola-Dosen mit, hortet sie in seiner Schublade, füllt sie ins Fläschchen und versucht, auf der Matratze in der Ecke meines Zimmers daraus zu nuckeln. Diese friedliche Situation zwischen uns währt jedoch nicht lange. Schon bald sehe ich mich erneut gezwungen einzugreifen, weil ihm das Fläschchen aus der Hand fällt und mit der Zeit immer mehr Colaflecken meinen Fußboden zieren oder Klaus beim Wippen mit dem Stuhl mitsamt seinem Fläschchen nach hinten kippt und mit einem Knall auf dem Boden landet. Er bringt jetzt auch regelmäßiger in Imbißbuden gekauftes Essen zu unseren Terminen mit, und auch hier muß ich ihn bald begrenzen, da er es sonst nicht schafft, ohne eine Spur der Verwüstung aus Ketchup- und Salatsoßenflecken zu hinterlassen, bei mir zu essen. Nach den Mahlzeiten begibt er sich häufig mit der Bemerkung, ihm sei schlecht, auf die Toilette, wo er sich eine längere Zeit aufhält.

Wieder befinde ich mich mit Klaus offenbar in einem problematischen Grenzbereich zwischen Spiel und Realität, Mitteilung und Nötigung. Ich befürchte, wenn ich ihm das Essen bei mir einfach verbiete, damit gleichzeitig eine Kommunikationsebene zwischen uns abzubrechen, die ich für sehr wichtig halte. Trotzdem kann es wieder einmal im Zimmer so nicht weitergehen, und ich weiche mit ihm zum Essen in unsere Küche aus oder begleite ihn während unserer Termine zur Imbißbude. Die Möglichkeit, zwischen Zimmer, Küche, Toilette und Draußen auf diese Weise zu pendeln, entspannt auch hier die sonst in meinem Zimmer sich sehr schnell aufladende aggressive Atmosphäre erheblich.

Ich vermute, daß Klaus in den von mir geschilderten Essensszenen ebenfalls ein offenbar frühes und unverarbeitetes traumatisches Erleben reinszeniert, eine Interaktion zwischen Mutter und Kind, in der, greift man auf Bions Modell zurück, weder eine gute Aufnahme von Nahrung noch der normalerweise parallel dazu stattfindende Austausch und die Assimilation von Erfahrung in Form einer Repräsentation und einer Erinnerung gelingen.[13] Klaus selbst faßt sein Erleben in diesen Momenten mit den Worten zusammen: „Ich werde nicht satt, sondern nur schwer."

Gerade weil an dieser Stelle und aufgrund nicht gelungener früher Interaktionserfahrungen Symbolisierungen offenbar nicht gelingen, muß vieles im Umgang mit Klaus zunächst noch auf einer sehr konkretistischen Handlungs- und Interaktionsebene bleiben. Über Hunger und Nahrungsaufnahme kann nicht so einfach gesprochen werden, sie wird vielmehr inszeniert. In ähnlicher Weise haben bei Klaus schon länger konkrete Lebensmittel, die er an den verschiedenen Orten deponiert bzw. zwischen den Orten von Elternhaus, Tagesgruppe und jetzt auch unserer Ambulanz hin- und hertransportiert, die Funktion von konkreten Übergangsobjekten.

Das hier zu beobachtende, recht konkretistische Handlungsniveau ist vergleichbar mit dem vorher beschriebenen Aufsuchen konkreter äußerer Räume. Das Einlassen auf diese Ebene, d.h. die Begleitung seiner Aktivitäten *auch* als Zeuge und Zuhörer, setzt bei Klaus wiederum viele Phantasien und Bilder frei, die er in Essens- und Trinkpausen mitzuteilen beginnt. So beißt er beispielsweise sehr aggressiv auf dem Plastiksauger des Fläschchens herum und fragt mich kurz darauf, ob Babys besser trinken können, wenn die Brustwarzen der Frau abgeschnitten sind. In einem anderen Zusammenhang interessiert ihn die Existenz eines selbst aufblasbaren Busens, oder er berichtet über extrem abgemagerte Frauen, die er in der Fernsehsendung „Explosiv" gesehen habe.

Klaus' darin zum Ausdruck kommenden, teilweise sehr aggressiven Phantasien erinnern mich an Bilder, wie sie vor allem von der Kleinianischen Psychoanalyse und in der Nachfolge von Bion immer wieder publiziert worden sind, wo die nicht gelingende frühe Primärobjektbeziehung zu der Phantasie beim Kind führt, die Mutter zerstört zu haben. Auch Winnicott hebt genau diese zentrale Stelle in der frühen Mutter-Kind-Beziehung besonders hervor, wo es auf seiten der Mutter darum geht, den Beziehungsangriff des Kindes zu überleben. Ist die Mutter sehr depressiv oder aus anderen Gründen nicht in der Lage, diese zwangsläufigen Beziehungsattacken auszuhalten, kann es leicht in den Phantasien beider zu einer verdrehten inneren Repräsentation dieser frühen Beziehungserfahrung kommen. Das Kind verarbeitet das Schlechtsein und die Krankheit der Mutter in negativ omnipotenter Weise als Ergebnis seiner triebhaften, bedürftigen Attacken. Der Kontakt wird zum Einbruch und zum Raub des anderen. An die Stelle der Aneignung tritt die phantasierte Zerstörung. Frau Rhode aus London hat in einem kürzlich in Stuttgart gehaltenen Vortrag sehr eindrucksvoll genau eine solche frühe Interaktionsverarbeitung beschrieben. So kommt es ihren Ausführungen nach genau dann, wenn der Mutter die Fähigkeit fehlt, den Säugling als Anderen anzuerkennen, dazu, daß die Brustwarze für das Kind zu einem Hindernis wird und keine Verbindung mehr darstellt. Das Durchdringen zum nährenden mütterlichen Objekt bedeutet gleichzeitig dessen Zerstörung. Damit gelingt jedoch keine Abgrenzung, sondern die Brust und damit die Mutter wird nach den Worten von Frau Rhode zu einem Brunnen, in den der Säugling hineinfällt und der ihn wie ein „Verlies" gefangenhält.

## Bilder tauchen auf und führen zu neuen Verarbeitungsmöglichkeiten und Begegnungsräumen

In den Essens- und Trinksituationen mit Klaus sind mit der Zeit neben der Mitteilung von Phantasien jetzt auch kleinere Rollenspiele möglich. So legt er sich beispielsweise in die Kuschelecke, deckt sich zu und fordert mich zum Mitspielen auf. Er spielt dann ein Baby, welches Lärm macht, bis ich endlich komme, um mich dann sogleich zu beschimpfen und wieder wegzuschicken. Er phantasiert weiter, daß er einen Eisenhautpanzer habe und todbringende Waffen besitze, mit denen er jeden zerstöre, der ihm zu nahe komme.

Der elementare Wunsch nach Nähe und Kontakt, nach Leben und Lebendigkeit erscheint mir in diesem Bild wie eingemauert in eine riesengroße Angst, die sich mit allen möglichen Waffen und Panzern umgibt. Das Aufrichten einer solchen Mauer und die Herstellung eines Abwehrpanzers aus Haut und Eisen, den man lückenlos schließen kann, der sich aber auch berühren läßt, bildet gleichzeitig die Voraussetzung, den gemeinsamen Boden und Untergrund für einen potentiellen Begegnungsraum. Die Tatsache, daß in diese Abwehr allmählich auch Symbolisierungen einfließen und dadurch gemeinsame Bilder eingewoben werden können, ermöglicht es Klaus, vieles von dem, was er vorher destruktiv agiert hat, bzw. was sich zwischen verschiedenen äußeren Orten und Realräumen abspielte, im Zimmer zu inszenieren. Im Verlauf dieses Prozesses können mehr Bilder ins Zentrum unserer Begegnung rücken, mit denen wir als etwas Drittes umgehen und die wir zu etwas Drittem machen können. Dies bedeutet gleichzeitig den Einstieg in einen im engeren Sinne gemeinsamen therapeutischen Prozeß.

Ich erinnere mich noch sehr gut an die ersten alptraumhaften Bilder, von denen mir Klaus erzählte. Da ist von einer Katze mit geöffneter Schädeldecke die Rede, oder er phantasiert sich in einer Kuppel liegend, die von innen verschlossen und völlig abgedunkelt ist, wo von außen jedoch jeder hineinsehen kann.

Die Verknüpfung mit der von Anfang an parallel laufenden Elternberatung und der direkte Einbezug der Eltern in unsere Begegnungen wirken sich an einem bestimmten Punkt der Entwicklung ebenfalls als öffnendes und weiterführendes Element aus. Vieles im Reden und in den Aktionen von Klaus, aber auch mein Gegenübertragungserleben wird mir auf der Folie der frühen Gewalterfahrungen der Mutter verständlich, so als versinnbildlichen und verbergen die Symptome von Klaus, wie Maud Mannoni es einmal ausgedrückt hat, „die zum Sprechen gebrachte Angst der Mutter"(M. Mannoni, 1972, S. 62). Es wird sehr bald in den Gesprächen mit ihr offensichtlich, welches unverarbeitete Grauen sie aus ihrer Kindheit, in der sie eingesperrt wurde und viel Gewalt erfahren mußte, bis heute mit sich herum trägt. Trotzdem hilft mir das Wissen um diese Geschichte der Mutter lange Zeit gar nichts im Umgang mit Klaus, da er sehr allergisch darauf reagiert, wenn ich in irgendeiner Weise versuche, seine Mutter ins Spiel zu bringen.

Das hier von ihm aufgestellte strikte Redeverbot kann im Grunde erst aufgebrochen werden, als es uns gelingt, konkret auch für die Mutter im Gesamtsetting einen eigenen Platz einzurichten, d.h. regelmäßige Gesprächstermine für die Mutter bei einer erfahrenen Kollegin zu arrangieren.

Zusätzlich habe ich aufgrund verschiedener Überlegungen in der Supervision darauf hingearbeitet, einen Termin mit Klaus und seiner Mutter und einen zusammen mit Klaus und seinem Vater einzurichten. Dies ermöglicht mir eine wichtige Zeugenschaft[14] der Beziehung von Klaus zu seinen Eltern, über die er selbst noch nicht sprechen kann. Sehr eindrücklich dabei ist vor allem, wie Klaus in Anwesenheit seiner Mutter immer mehr verstummt, während diese beginnt, auf eine mir bis dahin unbekannte Weise lebendig zu werden.

Klaus entwickelt danach in den Terminen immer deutlichere Bilder für diese Form einer gegenseitigen engen und ungetrennten Schuldbindung, in der es nie genügend Platz für beide gab, sich als getrennte und eigenständige Subjekte miteinander zu entwickeln. So erzählt er mir eines Tages davon, daß eine Katze in seiner Nachbarschaft ein Junges bekommen habe. Durch die Geburt und das anschließende Säugen ist sie jedoch bald so geschwächt, daß sie kurz darauf stirbt. Er meint dazu lakonisch: „Nur eine von beiden konnte überleben."

In einem ganz ähnlichen Bild beschreibt er mir etwas später einen Unfall, der sich beim Tauchen ereignet hat. Einem Taucher, dem unter Wasser der Sauerstoff ausgeht, wird von einem zweiten Taucher Hilfe zuteil. Er schließt ihn dazu an seine eigene Sauerstoffflasche an. Dies wird jedoch beiden Tauchern zum Verhängnis, weil die Luft für zwei zum Auftauchen und Überleben nicht ausreicht. Wie gefährlich es aus seiner Sicht ist, die enge Verbindung zu seiner Mutter zu lösen, läßt er mich in einer weiteren sehr eindrucksvollen Phantasie erahnen. So fragt er mich einmal, was mit dem passiere, der die Nabelschnur nach der Geburt durchtrenne, wenn Mutter und Kind vorher unter Starkstrom gesetzt werden. Der würde das doch dann nicht überleben können.

Alle diese sehr dichten Bilder legen die Vermutung nahe, daß Klaus die Enttäuschung und seine Ohnmacht gegenüber einer psychisch abwesenden Mutter in negativ omnipotenter Weise verarbeitet hat und den depressiven Zustand der Mutter als Folge *seiner* Aktivitäten und Triebimpulse, *seines* „Auf der Welt Seins" interpretiert. Auch wenn Klaus in solchen Bildern sehr deutlich beginnt, sein inneres Dilemma mitzuteilen, gelingt es mir zunächst nur in den Momenten, in denen er scheinbar regungslos auf dem Boden liegt, ihm diesen Zusammenhang zu deuten und ihm von der eigenen, von ihm unabhängigen Geschichte der Mutter zu erzählen, soweit ich davon weiß.

Es ist noch ein langer Weg, bis Klaus es wagt, „die eigene Geschichte zu übernehmen, statt weiterhin fremdbestimmt in der Geschichte der Mutter zu verharren" (Mannoni, 1972, S. 67). Mit Argusaugen hat er lange Zeit mißtrauisch beobachtet, wie seine Mutter in den Terminen mit meiner Kollegin ebenfalls beginnt, sich zu öffnen. Es ist augenscheinlich, daß es bei ihm eine extreme Ambivalenz gegenüber dem Wunsch gibt, die Mutter lebendig werden zu lassen.

Der Psychoanalytiker André Green hat beschrieben, wie sich eine enge, schier unauflösbare Bindung zwischen dem kleinen Kind und einer depressiven primären Bezugsperson, deren Zustand er mit der Metapher der „toten Mutter" umschreibt, entwickelt. „Gefangen zwischen einer toten Mutter und einem unerreichbaren Vater" (Green, 1993, S. 214) identifiziert es sich unbewußt mit der toten Mutter, büßt bei dieser Abwehrreaktionen jedoch gleichzeitig seine Vitalität ein. Der Patient verbringt sein Leben damit, seinen Toten zu versorgen, gerade als sei einzig und allein er dafür zuständig. Als Grabwächter und einziger Besitzer des Schlüssels zur Gruft erfüllt er seine Pflegeelternfunktion im Geheimen. Er hält die tote Mutter gefangen, die auf diese Weise ganz sein eigen bleibt. Die Mutter ist zum Kind des Kindes geworden" (Green, 1993, S. 230)[15].

## Das zerschlagene Fenster

Klaus ist es im weiteren Verlauf der Betreuung immer besser gelungen, sich innerlich zu lösen und abzugrenzen, bzw. überhaupt erstmals eigene Grenzen oder besser eine eigene Haut aufzubauen.

An dieser Entwicklung haben die begleitenden pädagogischen Angebote von Tagesgruppe, Schule und einer sozialpädagogischen Einzelbetreuung und die dort schon seit Jahren geleistete professionelle und intensive Beziehungsarbeit mit Klaus einen nicht zu unterschätzenden herausragenden Anteil, auch wenn ich darauf aus Gründen der Darstellung bisher wenig eingegangen bin. Der besondere Raum und das flexible Setting, welche diese verschiedenen, eng miteinander kooperierenden Institutionen, Menschen und Orte in enger Zusammenarbeit mit meinem eher therapeutisch orientierten Angebot Klaus und mir zur Verfügung gestellt haben, sind sehr außergewöhnlich im Bereich der Jugendhilfe. Ohne eine Entlastung und Unterstützung durch diese, viele wichtige Realitätsaspekte vermittelnde und übernehmende Begleitung wäre meine Begegnung mit Klaus sicher schon in den ersten Monaten gescheitert.

Auch der konkrete Einbezug des Vaters[16], der erstmals in seinem Leben beginnt, eine intensivere Beziehung zu Klaus aufzubauen, die weniger aus Reden, als vielmehr in gemeinsamen Unternehmungen und Tätigkeiten besteht, ist hier von großer Bedeutung. Dies alles und vieles mehr hat zusammengespielt, daß Klaus zunächst in der Schule und in der Tagesgruppe, später dann auch zunehmend bei mir sein extrem aggressives und destruktives Verhalten aufgeben kann und ihm schließlich sogar der Wechsel von der Sonderschule in die Hauptschule gelingt.

Ich möchte diese Fallgeschichte, die notwendigerweise viele Fragen offen läßt, mit der Geschichte eines Traumes von Klaus beschließen, den er mir kurz vor Beendigung unserer Termine erzählt hat. Dabei ist die Tatsache an sich, daß Klaus mir von einem Traum berichtet, den er als etwas abgegrenztes Inneres zu einem anderen Zeitpunkt erlebt hat, von mindestens genau so großer Bedeutung, wie der Inhalt dieses Traumes.[17]

Klaus befindet sich zusammen mit einem Freund in einem unterirdischen Labyrinth auf der Flucht vor einem bedrohlichen und unheimlichen Verfolger. Mit stockendem Atem und in panischer Angst rennt er von einem Zimmer ins nächste, froh in jedem Raum eine Tür und einen neuen Ausgang zu entdecken. Schließlich gelangt er in einen Raum ohne Ausgang, der nicht mehr weiter führt, aber kurz unterhalb der Decke ein Fenster enthält. Klaus zerschlägt das Fenster und kann entfliehen ...

## Abschließende Überlegungen zur Entstehung analytischer Räume

Was hat in diesem Fall alles dazu beigetragen, daß ein Begegnungsraum und auch ein analytischer Raum zwischen uns konnte entstehen? Um diese Frage zu beantworten, möchte ich zunächst versuchen, mich der Anfangssituation zwischen uns, wo noch kein solcher Raum möglich und vorstellbar war, theoretisch anzunähern. Die lange Zeit atemloser, angespannter und viele sado-masochistische

Züge annehmende Interaktion zwischen mir und Klaus in einer zweidimensionalen Welt, in der es anfangs vorrangig um die Position des Verfolgers und des Verfolgten ging, läßt sich meiner Meinung nach sehr gut aus zwei verschiedenen theoretischen Blickwinkeln beschreiben und analysieren: die der englischen Psychoanalyse in der Nachfolge Melanie Kleins und die der neueren Säuglingsforschung.

Der englische Psychoanalytiker W.R. Bion erklärt ein solches psychotisches Erleben als Folge einer gescheiterten frühen Interaktion zwischen Mutter und Kind, eines nicht gelungenen Containments früher existentieller Ängste des Säuglings durch die Mutter. Der Säugling hat demnach für Gefühle, Hunger, Unbehagen und Schmerz anfangs noch keinen eigenen Apparat, mit dem er sie verstehen könnte. Dazu braucht es ganz existentiell eine Resonanz, d.h. einen präverbalen Zugang zur Psyche eines anderen. Ist dieser nicht vorhanden, verwandelt sich die Todesangst des Säuglings nach Bion in eine „namenlose"(Bion, 1962, S. 116) und damit auch bilderlose Angst mit verheerenden Folgen für die weitere psychische Entwicklung, wovon vor allem die Denkfunktion und die Symbolisierungsfähigkeit betroffen sind. Weil die Symbolisierung mißlingt, werden Gefühle zu Handlungen, Wahrnehmungen zu Tatsachen und Dingen, die man konkret „loswerden, festhalten, verdecken, in andere hinein tun oder sich vor ihnen verstecken will" (Ogden, 1997, S. 9 f.). Die Folge davon ist, daß man, wie Bion es ausgedrückt hat, in einer solchen Welt aus Objekten selbst zum Gefangenen wird. Etwas davon habe ich im Zusammensein mit Klaus am eigenen Leib erfahren, als ich in den Terminen nur noch zum Handeln und nicht mehr zum Nachdenken gekommen bin und mir direkt danach auch das Erinnern und Aufarbeiten nicht möglich war.

Aus der Perspektive der Säuglingsforschung, die von einem von Anfang an sozial sehr aktiven Säugling ausgeht, erklären sich die großen Schwierigkeiten von Klaus, überhaupt einen Begegnungsraum herzustellen, als Folge vieler mißlungenen frühen Interaktionen zwischen dem Säugling und den primären Bezugspersonen. Man geht hier davon aus, daß der Säugling selbst ganz elementar darauf angewiesen ist, mit seinen Handlungen die Kommunikation und Interaktion mit seiner Umwelt aktiv mitzugestalten, zu initiieren und herzustellen, um sich als „wirkmächtig" zu erleben und Kontingenzerfahrungen zu machen. Interessanterweise spielt dabei, wie viele Forschungsergebnisse zeigen, gerade der gegenseitige Blickkontakt in diesen frühen Interaktionen eine herausragende Rolle. Ist die primäre Bezugsperson z.B. aufgrund einer schweren Depression nicht in der Lage, über den Blickkontakt[18] eine wechselseitige Interaktion zu gestalten und abzustimmen, treten sehr bald bei den Säuglingen Verhaltensweisen auf, die durch Rückzug, Apathie und Vermeidung von Blickkontakt gekennzeichnet sind. Es kommt in einer solchen Atmosphäre, zu Unter- und Überstimulierungen des Säuglings, gegen welche dieser sich zu schützen versucht. Eine wie immer auch verursachte Spiegelungsunfähigkeit und -bereitschaft der Eltern wirkt sich demnach traumatisierend für die weitere Entwicklung des Kindes aus. Es entstehen, wie in vielen Experimenten belegt ist, pathologische Beziehungsmuster, die sich durch die beständige Gleichzeitigkeit von aversiver Zurückweisung und wechselseitiger Fixierung aufeinander auszeichnen. Genau dies hat ja die verfahrene Situation mit Klaus über lange Zeit ausgemacht. Mein Blick ist dabei von ihm offensichtlich als ein vernichtendes, auslöschendes Ereignis erlebt worden. Das Bild eines verfolgenden Gegenübers, der offenbar wie ein „böser Blick“ erlebt wird, und die Grundangst eines darin sich abbildenden malignen Mißverstehens scheinen ein fester Bestandteil der frühen Interaktionserfahrungen und des affektiven Erlebens von Klaus zu sein.

## Was hat es dennoch möglich gemacht, in dieser Situation einen Begegnungsraum zu finden und herzustellen?

Um mit Klaus aus dem Teufelskreis einer gegenseitig verfolgenden Beziehung auszusteigen, ist es zunächst unumgänglich gewesen, die hier wirksam werdenden Projektionen nicht abzuwehren, sondern zuzulassen, daß man vom anderen in der Realität wie in der Phantasie geschaffen und geformt wird. Aber dies allein hat nicht ausgereicht, denn wenn man sich zu sehr mit den Projektionen identifiziert, dann verschwindet und zerbricht der Container, wie Hanna Segal ausdrücklich betont.[19]

Doch wie kann an dieser Stelle ein Prozeß weitergehen, wie kann gleichzeitig eine öffnende Gegenkraft wirksam werden, die dem Druck projektiver Identifizierungen entgegensteht?

Dazu ist es zunächst von elementarer Bedeutung, den eigenen Raum zu erhalten, bzw. ihn überhaupt erst wieder herzustellen. Dies geht nicht ohne immer wieder etwas Eigenes ins Spiel zu bringen und sich seiner Haut notfalls auch sehr aggressiv zu erwehren, sonst verwandelt sich der angebotene Container für beide sehr schnell in ein Gefängnis. Eines der schwierigsten Unterfangen dabei ist, zu verhindern, daß der eigene Haß und Überlebenswille in Rache und Vergeltung umschlägt oder, wie Winnicott es formuliert hat, die Fähigkeit zu entwickeln, „den Patienten objektiv zu hassen" (D.W. Winnicott, 1983, S. 80). Um sich in diesem Sinne wieder zu finden, braucht es den Dritten, in unserer Arbeit den fest institutionalisierten Raum der Supervision, die Einbettung ins Team und in diesem Fall zusätzlich in eine gelungene interinstitutionelle Zusammenarbeit. Dazu gehören ebenfalls ein verbindliches Setting und ein Gesetz, dem beide unterworfen sind und das beide vor der Willkür des anderen schützen soll. Nur so macht es Sinn, auf einer subjektiven Ebene den analytischen Raum als „reflektierte emotionale Gegenübertragungsbereitschaft" (Dallmeyer, 1996, S. 17) zu verstehen.

Das Entstehen eines Begegnungsraumes mit Klaus läßt sich meiner Ansicht nach auch vergleichen mit dem Aufbau einer schützenden Haut, einer Grenze, ohne die ein konstruktives Zusammenkommen zweier Menschen überhaupt nicht möglich ist. Diese Begegnungsfläche konnte mit Klaus nicht im Bereich des Blickes oder der Berührung entstehen, sondern war anfangs allein auf der Ebene des Hörens möglich. Dies hängt vielleicht damit zusammen, daß Klaus im auditiven Bereich eher an frühe, nicht kontaminierte Erfahrungen vielleicht auch mit einem primären väterlichen Objekt anknüpfen konnte. Mit dem Ohr ist es ja bekanntlich auch schon als Embryo möglich, die Welt außerhalb der Gebärmutter, die für Klaus offensichtlich keine gute Umwelt darstellte[20], wahrzunehmen und dabei sogar zwischen verschiedenen Stimmen und Personen, z.B. auch zwischen Mutter und Vater zu differenzieren.

Schließlich sind auch viele sehr konkrete Dinge, Objekte und Orte im Außen nötig gewesen, um aus dem geschlossenen Raum zu zweit auszubrechen und einen triangulären Raum in der Begegnung zu eröffnen. Erst dies hat zu Zwischenbereichen und Zwischenräumen geführt, in denen einzig eine Begegnung möglich geworden ist. Diese „potentiellen Räume" (Winnicott) sind genau an den Schnittstellen zwischen Spiel und konkreter Handlung, Phantasie und Realität aufgetaucht, wo Dinge und Zusammenhänge von Klaus weder ausreichend symbolisiert worden, noch in rein konkretistischen

Identifizierungen steckengeblieben sind. Der potentielle, analytische Raum liegt genau zwischen Symbol und Symbolisiertem. Hier können dann auch „Vorstufen“ eines Übergangobjektes entstehen. Für unsere Beziehung hat dies ein oftmals unerträgliches Pendeln zwischen Begrenzung und Öffnung, zwischen Sprechen und Eingreifen bedeutet. Nicht selten hing es an einem seidenen Faden, ob die Beziehung weitergehen konnte. Eine ganz entscheidende Rolle schließlich haben für mich, auch wenn dies nicht der Schwerpunkt meiner Darstellung gewesen ist, die verschiedenen Orte und Personen außerhalb unserer Beziehung und ihre gelungene Vernetzung gespielt[21], deren konstruktives Zusammenspiel überhaupt erst unsere Begegnung und für Klaus die Bildung innerer Orte möglich gemacht haben. Was es letztlich genau ausgemacht hat, daß Klaus sein traumatisches Erleben und Fühlen hat symbolisch einbinden können und es ihm schließlich gelungen ist, ein Stück weit seine eigene Geschichte zu erzählen, muß zwangsläufig offen bleiben. Denn wie in jeder Begegnung, wo zwei Menschen immer auch mit ihrem Unbewußten zusammentreffen, ist der Verlauf einmalig und nicht vorhersehbar.

## Anmerkungen

1 Die Herstellung eines solchen für beide Seiten aushaltbaren Raumes der Begegnung stellt für uns als Psychoanalytische Sozialarbeiter bei dem Ausmaß und der Schwere der Beziehungsstörungen und -ängste der zu uns findenden Kindern und Jugendlichen eine oft kaum zu überwindende Hürde dar, vor der wir am Anfang fast immer stehen.

2 Nach Joachim Staigle kommen wir in unserer Arbeit mit schwerst beziehungsgestörten Menschen meist nicht daran vorbei, „wegen deren fehlenden Symbolisierungsfähigkeit“ in einen handelnden anstelle eines sprachlichen Umganges mit ihnen zu treten (vgl. J. Staigle, 1987, S. 27).

3 Nach R. Lempp sind psychotische Jugendliche einem „ständigen Wechsel zwischen der gemeinsamen Realität und der Nebenrealität“ bzw. einem raschen Wechsel verschiedener Ich-Zustände recht hilflos ausgeliefert, da dem Ich die Fähigkeit fehlt, diese Prozesse bewußter zu steuern (R. Lempp, 1990, S. 189).

[4] W.R. Bion stellt die projektive Identifizierung nicht nur als einen Abwehrmechanismus dar, sondern für ihn ist sie „die allererste Kommunikationsform zwischen Mutter und Säugling“ und der „Ursprung des Denkens“ (vgl. W.R. Bion, 1962). Zur Kritik an der theoretischen Unschärfe und Problematik einer zu breiten und undifferenzierten Verwendung dieser Begriffe siehe auch Joachim Grefe, Günter Reich, 1996.

[5] Ich verstehe den Begriff des Traumas hier im Sinne eines „Entwicklungstraumas“, d.h. als wiederholte chronische Erfahrung mangelhafter oder mißglückter Beziehungserlebnisse (vgl. dazu Klaus Winkelmann, 1998, S. 17).

[6] Vgl. Thomas H. Ogden, 1997, S. 5.

[7] In einem zweidimensionalen, jegliche Subjektivität auslöschenden Einschluß kann die Aggression eine wichtige öffnende, natürlich auch bedrohlich sprengende Gegenkraft darstellen. In einem ähnlichen Sinne stellt die negative Übertragung, als die man die Situation zwischen Klaus und mir auch beschreiben kann, die einzige Übertragungs- und Beziehungsmöglichkeit dar.

[8] Vgl. dazu D.W. Winnicott, „Der Haß in der Gegenübertragung (1947)“, in: ders., 1983.

[9] Vgl. Helen Schoenhals, 1993.

[10] Klaus scheint mit dieser Situation am Ende und am Anfang der Termine auch seine Frühgeburtssituation zu reinszenieren. So ist er am Anfang der Termine immer schon sehr früh da, ohne daß ich schon auf ihn eingestellt bin bzw. offiziell Zeit für ihn habe. Gleichzeitig vermittelt er mir sehr deutlich, daß die Termine aus seiner Sicht immer zu früh zu Ende gehen. Er ist zu früh auf der Welt, ohne daß schon jemand für ihn da ist, bzw. er wird zu früh geboren, obwohl er noch pränatale Entwicklungszeit gebraucht hätte.

[11] In der psychoanalytischen Theorie wird dieses Problem, Trennungssituationen zu meistern und zu verarbeiten, welches für psychisch kranke Menschen charakteristisch ist, mit dem Entwicklungszustand eines Säuglings verglichen, der noch nicht in der Lage ist, eine innere Objektpermanenz herzustellen. „Insbesondere hat der Säugling in diesem Zustand noch kein Konzept von Abwesenheit. Wenn die Verbindung mit dem guten Objekt nicht da ist, dann wird nicht seine Abwesenheit gespürt, sondern

ein Angriff durch das böse Objekt erlebt. Der Säugling kann sich nicht nach der abwesenden Mutter sehnen; er erlebt statt dessen die anwesende Katastrophe" (Elfriede Löchel, 1996, S. 274).

12 Im Stehlen und dem unerlaubten Mitnehmen von Dingen agiert und offenbart Klaus, wie viele früh deprivierten Kinder, für mich eine Suche nach dem mütterlichen *und* väterlichen Objekt.

13 Nach J.H. Rey resultiert genau aus dieser Tatsache ein unbewußter, sich ständig reinszenierender Wiederholungszwang: „Wo diese Erfahrung fehlt, die Sensation im Mund nicht hervorgerufen wurde bzw. empfunden wurde, gelingt die Transformation nicht, kommt es zur Fixierung und Wiederholung" (J.H. Rey in: Bott-Spillius, 1990, S. 265).

14 Das Einnehmen einer solchen „Zeugenfunktion" ist deshalb von so großer Bedeutung, weil nach Ronald Britton bei sogenannten „Borderline-Patienten" „eine dritte intrapsychische Position fehlt, von der aus sie sich selbst in Interaktion mit einer anderen Person beobachten könnten" (Britton, 1997, S. 157).

15 A. Green beschreibt in seinen Worten im Grunde nichts anderes als den Prozeß des projektiven Identifiziertwerdens von Klaus durch seine Mutter, durch das er zu ihrem und anschließend sie zu seinem Selbstobjekt wird. Aus der Sicht der Säuglingsforschung würde sich das gleiche Phänomen als frühe „Coping-Strategie des Säuglings" darstellen, eine frühe grundlegende vorsymbolische Erfahrung, auf deren Grundlage das Kind erst viel später entsprechende Phantasien und Bilder entwickelt.

16 In der psychoanalytischen Theorie wird seit einiger Zeit die besondere Rolle des Vaters und seine *frühe* konkrete Bedeutung als dem „nicht-kontaminierten Komplementärobjekt" (Rotmann, 1978, S. 1118) für die Herauslösung des Kindes aus der ursprünglichen Mutter-Kind-Dyade betont. Ihm wird als komplementäres Identifikationsobjekt quasi eine psychische „Geburtshelferrolle" zugeschrieben (vgl. Dallmeyer, 1996, S. 17). Zur berechtigten feministischen Kritik dieser idealisierten Rolle des Vaters „als Retter und Befreier", mit der immer auch gleichzeitig der Ort der Mutter „als Ort der Schuld" festgeschrieben wird, siehe auch Ch. Rhode-Dachser, 1991, S. 190 ff. und S. 208 ff.

17 Vielleicht kann man wie Ogden in der Fähigkeit zu träumen genau die zu einer Beendigung notwendige „Einengung des analyti-

schen Raumes" sehen, wodurch „der Patient schließlich erfährt, daß *er selbst* den Raum ausmacht, innerhalb dessen er lebt und in dem sich der analytische Prozeß fortsetzt" (Ogden, 1995, S. 191).

18 Die große Bedeutung einer gelingenden frühen visuellen Kommunikation betont auch Winnicott, der die Entdeckung des kindlichen Selbst eng damit verknüpft, wie das Kind in den Augen der Mutter sich spiegeln sieht (Winnicott,1974, S. 128 ff.).

19 Vgl. Jutta Matzner-Eicke, 1993, S. 139.

20 Es wird inzwischen von mehreren Autoren die Bedeutung pränatalen Erlebens für die weitere psychische Entwicklung hervorgehoben und entsprechend einem Wiedererleben von prä- und perinatalen Erfahrungen in der psychotherapeutischen Behandlung von Kindern und Jugendlichen größere Aufmerksamkeit geschenkt (vgl. dazu u.a. Ludwig Janus / Sigrun Haibach (Hg.), „Seelisches Erleben vor und während der Geburt", Neu-Isenburg 1997). Späte Arbeiten von Bion beschäftigen sich ebenfalls mit den Auswirkungen des intra-uterinen Lebens auf die Entwicklung des Babys. Danach kann z.B. die erhöhte Adrenalinausschüttung der Mutter, der ein Fötus ausgesetzt ist, spätere Kampf- und Fluchtreaktionen erklären.

21 Vgl. dazu Georg Bruns, 1995.

## Literatur

Bion, W.R. (1962): *Lernen durch Erfahrung*, Frankfurt 1962.

Bott Spillius, Elizabeth (Hg.) (1990): *Melanie Klein Heute*, 2 Bde., München/Wien 1990.

Britton, Ronald (1997): *Zur Theorie psychoanalytischer Technik*, in: Forum der Psychoanalyse, Bd.13, Heft 2, 1997, S. 154 - 171.

Bruns, Georg (1995): *Soziale Vernetzung: Ein Parameter in der psychoanalytischen Behandlung psychotischer Patienten,* in. Forum der Psychoanalyse, Bd.11, S. 84 - 94.

Dallmeyer, Hans-Jürgen (1996): *Zur Dynamik der negativen Übertragung und destruktiver Übertragungsformen*, in: Forum der Psychoanalyse, Bd.12, 1996, S. 1 - 18.

Dornes, Martin (1993): *Der kompetente Säugling*, Frankfurt 1993.

Green, André (1993): *Die tote Mutter*, in: Psyche, Heft 3, 1993, S. 205 - 240.

Grefe, Joachim / Reich, Günter (1996): *Denn eben, wo Begriffe fehlen ... Zur Kritik des Konzeptes 'Projektive Identifizierung' und seiner klinischen Verwendung*, in: Forum der Psychoanalyse, Bd. 12, S. 57 - 77.

Gutwinski-Jeggle, Jutta / Rotmann, Johann Michael (1993): *Die klugen Sinne pflegend*, Tübingen 1993.

Kreuzer-Haustein, Ursula (1998): *Das Deuten aggressiver und destruktiver Übertragungen und Übertragungswiderstände*, in: Forum der Psychoanalyse, Bd. 14, 1998, S. 111 - 122.

Lempp, Reinhart (1990): *Prinzipien der Therapie psychotischer Kinder und Jugendlicher*, in: ders. (Hg.) Die Therapien der Psychosen im Kindes- und Jugendalter, Stuttgart 1993, S. 188 - 194.

Löchel, Elfriede (1996): *Zur Genese des Symbols in der kindlichen Entwicklung*, in: Kinderanalyse, Heft 3, München 1996, S. 254 - 286.

Mannoni, Maud (1972): *Das zurückgebliebene Kind und seine Mutter*, Walter-Verlag 1972.

Matzner-Eicke, Jutta (1993): *Beobachtungen zu Raum und Raumlosigkeit in der analytischen Situation*, in: Gutwinski-Jeggle u.a. (Hg.) „Die klugen Sinne pflegend", Tübingen 1993, S. 139 - 160.

Moré, Angela (1998): *Die Integration sensorischer, affektiver und kognitiver Fähigkeiten beim Säugling*, in: Kinderanalyse, Heft 3, 1998, S. 228 - 247.

Ogden, Thomas H. (1997): *Über den potentiellen Raum*, in: Forum der Psychoanalyse, Heft 13, 1997, S. 1 - 18.

Ogden, Thomas H. (1995): *Frühe Formen des Erlebens*, Wien/New York 1995.

Pfleiderer, Barbara (1998): *'Ich weiß gar nichts'! Möglichkeiten und Grenzen der Behandlung von sexuellem Mißbrauch in der analytischen Kinder- und Jugendlichenpsychotherapie*, in: Analytische Kinder- und Jugendlichen Psychotherapie, Heft 97, Frankfurt 1998, S. 43 - 56.

Rey, Henri J. (1990): *Schizoide Phänomene im Borderline-Syndrom*, in: Elizabeth Bott Spillius, a.a.O., S. 253 - 287.

Rohde-Dachser, Christa (1991): *Expedition in den dunklen Kontinent*, Berlin/Heidelberg 1991.

Rotmann, M. (1978): *Über die Bedeutung des Vaters in der 'Wiederannäherungs-Phase'*, in: Psyche, Heft 32, S. 1105 - 1147.

Schoenhals, Helen (1993): *Triangulärer Raum und Symbolisierung*, in: Gutwinski-Jeggle, a.a.O., S. 191 - 207.

Staigle, Joachim (1987): *Die ambulanten Dienste des Vereins für psychoanalytische Sozialarbeit*, in: Psychosozial, Heft 32, 1987.

Winkelmann, Klaus (1998): *Das Trauma. Kritische Anmerkungen zu einem kontroversen Begriff*, in: Analytische Kinder- und Jugendlichenpsychotherapie, Heft 97, Jg. 1/1998, Frankfurt, S. 5 - 24.

Winnicott, D.W. (1983): *Von der Kinderheilkunde zur Psychoanalyse*, München 1983.

ders., (1974): *Vom Spiel zur Kreativität*, Stuttgart 1974.

*Michael Kögler*

# „Was Karoline macht, ist gut für die Kinder"

## Therapeutische Hilfe vor Ort für Kinder aus sozial schwachen Familien in einer sozialpädagogischen Einrichtung

Das Projekt, das ich nachfolgend beschreiben möchte, könnte man „psychoanalytische Sozialpädagogik" nennen in Anlehnung an die psychoanalytische Sozialarbeit, die in Rottenburg und in Tübingen seit zwanzig Jahren energisch und erfolgreich voran gebracht wird. Diese Gegenüberstellung gibt mir gleich am Anfang Gelegenheit, darauf hinzuweisen, daß unser Projekt in Hannover mit dem Arbeitstitel: Therapeutische Hilfen für Kinder aus sozial schwachen Familien in einer sozialpädagogischen Einrichtung noch in den Kinderschuhen steckt: Genau genommen besteht es nämlich aus der zweijährigen psychotherapeutischen Tätigkeit von Frau Winkler im Spielhaus - der sozialpädagogischen Einrichtung, die ich vorstellen möchte - und dem Plan, aus der Arbeitsbeschaffungsmaßnahme, die Grundlage für die psychotherapeutische Tätigkeit von Frau Winkler war, einen Modellversuch herzuleiten.

Dieser Modellversuch soll die Notwendigkeit therapeutischer und prätherapeutischer Hilfen für eine Vielzahl von Kindern in einer solchen Einrichtung begründen und zwar zunächst durch eine mit öffentlichen Mitteln finanzierte wissenschaftliche Studie. Diese Mittel sollen gleichzeitig der Anschlußfinanzierung der Psychotherapeutinnen-Stelle dienen und der wissenschaftlichen Auswertung.

Da die im sozialen Umfeld unmittelbar praktizierte Psychoanalyse, die nicht auf die Sicherheit der vertrauten Praxis zurückgreifen kann, viele Fragen und Ängste nach sich zieht, hatte ich mich an Herrn Kollegen Feuling gewandt, um von der Erfahrung des hiesigen Vereins für psychoanalytische Sozialarbeit zu profitieren.

Die Einladung und Ermutigung zur Vorstellung unserer Arbeit in einem Seminar und diesem Vortrag haben zwar nicht zu der erhofften Angstminderung geführt, gaben uns jedoch besonderen Anlaß, uns mit der psychoanalytischen Sozialarbeit und der psychoanalytischen Pädagogik zu befassen. Ich bitte zu berücksichtigen, daß ich mich nicht auf dem gewohnten Terrain der Ausbildung und Praxis analytischer Kinder- und Jugendlichenpsychotherapie bewege, die durch ihre Kommstruktur die Anpassungsfähigkeit und Bereitschaft der Kinder mit ihren Eltern an die Regeln der ambulanten Richtlinienpsychotherapie zur Voraussetzung hat.

Leider erhalten auf diese Art und Weise viele Kinder, die dringend psychotherapeutischer Förderung bedürfen, nicht die Möglichkeit zur Weiterentwicklung ihrer seelischen Reife. Die angestrebte Lösung ist also eine Psychotherapie vor Ort, die in den Ausbildungsstätten noch nicht gelehrt wird.

Der Gedanke liegt nahe, daß es nicht unwahrscheinlich ist, daß zumindest ein Teil dieser Kinder schwere psychotische, autistische oder Borderline-Störungen entwickelt. Sie werden Jugendliche und Erwachsene, die trotz häufiger psychiatrischer Behandlungen oder Maßnahmen der Jugendhilfe in ihren Krankheitsbildern verhaftet bleiben und – wenn sie Glück haben – in eine Einrichtung für psychoanalytische Sozialarbeit gelangen. Es ergibt sich also die Frage, ob institutionalisierte therapeutische Hilfe in sozialpädagogischen Einrichtungen in diesem Sinne prophylaktische Bedeutung hat.

Wenn ich Ihnen nun das Spielhaus vorstelle, muß ich sogleich hinzufügen, daß andere dies mit größerer Berechtigung tun könnten: Die hier anwesende stellvertretende Vorsitzende des Trägervereins Frau Beate Zewe-Deckmann oder Frau Karoline Winkler, die als ABM-Kraft einen Praxisbericht über ihre zweijährige psychotherapeutische Arbeit im Spielhaus geschrieben hat oder Frau Busch, die diese Arbeit supervidiert hat. Die Verbindung zum Ausbildungsinstitut für analytische Kinder- und Jugendlichenpsychotherapie in Hannover, dessen Leiter ich bin, besteht darin, daß Frau Busch dort Ausbildungsleiterin ist, und Frau Winkler sich dort in Ausbildung zur Kinder- und Jugendlichentherapeutin befindet. Mein Interesse und Engagement als Institutsleiter besteht darin, daß ich diese Psychotherapie für zukunftsweisend halte und sie mit meinen Möglichkeiten fördern möchte. Die Kooperation zwischen dem Spielhaus und dem Institut hat zur Zeit das vorrangige Ziel, die Anschlußfinanzierung für die begonnene Therapie im Spielhaus sicherzustellen. Dies soll über Geldmittel des Landes Niedersachsen geschehen, die es seinen Fachhochschulen im Rahmen praxisbezogener Forschung für Personal- und Sachausgaben zur Verfügung stellt. Unsere Ausbildungsstätte, welche als Institut Teil der evangelische Fachhochschule in Hannover ist, ist berechtigt, diese Mittel zu beantragen. Niedersächsisches Frauenministerium, Landesjugendamt, Arbeitsamt und Stadt Hannover hatten sich für nicht zuständig oder zur Finanzierung nicht in der Lage erklärt.

Wie Sie sehen, werden Spielhaus und Institut durch gemeinsame inhaltliche und finanzielle Ziele vor allem aber durch die Arbeit an der Nahtstelle zwischen sozialpädagogischer und psychotherapeutischer Hilfe zusammengehalten.

Das Spielhaus ist eine sozialpädagogische Einrichtung in freier Trägerschaft in einem alten Arbeiterstadtteil Hannovers, der sich durch einen hohen Ausländeranteil der Bevölkerung auszeichnet. Das traditionell überwiegend friedliche Miteinanderumgehen der unterschiedlichen Bevölkerungsgruppen macht die lebendige und liebenswürdige Atmosphäre dieses Stadtteils aus. Im Spielhaus sind zwei Kindergärten untergebracht sowie eine Einrichtung, die nachmittags Hausaufgabenhilfe und offene Arbeit für sechs- bis dreizehnjährige, sogenannte Lückekinder, anbietet.

Der Kindergarten des Trägervereins bietet achtzehn Kindern ganz überwiegend türkischer Nationalität einen Platz, der zweite Kindergarten, eine Kinderladen-Initiative, betreut ganz überwiegend deutsche Kinder im Kindergartenalter, die offene Arbeit schließlich wird von circa einhundertfünfzig Kindern unterschiedlicher Nationalität genutzt, von denen circa fünfzig an jedem Werktag das Spielhaus besuchen.

Die Kinder, die den Kindergarten des Trägervereins und die offene Arbeit nutzen, zeichnen sich dadurch aus, daß sie aus sozial schwachen Familien kommen, bei denen Vernachlässigung, Gewalt oder Mißbrauch häufig anzutreffen sind. Etliche dieser Kinder zeigen psychische Auffälligkeiten wie z.B. Bindungslosigkeit, Verwahrlosung, Aggressivität, Einkoten, Stottern, große Schüchternheit, Verschlossenheit, Zwänge, Einnässen oder kleinkindhaftes Verhalten. „Gleichzeitig müssen wir feststellen“, schreibt Frau Barkhoff, die Vorsitzende des Trägervereins, daß „keines dieser Kinder je den Weg in die Kinder- und Jugendlichenpsychotherapie gefunden hat.“ Die analytische Kinder- und Jugendlichenpsychotherapie steht hier als qualifizierte Fachtherapie stellvertretend für andere Psychotherapieangebote, die mit ihrer Kommstruktur offenbar zu hohe Bedingungen stellen, so daß die Eingangsschwelle zur Psychotherapie zur Mauer wird. Der krasse Gegensatz zwischen der Notwendigkeit therapeutischer Hilfe und tatsächlicher Behandlung ist ein deutlicher Hinweis auf die Überforderung der Eltern, die vermutlich den Eindruck haben, sie müßten ihr ganzes Leben für die Psychotherapie ihres Kindes umstellen. Sicherlich sind die Gründe für die mangelnde Akzeptanz der etablierten Kassenpsychotherapie vielfältig, ich vermute, daß ein Hauptgrund darin zu finden ist, daß das Aufsuchen einer in der Regel fremden und überlegenen Person, in deren Räumen und zu deren Spielregeln über eine familiäre Notlage zu berichten und Hilfe zu suchen, höchste Verunsicherung und Unlust hervorrufen. Hinter dieser Entmutigung stecken Gefühle von Scham, Angst vor Kritik und damit auch vor Schuldgefühlen. Es ist klar, daß die Betroffenen bei diesen Aussichten lieber einen weiten Bogen um eine Psychotherapiepraxis machen. Es kommt hinzu, daß wir neben unserer Gewohnheit, auf die innere Befindlichkeit zu schauen hier besonders auf die äußeren sozialen Umstände blicken müssen: Die Eltern in sozial schwachen Familien befinden sich häufig in einem täglichen Überlebenskampf. Sie sind in der Mehrzahl arbeitslos, leben von Sozialhilfe, sind Frührentner oder häufig Alkoholiker. Ich versuche hier eine Realität zu beschreiben, habe keine diskriminierende Absicht. Unter diesen Umständen verwenden die Eltern einen großen Teil ihrer Energie zur Aufrechterhaltung ihres Selbstbewußtseins und haben naturgemäß große Mühen, sich in Erziehungsfragen oder Paarkonflikten hilfreich und förderlich zu verhalten, zumal ihre Biographie durch Härten, Mängel, Verluste, Gewalt oder Traumatisierungen oft die notwendigen Voraussetzungen zu konstruktivem Verhalten entbehren. Die Eltern in sozial schwachen Familien zeichnen sich deshalb durch hohe Bedürftigkeit, intensive Wünsche nach Entlastung und geringer zusätzlicher Belastbarkeit aus bei deutlichen Unterlegenheitsgefühlen und Neigung zu Ressentiments. Es kommt hier nicht darauf an, ob diese Eltern ihre familiäre Situation etwa selbst verschuldet haben, sondern daß ihnen für ihre Kinder indizierte psychotherapeutische Hilfe zur Verfügung gestellt wird, die sie tatsächlich auch nutzen können.

Die jetzige Situation der Versagung psychotherapeutischer Hilfe läßt sich auch als ein unbewußter aggressiver Akt gegen diese Bevölkerungsgruppe verstehen, aus dem Motiv moralischer Verurteilung.

Es läßt sich hier also feststellen, daß die fachlich sicherlich gut begründete Realität der Kassenpsychotherapie und die subjektiven Erwartungen sozial schwacher Familien eine Inanspruchnahme indizierter Kassenpsychotherapie nicht erlaubt. Anderenorts ist dieses Phänomen ebenfalls beobachtbar: So werden Alkoholkranke durch die etablierten Einrichtungen nur zu einem geringen Prozentsatz von unter zwanzig Prozent erreicht.

In dieser Situation unbefriedigender Starre und unüberbrückbarer Gegensätze ist Kreativität, die Spielräume öffnet, um Winnicotts Ausdruck des potentiellen Raumes hier erstmals zu benutzen, gefragt. Solche Ideen und deren Umsetzung sind die aufsuchende Hilfe, die offene Sprechstunde, die Teestube, das Café Connection, aber auch die psychoanalytische Sozialarbeit und psychoanalytische Sozialpädagogik. Allerdings glaube ich nicht, daß es für die Kassenpsychotherapie von Kindern und Jugendlichen richtig wäre, sich in ähnlicher Weise zu öffnen. Sie sollte mit ihrer bewährten Struktur bestimmten Indikationen vorbehalten bleiben. Eine erfolgversprechende kreative Lösung ist es vielmehr, innerhalb einer sozialpädagogischen Einrichtung, die von vielen Kindern aus sozial schwachen Familien genutzt wird, indizierte Psychotherapie durch eine Kinder- und Jugendlichenpsychotherapeutin oder einen Therapeuten zu etablieren. Dies jedenfalls ist die Konsequenz der Leitung des Spielhauses aus der geschilderten Situation. Was wir brauchen ist also eine Psychotherapie vor Ort. In der Zeit von 1995 bis 1997 wurde sie durch die Anstellung von Frau Winkler als AB-Maßnahme verwirklicht. Kurz zusammengefaßt wurden als ihre Aufgaben festgesetzt:

1. Diagnostik und Indikationsstellung zur Psychotherapie durch probatorische Einzel-Spielstunden und Auswertung zusammen mit dem Team.
2. Motivationsgespräche mit den Eltern, um über auffälliges Verhalten und Symptomatik ihrer Kinder zu sprechen und die Bereitschaft zu einer psychotherapeutischen Behandlung einschließlich ihrer eigenen Mitarbeit zu erreichen.
3. Die Vermittlung von behandlungsbedürftigen Kindern nach außen, an niedergelassene Kinder- und Jugendlichenpsychotherapeuten oder geeignete Einrichtungen.

Die Ergebnisse sind folgende:

- Nach Einschätzung der Therapeutin und des Teams sind zahlreiche Kinder behandlungsbedürftig, nämlich circa dreißig Prozent.

- Kein einziges Kind konnte nach außen vermittelt werden.
- Die Eltern konnten nicht in nennenswerterweise zur Mitarbeit motiviert werden.
- Psychotherapie innerhalb des Spielhauses durch eine qualifizierte Fachkraft ist erfolgreich.

An dieser Stelle greife ich das Thema der problematischen Elternmitarbeit noch einmal auf, da die psychotherapeutische Arbeit im Spielhaus dazu einige Erkenntnisse und Bestätigungen liefert:

Das Angebot im Rahmen eines Müttercafés, die überwiegend türkischen Mütter der Kindergartenkinder mit Dolmetscherinnenhilfe über die geplante Therapie zu informieren und zu beraten, wurde nur im geringen Umfang verstanden. Es breitete sich ein Gefühl der Enttäuschung aus, daß die Mütter nicht wie erhofft und erwartet zu Gesprächen über die geplante oder begonnene Psychotherapie ihrer Kinder kamen. Damit konnte ein Grundsatz analytischer Kindertherapie nicht aufrechterhalten werden, nämlich der des expliziten Elterneinverständnisses. Ein Gefühl der Heimlichkeit kam auf: Kann man Kinder in einem Kindergarten oder einer Hausaufgabenbetreuung einer Psychotherapie unterziehen, ohne aktive Mitarbeit der Eltern? Wie Frau Winkler in ihrem Praxisbericht schreibt, äußerten manche Eltern die Ansicht, es handele sich um eine Art Sprachförderung oder auch allgemeiner Förderung. Gleichzeitig äußerten sie aber voller Vertrauen: „Was Karoline macht, ist gut für die Kinder".

Mit der Vorstellung einer Fördermaßnahme bestätigen die Eltern die Vertragsbasis: schließlich schicken sie ihre Kinder ins Spielhaus, damit sie gefördert werden. Sie verleugnen gleichzeitig Schwierigkeiten und Auffälligkeiten, die eine seelische Ursache haben, vermutlich weil diese Annahme ihr angegriffenes Selbstwertgefühl noch mehr belasten würde. Die hohe Bereitschaft zur Verleugnung, häufig zusammen mit der Neigung, im Sinne der Schuldentlastung und auch der Projektion, das Fehlverhalten anderer für Schwierigkeiten der Kinder verantwortlich zu machen, erklärt die geringe Bereitschaft dieser Eltern, die ihnen fremde Kassenpsychotherapie in Anspruch zu nehmen. Gelingt es Pädagogen jedoch, die Eltern zum Aufsuchen einer psychotherapeutischen Fachkraft zu veranlassen, ist diese häufig wegen der Fremdmotivation skeptisch und zweifelt an der Indikation und guten Prognose.

Die Chancen, therapeutische Hilfen innerhalb einer sozialpädagogischen Einrichtung zu realisieren, sind hingegen viel größer; in der Regel scheint es die einzige Möglichkeit zu sein. Die Eltern vertrauen *der* Einrichtung, der sie ihre Kinder anvertraut haben.

Das schlechte Gefühl, den Boden der klassischen analytischen Kinderpsychotherapie verlassen zu haben, wich zunehmend einem guten Gefühl, als Pioniere wegweisende Arbeit zu machen, sich als Anwalt des Kindes für die Verwirklichung indizierter Psychotherapie zu sehen, ohne die Eltern gegen sich zu haben. Es war notwendig, sich zu diesem Zeitpunkt mit dem impliziten Elterneinverständnis zufrieden zu geben.

Ich möchte jetzt die Bedeutung der *Einrichtung* für eine erfolgreiche Psychotherapie beschreiben.

Winnicott schreibt am Ende seines Lebens, vier Monate vor seinem Tod in der David Wills-Vorlesung, daß ihm die Begegnung mit David Wills, dem Leiter des Heimes, für Kinder und Jugendliche, deren Evakuierung im Krieg gescheitert war, klarmachte, es habe mit der Psychotherapie mehr auf sich, als einfach nur die richtige Deutung zum richtigen Zeitpunkt zu geben.

„Ziemlich schnell wurde mir klar, daß die Einrichtung selbst es war, die therapeutisch wirkte; die Mauern und das Dach, das Treibhaus, das man mit Steinen bewerfen konnte, die absurd langen Badewannen, für die eine riesige Menge kostbarer Kriegskohle nötig war, damit das Wasser wenigstens bis zum Nabel reichte". Nun will ich die Kinder des Spielhauses nicht mit den Jugendlichen des Heimes vergleichen, das David Wills leitete. Aber auch die Kinder des Spielhauses bedürfen, um Winnicott weiter zu zitieren, der Verläßlichkeit, die auf Regeln beruht, des Gehaltenwerdens, des Verzichts auf Bestrafung aus moralischen Gründen, des Verzichts auf die Erwartung von Dankbarkeit und des Willens der Betreuer zu überleben ohne Rache in Form von Entwertungen, damit das Kind „zum ersten Mal in der Lage (ist), eine Geste zu machen, die auf vereinfachte Weise Liebe ausdrückt." Davon ist bei den Rottenburger Fachtagungen viel die Rede gewesen. Nun will ich nicht aus einer sozialpädagogischen Einrichtung eine stationäre Einrichtung machen, wie das Klinische Jugendheim in Tübingen, die Rottenburger Einrichtungen oder die Kinder- und Jugendpsychiatrie in Hirsau, deren Leiter ich zehn Jahre lang gewesen bin. Andererseits bedürfen die Kinder einer Einrichtung wie der des Spielhauses, die ganz überwiegend aus sozial schwachen Familien kommen, eines verläßlichen, Vertrauen gebenden Rahmens, weil sie diesen in ihren Familien in der Regel entbehren mußten. Der unmittelbare Schritt in die ambulante Kassenpsychotherapie ist zu groß. Die Eltern brauchen das vorhandene Vertrauen in die Einrichtung, um der angebotenen Einzelpsychotherapie zuzustimmen, und die Kinder brauchen den Schutz der Einrichtung, um sich die Einzeltherapie zu eigen zu machen.

Man könnte das Ganze auch als Drei-Sprung-Effekt bezeichnen. Der Schritt von der Familie in die ambulante Kassenpsychotherapie ist für Eltern aus sozial schwachen Verhältnissen zu groß, er gelingt aber in einem Dreisprung: Familie, sozialpädagogische Einrichtung, Einzelpsychotherapie. Es ist einleuchtend, daß der unmittelbare Zugang zu den Bedingungen der Kassenpsychotherapie therapiemotivierten Eltern vorbehalten ist, die in befriedigenden sozialen Verhältnissen leben, während für Eltern aus sozial unbefriedigenden Verhältnissen ein mittelbarer, angemessen unterstützter Zugang zur Psychotherapie geschaffen werden muß. Die Gesellschaft verweigert ihren sozial schwächeren Mitgliedern auf Grund der herrschenden Ideologie zunehmend angemessene Entwicklungs- und Selbstverwirklichungsmöglichkeiten, während sich die davon Betroffenen oft ressentimenthaft zurückziehen.

Für Kinder mit seelisch bedingter Symptomatik aus sozial schwachen Familien sind entsprechende sozialpädagogische Einrichtungen somit die Voraussetzung für die Inanspruchnahme psychotherapeutischer Einzeltherapie.

Aus den Ergebnissen der bisherigen psychotherapeutischen Arbeit von Frau Winkler, die ich noch einmal nenne:

- eine große Zahl der Kinder ist behandlungsbedürftig,
- die Eltern konnten nur in geringem Ausmaß zur Mitarbeit motiviert werden,
- kein einziges Kind konnte nach außen vermittelt werden,
- die Psychotherapie innerhalb des Spielhauses durch eine qualifizierte Fachkraft ist erfolgreich,
- aus diesen Ergebnissen ergeben sich folgende Aufgaben für das Spielhaus: Es muß ein Konzept entwickelt werden für die Zusammenarbeit:
  1. von Kind und Therapeutin in der Einzelpsychotherapie,
  2. von Psychotherapeutin und Betreuerteam,
  3. von Team einschließlich Psychotherapeutin und Eltern,
  4. von der Einrichtung und den Geldgebern.

Um die Wesenszüge der Zusammenarbeit zwischen den genannten Partnern, welche die Qualität einer Beziehung hat, zu charakterisieren, möchte ich Winnicotts Konzept des potentiellen Raumes benutzen. Ich verspreche mir davon, die Bedingungen des Begegnungsraumes beschreiben zu können, die notwendig sind, damit die Begegnung hilfreich wird. Sofern es sich um ein psychotherapeutisches Setting handelt, verstehe ich diesen Begegnungsraum als den analytischen Raum, wie er im Titel dieser Fachtagung angesprochen ist. Ich möchte jedoch das Konzept des potentiellen Raumes sowohl auf den heilkundlichen wie auch auf den pädagogischen und allgemeinen sozialen Bereich anwenden, entsprechend den vier genannten Aufgaben.

Von den vielen gängigen Begriffen Winnicotts war für mich der des potentiellen Raumes einer derjenigen, mit denen ich mich am schwersten tat und noch tue. Winnicott siedelt ihn zwischen dem Raum der inneren, persönlichen Vorstellungswelt, der Phantasie, der subjektiven Realität auf der einen Seite und der wirklichen, äußeren, objektiven, wahrnehmbaren, für die Allgemeinheit gültigen Umwelt an.

Der Raum dazwischen, der potentielle Raum, umfaßt ursprünglich gleichzeitig die verbindende Einheit zwischen Mutter und Kind wie auch die Trennung von Mutter und Kind, ohne daß dieses Paradoxon aufgelöst werden dürfte. Dieser Zwischenraum ist erfüllt von der mütterlichen Liebe in Form hoher Anpassungsbereitschaft an die Bedürfnisse des Kindes und stellvertretend für menschliche Verläßlichkeit. Aus dem potentiellen Raum entsteht echte Zuversicht und Vertrauen gegenüber der Umwelt, die Fähigkeit zum Spiel, zu kreativem Leben sowie zum menschlichen Kulturleben. Er beinhaltet eine Entwicklungsphase, die nicht angeborenen Faktoren unterliegt, sondern einer fördernden Umwelt. Diese Entwicklungsphase ermöglicht den Übergang von der Vorstellungswelt – innere Realität – zur Wahrnehmungswelt – äußere Realität. Der besseren Verständlichkeit wegen zitiere ich ein Beispiel von Thomas H. Ogden:

> „Ein zweieinhalbjähriger Knabe entwickelte große Widerstände gegen des Baden, nachdem er einmal erschrocken ist, weil sein Kopf beim Baden unter Wasser getaucht ist. Einige Monate später, nach sanfter, aber beständiger Überredung seiner Mutter willigte er widerstrebend ein, in wenige Zentimeter Badewasser gesetzt zu werden. Der ganze Körper des Kindes war angespannt; mit seine Händen hielt er sich krampfhaft an

den Händen seiner Mutter fest. Er weinte nicht, aber seine Augen hingen flehentlich an den Augen seiner Mutter. Er hielt das eine Knie krampfhaft gestreckt, das andere beugte er, damit er so viel wie möglich seines Körpers außerhalb des Wassers hielt. Seine Mutter unternahm beinah sofort den Versuch, sein Interesse für Wasserspielzeuge zu wecken. Er interessierte sich überhaupt nicht dafür, bis seine Mutter ihm sagte, sie möchte ein bißchen Tee. In diesem Moment wich die Spannung, die an seinen Armen, Beinen, am Bauch und insbesondere im Gesicht zu sehen war und wurde auf einen Schlag durch einen neuen körperlichen und psychologischen Zustand abgelöst. Seine Knie waren jetzt leicht gebeugt; seine Augen streiften die Spieltassen und Teller und blieben an einer leeren Shampooflasche haften, für die er sich dann als Milch für den Tee entschied. Die Spannung in seiner Stimme wechselte vom krampfhaften, beharrlichen Flehen: Ich will nicht baden, ich will nicht baden ins Erzählen seines Spiels: Tee ist nicht zu heiß, jetzt ist er gut: ich puste ihn für dich. Tee lecker. Die Mutter nahm ein wenig Tee und bat um mehr. Nach einigen Minuten griff sie zum Waschlappen. Dies führte dazu, daß das Kind das Spiel genau so plötzlich abbrach, wie es damit angefangen hatte, und all die anfänglichen Anzeichen von Angst, die dem Spiel vorangegangen waren, tauchten wieder auf. Nachdem die Mutter dem Kind versicherte, daß sie es halten würde, so daß es nicht ausrutsche, fragte sie es, ob es noch Tee habe. Es hatte welchen, und das Spiel begann von neuem."

Das Beispiel beschreibt den Raum der äußeren Realität, des nur wenige Zentimeter tiefen Badewassers und die innere Realität des kleinen Jungen, der Angst, die ihn ganz ausfüllt und ihn veranlaßt, sich flehentlich an seine Mutter zu klammern. Die Bedeutung der Realität des Badewassers ist für den Jungen gering, die Panik auslösende Bedeutung der subjektiven Vorstellung, seiner Phantasien vom Badewasser füllt ihn zunächst ganz aus, während der potentielle Raum nicht existiert. Der Vorschlag der Mutter, mit dem Badewasser spielerisch *so* umzugehen, als sei es Tee, ändert zwar nichts an der Realität des Badewassers, aber es verwandelt die Situation: aus dem erregt angstvollen, angespannten Ich- und Körperzustand des Kindes wird eine lustvolle, bezogene Interaktion, ein neuer Gemütszustand, den Mutter und Kind gemeinsam erzeugen. Durch die über das Spiel erfolgten Eröffnungen und Besetzung des potentiellen Raumes hat das Badewasser eine kommunizierbare Bedeutung bekommen. Obwohl beide wissen, daß der Tee nach wie vor Badewasser ist, hat die neue spielerische Bedeutung dem Badewasser seine bedrohliche Qualität genommen, die es durch den kleinen Badeunfall bekommen hatte. Die Besetzung des potentiellen Raumes in Form des gemeinsamen Tee-Spiels hat es dem Kind ermöglicht, *die Realität* des Badewassers als ungefährlich im Beisein der Mutter wahrzunehmen und anzuerkennen. Die Realitätsanerkennung ist hier die Folge einer lustvollen Interaktion innerhalb des potentiellen Raumes im Gegensatz zu der von Freud angenommenen Anerkennung des Realitätsprinzips durch Frustration von Triebbedürfnissen. Zusammengefaßt läßt sich sagen, daß die gewünschte angstlose Verbundenheit mit der Mutter durch das Spiel die angstauslösende Trennung, symbolisiert durch den Badeunfall, erträglich gemacht hat. Dabei ist die Trennung gleichzeitig real und nicht real. Mit Winnicott wäre der Begegnungsraum dann im positiven Sinne produktiv, wenn der innere Wunsch nach Verbundenheit und die Realität der Trennung anerkannt würden als Auslöser von grenzenloser Angst, die in einem potentiellen Raum von Verbundenheit und Trennung spielerisch erträglich und sogar lustvoll gemacht wird. In einem erweiterten Sinn stehen Verbundenheit und Trennung für von heftigen Gefühlen begleitete Konflikte, die durch Eröffnung und Nutzung des potentiellen Raumes symbolisch gelöst werden. Das Symbol, die spielerische, kreative kulturelle Lösung repräsentiert beide Seiten des Konfliktes im Sinne eines sowohl als auch oder anders ausgedrückt als eine Paradoxie, die nicht aufgelöst werden darf.

Ich kehre zurück zu den vier beschriebenen Aufgaben, und ich möchte nun prüfen, ob die Annahmen über den potentiellen Raum hilfreich sind für die gestellten Aufgaben: Konkret möchte ich der Frage nachgehen, inwieweit es bei den geschilderten Fragestellungen zu einer Nutzung oder einem Scheitern des potentiellen Raumes gekommen ist oder aber kommen kann.

Die erste Aufgabe ist die Konzeptualisierung der Einzelpsychotherapie innerhalb einer sozialpädagogischen Einrichtung durch eine Kinder- und Jugendlichenpsychotherapeutin, die ein Mitglied des Betreuungsteams ist. Dazu möchte ich ein Fallbeispiel von Frau Winkler nutzen.

Es handelt sich um die Behandlung eines zehnjährigen Jungen, über dreizehn Einzelspielstunden. Er fiel auf durch sein exzessives Nacht- und Tagnässen: meist sah man ihn mit einem nassen Fleck vorn auf der Jogginghose rumlaufen, umgeben von einer Wolke von Waschmittelduft. Zusammen mit seiner Fettleibigkeit und einem prahlerischen Protz- und Brüllton – „ich kann alles, laßt mal den Chef ran" – löste er bei den anderen Distanzwünsche, oft auch Ekel aus. Mark – so nenne ich ihn – war davon ganz unberührt, er nahm es nicht wahr oder verleugnete es, jedenfalls schien er sich selbst – ganz ungebrochen – für unentbehrlich, beliebt, wichtig und schlau zu halten, bei offensichtlich eher mäßiger Intelligenz. Richtig schätzte er seine großen Körperkräfte ein, die ihm Stärke und Respekt verliehen. Er setzte sie aber in Streitsituationen in der Regel nicht ein. Dann stand er eher bebend vor Wut mit geballten Fäusten am Rand und versuchte, sich verbal zu behaupten. Die Hemmung der Abfuhr seiner Aggression nach außen und Wendung nach innen zeigt sich an seinen vielen kleinen Spielunfällen, so daß er ständig durch Prellungen, Verstauchungen und Wunden behindert war. Eine Schwerhörigkeit unklarer Genese war durch ein Hörgerät kompensiert, Mark lehnte es aber ab, es zu benutzen.

Er ist das jüngste Kind einer sechsköpfigen, alteingesessenen Familie des Stadtteils. Der Vater, von Beruf Dachdecker, ist seit einem Schlaganfall Anfang der neunziger Jahre arbeitslos, jetzt Frührentner, jobt nebenbei als Fleischhauer. Er ist ein mürrischer, eigenbrötlerischer und tyrannischer Mann mit sehr einfacher intellektueller Struktur und einem rauhen, ruppigen Umgangston. Seine Söhne haben eine hohe Meinung von ihrem Vater und der Familie, aber auch große Angst vor seiner Willkür, wenn er – wie oft – stark alkoholisiert ist. Der Vater lehnt es ab, zu den Familiengesprächen zu kommen.

Die Mutter, sehbehindert auf einem Auge, ist scheu und unscheinbar. Sie kommt einmal zu einem Gespräch ins Spielhaus. Dabei hört sie sich den Vorschlag nach einer weiterführenden Psychotherapie außerhalb still und ergeben an, reagiert mit Rückzug und Unsicherheit auf diese sie ängstigende Perspektive, so daß sie die Gespräche nicht fortsetzt, sich sogar verleugnen läßt, aber – ihr Einverständnis zu den Spielstunden im Spielhaus gibt.

Der älteste Bruder, zwanzig Jahre, ist geistig behindert, arbeitet in einer beschützenden Werkstatt. Marks sechzehnjähriger Bruder wurde von der Mutter zu dem einzigen Elterngespräch mitgenommen. Er wirkte pubertär verschlossen, scheu und sagte kein einziges Wort. Die Schwester, achtzehn Jahre, ist der Stolz der Familie. Sie hat die Realschule mit guten Noten abgeschlossen und macht eine Ausbildung zur Einzelhandelskauffrau. Die Familie – alle sind übergewichtig – zeichnet sich aus durch starken Zusammenhalt. Im Stadtteil gilt sie als schrullig, gehört aber durch die lange Familientradition als alteingesessen dazu.

Typischerweise war von den Eltern zu Marks Anamnese wenig zu erfahren. Einiges stammte aus fremdanamnestischen Angaben, das meiste ließ sich indirekt aus den Behandlungsstunden erschließen.

Offensichtlich liegt bei Mark eine Psychopathologie des potentiellen Raumes vor. Seine subjektiven, von ungebrochener Omnipotenz gekennzeichneten Vorstellungen, entsprechen nicht der objektiven äußeren Realität. Seine reiche Phantasie ist Ausdruck seines Größenselbsts und dient der Kontrolle dieses omnipotenten Selbsts über die Nicht-Ich-Welt, die so von seiner Wahrnehmung ausgeschlossen bleibt. Marks phantasievolle Vorstellungswelt ist nicht nutzbar gemacht in einem spielerisch ausgestalteten potentiellen Raum, sondern hat nur die Bedeutung, sich selbst als stark, überlegen, durch eine Elefantenhaut unverletzbar zu machen. Mark spielt nicht Elefant, sondern er fühlt sich stark und überlegen wie ein Elefant mit zusätzlicher überdurchschnittlicher Intelligenz, ohne seine Tolpatschigkeit, seine mäßige Begabung und die kritische Einstellung der anderen wahrzunehmen. Sich selbst mit den Augen eines anderen zu sehen, als selbstreflexive Fähigkeit, die das Getrenntsein kennzeichnet, ist ihm noch nicht verfügbar. Vielmehr ist sein Ich-Erleben ganz von seinem intentionalen Wunscherleben, seinen subjektiven Vorstellungen erfüllt. Das Einnässen kann für Mark, wie er fachmännisch sagt, nur Bedeutung einer angeborenen Blasenschwäche haben, nicht aber die Bedeutung von Wünschen, Konflikten und Gefühlen, die symbolisch in diesem Symptom ausgedrückt werden.

Es handelt sich nach Ogden um die Form der Psychopathologie des potentiellen Raumes, bei der die Phantasie der Realität übergeordnet ist. Der Realitätspol der psychologischen Dialektik wird nicht in gleicher Weise hergestellt wie der Phantasiepol. Realität bezeichnet aber alles, was außerhalb des Bereiches der Omnipotenz des Subjektes erlebt wird, im Falle von Mark also nicht wahrgenommen und erlebt wird. Für Mark sind Gefühle und Wünsche Tatsachen, nach denen er handeln muß. Seine emotionalen Reaktionen sind nichts, was er zunächst einmal verstehen, was verschiedene Bedeutungen haben könnte und durch ein Symbol Beweglichkeit zu mehreren Optionen verleihen würde. Badewasser bleibt als Badewasser bedrohlich – um das Beispiel von Ogden aufzugreifen und kann nicht als Tee die Eröffnung eines neuen Begegnungsraumes bewirken.

Wir können annehmen, daß Marks Mutter ihrem vierten und letzten Kind nicht ausreichend zur Verfügung stand. Der Vater erkrankte schwer, bald nach Marks Geburt. Diese Krankheit veränderte durch Frühberentung und Arbeitslosigkeit den sozialen Status der Familie. Dazu kam die Belastung durch den ältesten, geistig behinderten Sohn und die beiden anderen Kinder. Innere Gründe der Mutter wie Depression durch das Ungleichgewicht zwischen Belastung und Lösungskompetenz taten ein übriges, so daß der Prozeß, der über die Eröffnung des potentiellen Raumes mit der Fähigkeit zu spielen und zur Symbolisierung zur Anerkennung der Realität führt, nicht gelungen ist. Diesen Prozeß, der von dem anfänglichen Einssein von Mutter und Kind zur Anerkennung des Getrenntsein und der Realität führt, nennt Winnicott Objektverwendung. Wie der Behandlungsverlauf bestätigt, spielt dabei die Aggression in Form von Zerstörungswünschen eine zentrale Rolle.

Ich möchte jetzt der Frage nachgehen, ob die therapeutische Begegnung zwischen Mark und Frau Winkler hilfreich war zur Eröffnung und Besetzung des potentiellen Raumes.

Mark wurde von einer Sozialarbeiterin aus dem Betreuungsteam für die offene Arbeit mit Kindern zur Therapie vorgeschlagen. Nach der Andeutung dieser Möglichkeit nahm Mark die Anmeldung sogleich selbst in die Hand, er bewies sich und anderen seine Autonomie, indem nie Sicherheit entstand, ob er zur verabredeten Stunde pünktlich oder überhaupt kommt. Seine Unabhängigkeit drückte sich auch darin aus, daß er das Ende der Stunde nicht akzeptierte, ebensowenig wie die Deutung seiner Therapeutin: „Ich habe das Gefühl, es ist schwer auszuhalten für Dich, wenn die Spielstunde zu Ende ist." – „Nö, wieso?" Besonders eindrucksvoll war die Manifestation seiner innerlichen Welt der Allmacht: Er war nicht nur der Chef, der distanzlos über die Dinge und die Person seiner Therapeutin verfügen wollte, sondern er war Herrscher über Leben und Tod. Zerstören, Töten und Sterben erfolgten in unendlichen Wiederholungen und Ritualen in eher gehobener Stimmung, jedenfalls ohne Angst, Trauer und Empathie.

Zunächst jedoch, gleich in der ersten Stunde, überraschte er damit, daß er seine innere Situation in einem Spiel mit Handpuppen ausdrücken konnte: Vater König verhängt seiner Prinzessin Schloßarrest, weil sie weggelaufen war. Er läßt sie über die Therapeutin als Publikum wissen, daß er sie bei erneutem Weglaufen hängen lassen wird. Daraufhin beklagt sich die Prinzessin beim Publikum, – also der Therapeutin –, daß der Vater nur andere liebe und zu ihr nur grausam sei. Jetzt erscheint eine Hexe, die das Publikum in einen Stock verwandelt. Schließlich folgt die Erlösung durch eine gute Fee und den Jäger Peter.

Der besondere Schutz der Therapiesituation, in der die Therapeutin mit ihrer ganzen Aufmerksamkeit zur Verfügung steht, gibt Raum für Liebe und Haß, gute und böse Objekte, Bestrafung und Erlösung. Mark gibt zu erkennen, wie er unter dem tyrannischen Vater, der absoluten Gehorsam unter Androhung der Todesstrafe fordert, leidet, wie er den Frauengestalten von Hexe und Fee die Fähigkeit zur Verwandlung zuschreibt, die zu einem guten Ende führt. Interessant, daß das Publikum, an das sich die Prinzessin hilfesuchend wendet, als Stock zur Inaktivität erstarrt, aber bedrohlich bleibt. Die Öffentlichkeit bleibt somit ungeeignet zur Lösung innerfamiliärer Konflikte. Mark gibt damit auch eine Erklärung, warum aus seiner Sicht sich die Mutter nicht in die Elternarbeit des öffentlichen Spielhauses einbinden läßt, um seine dortige Psychotherapie zu begleiten. Die Öffentlichkeit ist nicht erwünscht zur Lösung innerfamiliärer Probleme. Der Vater straft Weg – oder besser – Überläufer mit dem Tode.

Nach dieser ersten Stunde erfolgt ein Einschnitt: Mark verletzt sich an der Hand und erscheint nicht zur nächsten Stunde und drückt so seinen Loyalitätskonflikt zwischen Familie und Psychotherapie im Spielhaus aus.

Danach agiert Mark seine Allmachtshaltung und Zerstörungswünsche unmittelbar ohne Dazwischenstellen von Handpuppen oder eines Publikums. In einem Schießduell exekutiert er seine Therapeutin mehrfach mit einem finalen Schuß zwischen die Augen, er kommandiert sie herum, ertappt sie bei Fehlern, bedroht sie mit dem Tod oder erschießt sie, so daß sich die Therapeutin in ihrer Autonomie und in ihren Körpergrenzen massiv bedroht fühlt. Die Übergriffe geschehen so schnell und selbstverständlich, daß das Aufzeigen von Grenzen viel zu umständlich und langwierig erscheint, Spielpausen müssen immer wieder den notwendigen Abstand garantieren. Rollenspiele scheinen eine Entspannung zu bringen, wenn z.B. Mark und seine Therapeutin als Ehepaar Dussel mit dem Flugzeug unterwegs zu den kriminellen Kumpels in Australien sind und der Ehemann in Spendierlaune „Japanda für alle fordert – oder wie das heißt?"

Aber schon bald steht alles wieder unter der Kontrolle seines *autoritären Brülltons*. Die *Sexualisierung* durch im Spiel gewünschte ärztliche Untersuchung oder in Ohnmacht fallen der Ehefrau erfordert immer energischer die Grenzsetzung. Dann ist nur noch Töten und Sterben angesagt bei Banküberfällen oder Schießereien mit der Polizei. Die tödliche Kugel reicht nicht aus, Wiederholungsszenen sind notwendig bis zum erlösenden Sterben. In einer anderen Szene wird die Therapeutin rücklings von ihrem Mann erschossen, im Sterben muß sie schnell noch ihn erschießen. Die endlosen Wiederholungen der letzten Einstellung führen zur Gegenübertragung der Therapeutin, endlich *sicher tot* sein zu wollen. Nach dem Ende dieser Stunde knallt Mark seine Therapeutin überraschend im Rausgehen mit den Rest- Patronen noch zweimal ab und verfügt, daß nächstes Mal für jeden vier Patronenmagazine bereit liegen sollen.

Die Therapeutin soll nicht wissen, was im nächsten Moment passiert.

Situationen von Überraschung und echtem Erschrecken geben der Szenerie zunehmend den Charakter einer realen Bedeutung und verlieren die *Als-Ob-Qualität*. Dann ändert sich etwas: Mark will *Teekesselchen* spielen: Mein Teekesselchen ist was, wo man reinpinkelt. Ein und dieselbe Sache kann mehrere Bedeutungen haben. Das eine steht für das andere; so daß Spielräume entstehen. Danach *dreht Mark* noch einmal auf mit Überfallen, Sterben, Leichen, Triumph. Die Therapeutin fühlt sich bedroht und fürchtet, die Situation nicht mehr lange kontrollieren zu können. Schließlich in der letzten, der dreizehnten Stunde, malt er eine *gelbe* und eine *rote* Karte. Er spielt einen Zweikampf auf dem Fußballfeld, er schießt, foult und fällt filmreif, ballert mit Bällen um sich und zeigt am Ende der Therapeutin die rote Karte, wegen Widerspruchs. Dazu erzählt er die Geschichte, daß er sich als Fußballprofi verkleidet hat, um den bösen „Anderen" durch Foulen zu erledigen.

### Was läßt sich für unsere Fragestellung nach dem potentiellen Raum daraus ableiten?

Mark entscheidet noch immer wie ein allmächtiger Richter, was gut und was böse ist, aber aus den Pistolenkugeln sind Fußballkugeln geworden, aus dem Schlachtfeld ein Fußballfeld, aus der omnipotenten Willkür ein Spiel nach Regeln. Er akzeptiert und benutzt die Spielregeln - wenn auch zu seinem Vorteil - als Ausdruck der Anerkennung *der äußeren Realität*, deren Regeln *auch er* untersteht, als Geste hin zur Akzeptanz der *symbolischen Ordnung*.

Winnicott beschreibt, wie das kleine Kind vom Zustand der Objektbeziehung, in dem die Mutter sich völlig an seine Bedürfnisse anpaßt, so daß die wunscherfüllende Illusion zur Realität wird, durch zunehmende Versagung und Entwöhnung zum Zustand der *Objektverwendung* kommt, in dem das Kind die Mutter als getrennt erkennt, als einen Menschen mit eigenen Rechten, als Ausdruck für die Anerkennung der Realität. Dieser Prozeß gelingt, indem das Kind das *subjektive Objekt*, das unter der Kontrolle seines omnipotenten Selbst steht, *zerstört*. Es ist - glaube ich - gut nachvollziehbar, daß bei Mark dieser Prozeß der Objektverwendung bei Beginn der Therapie nicht gut vorangekommen war und in welch intensivem Ausmaß und aus der Motivation existentieller Bedeutung er die *Zerstörung* des Objektes, das ihm nicht ganz zur Verfügung stehen wollte und konnte, in den Mittelpunkt seiner Behandlung stellte. Es war für seinen therapeutischen Prozeß von entscheidender Bedeutung, daß seine Therapeutin trotz der vielen vollzogenen Morde überlebte, und zwar ohne sich zu rächen, ohne Mark zu entwerten, wozu er viele Anlässe bot.

Mark ist auf dem Weg der Objektverwendung, *von dem Zwang*, seine Willkür und Allmacht unter Beweis zu stellen, zur Anerkennung *der Rechte anderer* ein gutes Stück vorangekommen. Er zeigte dies am Teekesselchenspiel und am Einsatz der roten Karte. Er hat sich von der Identifikation mit seinem tyrannischen Vater - dem König im initialen Puppenspiel - ein kleines Stück gelöst.

Die Eltern sind auch ohne aktive Mitarbeit immer dabei.

Natürlich will ich hier nicht einer Kurzzeittherapie das Wort reden. Die Behandlung von Mark wurde durch äußere Umstände unterbrochen. Als Mark die Spielstunden nach einem Jahr fortsetzen wollte, war die AB-Maßnahme abgelaufen.

Was man aber über diese institutionalisierte Kinderpsychotherapie sagen kann, ist: es funktioniert! Kinderpsychotherapie innerhalb einer sozialpädagogischen Einrichtung unter den geschilderten Bedingungen ist erfolgreich, wie auch die anderen regelmäßigen Behandlungen bei insgesamt zehn Kindern im Alter von drei bis dreizehn Jahren mit einem Umfang von jeweils dreizehn bis vierunddreißig Stunden belegen. Eine *Anpassung* der Behandlungstechnik ist sicherlich notwendig und wird in jedem Einzelfall unterschiedlich aussehen. Im Fall der Behandlung von Mark bestand die Schwierigkeit darin, gleichzeitig mit der *vollständigen Annahme* des Kindes, die durch das offene minimal strukturierte Angebot der Therapiestunde symbolisiert wird, *die Sicherheit* von Grenzen zu garantieren, die das Überleben des äußeren Objektes ermöglicht. Diese Problematik besteht bei anderen Psychotherapien auch; bei längerer Erfahrung lassen sich vermutlich jedoch *Charakteristika* der institutionellen Psychotherapie bei Kindern benennen.

Ich komme nun zur *zweiten* Aufgabenstellung, der Zusammenarbeit zwischen Betreuungsteam und psychotherapeutischer Fachkraft. Das *Miteinander* von therapeutischer Fachkraft einerseits und pädagogischen oder Pflegefachkräften anderseits in pädagogischen oder klinischen Einrichtungen ist im *allgemeinen* problematisch. Oft wird diese Erfahrungstatsache – nicht zu unrecht – mit den psychischen Auffälligkeiten der *betreuten Personen* begründet, z.B. ihrer Spaltungsneigung. Es gibt jedoch auch genügend Ursachen, die im Bereich der *Mitarbeiter selbst* liegen. Dazu möchte ich an dieser Stelle einige Bemerkungen über die Pädagogik machen, zu denen ich als *Mediziner wenig* berufen bin, die jedoch trotz ihrer groben Vereinfachung hilfreich sein können. Die Definition Pestalozzis, Pädagogik sei *Liebe* und *Vorbild*, erfreut sich sicherlich breiter Zustimmung. Jedoch stimmen die meisten auch Freud zu, der von einem der drei unmöglichen Berufe spricht, neben dem des Psychotherapeuten und dem des Seelsorgers. Offensichtlich scheinen die *beiden* Bereiche der Pädagogik, nämlich Bildungsvermittlung durch Lehren objektiver Inhalte einschließlich der Anpassung an die soziale Ordnung auf der einen Seite *und* Förderung bzw. Integration aller durch die Natur vorgegebenen Wesensbestandteile des Kindes auf der anderen Seite, unvereinbar. Häufig werden diese beiden Teile aufgespalten. So wird gerne einem Teil *der Lehrer* unterstellt, sie haben nur Disziplinierung und Einbleuen des Lehrstoffes im Sinn und einem Teil der *Sozial-*

*pädagogen*, sie seien antiautoritär nur mit den kindlichen Bedürfnissen identifiziert. Eva Busch erwähnt gerne das Beispiel des Umgangs einer Mutter mit ihrem wütendem, trotzigen, laut schreienden Kleinkind in der Öffentlichkeit. Läßt sie das Kind *gewähren*, kann sie sich des Kommentars sicher sein: „Bringen Sie doch das Kind zur Räson, das gehört zur Erziehung." Verhält sie sich *streng und disziplinierend*, so hört sie: „Na, können Sie das Kind denn nicht verstehen, nehmen Sie es doch auf den Arm." Albert Ilien ist der Meinung, daß die Pädagogik ihre *Aufgabe* der Humanisierung der Gesellschaft nur erreichen kann, indem sie ihre Komplexität und Paradoxie wiedergewinnt; wenn es also gelingt, die Spannung zwischen dem *objektiven Pol* der Wissensvermittlung und dem *subjektiven Pol* der Einfühlung in das Kind zu erhalten, den Widerspruch zwischen dem Wunsch, das Kind durch Pädagogik zu verändern und es gleichzeitig wahrzunehmen, wie es ist, *nicht* aufzulösen. Diese Paradoxie läßt sich hilfreich mit dem Begriff des potentiellen Raumes beschreiben, nämlich als Gleichzeitigkeit von Verbundenheit und Identifikation mit der subjektiven, kindlichen Welt und der Anerkennung des Bildungsauftrages, objektives Wissen zu vermitteln. Pädagogik als potentieller Raum begriffen, würde die von Ilien geforderte Komplexität und Paradoxie zurückgewinnen, indem das Gleichgewicht zwischen beiden Polen erhalten bliebe.

Diese Paradoxie kann sowohl von seiten der Pädagogik wie auch von seiten des Kindes - natürlich auch von beiden Seiten - in Frage gestellt werden. Liegt die Problematik auf seiten des Kindes, indem die Wissensvermittlung durch seine subjektiven Gegebenheiten, wie z.B. Entwicklungsdefizite oder seelische Erkrankungen, nicht ausreichend möglich ist, kann Psychotherapie hilfreich sein, indem sie die subjektiven, defizitären oder blockierten Gegebenheiten des Kindes fördert.

Das schwierige Verhältnis zwischen Pädagogik und Psychotherapie ist in wesentlichen Teilen also darin begründet, daß letztere dann beginnt, wenn erstere scheitert. Da es im allgemeinen nicht einfach ist, Grenzen anzuerkennen, neigen Pädagogen im Falle des Scheiterns dazu, die weiterführende Methode zu bekämpfen, anstatt von ihr zu lernen. Ganz ähnlich ist beispielsweise das Verhältnis zwischen somatischer Medizin und Psychosomatik.

Im Spielhaus war die Situation insofern *anders*, als die Psychotherapeutin ja erwünscht und eingestellt wurde, andererseits war es auch wieder *nicht* anders: beispielsweise sollte das Therapiezimmer anfangs in einer Art *Abstellkammer* untergebracht werden, bis die Lösung des *mobilen Spielzimmers* gefunden wurde: Das sah so aus, daß zwei Räume in den nutzungsfreien Zeiten mittels einer Materialkiste zu Therapieräumen umfunktioniert wurden.

Einige Betreuer wollten argwöhnisch wissen, was in den Therapiestunden vor sich geht, weil z.B. die Kinder hochzufrieden mit Süßigkeiten aus den Therapiestunden kamen. Sie waren enttäuscht über die aus ihrer Sicht zu *geringe* Einbezogenheit der Therapeutin in den pädagogischen Alltag. Diese brisante Situation birgt die beiden beschriebenen Richtungen: bekämpfen oder lernen noch in sich. Verständlicherweise neiden Betreuer die phantasierte, harmonische, wunscherfüllende *Einzelsituation* in der Psychotherapie, zumal sie selbst ständig spannungsgeladenen *Gruppensituationen* ausgesetzt sind, in denen sie sich genötigt sehen zu reglementieren und zu disziplinieren. Im Spielhaus überwog der Wunsch, die eigene unbefriedigende pädagogische Situation zu verbessern durch Teilhabe an den Erfahrungen und Kenntnissen der Therapeutin. Dazu wurde im Team des Vereinskindergartens mit den überwiegend türkischen Kinder vereinbart, in den wöchentlichen Teamsitzungen einen regelmäßigen Tagesordnungspunkt „Therapiekinder“ aufzunehmen. Dies gab Raum für Fragen und gemeinsames Reflektieren möglicher Veränderungen durch die Spielstunden unter Wahrung der Schweigepflicht. Das Betreuerteam für die *offene Kinder- und Jugendlichenarbeit* sah die Einzelpsychotherapie von *Anfang an* mehr als Ergänzung der eigenen sozialpädagogischen Arbeit und profitierte so von einem regelmäßigen Austausch. Damit es zu dieser befriedigenden Lösung kommen konnte, mußte sich zunächst aber die Therapeutin über ihre Position zwischen Psychotherapie und pädagogischer Arbeit klar werden. „In der Supervision durch Frau Dr. Busch“, schreibt Frau Winkler in ihrem Bericht, „wurde bald deutlich, daß die prätherapeutische Arbeit nur in deutlicher Abgrenzung vom Spielhausalltag stattfinden kann, und daß „Außenstehen“ wesentliche Vorbedingung für die Wirkung der therapeutischen Arbeit ist. Ich habe deshalb nach der Kennenlernphase die Rolle der angegliederten Therapeutin angenommen, die sich bewußt aus dem pädagogischen Geschehen heraushält und allen Teams als Ansprechpartnerin gegenübersteht.“ Wiederum mit dem Begriff des potentiellen Raumes gesprochen, war es Frau Winkler möglich, den Bereich zwischen *dem Einssein* mit dem pädagogischen Team und völligen *Abgetrenntsein* der Psychotherapie kreativ zu nutzen.

Ich möchte jetzt noch einmal auf die bereits erwähnte Schwierigkeit von Kindern und Jugendlichen mit narzißtischen Verhaltensstörungen zu sprechen kommen, welche die Zusammenarbeit zwischen der psychotherapeutischen Fachkraft *und* dem Betreuerteam erschwert, nämlich ihre Tendenz zur Spaltung.

Unter Spaltung wird üblicherweise ein Abwehrmechanismus verstanden, der widersprüchliche Ich-Zustände getrennt hält und auf verschiedene Personen richtet, um das Auftauchen von Angst oder anderen heftigen Gefühlen zu verhindern.

Wenn wir nun das Modell des potentiellen Raumes auf das Phänomen der Spaltung beziehen, so sehen wir den subjektiven Pol auf der einen Seite und den objektiven Pol auf der anderen Seite der Spaltung, während der Zwischenraum nicht besetzt ist. Ein Kind oder Jugendlicher mit einer narzißtischen Verhaltensstörung identifiziert dann meistens die therapeutische Fachkraft mit dem subjektiven Pol und das Betreuerteam mit dem objektiven Pol. Erstere ist dann eingeladen, verschmelzend an der subjektiven, omnipotenten Sicht des Patienten teilzuhaben, letzteres zu einem erbitterten Kampf um die Realität des Alltags, z.B. um die Regeln. Das Betreuerteam und die therapeutische Fachkraft sind nun gefordert, den zur Integration führenden potentiellen Raum zu besetzen und den beschriebenen Prozeß der Objektverwendung zu erarbeiten; für die *therapeutische* Seite also die Zerstörung des nicht getrennten subjektiven Objektes und für die pädagogische Seite das Überleben, ohne sich zu rächen. Es besteht dann für das Kind oder den Jugendlichen die Chance, die *stellvertretend* durchgeführte Integration zu übernehmen.

Bei der Anwendung des Begriffes des potentiellen Raumes auf eine Beziehung zwischen Erwachsenen ist zu beachten, das Winnicotts Konzept sich auf die Beziehung zwischen Mutter und Kind bezieht. Bei dieser ungleichen Beziehung trägt die Mutter die Verantwortung für einen guten Verlauf, indem sie für ihr Überleben gegenüber der kindlichen Destruktion sorgt und auf Rache verzichtet. Im Falle der Beziehung von Erwachsenen bringt jeder seine Lebensgeschichte mit der Erfahrung mehr oder weniger gelungener Etablierung eines potentiellen Raumes mit. Es stoßen also zwei oder mehrere Menschen aufeinander, die die *kreativen Möglichkeiten* des potentiellen Raumes eigenverantwortlich nutzen können. In dem Fall, in dem - wie soeben für die Integration der Psychotherapie in ein pädagogisches Team beschrieben - beide Seiten die Spannung zwischen dem subjektiven und objektiven Pol nützen können, kann ein positives Ergebnis erzielt werden. Dieses Ergebnis ist auch im Titel dieses Vortrages ausgedrückt. Es kommen aber auch alle anderen Kombinationen häufig vor. Wenn beide Seiten auf den subjektiven Pol fixiert sind, kann es zu einem sehr selbstbezogenen, feindlichen und paranoiden Klima kommen, wie es z.B. in kriegerischen Auseinandersetzungen die Regel ist. Die Fixierung beider Seiten auf den objektiven Pol führt zu *sachlich technischen* Lösungen zu Lasten von Bedürfnissen und Gefühlen, die Aufspaltung der beiden Pole schließlich zu Überforderung und endlosen Streitigkeiten der beiden Seiten.

Jedenfalls, nach dem Gesagten ist es erstrebenswert, beim Zusammentreffen von zwei Menschen oder Gruppen von Menschen als Ziel die *mittlere Position*, den Zwischenraum im Auge zu haben, um zu ausgeglichenen Ergebnissen zu kommen. Nicht selten wird es notwendig sein, den Prozeß durchzumachen, den das kleine Kind bewältigt, wenn es mit Hilfe seiner Mutter lernt, die omnipotente Kontrolle über die Objekte aufzugeben, um sie als getrennte Person mit eigenen Rechten anzuerkennen, den Prozeß also, den Winnicott Objektverwendung nennt.

Dieser Prozeß muß im Falle von Verhandlungen von beiden Parteien bewältigt werden und außerdem mit dem Unterschied, daß sie keine Mutter zur Verfügung haben; vielleicht aber, wenn es gut geht, besonnene Menschen im jeweiligen Team oder auch in einem externen Supervisor oder einer Supervisorin.

Wenn ich jetzt abschließend die beiden letzten Aufgaben kurz umreiße, nämlich als dritte Aufgabe die Zusammenarbeit zwischen den Eltern und dem Betreuerteam und als vierte Aufgabe die Verhandlungen mit möglichen Geldgebern, dann schließe ich darin das Bemühen ein, beide Seiten in die Lage zu versetzen, sozusagen *von potentiellem Raum zu potentiellem Raum* miteinander in Beziehung treten zu können.

Bezüglich der Eltern muß zunächst das paradoxe Ziel angestrebt werden, einerseits elternunabhängige, therapeutische Hilfe im vertrauten Rahmen des Spielhauses durchzuführen und andererseits die Eltern in die Lage zu versetzen, ihre verantwortliche Elternschaft wieder zu erlangen. Frau Winkler betont die Notwendigkeit, ein sehr *breit angelegtes* sozialpädagogisches Hilfsprogramm zu erarbeiten, welches die Elternkompetenz stärken soll.

Was den Stellenwert der institutionellen Psychotherapie anbetrifft, gilt, daß ihr keine Monopolstellung eingeräumt werden soll. Sie ermöglicht indizierte, in der Regel dringlich notwendige Psychotherapie in den Fällen, in denen Eltern die Realisierung *nicht* bewerkstelligen können. Hier ist sie ein großer Gewinn, wie weitere Untersuchungen voraussichtlich bestätigen werden. In den Fällen, in denen die Eltern die Bedingungen einer externen Psychotherapie oder Beratung erfüllen können, soll die Einrichtung alle möglichen unterstützenden Hilfen dazu bereitstellen.

Die *vierte* Aufgabe schließlich, die Verhandlungen mit den Geldgebern, ist mutmaßlich die schwerste. Da unsere bisherigen Ansprechpartner keine Möglichkeit zur Finanzierung einer psychotherapeutischen Fachkraft innerhalb der sozialpädagogischen Einrichtungen sahen, möchten wir durch einen Zwischenschritt Spielraum gewinnen: Die institutionalisierte ambulante Psychotherapie von Kindern und Jugendlichen soll zum Gegenstand wissenschaftlicher Forschung gemacht werden und mit Mitteln, die das Land Niedersachsen seinen Fachhochschulen zu Forschungszwecken zur Verfügung stellt, finanziert werden.

Als *Ausgangspunkt* wäre der Stand der wissenschaftlichen Forschung zu evaluieren im Hinblick auf Kinder, Jugendliche und Erwachsene mit schweren seelischen Erkrankungen, die stationär oder ambulant psychotherapeutisch behandelt werden. Die Hypothese, daß diese Kranken in ihrer Kindheit soziale und individuelle Auffälligkeiten zeigten, wie sie auch bei vielen Kindern im Spielhaus auftreten, wäre zu überprüfen. Die Verifizierung dieser Hypothese würde weitreichende Möglichkeiten eröffnen, nämlich den prophylaktischen Einsatz von indizierter Psychotherapie bei von seelischer Erkrankung *bedrohten* oder bereits *erkrankten* Kindern, bevor eine *Aussonderung* in bestimmte Schulformen, Heime, Psychiatrien oder ähnliche Einrichtungen erfolgt.

Der zweite Forschungsgegenstand ist die eigentliche Psychotherapie innerhalb des Spielhauses. Die Notwendigkeit der Anpassung der Heilungsmethode an die spezifischen Gegebenheiten in der Einrichtung wäre zu überprüfen. Vor allem aber die Effizienz durch Vergleichsforschung zu Beginn und am Ende der Behandlung.

Auch der Vergleich mit einer nicht behandelten Gruppe scheint möglich und gewinnbringend. Hier ginge es um eine Verbreiterung und Differenzierung der bereits vorliegenden Ergebnisse durch die Fortsetzung der Arbeit der psychotherapeutischen Fachkraft innerhalb des Spielhauses.

Der dritte Forschungsgegenstand betrifft die Elterngruppe. Welches sind die Erklärungen für die Beobachtung, daß die Eltern aus sozial schwachen Familien dazu neigen, die seelischen Ursachen der Auffälligkeiten ihrer Kinder zu verleugnen? Weiter interessiert die Frage, warum trotz erheblicher Vorbereitung der Kinder im Sinne von Prätherapie und Motivationsförderung der Eltern die *externe Kassenpsychotherapie* nicht in Anspruch genommen wird. Wie erklärt sich also das mangelnde Vertrauen in die externe und das große Vertrauen in die *interne* Psychotherapie? Andererseits bleibt bisher die Frage offen, warum die Eltern zur weiteren Mitarbeit *nicht* bereit sind, wenn ihre Kinder im Spielhaus psychotherapeutisch behandelt werden. Die Forschungsmethode soll hier keine Befragung der Eltern beinhalten, sondern die Auswertung der Informationen des Betreuerteams im Sinne einer Gewährsleuteforschung. Wir messen gerade dieser Fragestellung einen hohen Wert bei.

Der vierte Forschungsgegenstand und die damit verbundenen Fragen, mit denen dieser Text abgeschlossen wird, betrifft das pädagogische Betreuerteam. Wie verändert die Tätigkeit der psychotherapeutischen Fachkraft die Einstellung dieser Mitarbeiter und Mitarbeiterinnen *zur Psychotherapie* und welche Folgen hat eine veränderte Einstellung auf die pädagogische Kompetenz? Inwieweit läßt sich die Hypothese bestätigen, daß diese Verstärkung der pädagogischen Kompetenz positive Veränderungen gegenüber den auffälligen Kindern und Jugendlichen bewirkt und somit ein wichtiger Beitrag zur Prophylaxe seelischer Erkrankungen geleistet wird?

## Literatur

Ogden, T.H. (1997): *Über den potentiellen Raum*, in: Forum Psychoanalyse, Heft 13, S. 11.
Busch, E. (1998): persönliche Mitteilung
Ilien, A. (1998): persönliche Mitteilung
Winnicott, D.W. (1988): *Aggression, Heimfürsorge als Therapie*, Stuttgart, S. 281.
Winnicott, D.W. (1989): *Vom Spiel zur Kreativität*, Stuttgart.

*Eva Busch und Karoline Winkler*

# Prätherapie im Spielhaus. Der analytische Raum in einer sozialpädagogischen Einrichtung

## Einleitung

Am Beispiel des Spielhauses, einer offenen, sozialpädagogischen Einrichtung in Hannover-Linden, wollen wir die Entwicklung des Versuches beschreiben, Kinder aus sozial schwachen Familien, die durch psychische Symptome in der täglichen pädagogischen Arbeit auffielen, in die Praxen von niedergelassenen, analytischen Kinder und Jugendlichenpsychotherapeuten zu vermitteln.

Das Thema dieser Arbeitsgruppe wird also von der allmählichen Eröffnung innerer und äußerer „Räume" handeln, welche schließlich in das Entstehen eines analytischen Raumes innerhalb der sozialpädagogischen Institution mündeten, und zwar – zur Überraschung der beteiligten Fachleute – im wesentlichen bedingt durch die motivierte Nutzung des prätherapeutischen Angebotes seitens der Kinder.

## 1. Vorgeschichte (*Karoline Winkler*)

Seit 1992 bemühte sich die Vorsitzende des Vereins für Kinder-, Jugend- und Elternarbeit e.V., dem Träger des Spielhauses, Therapieplätze für diese Kinder zu finden, stieß aber bei Anfragen an den Berufsverband der niedergelassenen TherapeutInnen nicht auf die erhoffte Unterstützung, sondern auf eine eher skeptische Haltung bezüglich des Vermögens dieser Klientel, die Rahmenbedingungen einer klassischen, analytischen Kassen-Psychotherapie einzuhalten.

In der Tat ist die Indikation für eine Psychotherapie abhängig von ausreichend stabilen Lebensumständen, die eine Auseinandersetzung mit der innerpsychischen Situation sowohl in den Therapiestunden als auch in der begleitenden Elternarbeit zulassen. Für die meisten der verhaltensauffälligen Spielhaus-Kinder (circa dreißig Prozent der Stamm-Kinder), um die es hier geht, wäre eine Psychotherapie von daher nicht indiziert. Dennoch mußte für diese Kinder etwas geschehen.

Zusammen mit Dr. Eva Busch, Ausbildungsleiterin im Institut für analytische Kinder- und Jugendlichenpsychotherapie an der Evangelischen Fachhochschule Hannover, wurde schließlich die Idee entwickelt, durch prätherapeutische Maßnahmen einer Sozialpädagogin mit therapeutischer Zusatzqualifikation, Eltern, Kinder und Jugendliche bei den notwendigen Schritten in eine psychotherapeutische Behandlung zu unterstützen und zu begleiten.

Trotz gegenseitiger Vorurteile (gegenüber der „elitären Psychoanalyse" auf der einen und gegenüber dem sozialpädagogischen „Machbarkeitsglauben" auf der anderen Seite) gelang es, Ende 1995 für das Vorhaben eine auf zwei Jahre befristete ABM-Stelle einzurichten, und ich, Karoline Winkler, Sozialpsychologin und zur Zeit in Ausbildung zur analytischen Kinder- und Jugendlichenpsychotherapeutin (aKJP), habe diese Stelle dann übernommen.

Weder bei den MitarbeiterInnen im Spielhaus noch im Institut gab es anfangs genügend Akzeptanz für dieses Vorhaben, geschweige denn eine Finanzierung für die Supervision der Arbeit durch Dr. Eva Busch. Im Spielhaus sah ich mich neben der freundlichen Begrüßung auch Anfeindungen durch die Erzieherinnen ausgesetzt, die mir meine höhere Bezahlung bei gleichzeitigen „exklusiven Arbeitsbedingungen" (Einzelbetreuung) neideten.

Die Notwendigkeit der Eröffnung „innerer Räume für das Vorhaben" bei allen Beteiligten als Voraussetzung für das Installieren eines tatsächlichen Arbeitsraumes im Haus führte uns also gleich an die Nahtstelle der Professionen, mitten in die Konkurrenz zwischen Pädagogen und Therapeuten.

## 2. Die Aufgabe

„Vermittlung und Dokumentation von therapeutischen Hilfen für sozial benachteiligte Kinder im Alter von drei bis dreizehn Jahren" – so lautete die Maßnahmenbeschreibung. Ich sollte, im Anschluß an ein zu erarbeitendes Konzept für die prätherapeutische Überprüfung der „Therapiefähigkeit" des Kindes, zwischen Eltern, delegierendem Kinderarzt und Kindertherapeut/in vermitteln und so Kind und Eltern auf dem Weg in die reguläre Kassen-Psychotherapie begleiten. Der Verein für Kinder-, Jugend- und Elternarbeit e.V. als Träger der Maßnahme wollte den Nachweis erbringen, daß die Inanspruchnahme von analytischer Kindertherapie milieuabhängig ist. Dazu sollte von mir eine Dokumentation über meine zweijährigen Bemühungen und Erfahrungen erstellt werden.

## 3. Das Spielhaus und die „handelnden Personen"

Das Spielhaus wird von drei Jugendhilfeträgern genutzt: Träger des Hauses ist der Verein für Kinder- Jugend- und Elternarbeit e.V., der eine Kindergartengruppe anbietet. Zusätzlich wird das Haus noch vom Caritas-Verband und einem Kinderladen genutzt. Alle drei Einrichtungen arbeiten organisatorisch eigenständig und kooperieren über das Instrument des vierzehntägig stattfindenden „Hausrates" miteinander. Die Arbeit der Gruppen läßt sich kurz folgendermaßen umreißen:

### Die Vereinskinder

Am Vormittag zwischen 8.30 Uhr und 13.00 Uhr wird im Erdgeschoß die Kindergruppe von Drei- bis Sechsjährigen mit derzeit fünfzehn Kindern (fünf Mädchen, zehn Jungen, zwei Deutsche) von einer Sozialpädagogin und einer Erzieherin betreut. Zum Team gehört außerdem eine BSHG-Kraft, die zum Teil auch Betreuungsaufgaben übernimmt. Die pädagogische Arbeit entspricht der eines Kindergartens unter besonderer Berücksichtigung des multikulturellen Aspektes im Sinne von:

- Sprachförderung im Vorschulalter (wichtiges „Gütekriterium" für die ausländischen Eltern)

- Üben motorischer Fertigkeiten (Malen, Schneiden, Basteln; häufig unentwickelt)
- Integration in eine soziale Gruppe, Umgang mit Spielmaterialien
- Integration der ausländischen Mütter (Mütter-Café, Feste und Dienste der Mütter)
- Hilfe im Umgang mit Behörden sowie
- Aufklärung in medizinischen und Erziehungsfragen.

Anfänglich als offene Tagesgruppe für Kinder, die keinen regulären Kindergartenplatz bekommen haben, konzipiert, ist sie mittlerweile zu einer festen Kindergartengruppe geworden und zur bevorzugten Einrichtung der türkischen Familien aus den umliegenden Straßen avanciert.

### Die Kinderladen-Kinder

Im Kinderladen werden von acht bis fünfzehn Uhr siebzehn überwiegend deutsche Kinder im Alter von drei bis sechs Jahren von einem Erzieher und einer Erzieherin sowie zwei Praktikantinnen betreut. Der Laden wird von einer Elterninitiative geführt, d.h. die Kinder hier entstammen eher der Schichtung der besserverdienenden, deutschen Lindener.

### Die Caritas-Kinder

Nachmittags werden der Hausaufgabenraum, die Räume in der zweiten Etage und im Erdgeschoß für die offene Arbeit mit Sechs- bis Dreizehnjährigen genutzt. Den Kindern aus dem Stadtteil (und deren Eltern) wird vom Caritasverband wochentags in der Zeit von 13.30 bis 17.30 Uhr folgendes Angebot gemacht:

- Betreuung bei Hausaufgaben, Kontakt zu Schulen und anderen Trägern
- Mittagstisch drei Mal pro Woche
- Spiel- und Sportangebote, Tanzkurse, Ausflüge, Feste, Ferienpaß und Freizeiten
- geschlechtsspezifische Gruppenarbeit (Mädchen- und Jungentag)
- Basteln, Werken, Kochen, Gartengestaltung, Fahrradwerkstatt
- Platz zum „unbeobachteten“ Spielen / Treffpunkt (auch außerhalb der Öffnungszeiten: beliebter Fußballtreffpunkt).

Die Zahl der Kinder, die von der offenen Arbeit erreicht werden, liegt bei über einhundertfünfzig. Zur Zeit besuchen vierzig bis sechzig Kinder regelmäßig das Spielhaus (Besuchsphasen). Diese Kinder gehören zu fünfzig Prozent zur türkischen und kurdischen Bevölkerung Linden-Nords. Es kommen auch deutsche Kinder, vereinzelt Kinder aus den anderen „Gastarbeiter-Nationen" und Aussiedler-Kinder aus Osteuropa. Gemeinsam ist der Mehrzahl dieser Kinder:

- beengte Wohnverhältnisse
- materielle Armut
- keine oder ungenügende Beaufsichtigung durch die Eltern, d.h. tendenzielle und manifeste Verwahrlosung
- eher unterdurchschnittliche Schulleistungen (Hausaufgabenhilfe).

Die Arbeit der Caritas wird seit elf Jahren kontinuierlich von einer Erzieherin und einem Sozialpädagogen geleitet. Sie werden aufgrund ihres Engagements für die Belange der Kinder und ihrer unbürokratischen Hilfe sehr geschätzt und genießen bei den Familien großes Vertrauen. Für einzelne Aufgabenbereiche sind derzeit fünf Honorarkräfte angestellt.

## 4. Organisation des Beginns

Meine Aufgaben lagen sowohl im konzeptionellen wie auch im praktisch prätherapeutischen Bereich. Ich begann sofort mit den Kindern und deren Eltern zu arbeiten. Daneben schuf ich gleichzeitig die konzeptionellen und materiellen Voraussetzungen für diese Arbeit. Wie sollte die Entwicklung eines prätherapeutischen Hilfsangebotes für die Kinder, wie das begleitende Angebot für die Eltern aussehen? Welches Setting konnte ich dafür im Tagesgeschehen und in den Räumlichkeiten des Spielhauses etablieren? Wie konnte ich, als aKJP in Ausbildung, die Praxis dieses „modifizierten Behandlungsverfahrens" im Zwischenraum von klassischer analytischer Therapie und Sozialpädagogik theoretisch fassen? In welche Beziehung zu den ErzieherInnenteams im Haus sollte ich mich setzen? Zu welchen Stellen mußte ein Kontakt hergestellt werden, um die geplante Vermittlung der Familien zu gewährleisten?

Als wesentliche Voraussetzung für die praktische Arbeit mußte ich meinen Platz im Spielhaus finden. Ich wollte einen Raum schaffen, der von den Kindern, Eltern und MitarbeiterInnen als Anlaufstelle im Spielhaus erkennbar sein, meine Präsenz im Spielhaus sichtbar machen und der gleichzeitig vor den „Störungen" durch das turbulente Geschehen geschützt sein sollte. Die gegebenen, räumlichen Bedingungen führten schließlich zu der Lösung des „mobilen Spielzimmers". Mittels meiner „Spielzeugkiste" (inklusive einem Scenokasten) richtete ich für die Kinder, die aus der Kindergartengruppe vormittags zu mir in die Spielstunden kamen, den Bastelraum der Nachmittagsgruppe als Spielzimmer ein, und nachmittags nutzte ich in entsprechender Weise einen freien Raum des Kindergartens für die Arbeit mit den Caritas-Kindern. Durch Vorhänge an Fenstern und Türen und durch einen deutlich ausgehängten Belegungsplan ließ sich die notwendige Abschirmung des Raumes ausreichend herstellen. Dennoch dauerte es drei Monate, bis ich die beiden Räume für mich auch innerlich als „meinen Raum" besetzt hatte und damit das Halten dieses Rahmens in den Spielstunden gewährleisten konnte.

Es ergab sich durch das Fehlen eines eigenen festen Raumes immer wieder das Problem, im Haus präsent zu bleiben. Ich machte einen Aushang mit einer festen Sprechzeit für Kinder, damit sie sich selbständig anmelden konnten, und mit einer Sprechzeit am Spätnachmittag für die Eltern. Diese beiden Angebote blieben lange ungenutzt. Sie entsprachen in ihrer Form des Kontaktangebotes nicht dem Klientel, dienten in zweiter Linie jedoch der Öffentlichmachung meiner Arbeit als Teil des sozialpädagogischen Betreuungsangebotes des Spielhauses.

## Zusammenarbeit mit den Teams

In bezug auf die Zuordnung zu den beiden pädagogischen Teams suchte ich nach einem „Raum außerhalb" des Alltagsgeschehens. In der Supervision meiner Arbeit wurde hier deutlich, wie schwierig es war, mich dem „Sog der Institution" und dem Mitagieren in der Gruppenarbeit zu entziehen und gleichzeitig eine Anbindung an und den Austausch mit den anderen Mitarbeitern zu realisieren.

Im Kindergartenteam sah ich mich mit großen Erwartungen hinsichtlich der Wirkung meiner Arbeit – im Sinne einer spürbaren Erleichterung der täglichen Gruppenbetreuung durch die Verhaltensänderung der betreffenden, schwierigen Kinder – und gleichzeitig mit mehr oder weniger versteckter Entwertung – nach dem Motto: „Das kann ja jede von uns, unter solch exklusiven Bedingungen!" oder: „Richte Dir doch deinen Raum im Behindertenklo ein, da bist Du ungestört" – konfrontiert. Im Gegensatz dazu gab es auch die

Auffassung, daß ich als „Psychofachfrau" auch therapeutische Weiterbildung des Teams und persönliche Problemberatung leisten könne.

Schließlich legte ich eine Sprechzeit für die Erzieherinnen der Kindergartengruppe fest, die der Vorbesprechung einzelner „Fälle" dienen sollte, und wir verabredeten meine Teilnahme an dem wöchentlichen Teamgespräch dieses Arbeitsteams, um die Auswirkungen meiner Arbeit auf die pädagogische Arbeit zu reflektieren und meine „Arbeit hinter verschlossenen Türen" transparenter (und damit „ungefährlicher") zu machen.

Mit dem Caritas-Team wurde ein wöchentlicher Extra-Termin „Besprechung mit Karoline" eingerichtet. Von diesem Team wurde ich eher als die „Fachkraft, die uns hilft, die Kinder besser zu verstehen" gesehen. Hier gab es – sicher bedingt durch das höhere Alter der Kinder und die offensichtlicheren und störenderen Auffälligkeiten – eine klarere Trennung unserer jeweiligen Aufgabengebiete und weniger Konkurrenzgefühle.

Seitens der ErzieherInnen des Kinderladens gab es vereinzelt Anfragen für Beratungsgespräche über einzelne Kinder; aber es kam in keinem Fall zu den von ihnen beabsichtigten Gesprächen zwischen mir und den betreffenden Eltern.

Um diesen Bedürfnissen nach Fallsupervision entgegenzukommen, richteten wir eine vierzehntägig stattfindende Supervisionsgruppe für alle pädagogischen Mitarbeiter des Spielhauses ein, die von Frau Ude-Pestel als Kinder- und Jugendlichenpsychotherapeutin über ein Jahr geleitet wurde. Dadurch entfiel ein guter Teil des Erwartungsdrucks, der vorher auf mir gelastet hatte, und vor allem entstand über diese neue Möglichkeit, über die „schwierigen Kinder" ins Gespräch zu kommen, die Motivation teamübergreifend und auch mit anderen Einrichtungen zu diesem Thema zusammenzuarbeiten.

### Blick von außen (*Eva Busch*)

Die gestellte Aufgabe zu Beginn der Arbeit im Spielhaus war paradox: Es gab hier Kinder, die aufgrund ihrer Symptomatik psychotherapeutischer Hilfe bedurften.

Psychotherapie muß, damit sie wirksam sein kann, an einem „Ort außerhalb" stattfinden. Diesen Ort konnten oder wollten die Kinder (aus unklaren Gründen) nicht aufsuchen. Dem entsprach die Erfahrung niedergelassener KindertherapeutInnen, daß „solche Kinder" nicht regelmäßig ihre Stunden wahrnehmen und nicht genügend Ausdauer für eine Therapie haben. Die sozialpädagogischen Möglichkeiten der MitarbeiterInnen des Spielhauses stießen bei diesen Kindern an ihre Grenzen. Es sollte innerhalb der Einrichtung nun ein „äußerer", vom alltäglichen Geschehen abgegrenzter Raum geschaffen werden. Die Unmöglichkeit dieses Vorhabens wurde auf allen Ebenen schmerzhaft spürbar:

1. Es gab keinen Raum. Alle Räume wurden für die pädagogische Arbeit gebraucht.
2. Im Bewußtsein der MitarbeiterInnen mußte ebenfalls erst ein Raum für Karolines Arbeit geschaffen werden.
3. Karoline entwickelte „im Handeln" eine Vorstellung davon, wie ihre zukünftige Arbeit aussehen konnte, und damit einen „inneren Raum".

Die Auseinandersetzung war schmerzlich. Obwohl sie etwas Gutes anzubieten hatte und eingeladen war, wurde sie mißtrauisch und ablehnend behandelt. Gleichzeitig war sie gezwungen, Mindestanforderungen für das Gelingen therapeutischer Intervention herzustellen und zu überprüfen.

Notwendige Abstinenz, sowohl im Hinblick auf die MitarbeiterInnen als auch auf die Kinder, wurde als Affront, Ausgrenzung und Kränkung erlebt. Gleichzeitig waren die Erwartungen extrem hoch.

Die MitarbeiterInnen wollten sich in Gesprächen mit Karoline in ihrer schweren, oft erfolglosen Arbeit anerkannt und bestätigt fühlen. Es fiel ihnen schwer zu akzeptieren, daß Karoline sich nicht an der täglichen Arbeit beteiligte. Sie empfanden die notwendige Distanz als Arroganz und ungerechte Privilegierung. Sie hatten doch täglich mit den Kindern zu tun, kannten sie und ihre Familien schon lange, warum sollten sie nicht ausführlich berichten und mit Karoline über die weitere Entwicklung diskutieren? Warum durften sie nicht erfahren, was der Grund für ein dissoziales Verhalten eines Kindes war, mit dem sie sich täglich herumplagten? Und wenn sie dies alles nun schon hinnehmen mußten, warum blieb ihre Arbeit trotzdem so schwer wie bisher? Das Konzept, mit dem wir unser Vorgehen zu erfassen versuchten, ist das der „dynamischen Administration" der Foulkes'schen Gruppentherapie. Es geht davon aus, daß der notwendige schützende Rahmen für eine therapeutische Arbeit durch Auseinandersetzung um diesen Rahmen nach innen und außen entsteht. Nach außen, indem ein Konzept entwickelt wird, das von den MitarbeiterInnen des Spielhauses, den Eltern und den Kindern akzeptiert werden kann. Nach innen durch zuverlässigen Schutz für die Kinder, die sich Karoline anvertrauen, durch Abstinenz und Schweigepflicht. Die Rahmenbedingungen sind sowohl stabil und zuverlässig als auch anpassungsfähig und veränderbar. Ob Veränderungen notwendig sind, wird auf Grundlage der Analyse gruppendynamischer Phänomene (destruktive Spaltungsprozesse, Neid, Mißgunst, ...) entschieden. Nach Veränderungen werden die Reaktionen aller Beteiligten wiederum auf Grundlage des psychoanalytischen Verständnisses als Kommentar auf die Veränderungen verstanden. Auf diese Weise entstand in der Einrichtung Spielhaus ein spezielles, für alle Beteiligten hilfreiches Angebot für Kinder und Jugendliche, die Psychotherapie bräuchten, sie jedoch so nicht finden.

Die Widerstände, die diesem Projekt von allen Seiten entgegengebracht wurden, liegen, wie wir angedeutet haben, in der Sache selbst. Wir haben praktisch handelnd und im theoretischen Diskurs versucht, Lösungswege zu finden. Das Gelingen der Arbeit jedoch beruhte nicht zuletzt auf der Bereitschaft aller Beteiligten, die eigenen professionellen Grenzen und Vorurteile in Frage zu stellen und in einen Dialog mit der anderen Seite zu treten. Außerdem zeigte sich die absolute Notwendigkeit der Anwesenheit von Autoritäten, die den verschiedenen Seiten wohlwollend gegenüberstehen, damit Spaltungsprozesse und andere destruktive Mechanismen, die dieser Arbeit immanent sind, überwunden werden konnten. Diese Funktion übernahmen der Vereinsvorstand des Trägervereins des Spielhauses und ich als Ausbildungsleiterin am Institut für aKJP in Hannover. Diese beiden Instanzen boten ausreichend Schutz vor zerstörerischen Prozessen, indem sie die Arbeit institutionell nach innen und außen absicherten.

## 5. Den Raum füllen. Beginn und Entwicklung der Spielstunden (*Karoline Winkler*)

Spezifisches Merkmal meiner Arbeit blieb das der „allmählichen Verfertigung des Konzeptes im Handeln“. Dies brachte mir eine immer wiederkehrende Verunsicherung bezüglich meiner professionellen Haltung ein. Der Zwischenraum von klassisch analytischer Kindertherapie und Sozialpädagogik mußte konzeptionell an unterschiedlichen Stellen neu gefaßt werden.

So stellte mich die fehlende Mitarbeit(-sfähigkeit) der Eltern vor das Problem, über einige Kinder sehr wenig anamnestische Informationen zu haben und vor die Frage, ob eine prätherapeutische Betreuung ihrer Kinder im Sinne der Eltern sei. Viele Kinder kamen ja auf den Wunsch der Erzieher hin zu mir, und ich bemühte mich, den Vorgaben klassisch analytischer Kindertherapie folgend, sozusagen im nachhinein darum, mit den Eltern auch Elterngespräche zu etablieren und auf eine Vermittlung in Praxen niedergelassener KindertherapeutInnen hinzuarbeiten. Obwohl ich in mehreren Informationsveranstaltungen über mein Anliegen aufklärte, blieben gerade bei den türkischen Müttern die Vorstellungen meiner Arbeit sehr diffus. Entscheidend für ihre Zustimmung zu Spielstunden für ihr Kind war das Vertrauen, welches sie zum Spielhaus und dem, was dort für ihre Kinder getan wurde, hatten. An Elterngesprächen waren sie nicht interessiert.

Drei deutsche Mütter hingegen kamen regelmäßig zu Elterngesprächen zu mir, lehnten aber den Gedanken an eine „richtige" Therapie für ihr Kind ab, so daß die anvisierte Vermittlung nicht zustande kam. Am schwierigsten gestaltete sich die Kontaktaufnahme zu den Eltern der Spielkinder aus der offenen Nachmittagsgruppe. In zwei Fällen begnügte ich mich mit der telefonisch gegebenen Zustimmung zu den Spielstunden, in einem Fall (siehe Fallbeispiel) war ein dringend notwendiges, sozialpädagogisches Hilfsangebot zur Entlastung der Mutter (als Voraussetzung für Elterngespräche) nicht leistbar. Für zwei Kinder war das Nichteinbeziehen ihrer Eltern umgekehrt die Bedingung dafür, sich zu öffnen. Phantasien der Verbündung der „guten" ErzieherInnen und der Therapeutin mit dem Kind gegen die „vernachlässigenden" Eltern sowie das Gefühl der „Heimlichkeit" des prätherapeutischen Spielangebotes mußten in der Supervision wiederholt bearbeitet werden. Erst später verstanden wir, daß das Spielhaus für diese Kinder zumindest zum Teil die Funktion der haltenden Umwelt übernommen hatte. Meine Heimlichkeitsgefühle waren Ausdruck meiner Identifikation mit den Kindern und damit verbundener, überhöhter Rettungsphantasien vor dem Hintergrund ablehnender Gefühle gegenüber den Eltern.

Es gab Kinder, die unser Angebot – vermittelt durch ihre vertrauten Erzieherinnen – dankbar annahmen und nutzen konnten und andere, die dadurch in einen nicht lösbaren Loyalitätskonflikt gegenüber ihren Eltern gestürzt wurden. In der Praxis entstand dazu die Regelung, daß jedes ausgesuchte Kind angehalten wurde, zu drei Spielstunden zu kommen, um einschätzen zu lernen, ob es danach freiwillig regelmäßig zu mir kommen wollte. Wir stellten fest, daß nicht alle Kinder, bei denen wir therapeutische Hilfe für nötig gehalten haben, mein Angebot auch nutzen wollten und respektierten die Entscheidungen der Kinder.

Für jeden einzelnen Fall mußte ich neu klären, welche Möglichkeiten es für meine Arbeit mit dem Kind und den Eltern gab und wie weit ich ihnen entgegenkommen mußte, ohne die Eingangskriterien zu einer regulären Kindertherapie zu vernachlässigen. Pünktlichkeit und Regelmäßigkeit der Stunden, mein Bemühen, ein räumliches Kontinuum zu gewährleisten (trotz der mobilen Spielkiste), die Bereitschaft der Kinder zur Mitarbeit und meine analytische Aufmerksamkeit blieben als Kriterien bestehen, um die Therapiefähigkeit der Kinder überprüfen zu können.

Bezüglich der Unterstützung durch die Eltern und der anamnestischen Hintergrunddaten mußte ich Abstriche machen. Hier konnte ich auf die genauen und umfangreichen Kenntnisse der SozialarbeiterInnen und Erzieherinnen zurückgreifen, die viele Familien schon seit Jahren kannten und begleiteten.

## 6. Prätherapie = Therapie

Wie wir versucht haben aufzuzeigen, hat es fast zwei Jahre gebraucht, um den Raum zu schaffen, in dem mit den insgesamt zehn Spielkindern schließlich therapeutisch gearbeitet wurde. Bis zuletzt war diese positive Entwicklung durch meine Enttäuschung darüber getrübt, die Eltern nicht in der geplanten Weise zur Mitarbeit oder gar zu einer regulären Therapie motivieren zu können. Die Frage der Einbindung der Eltern blieb weiterhin offen.

Entgegen unseren Erwartungen hatten die Kinder unser prätherapeutisches, d.h. „vermittelndes" Angebot ganz und gar ausgeschlagen. Statt dessen hatten sie die Stunden zur Bearbeitung ihrer Konflikte und strukturellen Defizite genutzt. Aus der intendierten Übergangsintervention war eine spezifische Behandlungsform geworden: die Nutzung meines Angebotes als angewandte psychoanalytische Behandlung war untrennbar mit dem institutionellen Rahmen des Spielhauses und seiner Funktion als „haltender Umwelt“ verbunden. In Zusammenarbeit mit den beiden pädagogischen Teams im Spielhaus und dem Institut versuchen wir nun, ein Modellprojekt anzuschließen, welches den Erfolg der Einbindung eines therapeutischen Angebotes in eine sozialpädagogische Einrichtung erforschen soll.

## Fallbeispiel

In der zweiten Phase der Arbeitsgruppe wollen wir anhand eines Fallbeispieles verdeutlichen, wie der Kontakt zu den Kindern entstand, wie sich das prätherapeutische Angebot der Therapeutin in Reaktion auf das Kind während der Annäherung an die therapeutische Beziehung allmählich veränderte und sich ein individuelles Setting herauskristallisierte. Am Beispiel der Entwicklung einer Spielstunden-Beziehung wollen wir die Wandlung der prätherapeutischen Spielstunden hin zur faktischen Nutzung dieses Angebotes als Therapie aufzeigen.

### *Der Fall „Cem“ – Familiärer Hintergrund*

Cem, ein türkischer Junge, war sieben Jahre alt, als ich ihn 1996 kennenlernte. Er besucht das Spielhaus seit seinem dritten Lebensjahr (zunächst im Vereins-Kindergarten) und gehört nun zum festen Stamm der Kinder, die nachmittags in die offene Arbeit des Caritasverbandes im Haus kommen. Er ist der dritte Sohn von vier Kindern. Der Vater bezeichnet sich als „freier Journalist“ und ist schwer asthmatisch. Er gilt in der Nachbarschaft als egoistisch und rücksichtslos und neigt zu Gewaltausbrüchen. Der Vater ist häufig arbeitslos, und das Familieneinkommen wird überwiegend durch die Putztätigkeit der Mutter erbracht.

Seit einem vom Vater verursachten, tragischen Autounfall mit der ganzen Familie, bei dem sein ältester Sohn im Alter von neun Jahren ums Leben kam und der zweite Sohn (vier Jahre alt) schwer traumatisiert wurde (bekannte Symptomatik: noch bestehende, sekundäre Enkopresis), sei er „komisch geworden“. Der verunglückte Älteste wird in der Familie durch Fotos „lebendig“ gehalten.

Cems Mutter wurde mit elf Jahren aus der Türkei nach Deutschland geschickt und hier fünfzehnjährig mit ihrem Cousin, Cems Vater, verheiratet. Sie verlor ihre Mutter früh (Brustkrebs) und fühlte sich in der Fremde sehr verlassen. 1987 erlitt Cems Mutter eine Brustthrombose und verfiel postoperativ im Krankenhaus in einen komatösen Zustand, der eine Woche andauerte.

Unmittelbar darauf ereignete sich auf der Urlaubsreise in die Türkei der Autounfall, bei dem sie ihr erstes Kind verlor. Wenig später verstarb ihr Vater in der Türkei an Asthma. Ein gutes Jahr später gebar sie ihr drittes Kind (Cem), nochmals drei Jahre später ihr letztes Kind, eine Tochter. Trotz ihrer schlechten gesundheitlichen Verfassung (Fettleibigkeit, „Frauenleiden", chronische Kopfschmerzen) arbeitet Cems Mutter ab fünf Uhr morgens als Reinigungskraft. Sie wirkt sehr depressiv, ist nicht in der Lage, sich emotional angemessen um ihre Kinder zu kümmern und „vergißt" es häufiger, ihre vierjährige Tochter Nidal aus dem Spielhaus-Kindergarten abzuholen. Auch Nidal hat Spielstunden bei mir.

Cems Mutter benutzt die Einrichtung Spielhaus als „große Tagesmutter", als einen sicheren Ort, wo es Halt und Förderungsmöglichkeiten für ihre beiden Jüngsten gibt. Im Verlauf der Beziehungen zwischen ihren Kindern und mir wurde ich zunehmend auch Anlaufstelle für sie und ihre eigenen Probleme, wobei sie vereinbarte Gesprächs- und Beratungstermine sehr unzuverlässig einhielt. Begegnungen mit Cems Mutter waren eher in der Form der „Tür-und-Angel-Gespräche" im Hausflur des Spielhauses oder draußen auf dem Gelände möglich.

### *Kontaktaufnahme*

Im Februar 1996 bittet mich eine Erzieherin um Spielstunden für Cem, weil er fast täglich im Spielhaus einkotet (primäre Enkopresis) und deswegen von den anderen Kindern gehänselt wird, worauf Cem mit Verleugnung und Rückzug (Verlassen der Gruppe oder des Spielhauses) reagiert. Sie berichtet mir über Cems emotionale Verwahrlosung, da er seit früher Kindheit viel sich selbst überlassen war und zeigt mir ein von Cem getuschtes Bild, das ein brennendes Haus (Selbstsymbol) zeigt. Wir vereinbaren, daß sie Cem anbieten soll, bei mir Spielstunde machen zu können. Als ich ihn kurz darauf zu einer Probestunde einlade, kommt er bereitwillig mit und beginnt nach der Erkundung des Spielzeugs ein Arzt-Spiel mit mir, in welchem er der Arzt ist.

### *Anfangsphase*

Cem erklärt in der ersten Stunde, daß er regelmäßig wiederkommen möchte. Es wird ein wöchentlicher Termin verabredet. In den ersten zwei Monaten gelingt es Cem nicht, regelmäßig und pünktlich zu seinem Termin zu erscheinen, obwohl seine Mutter von dem Termin weiß. Ich beobachte dies erst einmal mit der Einstellung, daß unsere Verabredung darauf basiert, daß er von sich aus kommt. Gleichzeitig bemühe ich mich um den Kontakt zu Cems Mutter, der sich aber nur kurz und oberflächlich herstellen läßt. In dieser Phase entwickelt er zunächst drei Themen:

- *Das Arztspiel* – das ich als Ausdruck seiner Hoffnung gesund zu werden interpretiere.
- *Brutale Pistolenduelle*, bei denen er sein Gegenüber endlos vernichtet und sich selbst erschießt – darin offenbart er mir seine Krankheit. Wir verstehen sie als Hinweis auf eine frühe Störung in der Objektbeziehung. Es mangelt Cem an Vertrauen in eine gute, zuverlässige Beziehung, im Gegenteil ist der Wunsch nach Beziehung mit der Angst vor Objekt- und Selbstverlust verbunden.
- Die Sequenzen zum Thema *Essen und Versorgtwerden* zeigen einerseits seine unerfüllte Sehnsucht, als bedürftiges, kleines Kind nicht genügend angenommen und angemessen versorgt worden zu sein, und sie verweisen gleichzeitig auf das reale Fortbestehen der mangelnden Versorgung.

In Anerkennung des realen Versagens der Umwelt in der Vergangenheit, demzufolge Cem keine, seinem Alter entsprechende, stabile innere Struktur zur Verfügung steht, um mein Angebot nutzen zu können, und in Anerkennung der Tatsache, daß seine Eltern auch jetzt keine ausreichend stabilisierende Funktion übernehmen können, verändere ich unsere Verabredung folgendermaßen: Ich verlege seinen Termin auf vierzehn Uhr vor, damit er direkt nach dem Mittagessen im Spielhaus in seine Spielstunden kommen kann.

Aber Cem ißt nicht regelmäßig im Spielhaus und ist deswegen oft um vierzehn Uhr nicht im Haus.

Also übernehme ich schrittweise mehr Verantwortung für die Einhaltung des Termins durch Cem. Ich beginne damit, jeweils um vierzehn Uhr bei Cem zuhause anzurufen, wenn er dann noch nicht im Spielhaus eingetroffen ist, und folge nicht dem Impuls, ihm in der Weise entgegenzukommen, daß ich seine Spielstunden dann anfangen lasse, wenn er erscheint (und dafür entsprechend länger arbeite).

Schließlich verabreden wir am Ende der elften Stunde, daß ich ihn immer um 13.30 Uhr anrufe, um ihm bzw. seiner Mutter Bescheid zu sagen, daß er jetzt losgehen soll, damit er pünktlich ankommt.

Beispiel:
*11. Stunde*: In dieser Stunde war Cem wieder dreißig Minuten zu spät gekommen. Zuhause hatte ich ihn nicht erreicht, seine Mutter wußte nicht, wo er war. Wie immer stürzt er sich gleich auf die Pistolen. Da die Munition aufgebraucht ist, läßt er wieder davon ab und holt den Arztkoffer. Zuerst bin ich krank, dann vereint er Arzt- und Patientenrolle auf sich – „jetzt bin ich selbst krank und der Arzt!" –, hört staunend sein eigenes Herz durch das Stethoskop schlagen und läßt mich dann überprüfen, ob er tatsächlich sein Herz gehört hat. Danach verbindet er sich alleine sehr gewissenhaft seinen linken Unterarm und befestigt den Verband mit Leukoplast und Verbandklammern.
Am Ende der Stunde bittet mich Cem, den Verband am Arm lassen und mitnehmen zu dürfen. Ich zögere, erlaube es ihm dann aber doch, und er zieht von dannen.

Die Pistolen sind Ausdruck seines aggressiven Agierens, mit welchem er versucht, in seiner bedauernswerten Situation zu überleben und noch Handelnder zu bleiben, sowohl in der Stunde wie auch außerhalb. Die Begrenzung des Munitionsangebotes durch mich nimmt er zum Anlaß, sich mit seinem abgewehrten Schmerz und seinen Mangelgefühlen auseinanderzusetzen. Er wendet sich dem Arztkoffer zu und bestimmt, daß er gleichzeitig Arzt und Patient ist. Wir verstehen Cems Spiel mit dem Arztkoffer einerseits als Ausdruck seiner Hoffnung, daß ihm hier geholfen werden kann und andererseits als ein Mittel, sich zu versichern, daß die Kontrolle über das Geschehen in seiner Hand bleibt. Meine Versicherung, daß es sein Herz sei, was er schlagen hört, ist die Antwort auf seinen Wunsch nach Verständnis (seiner selbst), Erklärung und Halt. Am Schluß verhandelt Cem hartnäckig darum, den Verband mitnehmen zu dürfen, als brauche er ein Übergangsobjekt, einen Beweis, daß meine Hilfe, daß ich das Stundenende überdauern werde und seine Wunden versorgt bleiben bis zur nächsten Stunde. Gleichzeitig verstehe ich seinen Wunsch aber auch als Hinweis darauf, daß er auch außerhalb der Stunden meine Unterstützung braucht; und so verabrede ich mit ihm, daß ich ihn zukünftig so rechtzeitig anrufe, daß er zur Stunde pünktlich kommen kann.

*12. Stunde*: Cem ist – nach meinem Anruf – pünktlich und beginnt sofort wieder eine Schießerei. Es entsteht kein gemeinsames Spiel, Cem „ballert" alle achtundzwanzig Schüsse auf mich ab und will dann schnell etwas anderes spielen. Er möchte jetzt „Essen spielen", und ich biete ihm die bereitstehenden Honig-Pops mit Milch an. Cem bedient sich reichlich und versorgt auch mich mit einer gefüllten Schüssel. Während wir sitzen und essen, kotet Cem ein; es stinkt.
Nachdem Cem reichlich gegessen hat, fragt er: „Was jetzt? Ist jetzt vorbei?" „Nein, wir haben noch fünfzehn Minuten Zeit."
Cem entdeckt einige Murmeln und entwickelt in der verbleibenden Viertelstunde in aller Ruhe ein Klickerspiel.

Während in der elften Stunde die Regression noch narzißtisch abgewehrt wurde (im Arztspiel), kommt es jetzt zu einem regressiven Verlauf. Hinter dem aggressiven Agieren verbirgt sich Cems Bedürftigkeit: Wie ein Kleinkind läßt er sich mit süßem Brei versorgen und mit der einsetzenden Entspannung verliert er auch die Kontrolle über seinen Schließmuskel. Trotz dieses kindlichen Verhaltens wird er entgegen seiner Erwartung nicht weggeschickt und beginnt ruhig, in meinem Beisein zu spielen.

Als ich nach der Stunde aus dem Haus trete, finde ich den Verband aus der vorangegangenen Stunde um das Hinterrad meines Fahrrades gewikkelt. Es ist quasi damit am Zaun des Geländes festgebunden.
Ich bin enttäuscht und ärgerlich, habe das Gefühl, daß „mein kostbares Übergangsobjekt" auf diese Weise nicht geachtet und mit ihm unsere gemeinsame Arbeit nachträglich entwertet wurde.

Auf diese Weise erhalte ich einen Eindruck der tiefen Hoffnungslosigkeit Cems, die nur während der Spielstundenzeit durch die Versorgung seiner regressiven Wünsche real überwindbar ist. Cem fehlt die Gewißheit, daß das gute Objekt den Moment überlebt und dauerhaft hilfreich sein kann. Nachdem ich meine eigenen hoffnungslosen Gefühle in der Supervision im Zusammenhang der Beziehung zwischen Cem und mir verstanden habe, wird mein Blick frei für das, was noch in dem „angebundenen Fahrrad" zu sehen ist: Die Anbindung unserer Arbeit an das Spielhaus, das durch den umgebenden Zaun von einer als feindlich erlebten Welt geschützt wird. Außerhalb dieses Territoriums kann Cem die Beziehung zu mir nicht aufrecht erhalten. Dort gelten andere Gesetze.

Die Anpassung des Settings auf seine Bedürfnisse und Möglichkeiten wurde von Cem auf diese Weise beantwortet:: der therapeutische Prozeß kam in Gang, weil er an dieser kleinen Stelle erfahren konnte, daß ich ihn genau so, wie er ist, annehmen konnte.

### *Die therapeutische Arbeit*

Es folgten Stunden, in denen sich die therapeutische Beziehung festigte, Cem gut mitarbeitete und Material über seine Familie und sein Symptom brachte. Er deutet sein viertes Thema an, das er bis zum Ende unserer Beziehung zum Schwerpunkt verbreiterte: In vielfacher Wiederholung vertieft er das Thema der *Grenze* als konstituierendes Moment für das Entstehen eines geschützten Raumes. In „Barrikade“ und anderen Brettspielen, im Geben und Nehmen über Ladentisch-Grenzen, im Auf- und Zuschließen von Türen – über die Grenze hinweg erprobte er adäquate Formen von Geben und Nehmen. Auf der Objektbeziehungsebene bearbeitete er die Abgrenzung des „Ichs“ vom „Du“ und den richtigen Abstand beider zueinander. Diese Spiele fanden langsam Eingang in den mittlerweile schon fast gleichmäßigen Stundenablauf vom Pistolenspiel zu Beginn vieler Stunden, über das Arztthema und das Essen, zu einem kleinen „Freiraum“ für Neues.

Ich ging zu diesem Zeitpunkt noch immer von dem prätherapeutischen Ziel unserer Spielstunden aus, die natürlich solange weitergehen sollten, bis ein „Anschluß-Angebot“ gefunden sein würde, und bemühte mich weiterhin um den Kontakt zu Cems Mutter.

### *Aushalten und den Rahmen halten*

Die folgenden Sequenzen sollen Cems archaische Wutgefühle und seinen Kampf gegen ein als übermächtig erlebtes, zerstörerisches, inneres Objekt, das noch nicht ambivalent als gut und auch böse erlebt werden konnte, und welches er in den Pistolen- „Duellen“ zerstören wollte, verdeutlichen.

*18. Stunde*: Cem kommt herein, sieht die neuen Pistolen und eröffnet gleich die Szenerie: er ist versteckt und uneinschätzbar und kämpft gegen mich, ohne daß mir Regeln oder Ablauf der Schießerei klar wären. Als „Geist" entzieht er sich meinen Treffern, schießt mich fünfunddreißig Mal tot, lacht hämisch, wenn ich darauf poche, daß er jetzt auch mal umfallen müsse, und geht völlig im Schießen und Nachladen auf, bis die Munition (endlich!) aufgebraucht ist.
Mir fällt auf, daß die selbstzerstörende Komponente (Sich-in-den-Mund-Schießen), die sein Pistolenspiel in den ersten Spielstunden noch hatte, jetzt der Aggression gewichen ist. Ich empfinde das Spiel als langweilig, weil ich nicht als Person darin vorkomme und bekomme Wut auf Cem, daß ich das schon wieder spielen muß.
Nach dem Schießen nimmt sich Cem zwei Parkgaragen, Autos und das Müllauto, legt sich auf den Bauteppich und beschäftigt sich fasziniert mit der Ladetechnik des Müllautos (Klappen, Schaufelmechanik). Er spielt so vor sich hin, bis kurz vor Stundenende.
Dann fingert er noch schnell die (Liebesperlen-)Medizin aus dem Arztkoffer – fast schon ein Ritual von ihm – und will mit den Pistolen bewaffnet in den angrenzenden Toberaum zu den anderen Kindern rüber. Ich nehme ihm die Pistolen ab und schicke ihn durch die andere Tür ins Treppenhaus.

Cem „spielte" hier nicht, indem er auf symbolischer Ebene etwas ausprobierte, sondern er mußte mich real bekämpfen, was sich daran erkennen ließ, daß er auf der absoluten Kontrolle meiner Reaktionen und der Spielhandlung bestand. Er war als „Geist" oder „Roboter" stets unverwundbar, während er mich hundertfach erschießen mußte. Unerträgliche Gefühle von Ohnmacht, Hoffnungslosigkeit und Einsamkeit, die durch Cems Agieren kommuniziert wurden, führten dazu, daß ich zunächst emotional aus der Beziehung ausstieg und mich „langweilte". Die Bearbeitung meiner Insuffizienz-Gefühle in der Supervision ermöglichten mir mehr lebendige Resonanz.

Entgegen Cems (unbewußten) Erwartungen konnte ich den „Rahmen halten", d.h. mein therapeutisches Angebot aufrecht erhalten. Ich überlebte die „Zerstörung des Objektes" (Winnicott) und nahm keine Rache. Cem lernte mich in diesen Stunden als stabiles Objekt kennen, das seine Angriffe überstand, und konnte auf diese Weise „geschützt" in regressivem Spielen versinken. Phasen direkten Agierens, in denen es um eine intendierte Zerstörung des Objektes bzw. um Selbstzerstörung geht, wechseln weiterhin mit Inseln symbolischer Kommunikation. Aber die gute Beziehung, die dort entsteht, kann nicht überdauern und ist immer wieder vernichtenden Attacken ausgesetzt.

### *Elternarbeit*

Nach der zwanzigsten Spielstunde fand das erste ausführliche Elterngespräch mit Cems Mutter statt, das durch ihre eigene große Bedürftigkeit, ihr Klagen über ihren kranken Körper und ihre Depressivität bestimmt wurde. Cems Mutter vermittelt in stockenden Beschreibungen ein Bild vom Leben, das emotionale Entbehrung, große Hoffnungslosigkeit und Leiden am Leben zeigt.

In den folgenden Monaten versuchte ich dann, die Mutter an eine türkischsprachige, systemische Familientherapeutin im Stadtteil zu vermitteln, was mir nicht gelang, weil Cems Mutter die Termine nicht einhielt bzw. nicht von ihrem Mann unbemerkt (das war eine Vorbedingung ihrerseits) einhalten konnte.

Konzeptionell entwickelten wir aus der Begegnung mit u.a. dieser Familie zunächst die Vorstellung, eine breiter angelegte sozialpädagogische Betreuung der Familien könnte sich letztlich förderlich auf die erzieherischen Kompetenzen und auf die Wahrnehmung der seelischen Bedürfnisse ihrer Kinder auswirken. Gespräche, wie die mit Cems Mutter und die Stunden mit Cem, führten letztlich jedoch dazu, daß wir die Hoffnung, unsere Arbeit könne sich auf die Vermittlung an reguläre aKJP-Praxen beschränken, aufgaben.

### *Eine feste Beziehung*

Die Spielstunden wurden fortgesetzt, von Cem und den anderen Spielkindern waren sie fest in das Spielhaus-Geschehen etabliert worden. Die letzte Phase der Beziehung zu Cem, die schließlich durch den äußeren Umstand meiner Schwangerschaftspause nach der fünfunddreißigsten Stunde beendet wurde, stand für ihn unter dem Motto: „... aber es steht mir doch zu!!!“

Die folgenden Sequenzen sollen diesen Schlußpunkt der Entwicklung eines Jungen, der anfänglich zu meinem Angebot nicht das Gefühl haben konnte, daß dies etwas Gutes sei oder daß es überhaupt etwas Gutes für ihn gäbe, was er haben könne, deutlich machen:

Zur *26. Stunde* kommt Cem ohne vorherigen Anruf von mir angerannt.

Unsere Spielstunden finden statt, obwohl Cem für zwei Wochen Hausverbot hat, weil er vom Hof des Spielhauses ein Fahrrad gestohlen hatte. Er hat einen Luftballon von seiner Schwester Nidal dabei, auf dem er solange rumtrampelt, bis er zerplatzt.
Cem sucht die Pistolen, findet sie nirgends und nimmt ein Kaufladenspiel der letzten Stunde wieder auf, will ganz viele Honig-Pops haben und legt sich damit bäuchlings in die Hängematte, schaukelt, „mampft" und hört eine Kinderliederkassette. Ich warte ab.
Nach zehn Minuten will er „was spielen", macht wahllos Vorschläge und findet dann zufällig die verschwunden geglaubten Pistolen im Arztkoffer.
Ich spüre deutlich die Erleichterung bei Cem, daß die Pistolen wieder aufgetaucht sind, erwähne den Fahrraddiebstahl jedoch noch nicht.

Cem erlebt in dieser Stunde, daß mein Angebot, für ihn jede Woche eine Stunde zur Verfügung zu stehen, bestehen bleibt unabhängig von dem, was „draußen" passiert und wie „schlecht" er ist. In Absprache mit dem ErzieherInnenteam bin ich um Entlastung in der Diebstahlgeschichte bemüht, ohne mein Wissen darum zu verleugnen, während sie die Hausregeln durchsetzen.

*27. Stunde*, Cem kommt, nachdem ich bei ihm angerufen habe, zwanzig Minuten zu spät, beginnt noch atemlos den Kaufladen wieder aufzubauen und erkundigt sich, wieviel Zeit ihm heute noch bliebe. Er sucht den Kassettenrecorder und vermutet schließlich, der sei wohl geklaut worden. Ich greife seinen Hinweis auf und spreche den Diebstahl des Fahrrades als seinen Wunsch, auch einmal so etwas Tolles haben zu können, an. Cem sagt, er habe niemanden, der ihm so einen Wunsch erfüllen könne.
Er geht zum Kaufladenspiel über, kauft den Arztkoffer, beschwert sich, daß der sein Geld nicht wert sei und verlangt einen Teil des Kaufpreises zurück. Als ich dran bin, hinter dem Ladentisch zu verkaufen, überrascht Cem mich mit einem Rollenspiel:
Ich soll der Räuber in einer Kneipe sein, den er als Sheriff wegen Zechprellerei verfolgt und anschießt. Dann kommt der Sheriff ein zweites Mal zu mir in die Kneipe (Kaufladen), legt mir zwei Handvoll Honig-Pops auf den Tresen und wünscht mir ein „Schönes Weihnachtsfest!"

Mit Winnicott läßt sich diese Art von Diebstahl als ein Hinweis darauf verstehen, daß Cem (zu Recht) das Gefühl hat, ihm stünde noch etwas zu. Seine anti-sozialen Taten sind Ausdruck der Hoffnung auf Ausgleich durch diejenigen, die ihn annehmen, und der Hoffnung, nicht aus deren Liebe zu fallen. Auch Cems Rollenspiel zeigt eine

Veränderung: er kann mir jetzt als Person im Spiel begegnen und zeigt damit, daß er eine tragfähige Beziehung zu mir entwickelt hat.

Hier endete unsere Arbeit mit Cem und den anderen Kindern im Spielhaus vorläufig.

Das Beispiel der Arbeit mit Cem macht deutlich, daß meine tiefenpsychologisch orientierten Spielstunden bei entsprechendem Entgegenkommen im Setting und unter der Bedingung, daß dieses Angebot im Rahmen des vertrauten Spielhauses angesiedelt war, von ihm konstruktiv genutzt werden konnten, und in diesem Sinne als Therapie verstanden werden können, die dort ansetzt, wo für ein klassisches Therapieangebot die sozialen Strukturen nicht ausreichen.

In welcher Form sich diese Art der therapeutischen Arbeit fest in eine sozialpädagogische Einrichtung wie dem Spielhaus integrieren läßt, soll nun in dem Modellprojekt untersucht werden.

*Frank Grohmann*

# „Mit vollem Munde spricht man nicht“

## AusHöhlungen des „analytischen Raumes“ in der Begegnung mit autistischen und psychotischen Kindern und Jugendlichen

### Nachträgliche Vorrede

Im folgenden haben wir versucht, uns, ausgehend vom Tagungsthema und dem Begriff des „analytischen Raumes“, unseren Erfahrungen in der Begegnung mit autistischen und psychotischen Kindern und Jugendlichen anzunähern. Bereits der erste Schritt führte uns zu der Feststellung, daß dieser Begriff, der von so vielen gebraucht und verwendet, von kaum jemandem definiert wird. Allerorten benötigt und oft eingesetzt, wird er aber nicht klar umrissen und weist somit kaum Konturen auf. Bereits nach dem ersten Schritt war uns deshalb klar geworden, daß der Begriff zu unbestimmt ist, um von ihm ausgehen zu können. Seine Schwere ist nicht seiner Prägnanz, sondern vor allem seiner Funktion eines Platzhalters zuzurechnen. Der Begriff selbst hat deshalb weder das Gewicht, um, von uns zu Beginn in die Waagschale geworfen, unserer Annäherung eine Richtung im Sinne einer Neigung vorzugeben. Noch ist er der Einsatz, den zu Beginn des Spiels wir machen zu können glauben, in der Hoffnung auf größtmöglichen Gewinn am Ende unserer Annäherung. Unter der Hand wurde dieser Begriff als Platzhalter für uns zu dem, worum wir uns am Anfang erleichtert gesehen haben und was wir zu Beginn verloren geben mußten, um nach einem allerersten Schritt den Weg fortsetzen zu können.

An dieser Stelle angelangt, blieb uns nichts anderes übrig, als das Vorhaben, uns ausgehend von diesem Begriff unseren Erfahrungen wiederanzunähern, in Klammern zu setzen. Nachdem wir also den ersten Orientierungspunkt, dort, wo wir ihn glaubten suchen zu müssen, nicht finden konnten und uns, entgegen unseren Erwartungen, eher auf offener See wiederfanden als festen Boden unter den Füßen zu haben, blieb uns nurmehr, diesen Begriff über Bord zu werfen, neugierig, auf was er denn, festgemacht einzig an der Kette, die sich nun auszurollen begann, stoßen wird.

Und wenn sich dabei auch herausstellen sollte, daß der derart über Bord geworfene Begriff auf diesem seinem abfallenden, sinkenden Weg auf Grund stößt und irgendwo einhakt, so mußte uns von nun an stets klar sein, daß wir den so entstehenden Ankerplatz nicht überblicken und von ihm nichts anderes werden wissen und aussagen können, als das, was das Zusammentreffen eines fallengelassenen, unbestimmten Begriffes mit dem, was man dessen unsichtbaren Unter-Grund nennen könnte, in uns bewirkt.

Ehe wir uns also versahen, waren wir, dort, wo wir von einem einigermaßen bekannten Raum ausgehen wollten, in unbekannte, unwirtlichere Gegenden verschlagen worden und waren gezwungen, uns, so gut es uns gelingen sollte, anders zu orientieren. Zuvor war da die Wahl auf die gemeinsamen Essenssituationen zusammen mit fünf Kindern und Jugendlichen gefallen, über die wir sprechen wollten, weil sie uns, auf noch ebenso unbestimmte Art und Weise, am ehesten die Frage nach dem Entstehen „analytischer Räume" zu enthalten schienen ('Zu Tisch'). Doch wie davon jetzt, da wir wieder oder noch immer ohne Orientierungspunkt waren, so sprechen, daß man nachher den Wald vor lauter Bäumen auch noch sehen kann? Wenn es stimmt, daß jede Theorie sowohl der Praxis vorausgeht als auch auf diese folgt, sie also stets nur von der konkreten Erfahrung ausgehend gedeutet werden kann, gleichwohl zuvor aber eben diese konkrete Erfahrung oder besser deren Artikulation strukturiert, – waren wir jetzt nicht nur darauf gefaßt, diesen Umweg zu gehen, der im Falle der psychoanalytischen Theorie ja noch um einige Besonderheiten länger ist; wir waren darüber hinaus gezwungen, die Stellung dieses Platzhalter-Begriffs in der Theorie der Psychoanalyse überhaupt erst einmal zu bestimmen zu versuchen ('Der „analytische Raum" in der Theorie'). Dabei haben wir die Erfahrung gemacht, daß das Band, welches bislang auf eine eher unhinterfragt zu nennende Art und Weise diesen Begriff mit dem Platz verbunden hatte, den er in den vergangenen knapp fünfzig Jahren in der Geschichte der psychoanalytischen Theoriebildung eingenommen hatte, sich zu lösen begann. Bald darauf riß schließlich sogar dieser Faden, der das ganze Gewicht des nun nicht mehr an seinem Platz sich befindenden Begriffes mit der Stelle verbinden sollte, an der nun ein Platz frei geworden war und nurmehr ein Loch klaffte. Sozusagen mit einem

Schlag waren wir damit beim Freudschen Text angelangt, denn in ihm fehlt dieser Begriff. Wir versuchten, wenigstens den Rand jenes Loches näher zu bestimmen, der – aus unserer heutigen Perspektive – um so markanter durch die Tatsache hervortritt, daß Freud vom „analytischen Raum“ nicht gesprochen hat. Dies schien uns nur möglich über einen weiteren Umweg, der uns vorläufig zurück zu Freud führen sollte (‘Möglichkeitsraum’ und unmöglicher Beruf). Dieser Umweg führte uns somit nicht nur auch zurück zur Freudschen Praxis der Psychoanalyse, sondern ließ in der Bewegung, die mit ihm beschrieben war, zugleich den Abstand, wenn nicht die Kluft, deutlich hervortreten, welche unsere Arbeit von derjenigen Freuds trennt. Von unseren eigenen Erfahrungen zu sprechen, ausgehend von der psychoanalytischen Theorie und zu dieser zurückkehrend, bringt mit sich, daß diese konkreten Erfahrungen sich nicht ohne weiteres in das bestehende Koordinatensystem der psychoanalytischen Begrifflichkeit eintragen lassen. Wie jede Psychoanalytikerin und jeder Psychoanalytiker auch, dessen Arbeit näher an derjenigen Freuds liegt, konnten wir die psychoanalytische Theorie nicht einfach nur anwenden, sondern sahen uns gezwungen, diese ausgehend von *unseren* Erfahrungen zu deuten. Darüber hinaus hatten wir im Unterschied zu jenen aber auch die Begrifflichkeit, auf der diese Deutung fußt, anders zu hinterfragen (‘Eine Deutung der Psychoanalyse’).

Wir hatten uns so am Anfang mit einer Art minimalem begrifflichen Koordinatensystem, von dem wir auszugehen können glaubten, zu begnügen. Wir stützten uns also zunächst lediglich auf die Begriffe *Subjekt* (Der Ort des Subjekts?), *Objekt* („potentieller Raum“ und Phallus) und *Anderer*. Begleitet haben uns auf dem weiteren Weg die begrifflichen Differenzierungen, die Lacan ausgehend vom Freudschen Text vorgenommen hat (real, imaginär, symbolisch / Privation, Frustration, Kastration / Bedürfnis, Anspruch, Begehren). Über diesen Weg konnten wir schließlich wieder an den gedeckten Tisch zurückkehren und uns den ausgewählten Sequenzen aus den gemeinsamen Essenssituationen zuwenden (‘Mit vollem Munde spricht man nicht’).

Dieser hier angedeutete Weg kann mit der Suche nach etwas verglichen werden, das sich auf dem Weg dieser Suche verändert, so daß wir, am Ende weit davon entfernt, gefunden zu haben, was wir suchten, uns selbst und unsere Erfahrungen, die wir doch nur angemessen beschreiben wollten, anders betrachten. Am Ende dieses Weges halten wir weniger in der Hand, als wir uns am Anfang erhofft hatten. Was uns ermutigt, diese Überlegungen trotzdem vorzustellen, ist, daß, je länger wir unterwegs waren, wir desto sicherer daran glauben konnten, daß diese Besonderheiten des Suchens nicht eine Schwierigkeit bedeuten, die *vor* dem Thema der diesjährigen Tagung liegen, sondern auftauchen und sich bemerkbar machen als Schwierigkeit bereits *des* Themas. Es gibt, wenn man so will, keine Alternative dazu, zusammen mit dem unbestimmten Begriff des „analytischen Raumes", unseren Platz zu verlieren und den Ort, an dem wir uns sicher glaubten, zu verlassen. Nach den Besonderheiten dieser Suche hatten wir unsere weiteren Schritte der Annäherung zu richten, und diese Besonderheit hat unsere Vorgehensweise nicht nur, was die Beschreibung der ausgewählten Episoden betrifft, sondern bis in die Gliederung des Textes hinein geprägt und drückt sich nicht zuletzt im Stil aus, in dem sich das, was wir nun vorstellen wollen, artikuliert. Beinahe scheint es uns, als habe sich in den so entstandenen Text selbst die Besonderheit jener drei Fadenringe in Gestalt ihrer „borromäischen" Verknotung eingeschrieben, auf die wir uns im folgenden beziehen werden. Übertragen auf das folgende könnten wir deshalb sagen, daß alle Abschnitte des Textes auseinanderfallen, sobald ein einzelner sich löst.[1] Die einzelnen Abschnitte, die nun zwischen die den Rahmen der Tischsituationen im Allgemeinen beschreibenden, einleitenden Worten und die Vorstellung der Sequenzen zu liegen gekommen sind, lassen sich deshalb auch nicht als einzelne Schritte einer sukzessiven Annäherung lesen, sondern jeder Abschnitt für sich ist eher schon ein anderer Anlauf zu nennen, der eine Bewegung um eine begriffliche Leerstelle herum beschreibt. Im gleichen Maße, indem die einzelnen Abschnitte aus Höhlungen des „analytischen Raumes" in einer nicht alltäglichen Praxis kommen, sind sie auf der Ebene der theoretischen Auseinandersetzung Aushöhlungen dieses Begriffes zu nennen.

Mit dieser Vorrede haben wir versucht, den Schwierigkeiten des Zugangs zum leeren Zentrum des Themas der Tagung Rechnung zu tragen und unseren – aus diesen Schwierigkeiten und aus dem gewählten Zugang resultierenden – Weg, den der Leser nun vor sich hat, aus einer nachträglichen Perspektive nachvollziehbarer zu machen.

Viermal am Tag versammeln sich alle in der Wohngruppe des Therapeutischen Heims lebenden Kinder und Jugendliche und zwei Erwachsene zu einer gemeinsamen Mahlzeit. Neben dem Frühstück vor, dem Mittagessen nach, dem Schulvormittag und dem Abendessen, ist das an die Mittagspause anschließende sogenannte Naschen im Tagesablauf die vierte gemeinsame Begegnung zu Tisch. Diese gemeinsamen Mahlzeiten sind an feste Zeiten gebunden: Das Frühstück findet vor dem Beginn des Kernzeit-Unterrichts um neun Uhr, das Mittagessen um zwölf Uhr, das Naschen um fünfzehn Uhr und das Abendessen um achtzehn Uhr statt. Sie strukturieren so im Drei-Stunden-Takt den allergrößten Teil des Tagesablaufes und markieren damit für die Kinder und Jugendlichen oft allererste Orientierungspunkte im Alltag. Die Mahlzeiten sind somit Markierungen, über die für manche Kinder und Jugendliche ein erster Zugang zur Zeitlichkeit verläuft. Sie dienen ihnen im Sinne von Einschnitten in die Zeitlosigkeit als verläßliche Eckpfeiler.

Darüber hinaus läßt sich das gemeinsame Einnehmen der Mahlzeiten dadurch charakterisieren, daß sich mit ihm eine deutliche Anforderung an die Kinder und Jugendlichen verknüpft: Sie sollen, soweit es ihnen möglich ist, ihren Teil dazu tun, daß diese Situationen des Sozialen für alle Beteiligten erträglich verlaufen. Die Begegnungen zu Tisch sind somit auch Begegnungen mit grundlegenden Gesetzen des Sozialen zu nennen, von deren Anerkennung die Kinder und Jugendlichen aufgrund ihrer Lebensschwierigkeiten allerdings weit entfernt sind. Einen wichtigen Aspekt dieser Anforderung, der die Kinder und Jugendlichen zu Tisch begegnen, stellt die Tatsache dar, daß diese hier nicht jeden einzelnen für sich trifft, sondern für alle, die sich um den Eßtisch versammeln, gleichermaßen Geltung hat. Die gemeinsamen Mahlzeiten sind somit also Begegnungen in einer Gruppe, und auch was diesen Aspekt betrifft, müssen wir vorausschicken, daß die spezifischen Lebensschwierigkeiten der Kinder und Jugendlichen ihnen zunächst einmal keinen Spielraum bieten, sich auf die anderen zu beziehen und sich so ohne weiteres als Mitglieder einer Gruppe zu sehen.

Was die hier angesprochenen Gesetze des Sozialen und der Gruppe betrifft, haben wir es also vor allem mit Setzungen zu tun, deren Agenten die die Kinder und Jugendlichen begleitenden Erwachsenen sind. Diese Setzungen 'setzen' die Erwachsenen damit aber auch in eine bestimmte Position. Die beiden sich mit den Kindern und Jugendlichen zu Tisch befindenden Erwachsenen vertreten notwendige Gesetze des Sozialen und versuchen diese, ausgehend von der jeweiligen Situation, zu vermitteln. Im übrigen geschieht dies durchaus im eigenen Interesse, denn bei der oben gestellten Frage, wie die gemeinsamen Mahlzeiten für alle Beteiligten zumindest erträglich verlaufen können, geht es natürlich auch darum, daß wir zum Essen kommen und uns der Appetit nicht vergeht. Die Position der Erwachsenen ist somit wesentlich durch diese Vorzeichen charakterisiert: Vertretung der von uns im Grunde unabhängigen, objektiven Regeln des Miteinander, welche stets - notwendiger- und sinnvollerweise - von uns abhängig sind und damit eine unverwechselbar subjektive Färbung besitzen. Diese durch die subjektive Vertretung der objektivierbaren Gesetze des Sozialen bestimmte Position ist deshalb auch eine bestimmende zu nennen: Wir begrenzen, verbieten, schicken vom Tisch und legen fest, ob und wenn ja, wann, wiedergekommen werden kann.

Ein weiteres nicht zu vernachlässigendes Charakteristikum dieser Begegnungen zu Tisch ist, daß sie Begegnungen mit dem Sprechen sind. Nicht nur begegnen hier die Kinder und Jugendlichen einmal mehr unserem Sprechen. Vermittelt durch die Erwachsenen ergeht zu Tisch an die Kinder und Jugendlichen darüber hinaus die Forderung, selbst zu sprechen: Zu sagen, zu artikulieren daß sie etwas und was sie essen möchten. Spätestens an dieser Stelle wird nun auch eine mit der soeben beschriebenen Position der Erwachsenen untrennbar verbundene Schwierigkeit deutlich, denn: Die Forderung „Sag', was du willst", meint immer zugleich auch „Sag', daß du etwas brauchst". Die Schwierigkeiten der Kinder und Jugendlichen, auf der ersten Ebene der Forderung nachzukommen und eine Aussage zu machen, liegt unseres Erachtens gerade darin begründet, daß sie es nicht zulassen können, damit auf einer zweiten Ebene im Akt des Aussagens zugleich die Anerkennung eines Mangels auszusprechen. Damit mag auch zu tun haben, daß die Kinder und Jugendlichen sich im allgemeinen nicht von sich aus von ihrem Zimmer auf den Weg zum Eßtisch machen. So groß der Stellenwert des Essens für sie auch ist, vor dem Weg zur Befriedigung ihrer Bedürfnisse bleiben sie meist passiv und auf extreme Art und Weise von der Aktivität der Erwachsenen abhängig, die sie zu den oben genannten Zeiten zum Essen abholen.

Die achtzehnjährige Meike empfängt uns am Ende der Mittagspause immer wieder mit einem stummen Fingerzeig in Richtung der auf dem Fußboden verstreut liegenden Kleidungsstücke. Sie kann nicht sprechen. Obwohl sie, so unruhig sie uns zu sein scheint, schon auf das gemeinsame Naschen gewartet haben muß, kommt sie oft als letzte am Eßtisch an. Bis sie es geschafft hat, sich anzuziehen und ihr Zimmer zu verlassen, kann viel Zeit vergangen sein. Der weitere Weg die Treppe hinunter zu den anderen, die längst nur noch auf sie warten, ist meist mit hundert Hindernissen und ebensovielen Stolpersteinen gepflastert. Der sechzehnjährige Nino dagegen ist in der Lage, den Weg von seinem Zimmer hinunter an den Eßtisch selbständig zurückzulegen. Zwar verläßt auch er dieses nur in sehr seltenen Fällen, bevor jemand ihn abholen kommt. Manchmal antwortet er auf unsere Begrüßung, meistens sagt er aus freien Stücken nichts. Er kann sprechen, tut dies allerdings nur äußerst ungern und meistens nur nach mehrmaliger Aufforderung. Was er dann sagt, geht oftmals inmitten seines triebhaften Gekeuches unter. Derart aufferegt ist er oftmals der erste, der im Eßzimmer ankommt, weil die anderen nicht soweit sind und die Erwachsenen noch damit beschäftigt, sie erst auf den Weg zu bringen. Stehen dann Süßigkeiten und Obst schon auf dem Tisch, und ist er in diesem Moment alleine, gibt es für ihn kein Halten mehr und Ninos Naschen beginnt. Der zwölfjährige Axel kann das Ende der Mittagspause oft überhaupt nicht erwarten. Deren zweite Hälfte ist dann von seinem Geschrei erfüllt, das durch das ganze Haus zu hören ist. Nicht selten sind wir deshalb lange, bevor es eigentlich Zeit wäre, schon mit ihm beschäftigt. Wenn es dann aber soweit ist und er sich nur noch seine Strümpfe und Schuhe anziehen müßte, kann er sich nicht mehr rühren. Anstatt seine Hände zu benutzen, kratzt er sie sich wund; anstatt sich selbst in Bewegung zu setzten, ruft er immer wieder unsere Namen. Kommen wir ihn ein zweites Mal abholen, kann er zwar endlos seinen Namen und das Wort 'Essen' wiederholen, schafft es aber auch jetzt nicht, seine Strümpfe und Schuhe vom Boden aufzuheben. Oberflächlich betrachtet 'funktioniert' der zwölfjährige Heinrich über weite Strecken des Tagesablaufes. Am Ende der Mittagspause kann es deshalb sein, daß er aus seinem Zimmer kommt, uns hallo sagt, sich vergewissert, ob es nun tatsächlich Zeit fürs Naschen ist und fragt, ob er denn schon einmal den Tisch decken soll. Was auf den ersten Blick so zuvorkommend erscheint, 'funktioniert' aber nur so lange, wie Heinrich es schafft, dies alles für den Erwachsenen zu tun und sich selbst dabei außen vor zu halten. So über die Maßen eloquent er sich hier auszudrücken versteht, so unsicher und hilflos ist er immer dann, wenn es um seine Bedürfnisse geht, wenn an ihm kein Weg mehr vorbei führt. Die dreizehnjährige Janina steht noch immer von einem Fuß auf den anderen schaukelnd im Flur. Sie hat uns zuvor schon gerufen und gefragt, ob sie herunter kommen darf. Auf die Frage hin, warum sie denn jetzt, da es soweit ist, nicht schon hinuntergegangen sei, setzt sie sich sofort in Bewegung und hinterläßt bei uns keinen Zweifel daran, daß sie kurze Zeit später unten am Eßtisch ankommen wird. Um so überraschter sind wir, als wir feststellen, daß sie dann erst einmal am Tisch fehlt. Wir finden sie im Zwischenstock des Hauses, – mit geschlossenen Augen von einem Fuß auf den anderen schaukelnd leise „Naschen, Naschen" vor sich hersagend.

In scheinbarem Widerspruch zu diesen Anlaufschwierigkeiten steht dann mitunter das, was sich dann tatsächlich zu Tisch abspielt: Nino wird dabei erwischt, wie er, noch alleine am Tisch, einen Apfel anbeißt und dann achtlos liegenläßt. Er nagt gerade den zweiten Apfel an, als Heinrich eintrifft. Dieser registriert sofort, daß noch keine Gläser auf dem Tisch stehen, bleibt aber stumm sitzen und regt sich nicht. Axel rennt die letzten Meter an den Tisch und will sich hinsetzen. Bis dahin hat er immer und immer wieder „Axel essen!" gerufen. Jetzt kriegt er erst einmal kein Wort mehr heraus. Noch während er seinen Stuhl zurechtzurücken versucht, deutet er fordernd und bestimmen wollend auf das Naschen. Nino wird von dem eintreffenden Erwachsenen erst einmal vom Tisch ins gegenüberliegende Zimmer geschickt. Er soll dort warten, bis alle da sind. Es ist inzwischen schon laut geworden am Tisch. Nach mehrmaliger Aufforderung verläßt Nino schimpfend und fiepsend den Tisch, knurrt laut, zeigt uns seine Zähne und beißt sich kurz darauf auf seinen Finger. Derweil wiederholt die inzwischen auch eingetroffene Janina monoton, daß sie noch etwas trinken wolle. Unsere Antwort, daß sie noch warten solle, bis alle anderen am Tisch sind, empfängt sie mit geschlossenen Augen: „Ich will nochmal was trinken!", gibt sie dann zur 'Antwort' und hat die Hand schon an der Flasche. Nun trifft der zweite Erwachsene zusammen mit Meike ein. Während diese die letzten Schritte zu ihrem Platz am bereits sitzenden Heinrich vorbei plötzlich ganz flott zurücklegen kann, ist der Zeitpunkt für letzteren gekommen, vorwurfsvoll zu verkünden: „Jemand hat vergessen, Gläser auf den Tisch zu stellen!" Meike hat sich jetzt, kaum ist sie auf ihrem Platz angekommen, ihren Pullover über das Gesicht gezogen, windet sich und fängt an zu weinen.

Das gemeinsame Naschen kann beginnen.

Und die Lust daran? Bis hierher hat sich wohl bereits schon mehr als angedeutet, daß es um sie mitunter immer wieder schlecht bestellt ist. Sie droht schon auf dem Weg zur Mahlzeit verloren zu gehen und wird ein ums andere Mal von der Last des Unerträglichen erdrückt. Dabei hängt doch einzig und allein an ihr die Chance, zusammen mit den Kindern und Jugendlichen aus der Sackgasse herauszufinden, in die wir mit ihnen oft genug geraten. In ihr verengt sich unser Blickwinkel zunehmend, bis wir vielleicht nurmehr den – möglichst reibungslosen – 'Ablauf des Essens' vor Augen haben und von Begegnungen zu Tisch kaum noch eine Rede sein kann.

## Der Ort des Subjekts?

Der französische Psychiater und Psychoanalytiker Lucien Israël hat stets darauf bestanden, die Psychoanalyse eine „symbolische Begegnung" zu nennen.[2] Ausgehend davon lassen sich unsere Begegnungen mit den Kindern und Jugendlichen, pointiert und sehr allgemein gesprochen, durch das Ausfallen gerade ihrer symbolischen Dimension charakterisieren. An deren Stelle sehen wir uns manchmal nur einem Loch gegenüber. Die meiste Zeit aber 'stopft' dieses Loch das das gemeinsame Leben mit dem autistisch-psychotischen Kind charakterisierende Vorherrschen der körperlichen Dimension der Begegnung. Es wurde in diesem Zusammenhang schon einmal gesagt, daß es für unsere Arbeit einer „Psychoanalyse der Handgreiflichkeiten" bedürfe.[3] Wie prekär dieser – wir könnten sagen: das Überleben zwar sichernde, aber in einem gewissen Sinn nicht an das Leben mit anderen Menschen heranreichende – „Heilungsversuch" ist, der sich auf der Ebene des Körperlichen ansiedelt und nicht selten mit einer selbstzerstörerischen Beschäftigung mit dem eigenen Körper[4] einhergeht, werden wir im folgenden sehen.

Wir können, ausgehend von der psychoanalytischen Theorie, autistische und psychotische psychische Behinderungen als behinderte, aufgehaltene Subjektwerdung begreifen. Die Subjektwerdung verläuft nicht anders als über sogenannte „Krisen des Psychismus"[5] und ist deshalb stets bedroht. Auf eine erste solche Krise – das beginnende Gewahrwerden des Kindes, daß es vom Anderen getrennt ist – hat insbesondere der Pädiater und Psychoanalytiker Donald W. Winnicott in seinen Arbeiten hingewiesen. Wir begreifen die besonderen Lebensschwierigkeiten der Kinder und Jugendlichen, mit denen wir arbeiten, als Ausdruck behinderter Subjektwerdung, ausgehend von allerersten Krisen der Beziehungen zwischen dem Subjekt, dem Objekt und dem Anderen. Wir begegnen Kindern und Jugendlichen, deren Subjektwerdung bereits sehr früh behindert wurde. In ihrem Nachruf auf Frances Tustin macht Suzanne Maiello darauf aufmerksam, daß diese sich in ihrer letzten Arbeit noch einmal sehr deutlich von dem von ihr selbst geprägten Begriff des „normalen primären Autismus" distanziert und infolge dieser Revision den Autismus als eine Krankheit zu begreifen gelernt hat, die sich in zwei Phasen entwickelt. „Der Autismus ist nicht nur eine *anormale* Schutzreaktion gegen eine unerträgliche frühe Trennungserfahrung, sondern die Trennung wirkt traumatisch, weil schon vorher zwischen dem Kind und der Mutter ein Zustand *anormal* adhäsiven Einsseins vorhanden war."[6] Den körperlichen Aspekt dieser Problematik verdeutlicht Tustin unter anderem an der Funktion der Haut: Während der mentale Zustand des normalen Kindes dauernd zwischen der Phantasie des Einsseins und der Erfahrung der Getrenntheit oszilliert und sich dieses Oszillieren auf der körperlichen Ebene in der Durchlässigkeit der sensorischen Haut ausdrückt, weist die Undurchlässigkeit der autosensorischen Isolierung des autistischen Kindes darauf hin, daß das Verharren des Kindes in einem adhäsiv fusionalen Zustand des Einsseins mit der Mutter jede Erfahrung des Oszillierens zwischen unterschiedlichen mentalen Erfahrungsebenen einfriert[7]: „Die autistische Organisation ist für das Subjekt eine Art, ohne Affekte zu leben."[8] Sobald sich an der Oberfläche dieses Zustandes, ausgelöst durch die Präsenz des Anderen, ein Riß bildet, muß das autistische Kind „sogar um sein Leben fürchten."[9] Es ist also der Körper des Kindes, der von der mit der unvermeidlichen Erfahrung des Getrenntseins verbundenen Angst 'spricht'. Und dies bringt unweigerlich mit sich, daß wir in den Begegnungen mit autistischen Kindern vor allem mit einem Vorherrschen dieser körperlichen Dimension konfrontiert sind.

Das Aufgehalten-Sein der Subjektwerdung drückt sich bei den allermeisten Kindern und Jugendlichen, mit denen wir arbeiten, darüber hinaus auch und gerade in einem Nicht-in-Gang-Kommen der

Sprachentwicklung aus. Was ergibt sich für die Begegnungen mit ihnen aus der Tatsache, daß diese Kinder und Jugendlichen nicht sprechen können, nicht sprechen wollen oder, wo sie sprechen, sich in diesem 'ihren' Sprechen nicht an den Anderen wenden? Zum einen und zuallererst einmal die Notwendigkeit eines Ortes zum Sprechen für die Erwachsenen. Zum anderen ergibt sich für uns daraus aber auch die wesentliche Frage nach der Subjektivität in der Begegnung: Wo ist das Subjekt? Vor diese Frage sehen wir uns in der Begegnung mit diesen Kindern immer wieder gestellt. Wir stimmen von daher mit einem Gedanken des Basler Psychoanalytikers Raymond Borens überein, der die Sprache als den Preis für die Subjektwerdung benennt. Und „dies im doppelten, hier anklingenden Sinn: Die Sprache ist der Preis, der bezahlt werden muß *und* der Preis, den man erhält."[10]

Man gibt das Sprechen für das Sprechen. Es ist dies also kein einfacher Tausch, in dem man für etwas, das man hergegeben hat, etwas anderes bekommt. Die Rechnung geht nicht auf. Ein Fehlbetrag ergibt sich als Rest. Und dieser Rest geht für das Subjekt unweigerlich verloren. Am 'offenen' (denn sie ist niemals abgeschlossen) 'Ende' der Subjektwerdung, – also auf ihrem Weg – entsteht nicht etwa das sich vervollkommnende Subjekt, sondern der Effekt der Subjektwerdung ist geradezu in dessen Gegenteil zu erkennen, nämlich in der Spaltung des Subjekts. Es ist sein Gespaltensein, das sich im Sprechen des Subjekts spricht. Dieses drückt sich im übrigen schon darin aus, daß das Subjekt, um von sich zu sprechen, auf den Gebrauch sowohl des substantivischen 'Ich' als auch des als shifter fungierenden 'ich' angewiesen ist.[11]

Die insbesondere auch hinsichtlich der Sprachentwicklung behinderte Subjektwerdung der Kinder und Jugendlichen, mit denen wir arbeiten, ist, folgen wir diesem Gedankengang, demnach als an einer bestimmten empfindlichen Stelle *aufgehalten* anzusehen: Dort, wo es auf dem Weg der Subjektwerdung um das erste Gewahrwerden dieses Restes und die mit ihm verbundene Anerkennung eines wesentlichen Verlustes gehen würde.

Das Kriterium der Unterscheidung von Neurose und Psychose ist nicht die Subjektspaltung, da diese beide psychopathologischen Strukturen gleichermaßen charakterisiert. Nach Michael Turnheim zeichnet sich, anders, die Psychose im Gegensatz zur Neurose dadurch aus, daß dort das gespaltene Subjekt nicht verdrängt ist, weshalb es im Diskurs des Subjekts auch nicht Platz finden kann.[12] Im Sprechen des Neurotikers spricht sich die Spaltung des Subjekts, und das Subjekt kann am Punkt seines Rückzuges von der Realität auf die Phantasie zurückgreifen. In der psychotischen Rede findet das gespaltene Subjekt keinen Platz, und der Psychotiker findet am Punkt seines Verlustes der Realitätswahrnehmung keinen imaginären Ersatz. Was steht dem autistisch-psychotischen Kind an dem Punkt zur Verfügung, an dem sich, damit es überleben kann, seine Welt konstituieren muß? Während der Heilungsversuch des Psychotikers jetzt nurmehr in der Besetzung der Wörter besteht und sich somit in einem vom Irrealen geprägten Symbolischen situiert, kann das autistische, nicht-sprechende Subjekt auch diesen Weg nicht gehen. Für die Kinder und Jugendlichen, mit denen wir arbeiten, bleibt an diesem Punkt nurmehr die Sackgasse des Rückzuges in den Körper, weshalb wir in den Begegnungen mit ihnen mit den im Realen des Körpers auftauchenden ersten Effekten der irreduziblen Subjektspaltung konfrontiert sind.

## Real, imaginär, symbolisch

Es ist das Verdienst des französischen Psychoanalytikers Jacques Lacan, auf seinem Weg einer Rückkehr zum Freudschen Text nicht nur an die grundlegende Spaltung des Subjekts und der aus ihr folgenden theoretischen Unterscheidung von Individuum und Subjekt (oder anders gesagt von 'Ich' des Bewußtseins und Subjekt des Unbewußten), die Freud eingeführt hat, zu erinnern und darauf zu bestehen, daß das Subjekt in bezug auf das Individuum dezentriert ist. Er faßt das Subjekt „als Leerstelle auf, als *Diskontinuität im Realen*."[13] Wir verdanken Lacan darüber hinaus die Ausarbeitung weiterer Differenzierungen, indem er in einem ersten Schritt Freudsche Begriffe aufgegriffen und sie in einem zweiten dann aufgefaltet hat, so daß ein ums andere Mal der Lacansche Kommentar des Freudschen Textes dort auf die Einführung von mehreren Begriffen ausläuft, wo er zuvor von nur einem Begriff Freuds ausgegangen war.

Eine erste solche Differenzierung ist mit Lacans 1953 im Rahmen seines ersten Seminars[14] zu verzeichnenden Einführung der drei Register des Realen, des Symbolischen, und des Imaginären benannt. Es ist für unsere Zusammenhänge nicht unwesentlich, daß Lacan dies tut, zum einen nachdem er auf die Theorien der beiden großen Kinderanalytikerinnen Anna Freud und Melanie Klein zu sprechen gekommen ist und zum anderen bevor er den von letzterer veröffentlichten Fall des vierjährigen nicht sprechenden 'kleinen Dick' kommentieren wird. Lacan wird übrigens sagen, zu diesem Jungen, der *da ist*, aber keinen Appell hervorbringt und, buchstäblich, nicht antwortet, sei das Sprechen nicht vorgedrungen. Die Sprache habe sich nicht an sein imaginäres System geheftet, weshalb er „einen zu realen Bezug zur Realität" habe. Für ihn „sind Reales und Imaginäres äquivalent." In der anschließenden Seminarsitzung kommt darüber hinaus ausführlich Rosine Lefort zu Wort, die ebenfalls aus ihrer Arbeit mit einem dreijährigen psychotischen Jungen (der Fall 'Robert') berichtet, der nur zwei Wörter gesprochen hat. Wie sie am Ende ihrer Ausführungen zusammenfassend sagt, hatte sie den Eindruck, „daß dieses Kind unter dem Realen dahingedämmert hat, daß es zu Beginn der Behandlung keine symbolische Funktion bei ihm gab, und eine imaginäre Funktion noch weniger."

Die Einführung der drei Register findet also durchaus aus der Perspektive psychoanalytisch orientierter Arbeit mit nicht sprechenden Kindern heraus statt. Dieser Blickwinkel läßt Lacan formulieren, „daß in der Beziehung zwischen dem Imaginären und dem Realen und in der Konstitution der Welt, wie sie daraus resultiert, alles von der Stellung des Subjekts abhängt. Und die Stellung des Subjekts [...] ist wesentlich durch seinen Platz in der symbolischen Welt charakterisiert, anders gesagt in der Welt des Sprechens."[15] Anders als in der sogenannten klassischen psychoanalytischen Vorgehensweise der Rekonstruktion der Wege der Subjektwerdung, geht es in dieser Perspektive also vorrangig um die Frage, wie sich die Welt für das kleine Kind überhaupt erst konstituiert.

Die Termini *symbolisch* und *imaginär* sind an Freudsche Begriffe angelehnt.[16] Allerdings sind jene alles andere als mit diesen gleichzusetzen und dürfen nicht mit ihnen verwechselt werden.[17] Das Symbolische ist 1953 für Lacan eng mit dem Akt der Benennung verbunden und wird von ihm ausgehend von zumindest zwei Thesen zu einem Register erhoben: Erstens, daß die Struktur des Unbewußten mit derjenigen der Sprache verglichen werden kann und zweitens, „daß die Wirksamkeit der Behandlung ihre Triebfeder in dem konstituierenden Charakter des Wortes hat".[18] Das Register des Imaginären dagegen „ist gekennzeichnet durch die Prävalenz der Beziehung zum Bild des Ähnlichen", und „imaginär" verweist darüber hinaus auf die Beziehung des Subjekts zu seinen strukturierenden Identifizierungen.[19]

Während die beiden Begriffe des Symbolischen und des Imaginären sich in dem von Jean Laplanche und Jean-Bertrand Pontalis herausgegebenen *Vokabular der Psychoanalyse* finden, sucht man dort vergebens nach einem Eintrag des dritten von Lacan eingeführten Registers. Mit dem Begriff des *Realen* hat sich Lacan nicht nur anscheinend am weitesten von der Freudschen Terminologie entfernt. Man könnte sogar soweit gehen und sagen, Lacan habe sich hier paradoxerweise von jeglicher Terminologie entfernt. Denn das Reale müssen wir annäherungsweise mit dem Unsagbaren in Verbindung bringen, mit dem also, wofür es keine Worte gibt. In dieser Hinsicht nennt Lacan das Reale „ohne Riß". Folgen wir Peter Widmer in seinem Kommentar zu den drei Registern, so läßt sich das Reale zuerst negativ bestimmen als das, was weder imaginär noch symbolisch ist. Doch versuche Lacan, „es nicht nur als Ausgegrenztes aufzufassen, sondern ihm Merkmale zuzuordnen. Es sei das, was immer am selben Platz sei; eine andere Bestimmung lautet, es sei das Unmögliche."[20] Anläßlich seiner Kommentierung des berühmten Traums Freuds von 'Irmas' Injektion'[21] erkennt Lacan das Reale im Auftauchen des erschreckenden, beängstigenden Bildes, das nichts zeigt. Dieses 'Nichts' nennt er „das wesentliche Objekt, das kein Objekt mehr ist, sondern jenes Etwas, angesichts dessen alle Worte aufhören."

Vielleicht hat Lacan angesichts dieses Unsagbaren zur Verdeutlichung dessen, was mit den drei Registern bezeichnet wird, auf das Bild der drei Fadenringe zurückgegriffen und von der Besonderheit ihrer („borromäischen") Verknotung gesprochen[22]: Alle drei fallen auseinander, sobald ein einzelner sich löst. So wichtig es also hinsichtlich der Frage nach der Subjektwerdung ist, die drei Register zu unterscheiden, auseinanderzuhalten und nicht zu vermengen, – es bleibt eine grundsätzliche und nicht aufzulösende Schwierigkeit der Verwendung dieser Begriffe, daß sie stets nur zusammen zu denken sind.

Weit davon entfernt, hier erschöpfende Definitionen der drei Register vorlegen zu können, wollen wir uns ihnen entlang einer klinischen Sequenz und ihrer Kommentierung anzunähern versuchen.

Annemarie Hamad berichtet in einem in Karlsruhe gehaltenen Vortrag[23] von ihrer Arbeit mit einem Jungen in der Vorpubertät, der

– trotz guter Ansätze, insbesondere was die Einhaltung des Rahmens betraf (er kam regelmäßig zu den verabredeten Terminen und vergaß nie die symbolische Bezahlung in der Form dreier Glaskugeln, für die er sich entschieden hatte) – in der konkreten Begegnung mit ihr, wie sie sagt, „kein Wort herausbrachte". Auch Zeichnen und Modellieren waren ihm nicht möglich. In der Begegnung mit ihr schien er nach Luft zu schnappen, er zuckte, riß sich dann wieder zusammen, er nörgelte an seinen Fingern, allmählich entspannte er sich auch. Doch das Schweigen zwischen ihm und seiner Analytikerin blieb, ja es nahm immer mehr Raum ein, und eines Tages war es so dicht geworden, daß man es, wie sie sagt, „mit dem Messer hätte schneiden können." In dieser Situation nahm die Analytikerin „mit Erschrekken wahr", daß dem Jungen – anstatt der Wörter – Nahrung hochgestoßen war, die er still wiederkäute und hinunterwürgte.

In diesem Moment, so fährt Frau Hamad fort, wurde ihr klar, daß sie es mit dem Realen zu tun bekommen hatte. Ihr Erschrecken war dasjenige vor dem Auftauchen dieser Dimension, die hier plötzlich und völlig unverbunden mit den beiden anderen Dimensionen des Imaginären und des Symbolischen Raum griff und das Schweigen auf ihre Art und Weise brach, ohne daß bis dahin auch nur ein Wort gesagt wurde. Auf dieser Ebene, die Frau Hamad in Anlehnung an Freud die Ebene der „Not des Lebens", in Anlehnung an Lacan die Ebene der „Existenz des Subjekts" nennt, hatte der Junge ihr also sehr wohl etwas zu sagen. Nur daß in seinem Fall das, was er zu sagen hatte, sich beinahe gänzlich auf dieser Ebene situierte oder besser: beinahe gänzlich in der Höhlung des Realen eingeschlossen war. An dieser Schwelle in den Raum der Dimension des Realen, zu der der Junge seine Analytikerin hier geführt hat, begegnen wir, wie Frau Hamad andeutet, dem Unsagbaren. Wir sind mit dem konfrontiert, was sich nicht sagen läßt, mit dem, was nie in den Bereich der Sprache gekommen und somit psychisch unverarbeitbar, unverdaut, geblieben ist.

Es stellt sich also die Frage, wie mit dem, was aus solchen Höhlungen des Realen hochgestoßen kommt, umzugehen ist. Wie kann es an der Stelle, wo es sich zeigt, vielleicht doch mit den Dimensionen des Imaginären und dem Symbolischen verbunden werden, bevor es dort, wo es hergekommen war, wieder verschwindet: in das Körperinnere, etwa von der Mundhöhle aus ein zweites Mal zurück in den Magen. Mit dieser Frage war auch Frau Hamad konfrontiert.

Und dies um so unangenehmer, als sich ihr in der geschilderten Situation der Gedanke aufdrängte, daß das, was hier in Form der nichtverdauten Nahrung hochgestoßen kommt, nur auf dieser Ebene zu metabolisieren sei. Im folgenden sah sie sich gezwungen, selbst ein Stück Reales, ein Stück von ihr ins Spiel zu bringen. Und zwar in Form eines Schrittes ins Ungewisse oder Unbekannte. In Form also eines Wagnisses, das darin bestand, Neuland zu betreten und nicht sicher sein zu können, ob der Boden unter den Füßen tragen wird. Rückblickend sagt sie, sie glaubt, dies sei ihr hier nur möglich gewesen, weil sie in diesem Moment „selbst das Messer an der Gurgel hatte". Ihr fiel Winnicotts 'Squiggle'-Technik ein, an die sie sich bislang noch niemals „herangewagt" hatte. Es wird also nicht nur deutlich, daß, wie Frau Hamad sagt, sich ihr in dieser Situation die Frage stellte, wie zusammen mit dem Jungen die Schwelle der Angst überschritten werden und sie zu Symbolisierungen gelangen könnten, sondern ebenso, daß es nicht zuletzt auch ihre Angst war, mit der sie an dieser Schwelle konfrontiert wurde.

Diese Dimension des Realen auf der Seite der Analytikerin, die es braucht, um einen Ausweg aus einer Sackgasse zu finden, gründet sich aber nicht allein auf die Tatsache, der der Analytikerin in dieser Situation 'aufstoßenden' eigenen Angst, sondern findet sich zugleich im Zentrum des 'Squiggle'-Spiels. Denn dieses verlangt vom ersten Subjekt, spontan, aber konzentriert mit dem Bleistift auf ein Blatt Papier zu kritzeln und vom zweiten Subjekt, das Gekritzel in einer ihm beliebigen figürlichen Darstellung weiterzuführen, die es danach benennen, in Worte fassen soll. In der Folge wird das Spiel vom zweiten Subjekt mit einem Gekritzel fortgeführt, woraufhin nun das erste Subjekt, welches das Spiel begonnen hat, das Gekritzel weiterführt und die entstehende figürliche Darstellung benennt.

Ihre eigene, zusammen mit dem Jungen gemachte Erfahrung mit der 'Squiggle'-Technik führt Frau Hamad dazu, in dieser eine, wie sie sagt, beinahe sichtbare Verknotung der drei Register zu erkennen. Der erste Ring des Realen besteht aus dem Gekritzel, aus dem Unsagbaren, welches nichts anderes ist als die Triebkraft, der das Subjekt im Rahmen des Blattes Papier freien Lauf läßt. Um diesen ersten Ring legt sich der zweite Ring des Imaginären, sobald das Gekritzel, vom zweiten Subjekt fortgesetzt, in eine figürliche Darstellung ausläuft. Um diese beiden ersten Ringe legt sich schließlich der dritte Ring des Symbolischen, wenn dieses zweite Subjekt nun die entstandene Darstellung benennt und in Worte faßt. Die Technik Winnicotts läßt also, so verstanden, die drei Register ineinander wirken und gibt so der Symbolisierung des Realen über die Verbildlichung eine Chance.

Der Ort der Begegnung zwischen dem Subjekt und dem Anderen, an dem das Reale, das Unsagbare auftauchen und ansatzweise verarbeitet, verdaut werden kann, ist vielleicht nichts anderes als eine solche Schwelle zwischen den Räumen, vergleichbar mit den Zwischenräumen, die die drei Dimensionen des Realen, des Imaginären und des Symbolischen dem Subjekt lassen, damit es seinen Platz findet.

### Der ‚analytische Raum' in der Theorie

Der amerikanische Psychoanalytiker Thomas H. Ogden hat darauf aufmerksam gemacht, daß der Begriff des „analytischen Raumes" auf die Arbeiten Donald D. Winnicotts zurückgeht und sich von dessen eigener Begriffsschöpfung des „potentiellen Raumes" ableitet.[24] Letzterem kommt im Werk Winnicotts der Stellenwert eines Oberbegriffes zu, mit dem dieser einen Zwischenbereich der Erfahrung bezeichnet. Der „potentielle Raum" ist für Winnicott der Ort des Spielens sowie der Ort des Übergangsobjektes und der Übergangsphänomene. Er nennt ihn darüber hinaus den Ort der kulturellen Erfahrung und der Kreativität und schließlich auch den Ort des „analytischen Raumes" zwischen Analysand und Analytiker. Der Begriff des „potentiellen Raumes" bezeichnet an jedem einzelnen dieser Orte einen Übergangsbereich der Erfahrung, der sich zwischen der „inneren psychischen Realität" und der „wirklichen äußeren Welt", also „zwischen subjektivem Objekt und objektiv wahrgenommenen Objekt, zwischen Ich und Nicht-Ich" situiert. Der früheste solche Übergangsbereich wird von Winnicott in einer Phase der Erfahrung des Kleinkindes angenommen, in der dieses „erstmals das Objekt als 'Nicht-Ich' ablehnt, d.h. also am Ende der Phase der Verschmelzung mit dem Objekt."

Am Anfang der Subjektwerdung aber steht eine Phase der Verschmelzung mit dem Objekt, eine Phase der Symbiose, ein Zustand des Ungetrenntseins von Säugling und der Mutter. In diesem Sinne konnte Winnicott behaupten, daß es so etwas wie einen Säugling nicht gibt: „Der Mutter-Säugling (gesondert von dem Teil der Mutter, der außerhalb dieser Einheit existiert) ist zur Subjektivität unfähig." Dieser Zustand des Ungetrenntseins ist für Winnicott eine notwendige Illusion, dem Wahn nahestehend, die nur durch eine genügend gute Anpassung zwischen Mutter und Säugling aufrechterhalten wird. In dieser notwendigen Illusion existiert die Mutter lediglich in Form einer unsichtbaren haltenden Umgebung und gibt es für den Säugling nur einen ungestörten Zustand „fortwährenden Seins“ (Winnicott).

Es deutet sich hier bereits an, daß wir es am Anfang der Subjektwerdung mit einem Paradox zu tun haben: *Es gibt* den Zustand des Ungetrenntseins von Säugling und Mutter als *notwendige Illusion*. *Es gibt* den ungestörten Zustand fortwährenden Seins, im Sinne einer ungestörten, harmonisch funktionierenden Mutter-Kind-Einheit, als *hypothetische Entität*. Die Unvollkommenheit der Anpassung zwischen dem Säugling und der Mutter ist allerdings unvermeidlich *und* nicht weniger notwendig. Die aufgrund dieser Unvollkommenheit entstehende Frustration[25] ist das erste Anzeichen des Getrenntseins, dessen sich das Kleinkind in der Folge bewußter wird.

In dieser oben bereits erwähnten Phase des frühesten Bewußtwerdens von Getrenntsein, die Winnicott zwischen dem vierten und dem zwölften Lebensmonat ansiedelt, *verbindet und trennt* zugleich der „potentielle Raum“ das Kleinkind und die Mutter, ein Paradox, das Winnicott hinnimmt und nicht aufzulösen versucht: „Das Kleinkind kann die Trennung von Objektwelt und Selbst nur vollziehen, weil es zwischen beiden keinen leeren Raum gibt“ und der „potentielle Raum“ mit Illusion, mit Spielen und mit Symbolen ausgefüllt ist. Dieser verhindert, daß der Übergang von der Mutter-Kind-Einheit zu einem Zustand, in dem es ein Mutter-und-Kind gibt, pathogen wird: „An diesem Punkt ist die Aufgabe desjenigen Aspekts der Mutter, der nicht Teil der Mutter-Kind-Einheit ist, seine Anwesenheit (die Mutter als Objekt) in einer Weise zu vermitteln, die nicht beängstigend ist und deshalb vom Säugling nicht verleugnet oder in anderer Weise abgewehrt werden muß. [...] Potentiell (und nie wirklich) ist dieser Raum deshalb, weil er von einem Bewußtseinszustand ausgefüllt ist, der das nie in Frage gestellte Paradoxon verkörpert, nämlich: Kind und Mutter sind eins und Kind und Mutter sind zwei.“

Wie Ogden in seiner Arbeit über den „potentiellen Raum“ Winnicotts ausführt, ist dieser zwar ursprünglich der potentielle physische und mentale Raum zwischen Mutter und Kind. Im Laufe einer nicht oder zumindest nicht gravierenden Behinderung der Subjektwerdung entwickelt das Subjekt jedoch eine eigenständige Fähigkeit, „potentiellen Raum“ zu schaffen. Dieser Gedankengang ist für die Ableitung des „analytischen Raumes“ aus dem „potentiellen Raum“ von wesentlichem Stellenwert und wird von Ogden am Beispiel des Winnicottschen Übergangsobjekts verdeutlicht. Während es bis zu dem ersten Gewahrwerden des Getrenntseins eine Mutter-Kind-Einheit gibt, ein Zweisein von Mutter und Kind, in dem diese nicht klar als zwei getrennte Individuen voneinander abgegrenzt sind, führt die Erfahrung des Getrenntseins vermittelt durch den „potentiellen Raum“ dazu, daß es Mutter-und-Kind gibt. Im Gebrauch des Übergangsobjektes, in dem Winnicott, wie wir oben gesehen haben, eine Form des „potentiellen Raumes“ erkennt, drückt sich die „Fähigkeit zu einer psychologischen Dialektik von Einssein und Getrenntsein“ aus. Das Übergangsobjekt selbst wird zu dem „Symbol für das Getrenntsein in der Einheit und der Einheit im Getrenntsein“: „Das Übergangsobjekt ist das Kind (die omnipotent hergestellte Erweiterung seines Selbst) und zugleich nicht das Kind (ein Objekt, von dem es entdeckt hat, daß es außerhalb seiner omnipotenten Kontrolle liegt).“ Mit dem Gebrauch des Übergangsobjekts ist aber auch die Fähigkeit errungen, „in Symbolen repräsentierte persönliche Bedeutungen zu erschaffen, die durch die Subjektivität vermittelt werden.“ Diese Fähigkeit beinhaltet die Umgestaltung der Einheit, die keine Symbole erfordert, in ein ‘Dreisein’, in ein dynamisches Zusammenspiel von drei differenzierten Entitäten: „das Symbol (ein Gedanke), das Symbolisierte (worüber nachgedacht wird) und das interpretierende Subjekt (der Denker, der seine eigenen Gedanken hervorbringt und seine eigenen Symbole interpretiert)“. Diese „Differenzierung von Symbol, Symbolisiertem und deutendem Subjekt schafft die Möglichkeit der Triangulierung, innerhalb deren Raum geschaffen wird. Dieser Raum zwischen Symbol und Symbolisiertem, der durch das interpretierende Selbst vermittelt wird [...] ist mit Winnicotts potentiellem Raum gemeint.“ So kann Ogden dann auch, Winnicott paraphrasierend, sagen, der „potentielle Raum“ liege zwischen dem Symbol und dem Symbolisierten, kommt, diesem Gedanken folgend, dazu zu behaupten, daß zum einen mit der Unterscheidung von Symbol und Symbolisiertem sich Subjektivität ergibt[26] und daß zum anderen der „potentielle Raum“ zu existieren aufhöre, wenn zwei dieser drei Elemente nicht mehr differenziert sind.

Versuchen wir zusammenzufassen: Der „analytische Raum“ hat nach Winnicott seinen Ort im „potentiellen Raum“. Ersterer mag in der Begegnung mit dem Anderen entstehen, wo es zuvor in der Geschichte des Subjekts, ausgehend von der Wahrnehmung des Getrenntseins vom Anderen - eine diese Krise des Psychismus überwinden helfende Erfahrung des „potentiellen Raumes“ zwischen dem Subjekt und dem ersten Anderen gegeben hat. Für die Subjektwerdung nimmt diese Erfahrung einen außerordentlichen Stellenwert ein. Ausgehend von dieser Erfahrung wird die Subjektwerdung auf eine neue Stufe gehoben. Konfrontiert mit dem Getrenntsein vom Anderen oder anders ausgedrückt: mit dem Fehlen des Objekts, ist der „potentielle Raum“ als Ort des „analytischen Raumes“ der Schauplatz, an dem sich eine erste Krise des Psychismus als Krise des Subjekts und seiner Beziehungen zum Objekt und zum Anderen abspielt.

Es stellt sich allerdings die Frage, wie es um die Entstehung „analytischer Räume“ steht, wo die von Winnicott angesprochene Erfahrung in der Geschichte eines Subjekts nicht oder nur ungenügend vorausgesetzt werden kann. Wo es, in den Worten von Ogden ausgedrückt, jenen *zwischen* innerer psychischer Realität und wirklicher äußerer Welt gelegenen Übergangsbereich der Erfahrung nicht gibt. Können „analytische Räume“ entstehen, wo es nicht zu einer Triangulierung von Symbol, Symbolisierten und Denker / Subjekt gekommen ist und *zwischen* dem Subjekt und dem Anderen nur eine Leere klafft? Winnicotts Erfindung des ‘Squiggle’-Spiels scheint uns in dieser Perspektive seiner Suche nach einem anderen ‘Möglichkeitsraum’ zu entsprechen, der die Erfahrung vorausgegangen ist, daß in der Begegnung mit einigen früh in ihrer Subjektwerdung behinderten Kindern, Jugendlichen und Erwachsenen „analytische Räume“ nicht oder nur sehr rudimentär entstehen.

## ‚Möglichkeitsraum‘ und unmöglicher Beruf

Obwohl Freud selbst diesen Begriff nicht gebrauchte, kann kein Zweifel daran bestehen, daß für ihn der „analytische Raum“ ein Raum des Sprechens gewesen ist. „In der analytischen Behandlung geht nichts anderes vor, als ein Austausch von Worten zwischen dem Analysierten und dem Arzt.“[27] Dieser im Rahmen seiner ersten Folge von Vorlesungen zur Einführung in die Psychoanalyse aus den Jahren 1916-17 geäußerten Einschätzung hat Freud auch gut zwanzig

Jahre später, in seinem 1938 begonnenen und unvollendet gebliebenen *Abriß der Psychoanalyse* nichts hinzuzufügen.

Zusammen mit der kurz zuvor geschriebenen, ebenfalls unvollendeten, aber erst posthum veröffentlichten Arbeit über *Die Ichspaltung im Abwehrvorgang*, wirft der *Abriß* ein eigenartiges Licht auf die Entwicklung von Freuds theoretischer Arbeit in den letzten zehn Jahren seines Lebens. Ausgerechnet in dem Moment, in dem er bemüht ist, das Werk seines Lebens zusammenzufassen, beginnt er etwa, das Verhältnis von Neurose und Psychose neu zu umreißen. Konnte es hinsichtlich einer solch grundlegenden Fragestellung anders sein, als daß Freuds letzte beiden Arbeiten unvollendet geblieben sind?

Hatte Freud anfangs den Auslöser der Neurose in der Versagung als der „Nichterfüllung eines jener ewig unbezwungenen Kindheitswünsche" gesehen, so kommt er 1924 dazu, in ihr, die, wie er betont, letztlich immer eine *äußere* ist, die *gemeinsame* Ätiologie für den Ausbruch einer Psychoneurose oder Psychose anzuerkennen. Und hatte er den von ihm so benannten Vorgang der Ichspaltung zuerst der Psychose vorbehalten, so kommt er 1938 dazu, den Gedanken der Ichspaltung im Abwehrvorgang über Fälle von Psychosen und Fetischismus hinaus auf die Neurosen im allgemeinen anzuwenden. Vor diesem Hintergrund der Allgegenwärtigkeit von Versagung und Ichspaltung verschiebt sich zwangsläufig die Frage nach der Unterscheidbarkeit von Neurose und Psychose. Freuds Versuche der Neuordnung ihres Verhältnisses zueinander kreisen allerdings in allen seinen Texten zwischen 1924 und 1938 um den Begriff der Realität.

Bei aller notwendigen Suche nach Unterscheidungskriterien hat Freud dagegen auch an dem Gemeinsamen der psychopathologischen Strukturen und den aus diesen sich ergebenden verschiedenen Wegen der Symptombildung festgehalten. Dieses Gemeinsame erkannte er zum einen in der sprachlichen Determiniertheit des Symptoms. Zum anderen heißt es im achten Kapitel des *Abrisses* über „den psychischen Apparat und die Außenwelt" bei Freud: „Was immer das Ich in seinem Abwehrbestreben vornimmt, ob es ein Stück der wirklichen Außenwelt verleugnen oder einen Triebanspruch der Innenwelt abweisen will, niemals ist der Erfolg ein vollkommener, restloser, immer ergeben sich daraus zwei gegensätzliche Einstellungen, von denen auch die unterliegende, schwächere, zu psychischen Weiterungen führt."[28]

Die Effekte jedes Abwehrmechanismus zeigen sich also nicht nur auf der Seite der erfolgreich sich durchsetzenden Einstellung, sondern zugleich in deren schwächerem Gegensatz. Diese widerstrebende Einstellung als der Rest, der abfällt und an dem die unvermeidliche Unvollkommenheit der Abwehr haftet, bleibt wiederum selbst nicht ohne Wirkung. Raymond Borens kommentiert: „Dieser Abfall, der identisch ist mit dem Abfall, der entsteht, wenn die Sprache etwas ins Symbolische hebt, bildet nun keinen leblosen, trägen Rest, nein, er bildet das Reale, d.h. in der Lacansche Definition das, was Wirkung zeigt, das, was bewirkt."[29]

Davon ausgehend finden wir das Reale sozusagen zugleich *vor* als auch *hinter* der Sprache. Es insistiert sowohl als das, was das Subjekt zum Sprechen bringt, als auch als das, was nicht in dessen Sprechen aufgeht oder besser: als das, was niemals im Sprechen eingeholt werden kann. Borens fährt in seinem Kommentar fort: „Die Sprache, könnte man sagen, hat das Reale entstehen lassen, indem sie in ihrer Symbolisierungsfunktion einen Rest, einen Abfall produzierte; dieser Abfall, dieses Reale seinerseits, läßt uns sprechen, läßt, oder genauer, zwingt uns dazu. Das Sprechen ist folglich eine Ersatztätigkeit, die ein verbal vermitteltes Genießen anstelle des unmöglichen Genießens (d.h. der Wiedervereinigung mit dem verlorenen inzestuösen Objekt) ermöglicht, aber ununterbrochen darauf hinweist, daß sie ungenügend ist. Sie wird ständig und gemäß ihrer Funktion zeigen, daß sie nur um den Brei, oder weniger salopp formuliert, um ein Loch, um ein Nichts herumreden kann."[30]

Wir finden also im *Innern* des Sprechaktes selbst jene grundlegende *äußere* Versagung wieder, die Freud als den Ausgangspunkt der gemeinsamen Ätiologie für den Ausbruch sowohl der Neurose als auch der Psychose angesehen hat. Bereits 1917 in seinen *Vorlesungen zur Einführung in die Psychoanalyse* hatte Freud eingestehen müssen, daß Versagungen in jeder Kindheit tausendfach vorkommen und nicht jede Versagung auf eine psychische Erkrankung hinausläuft. Um pathogen zu werden, muß die Versagung Freud zufolge demnach „jene Weise der Befriedigung betreffen, nach der die Person allein verlangt, derer sie allein fähig ist". Diese „Singularität der Versagung" betrifft Peter Müller zufolge „nicht diese oder jene Funktion, die auch auf eine andere verschoben werden könnte, sondern die Position, die das Subjekt in ihr einnimmt."[31] Bei der Versagung handelt es sich somit „um etwas, das sich gewissermaßen selbst versagt."

Folgen wir der Spur, die Müller legt, indem er die Frage stellt, was die Versagung mit dem Sagen selbst zu tun hat, so erkennen wir, daß an dieser empfindlichen Stelle die Singularität der Versagung mit der Ausnahmestellung des Sprechens zusammentrifft, die dieses in der Reihe der Ersatztätigkeiten einnimmt: Nirgends anders als in seinem Sprechen betrifft die Versagung so sehr die Position, die das Subjekt in ihr einnimmt.

Raymond Borens nennt deshalb das Reale auch den „Pflock", an den das Subjekt angebunden ist: „Dieses Angebundensein wird seinerseits einen wie immer auch gerichteten Prozeß, dialektischer oder anderer Natur, nicht zulassen, weil dieses Reale eben nicht dialektisierbar ist. Es ist definitionsgemäß das, was sich der Einfügung ins Symbolische entzieht, das, was nur wiederholen kann, das, was nicht aufhört zu wiederholen."[32]

Anstatt über dessen ‚Möglichkeitsraum' nachzudenken, hat Freud das Analysieren einen weiteren „unmöglichen Beruf" genannt, „in denen man des ungenügenden Erfolgs von vornherein sicher sein kann" und es als dritten neben die beiden anderen, „weit länger bekannten" – „das Erziehen und das Regieren" – gestellt.[33] Den erwartbaren ungenügenden Erfolg hat Freud 1937 in erster Linie an den „so schweren Anforderungen" festgemacht, die der Analytiker bei der Ausübung seiner Tätigkeit zu erfüllen hat. Nur wenig später wird er noch einmal festhalten, was für ihn auf der anderen Seite, derjenigen des Anlaysanden, dem genügenden Erfolg entgegensteht: Es ist dies nichts anderes als der *gewachsene Fels*, auf den die gemeinsame Arbeit von Analysand und Analytiker „durch alle psychologischen Schichtungen hindurch" letztlich unweigerlich stößt. An ihm kündigt sich für den Analytiker somit gewissermaßen das „Ende seiner Tätigkeit" an: „Das muß wohl so sein", setzt Freud hier fort, „denn für das Psychische spielt das Biologische wirklich die Rolle des unterliegenden gewachsenen Felsens."[34] Daß wir hier das von Freud so genannte „Biologische" durch den Begriff des Körpers oder des *Körperlichen* ersetzen dürfen, wird deutlich, wenn wir uns in Erinnerung rufen, von wo aus Freud – nicht von ungefähr in seinem Text „Die endliche und die unendliche Analyse" – auf den gewachsenen Felsen stößt. Ausgegangen war er zunächst von zwei Themen, denen in allen Analysen, sofern diese nur weit genug fortgeschritten sind, ein wesentlicher Stellenwert zukommt. Diese beiden einander entsprechenden Themen, die „dem Analytiker ungewöhnlich viel zu schaffen machen", sind, so Freud, für die Frau der „Penisneid" und für den Mann die „Ablehnung der Weiblichkeit". Beide Themen sind also „an die Differenz der Geschlechter gebunden" und betreffen das Verhalten von Mann und Frau zum sogenannten Kastrationskomplex.

Raymond Borens nennt, ausgehend von dieser Freudschen Position, die Psychoanalyse eher eine Praxis des Mißverstehens als des Verstehens: „Sie ist die Begegnung mit den Begrenzungen und dem Scheitern des Ausgleichs und der friedlichen Versöhnung, die Begegnung mit dem nicht symbolisierbaren Realen."[35] Neben dem Ort seines Sprechens ist der Körper die zweite empfindliche Stelle, von der aus das Subjekt an die reale Dimension seiner Existenz angebunden ist.

## „Potentieller Raum" und Phallus

„Das Subjekt sucht unablässig die verlorene Einheit seiner selbst und begegnet dabei der Leere des Realen, die kein Objekt ganz zu füllen vermag."[36] Wir bringen hier mit Peter Widmer diese Suche des Subjekts mit Lacans Begrifflichkeit des Realen in Zusammenhang und versuchen das Reale von den beiden Seiten seiner Abhänge – der Körperlichkeit und dem Sprechen des Subjekts – her anzugehen. Von diesen beiden Seiten her wird das Reale gleichsam von der Logik ausgegrenzt. Anders gesagt: Das Sein des Subjekts situiert sich, sowohl von seinem Körper als auch von seinem Sprechen ausgehend, an einem „Ort des Außerhalb der Logik", weshalb Lacan von der *Ek-sistenz* des Subjekts spricht. Der Körper ek-sistiert als *Seiendes* für das Subjekt gerade in seiner Fremdheit. Das Subjekt kann nur versuchen, sich im Sprechen und über die Benennung dieser Fremdheit anzunähern, das Symbolische dem Realen anzupassen, um so das ihm Fremde einzuholen. Gerade dabei bleibt aber ein nicht-einholbarer, irreduzibler Rest. Die an den empfindlichen Stellen des Körperlichen und der Sexualität ansetzenden Kinderfragen zielen auf diesen Rest von Ek-sistenz, den wir nicht nur im Körperlichen des Subjekts, sondern oben zugleich im Abfall-Produkt seines Sprechens erkannt haben. Dieser zweite Bereich des Realen betrifft das, was für das Subjekt unmöglich zu sagen ist: Das Unfaßbare, das, was sich der Begrifflichkeit und der Logik entzieht und so gewissermaßen immer abwesend bleibt. In diesem Sinne ek-sistiert dieses Abwesende für das Subjekt als *Nicht-Seiendes*.

Sigmund Freud hat in seinem Bericht von der „Analyse der Phobie eines fünfjährigen Knaben“[37] den außerordentlichen Stellenwert hervorgehoben, den das Beschäftigtsein des 'kleinen Hans' mit der Frage nach dem „Wiwimacher“ für die Bildung seines Symptoms hatte. Seine Angst vor Pferden ließ sich im Laufe dieser 'Analyse' – in der Freud, wie wir wissen, nicht der Analytiker des kleinen Jungen gewesen ist, aber sehr wohl analytisch gedacht und auf dieser Grundlage den Vater beraten hat – mit dem hartnäckig sich haltenden Glauben des 'kleinen Hans' daran in Verbindung bringen, daß alle Menschen – also auch seine Mutter – einen 'Wiwimacher' (Penis) besitzen. Von dieser Leugnung des Geschlechtsunterschieds ausgehend, hat Freud, darüber nachdenkend, was sich zwischen dem Kind und seiner Mutter abspielt, als dritten Term nicht den 'Vater' eingesetzt, sondern zwischen das Kind und die Mutter den Begriff des Phallus eingeführt.

Das Erkennen des Unterschieds der Geschlechter meint nicht nur das Unterscheiden von Penis-Trägern und Nicht-Penis-Trägerinnen, sondern läuft für den 'kleinen Hans' wie für jedes andere Kind darauf hinaus, anerkennen zu müssen, daß – wegen der Differenz – beiden Geschlechtern etwas mangelt. Dieser Wechsel der Ebenen findet mit der Einführung dieses Begriffes auch innerhalb der psychoanalytischen Theorie statt: Das männliche Fortpflanzungsorgan ist dem Phallus zu einem bestimmten Zeitpunkt in der Entwicklung des Kindes – Entdeckung / Verleugnung des Geschlechtsunterschiedes – nur das Gewand und damit zugleich die Verkleidung. Die mit der Einführung des Begriffs des Phallus verbundene Rückführung des Penis-Träger-Themas auf das dahinter sich verbergende, grundlegendere Thema des beide Geschlechter – gleichermaßen *und* anders – betreffenden Mangels, öffnet in der Theorie der Psychoanalyse die Tür für die sich vor dem Erreichen des ödipal-neurotischen Niveaus ansiedelnden früheren Behinderungen der Subjektwerdung. Anders gesagt: Mit der Einführung des Begriffs des Phallus rückt in den Blick, daß sich die Ödipusfrage von Anfang an woanders her stellt.

Das 'Kleid des Penis', in dem der Phallus dem Kind in der nach diesem benannten Phase *erscheint*, verschleiert dessen Gestaltlosigkeit, täuscht über seine Dimension und vertuscht, daß der Phallus nicht erst jetzt da ist, sondern schon von Anfang an seine Wirkung gezeigt hat: „Man meint dann, er sei etwas Naturhaftes, worin der Mangel auf seine imaginäre Dimension der [körperlichen] Unvollkommenheit reduziert ist. Vergessen bleibt dabei die [Dimension der] symbolischen Kastration, die er deswegen bewirkt, weil er sich als organisierende Instanz der Realität entzieht und sich nicht darstellen läßt."[38] Als Signifikant ohne Signifikat ist der Phallus von seiner Wirkung her vor allem und von Anfang an ein *differenzierender Faktor*. Während er sich selber als Signifikant der reinen Differenz – etwa derjenigen von Anwesenheit und Abwesenheit – jeder Bedeutung entzieht, ist er bedeutend, signifizierend.

Winnicott hat über die Anfänge der Subjektwerdung gesagt: „Zu Beginn (vielleicht in einem nur hypothetischen Moment) ist die Subjektivität der Mutter-Kind-Einheit lediglich eine potentielle, die durch jenen Aspekt der Mutter aufrechterhalten wird, der außerhalb der Mutter liegt."[39] Es ist der Begriff des Phallus, mit dem in der psychoanalytischen Theorie jener Aspekt, der außerhalb der Mutter liegt, benannt ist. Was will die Mutter? Worauf richtet sich ihr Begehren? Warum geht sie? Was begründet ihre Abwesenheit? Es sind dies Fragen, die auf ein Jenseits der Mutter-Kind-Einheit verweisen.

Der Phallus bezeichnet jenes Etwas, das jedem mangelt. So verstanden wird dieser Begriff darüber hinaus unerläßlich für eine Auseinandersetzung mit dem Freudschen Begriff der Versagung. Wenn es stimmt, daß der Begriff des Phallus eine irreduzible und allgemeine Versagung (die keinen Agenten hat) – von etwas, das jedem mangelt – bezeichnet, dann ist diese gewissermaßen der verdeckte Hintergrund, vor dem die konkreten und alltäglichen, „tausendfachen" Formen der Versagung stattfinden. Auch diese besonderen Formen sind, wie wir zuvor bereits über das Verhältnis von 'Penis' und Phallus gesagt haben, jener allgemeinen Versagung nur das Gewand und die Verkleidung.

In dem bereits erwähnten Vortrag von Annemarie Hamad erinnert diese daran, daß Winnicott bereits im Jahre 1945 darauf hingewiesen hat, daß „der Säugling weiß, daß er den anderen bedroht. Er versagt sich etwas, er haßt einen Teil seiner selbst, es sei denn, er finde außerhalb seiner selbst jemanden, der ihm etwas versagt und der es aushält, dafür gehaßt zu werden."[40] Die irreduzible Versagung, die eng mit der unvermeidlich unvollkommenen Anpassung zwischen Mutter und Säugling in Verbindung steht, braucht, damit sie überhaupt eine Form annehmen kann, einen Agenten. Der Übergang von der Unvermeidlichkeit zur Notwendigkeit einer unvollkommenen Anpassung bringt damit unweigerlich den Anderen ins

Spiel und die für alles folgende wesentliche Frage, wie dieser die so benannte Funktion eines Agenten der Versagung ausfüllen wird.

## Privation, Frustration, Kastration

Jean-Bertrand Pontalis hat in seiner Zusammenfassung und Kommentierung des Seminars von Lacan über die 'Objektbeziehung' das Fehlen des Objekts als den wesentlichen Bereich der analytischen Erfahrung bezeichnet: „Was aber sagt Freud, wenn er ausdrücklich vom Objekt spricht? [...] Man findet dort nirgendwo dieses völlig befriedigende Objekt beschrieben, das vollendete und vollendende [...], das den Menschen in einer letztlich adäquaten Realität begründen würde. Man findet darin etwas ganz anderes: die Vorstellung einer Sehnsucht, die das Subjekt an das verlorene Objekt bindet und die das Wiederfinden mit dem Zeichen einer unmöglichen Wiederholung markiert."[41] Von diesem grundsätzlichen Gedanken ausgehend, formuliert er, das Objekt maskiere in verschiedenen Phasen die Angst des Subjekts. Insbesondere die Arbeiten Winnicotts machen darüber hinaus deutlich, daß die subjektive Wahrnehmung dieses Fehlens des Objekts bereits eine Errungenschaft des Subjekts ist und gewisser Voraussetzungen bedarf.

Rosine und Robert Lefort haben in einem 1989 in Kassel gehaltenen Vortrag über den oben bereits erwähnten Fall 'Robert' und darüber hinaus über die Arbeit mit einem dreizehn Monate jungen Mädchen (der Fall 'Nadja') gesprochen.[42] Sie beschäftigen sich hinsichtlich beider Fälle mit der für die Subjektwerdung wesentlichen Frage der Umwandlung des anfänglichen *realen* Objekts (die Brust) des Anderen in seinen Signifikanten des ursprünglichen mütterlichen Anderen: Was erlaubt es dem kleinen Kind, an einem bestimmten Punkt anzufangen zu sprechen und „Mama" zu sagen?[43]

Die Leforts sprechen in diesem Zusammenhang von einem strukturalen Übergang, der das Subjekt des Unbewußten begründet. An diesem Übergang *fällt* das Körper-Objekt des Anderen. Fortan ist es weder möglich, es zu nehmen, noch, es zu haben. Es fällt ins Verborgene, und aus dem Verborgenen heraus richtet es das Begehren aus. Das Objekt wechselt an diesem Übergang das Register: Als Objekt des Begehrens ist es von nun an weder identisch mit dem Anderen noch ein Teil von ihm. Es ist kein reales Objekt mehr, sondern ein Signifikant, dessen Funktion darin besteht, sich an ein Jenseits der Mutter, an ein Jenseits des realen Körpers zu wenden. Dieses

Objekt des Begehrens als Signifikant ist – der Phallus. Die mit dem Wechsel der Register sich einführende symbolische Konnotation des Objekts als Signifikant führt das Subjekt nach dem Fallen des realen Körper-Objekts somit zur phallischen Dialektik. Wir können diesen Übergang davon ausgehend auch den Übergang zum Objekt des Begehrens als Signifikanten des Mangels benennen.[44]

Das verlorene (reale) Objekt ist nach Rosine und Robert Lefort aber gerade das, was in der Psychose fehlt. Es fehlt das Fehlen des Objekts. Weit davon entfernt, verloren zu sein oder zu fehlen, ist das Objekt als 'zuviel' in das Subjekt eingeschlossen. Das psychotische Subjekt muß also versuchen, einen Verlust, einen Objektmangel (wieder) herzustellen: Es kann nur versuchen, das Objekt loszuwerden, wenn nicht, dem Anderen wiederzugeben. Im folgenden geben Rosine und Robert Lefort Charakteristika einer ganz im Realen verbleibenden Dialektik des Körper-Objekts: Diese Dialektik bleibt ohne Bezug auf den Signifikanten oder das Sprechen; eine Verwandlung des Realen in die Dialektik des Objektmangels findet nicht statt, weshalb es auch nicht zu intersubjektiver Symbolisierung kommt. Diese reale Dimension hat zudem die unvermeidliche und logische Folge eines gegenseitigen Ausschlusses: Entweder das Subjekt stirbt oder der Andere stirbt. Darüber hinaus wird sich jegliche Lust, das Objekt zu nehmen, gegen das Subjekt wenden. Es kommt nicht zum Mangel, wenn der Signifikant fehlt. Das Reale bleibt dann das, was die Szene beherrscht, – in der Gestalt eines Lochs. Wo der Signifikant das Reale nicht ablösen und somit ein Loch im Realen schaffen kann, dort sind Worte wie ein Reales, das ein Loch in den Signifikanten reißt.

Derart in der Dimension des Realen und in einem Körper ohne getrenntes Inneres und Äußeres gefangen, gelang es auch 'Nadja' nicht, eine wirkliche Beziehung zum anderen aufzunehmen: „Dieser Körper stellte sich wie eine reine Oberfläche dar, an der sich Innen und Außen trafen. In diesem Zusammenhang konnte das kleine Mädchen weder seinen Körper bewohnen noch sich in einer wirklichen Beziehung zu einem von sich verschiedenen Anderen situieren."[45]

Hinsichtlich des für die Subjektwerdung wesentlichen Stellenwertes der Versagung und der Frage des Fehlens des Objekts hat die Psychoanalyse, wie Robert Lefort ihr vorwirft, sich „zu sehr vom Mythos der Frustration [...] beeinflussen lassen."[46] Jacques Lacan, der ausgehend von Freuds Text dieser wesentlichen psychoanalytischen Frage nachgegangen ist, hat den Begriff der Versagung auf seine Abhänge zurückgeführt und auf diesem Weg die beiden Begriffe Privation und Kastration neben den der Frustration gestellt.

Die Schweizer Psychoanalytikerin Regula Schindler hat diese Differenzierung Lacans aufgegriffen.[47] Ihre Ausführungen erinnern daran, wie untrennbar Lacans vorausgegangene Unterscheidung der drei Register real, imaginär, symbolisch mit dieser weiteren Differenzierung verbunden ist. Hinsichtlich der Begegnung von Subjekt (des Mangels) und Anderem (als Agent) gegenüber dem (Fehlen des) Objekts kommt sie zu folgendem Schema:

- der mit der *Frustration* einhergehende Mangel ist *imaginär*; deren Agentin ist die *symbolische* Mutter; ihr Objekt ist *real* (z.B. die Brust)
- der mit der *Privation* einhergehende Mangel ist eine *reale* Lücke; deren Agent ist der *imaginäre* Vater; ihr Objekt ist *symbolisch* (das Kind)
- der mit der *Kastration* einhergehende Mangel ist eine *symbolische* Schuld; deren Agent ist der *reale* Vater; ihr Objekt ist *imaginär*: der Phallus

Diesem Schema schließt sich auch Manfred Riepe an, der betont, daß das „Durchlaufen der präödipalen Mutter-Phallus-Kind-Beziehung [...] keiner zeitlichen Genese, sondern der borromäischen Verknotung dreier Register: Frustration, Privation, Kastration“ entspricht: „Diese Begriffe beziehen sich während drei verschiedener *logischer* [nicht chronologischer] Zeiten wiederum auf drei Register (das Reale, das Imaginäre, das Symbolische) und entsprechen ferner drei sich aufeinander beziehenden Formen des Objektmangels, deren Verknüpfung Lacan sukzessive entwickelt: die ‘imaginäre Frustration’, die ‘reale Privation’ und die ‘symbolische Kastration’.“[48]

Der mit der Frustration bezeichnete logische Beginn geht von einer mythischen Frühphase des Subjekts aus. Von einer ‘Beziehung’ zum ersten Anderen kann, da die Unterscheidung zwischen Ich und Nicht-Ich noch nicht getroffen ist, noch keine Rede sein. Das Objekt (die Brust) siedelt sich in der Dimension des Realen an, d.h., „daß es *inhaltlich* kein Objekt gibt, nur den *formalen* Ort, an dem dieses reale Objekt – nicht einfach fehlt.“ In dieser mythischen Frühphase des Subjekts ist das Objekt real, und es mangelt einzig am Mangel. Mythisch muß diese logisch erste Phase genannt werden, weil sich natürlich in diesen direkten, unmittelbaren Beziehungs*modus* von Anfang an schon die Spuren des Kommens und Gehens der Mutter und damit der Anwesenheit und Abwesenheit des realen Objekts (Brust) eingetragen haben. Es kommt also in dieser logischen Frühphase der Subjektwerdung darauf an, wie sich der reale Beziehungsmodus mit dem symbolischen Register verbinden läßt. Die Mutter ist hier ein symbolischer Agent, ein Wirkfaktor, der gerade dadurch über die zirkuläre Struktur von Anwesenheit und Abwesenheit hinausführen wird, indem sie auf den Anruf des Kindes nicht mehr in der gewohnten Regelmäßigkeit antwortet: Es ist dies die irreduzible und notwendige Unvollkommenheit des anfänglichen Beziehungsmodus von Mutter und Kind. Durch diese Unvollkommenheit tritt die Mutter aus dem Schatten eines symbolischen Agens heraus und wird real. Lacan nennt diesen logischen Moment im übrigen – und für unseren Zusammenhang wesentlich – den 'Anfangsgrund der Strukturierung der gesamten Realität.' Mit ihm verändert sich zugleich der Status des Objekts: Aus dem vormaligen Befriedigungsobjekt wird ein 'Gabe-Objekt', – oder anders gesagt: das Objekt wird symbolisch, denn es symbolisiert eine 'günstig gewogene' reale Macht. Der in der Frustration sich herstellende Mangel ist ein imaginärer Schaden, denn das Subjekt begehrt hier etwas „ohne jeglichen Bezug auf irgendeine Möglichkeit der Befriedigung oder des Erwerbs."

Die nächste logische Etappe der Privation konfrontiert das kleine Subjekt mit der Frage, wie zu der nun real gewordenen Mutter, jetzt, da der vormalige direkte Beziehungsmodus nicht mehr trägt, überhaupt eine (nicht mehr unmittelbare, sondern vermittelte) Beziehung hergestellt werden kann. Als 'Vermittler' fungiert hier die Wahrnehmung des Kindes, daß der Mutter etwas fehlt. Durch die Privation wird also auf seiten der realen Mutter ein symbolisches Fehlen markiert. Das Objekt ist hier ein symbolisches, insofern die Abwesenheit von etwas Realem nur symbolisch sein kann. Der Mangel in der Privation steht in bezug zum Referenten dieses Fehlens: „Der imaginäre Vater ist der logische Widerpart, in bezug auf den der Phallus auf der Seite der (ins Reale übergetretenen) Mutter überhaupt mangeln kann. Daher ist es ein symbolisches Objekt, das der Mutter in der realen Position mangelt." Der mit der Privation verbundene Mangel als eine reale Lücke auf der Seite der Mutter situiert sich bezüglich des imaginären Vaters. Diesem gegenüber läßt sich das

Objekt der Privation positionieren: das Kind selbst als symbolischer Phallus.

Von hier aus kommt als letzte logische Etappe die Kastration ins Spiel. In ihr geht es wesentlich um eine Metaphorisierung des Phallus: Die Umwandlung des imaginären Phallus in einen negativierten Phallus: „Die Kastration ist eigentlich die Auszeichnung des Phallus als signifikant.“[49]

Es wird deutlich, daß das autistische Kind gar nicht erst von diesen durch die Ausdifferenzierungen des Phallus bewirkten Dimensionen eines strukturellen Mangels berührt wird. Während wir im Hinblick auf die 'normale kindliche Entwicklung' sagen können, daß ein Mangel in bezug auf das Reale etwas grundlegend anders ist als in bezug auf das Symbolische oder Imaginäre, gilt für das autistische Kind, das in einer „Reinform von Wirklichkeit“ lebt, daß es „das mentale Bild des ursprünglichen Objektes“ überhaupt nicht gebrauchen kann. Da es für das autistische Kind kein Fehlen des Objektes gibt und es sich, im Gegenteil, an das jegliche Trennung verneinende autistische Objekt klammert, kann es nicht in eine affektive Beziehung zu den Objekten der Welt (der anderen) treten: „In diesem Kontext gibt es kaum noch Platz für das Aufkeimen substitutiver Objekte [...] Die Furcht vor seinem eigenen Sadismus kann das Kind unfähig werden lassen, seine Angst auf die Welt der Objekte zu verteilen.“[50] Einem solchen *negativ-halluzinatorischen* Verhalten des autistischen Kindes dem Objekt gegenüber entspricht auf der Seite der Begegnung mit dem Anderen der Modus einer Beziehung, die keine ist: Der Andere wird vom autistischen Kind wie eine Erweiterung seines Selbst gebraucht.

## Bedürfnis, Anspruch, Begehren

Robert Lefort hat der Psychoanalyse nicht nur vorgehalten, daß sie sich zu sehr vom Mythos der Frustration hat beeinflussen lassen, sondern damit im Zusammenhang auch, „daß sie sich nicht genug auf ihre eigene Frage konzentriert hat: zu erfahren, was ein *wünschendes Subjekt* ist.“[51] Jacques Lacan, der ausgehend vom Freudschen Text dieser wesentlich psychoanalytischen Frage nachgegangen ist, hat auch den Begriff des Wunsches auf seine Abhänge zurückgeführt und auf diesem Weg die drei Begriffe Bedürfnis, Anspruch und Begehren wieder in die Diskussion eingeführt.

In dem bereits erwähnten Vortrag machen Rosine und Robert Lefort am Beispiel von 'Nadjas' Flasche deutlich, welchen Stellenwert der Wunsch auf dem Weg der Subjektwerdung hat, wie er zwischen dem Bedürfnis und dem Anspruch geweckt wird und vor allem, daß der aufkommende Wunsch die Begegnung von Subjekt und Anderem grundlegend verändert. Die Dimension des Realen von 'Nadjas' Flasche ist die Dimension der Nahrung und der Bedürfnisbefriedigung. Anders gesagt: Die Flasche des Bedürfnisses ist ein reales Objekt. Da es auf der Ebene des Realen nur Körper-Objekte des Anderen gibt, hat 'Nadja' ein ursprüngliches Bild vom Anderen, in den das Objekt eingeschlossen ist. In dieser ersten Form des Anderen kann von einem Verlust daher noch gar keine Rede sein. Der Andere wird – etwa in der Psychose – absolut, wenn die Dialektik des Objekts ganz im Realen bleibt: Der Andere ist schon Träger des Objekts, aber es ist unmöglich, es ihm zu nehmen. Es gehört zum absoluten Anderen, dem nichts fehlen darf, damit er existiert.

Der zweite Aspekt von 'Nadjas' Flasche ist aber, daß sie auch Objekt ihres signifikanten Anspruchs ist. Die Flasche des Anspruchs ist ein symbolisches Objekt. Dessen Fortsetzung erfordert notwendigerweise die Präsenz des Anderen, der den vom Subjekt artikulierten Anspruch auf die Flasche hört: Das ist der große Andere als Ort des Sprechens. Auf dieser Ebene verändert sich 'Nadjas' ursprüngliches Bild vom Anderen. Der Andere ist nun Träger des Objektes des Begehrens, das von seinem Körper abgetrennt werden kann. 'Nadja' wird empfänglich für die Gegenwart des Anderen, die durch den Signifikanten von dessen Anspruch eingeführt wird. Vor der Gefahr des Realen der Körper ist sie auf den signifikanten Weg übergegangen, zur signifikanten Verknüpfung, d.h. zur Metonymie. Der Signifikant anstelle des realen Objekts bezeichnet den Anderen und wendet sich an ihn. Jenseits des Anspruchs, der durch den Signifikanten hindurchgeht, kann sich nun der Wunsch errichten: ausgehend davon, was als reales Objekt gefallen ist und in dem, was nicht befriedigt wird.

Daß dies nicht einfach als eine Art 'Übergang' gedacht werden kann, macht Raymond Borens deutlich, der hier „das dramatischste Geschehen", dem das *Infans* auf dem Weg seiner Subjektwerdung ausgesetzt ist, erkennt: Das Zusammentreffen, das Aufeinanderprallen des Kindes mit der Sprache: „Diese Begegnung hindert das Kind daran, in der Folge einen direkten Zugang zum Objekt seines Begehrens zu finden, und zwingt es, seinen Anspruch anzumelden sowie sein Genießen als ein sprachlich vermitteltes zu akzeptieren." Der sogenannte 'Spracherwerb' ist also im wesentlichen auch und gerade ein Verlust, insofern mit der Sprache und dem Sprechen etwas unwiederbringlich verloren geht. Hinsichtlich des außerordentlichen Stellenwertes dieses Geschehens für die Subjektwerdung zieht Borens zu dessen Charakterisierung den Begriff des Traumas heran: „Traumatisch soll in diesem Zusammenhang festhalten, daß die Sprache, in die das Kind hineingeboren wird, nicht für dieses zurechtgezimmert ist, sondern ein Prokrustesbett ist." Bei allem Gewinn, den das kleine Subjekt und der Andere für ihre Begegnung aus der Sprache ziehen (die Sprache als Preis, den man bekommt), bringt der Eintritt in das Sprechen eine doppelte Entfremdung mit sich (die Sprache als Preis, den man bezahlt): „Erstens muß das Kind sprechen, um seinen Anspruch anzumelden, um nicht gänzlich mißverstanden zu bleiben, und dieses Sprechen ruft ihm jedesmal sein Getrenntsein schmerzlich ins Bewußtsein. [...] Zweitens muß das Kind, um sich überhaupt verständlich machen zu können, Worte gebrauchen, die nicht die seinen sind und es nie sein werden, sie waren vor ihm da und werden ihm lediglich zur Verfügung gestellt."[52]

Dieses Aufeinanderprallen ist für das autistische Kind nicht annehmbar, vor diesem Zusammentreffen hat es sich zurückgezogen. Was ihm hier in der Begegnung mit dem Anderen zur Verfügung steht, ist lediglich eine Form adhäsiver Identifizierung, die es ihm ermöglicht, an der Illusion der ungetrennten Mutter-Kind-Einheit festzuhalten: „Das Kind entwickelt sich am Erwachsenen 'klebend'. Es erkennt eine vom Objekt *getrennte* Existenz nicht an. Auf diese Weise wird die Hand des Erwachsenen [...] vom autistischen Kind als Verlängerung seines eigenen Körpers benutzt."[53]

## Eine Deutung der Psychoanalyse

Wir können von den autistisch-psychotischen Kindern und Jugendlichen, mit denen wir arbeiten, sagen, daß sie in der Dimension des Realen gefangen sind. Dies ist die eigentliche Behinderung ihrer Subjektwerdung. Was ihre Begegnung mit dem Anderen und dem Objekt angeht, so bleibt diese dem Realen verhaftet. Der Andere wird, wenn überhaupt schon als 'anderer', lediglich als absoluter Anderer wahrgenommen: Das Objekt kann als Körper-Objekt nicht vom Anderen abgelöst werden und bleibt in diesen eingeschlossen. Und wenn diese Kinder überhaupt sprechen, gebrauchen sie die Sprache als Echo zu dem Sprechen des anderen „– so die Illusion erhaltend, die Rede des anderen (und sein Mund) wäre die ihre.“[54]

Wie wir gesehen haben, hat Freud die psychopathologischen Strukturen im Hinblick auf den Stellenwert, der in ihnen die Realität genannte „Not des Lebens“ einnimmt, zu unterscheiden versucht. Die Differenz zwischen Neurose und Psychose liegt also vor allem in der unterschiedlichen Behandlung der Realität. In der Neurose wird ein Stück Realität fluchtartig vermieden. Das Subjekt verleugnet die Realität nicht, es will nur nichts von ihr wissen. In der Psychose wird ein Stück der Realität umgebaut. Das Subjekt verleugnet die Realität und sucht sie zu ersetzen. Ausgehend von diesem Freudschen Ansatz, können wir die Hypothese aufstellen, daß im Autismus es eigentlich noch gar keinen solch ausgeprägten Versuch der Absetzung von der Realität gibt. Zwischen dem Subjekt und der Realität gibt es noch gar keinen Abstand. Dies durchaus im Sinne eines fehlenden Raumes des Übergangs: Es fehlt der ‘potentielle Raum’ zwischen dem Subjekt und der Realität. Das autistische Subjekt hat, so können wir hier Lacan paraphrasieren, *einen zu realen Bezug zur Realität.*[55]

Wir können in diesem Sinne von den Begegnungen mit autistisch-psychotischen Kindern und Jugendlichen sagen, daß in ihnen nicht nur das Reale des Körpers vorherrscht und sie darüber hinaus durch das Nicht-in-Gang-Kommen des Symbolischen, durch das Fehlen des gesprochenen Wortes charakterisiert sind. Den Ausfall auch der imaginären Dimension der Begegnung von Subjekt und Anderem erkennen wir in der diese Begegnung auszeichnenden Abwesenheit des Phantasmas.[56] Wo sich auf dem Weg dessen, was wir eine ‘normale Entwicklung’ des Kindes nennen, vor das Loch, welches das verlorene Objekt hinterlassen hat, das Phantasma als sprachlich organisierte, unbewußte Formel schiebt, fehlt dieser Schirm für das autistisch-psychotische Kind. Während das Phantasma zum Ausdruck bringt, wie sich das Subjekt zu seinen Objekten, die für das Verlorengegangene stehen, situiert und Auskunft über das in Gang gekommene Spiel der Identifizierungen gibt, gibt es für das autistisch-psychotische Kind nichts Verlorengegangenes, und der Unter-Grund für die Identifizierung fehlt. Es klebt am ‘verlorenen’ Objekt, das als Körper-Objekt vom Anderen nicht abtrennbar ist. Ist das Phantasma Ausdruck der für jedes Subjekt hochgradig spezifischen

Ausgestaltung des Umgehens mit dem Realen, so fehlt dem autistisch-psychotischen Kind, das in das Reale eines „leeren Körpers“ (Mannoni) geflüchtet ist, zuallererst ein solcher ‘Ausdruck’.[57] Wie Suzanne Maiello in einem Kommentar zu den Arbeiten Frances Tustins hervorhebt, zeichnen sich die Begegnungen mit dem autistisch-psychotischen Kind aus diesem Grund vor allem durch das Insistieren des Immergleichen und der Wiederholung aus, das sich gegen die schmerzliche Erfahrung des Getrenntseins, der eigenen Verwundbarkeit und Unvollkommenheit stemmt.[58]

Die Begegnung mit autistisch-psychotischen Kindern und Jugendlichen ist vom Vorherrschen der Dimension des Realen gekennzeichnet und von diesem Vorherrschen zugleich bedroht und attakkiert. Bevor überhaupt daran zu denken und die Frage zu stellen ist, auf welche Weise denn hier vielleicht doch noch das Reale mit den beiden Dimensionen des Imaginären und Symbolischen verknüpft werden kann, verlangt diese Begegnung mit dem autistisch-psychotischen Subjekt vom Anderen ein Stück seines Realen. Man könnte hier von Aushöhlungen des Anderen sprechen. Dieses Reale mag sich, wie wir es in der von Frau Hamad geschilderten Sequenz gesehen haben, in Form eines Wagnisses kleiden, das der Andere eingehen zu müssen glaubt, um einen Ausweg aus einer Sackgasse zu finden. Zumindest einen solchen Schritt ins Unbekannte verlangt diese *Inanspruchnahme* (Freud) *unserer Person*[59] uns ab. Darüber hinausgehend ist es aber auch und insbesondere die mit dem Register des Realen verbundene Intensität des Unerträglichen und Unaushaltbaren, die uns zu schaffen macht. Und nicht zuletzt bedeutet es vor dem Hintergrund dieser Intensität eine zusätzliche Anforderung an uns, daß wir der Notwendigkeit nachzukommen versuchen müssen, dem Unsagbaren des Realen Worte zu leihen.

An einer für das autistisch-psychotische Kind wie für uns empfindlichen Stelle, so könnten wir auch sagen, befragt dieses uns über unsere Subjektwerdung. Von hier aus läßt sich ahnen, was Maud Mannoni gemeint haben mag, als sie davon gesprochen hat, daß diese Kinder einen Ort brauchen, an dem die Erwachsenen ‘natürlich’ sprechen: „[...] das heißt, es braucht Erwachsene, die aus dem Zusammenhang ihrer eigenen Bezugspunkte verstehen, die Worte zu finden, welche der Angst, der Furcht und dem Haß eine Antwort geben.“[60]

Wir können nun klarer benennen, warum unsere Wahl ganz zu Anfang auf die Begegnungen zu Tisch gefallen ist und wir an dieser Wahl festhalten zu können glauben. Diese Begegnungen beim gemeinsamen Essen sind, ausgehend davon, was wir bis hierher zu entwickeln versucht haben, am ehesten *Begegnungen zwischen dem Subjekt, dem Objekt und dem Anderen* zu nennen. In den meisten anderen Alltagssituationen – einschließlich der analytisch orientierten Einzelstunden – sind tendenziell die 'Protagonisten' dieser Begegnung nicht vollzählig erschienen: Es sind dann entweder Begegnungen von Objekt und Anderem, und es stellt sich die Frage: Wo ist das Subjekt? Oder es sind Begegnungen von Subjekt und (seinem) Objekt, aus denen der Andere von vornherein ausgeschlossen ist. Oder aber es sind Begegnungen von Subjekt und Anderem, in denen an der Stelle, an der beide auf das Objekt zu treffen glauben, nur auf ein klaffendes Loch stoßen.

Zum einen können wir also sagen, daß eine für die Frage der Subjektwerdung wesentliche Konstellation – das Aufeinandertreffen von Subjekt, Objekt und Anderem – in den Begegnungen zu Tisch vorgegeben ist. Zum anderen müssen wir im gleichen Atemzug festhalten, daß diese stets zweischneidige Angelegenheiten sind. Denn was sich auf den ersten Blick als Vorteil darstellt – die vorgegebene Konstellation – gerät auf den zweiten Blick zum Nachteil. Denn wie wir oben gesehen haben, ist das Verhaftet-Bleiben in der Dimension des Realen gleichbedeutend mit der Reduzierung der Begegnung – sowohl mit dem Objekt als auch mit dem Anderen – auf die Ebene der Befriedigung des Bedürfnisses. Einerseits leuchtet davon ausgehend ein, warum wir dachten, gerade an den Begegnungen zu Tisch ansetzen zu müssen. Schließlich nimmt hier die Frage der Bedürfnisbefriedigung einen zentralen Stellenwert ein. Andererseits befinden wir uns in ihnen gerade deshalb – und zwar je mehr wir dem Subjekt an den Ort seines Rückzuges ins Reale entgegengekommen sind – in einer äußerst prekären Position.

Ausgerechnet also aus den 'Höhlungen' dieser Begegnungen zu Tisch meinen wir von unserem Appell an das uns gegenüber Platz genommene Subjekt sprechen zu müssen? Ausgerechnet von dort, wo sich dieser Appell ein ums andere Mal in Richtung jenes Ortes des Körpers verliert, in den das Sprechen des Subjekts eingeschlossen zu sein scheint? Was uns zuweilen aber gerade zu Tisch aus der

Mund-Höhle des Subjekts entgegenkommt, davon möchten wir im folgenden berichten.[61]

### „Hefezopfkommahefen" oder die Kunst, nicht bei der ‚Sache' zu sein (Nino)

Der sechzehnjährige Nino lebt seit siebeneinhalb Jahren in der Wohngruppe für Kinder und Jugendliche des Therapeutischen Heims. Zum Zeitpunkt seiner Aufnahme fiepst er. Es hört sich an wie ein Vogel, der aufgeregt durch das Haus flattert. Dazwischen zeigt er aber auch Ansätze von verbaler Sprache: Bei uns kommen einzelne unverständliche Worte und stereotyp reproduzierte Sätze an. Was wir derart von ihm zu hören bekommen, richtet sich nicht an uns; eher dient es ihm zur Selbststimulation. Ein dreiviertel Jahr später ist er eifrig bemüht, das Sprechen der Erwachsenen nachzuahmen. Einen seiner Lieblingssätze – „Ich habe gesagt nein" – gebraucht er situativ und adäquat. Im weiteren Verlauf wird sein Gebrauch der Sprache differenzierter. Nach gut drei Jahren spricht er selbstverständlicher und weniger verrätselt. Dies aber nur dann, wenn wir es nicht von ihm erwarten. Es ist auch die Zeit seiner 'bonmots'. Nachdem er zuvor mit seiner Lehrerin eine Zeitlang Tierstimmen nachgeahmt hat, sagt er: „Ich bin ein Clown am Rande der Welt." Ein anderes Mal, wir sitzen beim Mittagessen, steht Nino plötzlich auf, schaut aus dem Fenster und sagt: „Oh, was für ein schöner Sommer*n*orgen!" Inmitten der allgemeinen Begeisterung geht beinahe unter, daß er diese genutzt hat, sich eine Scheibe Leberkäse zu stibitzen. Alles in allem können wir in seinem fünften Jahr von einer weitergehenden Versubjektivierung berichten. Ein Jahr später schon deutet sich aber Stagnation an. Anstatt sich in ganzen Sätzen, die einen Anfang und ein Ende haben, zu artikulieren, zieht er sich im Sprechen auf das Ausstoßen einzelner Worte zurück. Manche von ihnen sind kunstvoll verdichtet: „Hefezopfkommahefen", kommt es uns einmal von ihm entgegen. Er bringt so zum Ausdruck, daß er nicht mehr bereit ist, den Weg zum Hefezopf zu gehen. Kommt der Hefezopf nicht zu ihm, bleibt er hungrig. Diese Entwicklung zurück hängt unseres Erachtens von mehreren Faktoren ab, auf die wir in diesem Rahmen nicht näher eingehen können. Seine spürbar angewachsene Triebhaftigkeit macht ihm zu schaffen. Am meisten schreckt er vor den Anforderungen der sozialen Realität zurück. Er stellt sich dumm (an) und entwickelt dabei aber eine gewisse Kunstfertigkeit, nicht bei der Sache zu sein. Soviel nur wollen wir der folgenden Sequenz aus dem vergangenen halben Jahr vorausschicken.

Ich hole Nino zum Abendessen auf seinem Zimmer ab. Als ich die Tür öffne, sitzt er ruhig im Schneidersitz in seiner Hängeschaukel. Er hat den Einband eines Buches auf dem Schoß liegen und hält in der einen Hand seinen Schuh. Zwischen den Fingern der anderen Hand liegen dessen Schnürsenkel. Nino bändelt: Er bewegt die Finger der einen Hand so, daß die Schnürsenkel auf dem ihm als Unterlage dienenden Einband tanzen. Mit der Ruhe ist es schlagartig vorbei, sobald ich das Zimmer betrete. Ich hatte noch keine Gelegenheit den Mund aufzumachen, geschweige denn das Wort an ihn zu richten, – allein meine bloße Gegenwart, die sich für ihn durch mein Klopfen an der Tür angekündigt hat, läßt ihn das Bändeln auf der Stelle unterbrechen. Die beiden Schnürsenkel fliegen aus seiner Hand, und sofort nimmt er einen Finger in den Mund, beißt zu und stimmt, den Finger weiterhin zwischen den Zähnen, ein lautes Geknurre an.

Ich weiß nicht, ob er mich überhaupt hört, als ich ihm sage, daß ich nur gekommen bin, ihn zum Abendessen zu holen. Er jedenfalls hat sich schon in Bewegung gesetzt, verläßt seine Schaukel, immer noch sich auf den Finger beißend. Während er mich weiter anknurrt, kommt er auf mich zu und wirft mir einen vorwurfsvollen Blick zu. Dann ist er aber auch schon an mir vorbei, verläßt zielstrebig sein Zimmer und wirft hinter sich die Tür zu.

Im Flur vor der Treppe, die nach unten ins Eßzimmer führt, hole ich ihn erst ein. Er hat sich offensichtlich beeilt. Er möchte nach unten und will sich von mir nicht aufhalten lassen. Ich packe ihn deshalb am Arm, halte ihn fest und will, daß er mir zuhört. Doch auch jetzt komme ich kaum zu Wort. Ich muß mitten im Satz lauter werden, um mir gegen das Geschrei, in das sein Knurren nun übergegangen ist, Gehör zu verschaffen. In die Pause hinein, die er mir läßt, als er Luft holen muß, sage ich ihm, daß er sich erst beruhigen muß, bevor er sich mit den anderen an den Tisch setzen und zu essen beginnen kann. Was von dem bei ihm ankommt, kann ich nicht sagen, denn er macht sich mit einem Ruck los und nimmt die erste Stufe. Ich lasse ihn vor mir hergehen. Während er im Nachstellschritt die Treppe hinunter geht, ebbt sein Geschrei allmählich ab; dies aber nur, um, ohne daß eine Pause dazwischen hätte entstehen können, von einem nervösen Schnaufen und Keuchen abgelöst zu werden.

Laut schnaufend und keuchend kommt Nino kurz darauf im Eßzimmer an. Die anderen sind schon alle da. Nino klettert über die Sitzbank an Janina vorbei auf seinen Platz. Ich setze mich ihm gegenüber und habe jetzt Janina zur Linken, Axel zur Rechten. Während die anderen gefragt werden, was sie essen möchten – es gibt Brot, Wurst, Käse und Reste des mittäglichen Kartoffelgratins – schnauft und keucht Nino laut weiter. Wer etwas sagen möchte, muß gegen die immer näher rückende Geräuschwand anreden. Nino rückt unruhig auf seinem Platz hin und her. Er zieht die Ärmel seines Pullovers über die Hände und setzt sich auf sie. Im nächsten Augenblick liegt eine Hand aber auch wieder auf dem Tisch und will nach einem Stück Brot greifen. Ich verbiete es ihm und verlange, daß er mit dem Schnaufen und Keuchen aufhören und dann sagen soll, was er möchte. Er reagiert sofort, seine Hand schnellt vom Brotkorb zurück. Im nächsten Augenblick sitzt er wieder auf beiden Händen. Sein Schnaufen und Keuchen wird lauter. Mittlerweile haben alle anderen etwas auf dem Teller. Wir können anfangen zu essen. „Ich möchte guten Appetit", sagt Nino plötzlich, die Finger schon wieder am Brotkorb. Für eine Antwort ist kein Platz, denn erneut nimmt Ninos Schnaufen und Keuchen den ganzen Raum ein. Es ist eng geworden. Nicht nur ich habe das Gefühl, bald keine Luft mehr zum Atmen zu haben.

„Nino hör' bitte mit dem Gekeuche auf und sag' mir, was du essen möchtest! Es gibt Wurst und Käse und noch Kartoffelgratin von heute mittag." „Ich möchte Quiche Lorraine", gibt er mir zur Antwort. „Es gibt keine Quiche heute abend. Schau' was auf dem Tisch steht!" Sein Schnaufen und Keuchen fängt wieder an, – oder hatte es noch gar nicht aufgehört? Das Eßzimmer jedenfalls ist noch immer davon angefüllt. Ninos getriebene Unruhe dringt einem durch die Ohren in den Körper, sie ist ansteckend. Sein unverschämtes Benehmen stößt auf Ablehnung, es provoziert. Seine hartnäckige Ignoranz bringt uns fast zur Verzweiflung, sie ist unerträglich. „Nino, was möchtest du essen?" Der Ton ist mittlerweile noch etwas schärfer geworden. Ich bin kurz davor, ihn wieder einmal vom Tisch zu schicken, daß wenigstens die anderen in Ruhe weiteressen können. Wieder einmal, – ich muß daran denken, wie oft er in der letzten Zeit auf diese oder ähnliche Art und Weise den Eßtisch hat verlassen müssen. Es geht schon so lange so. „Ich möchte Kässpätzle“, hör’ ich ihn sagen. Er ißt zu wenig. Und manchmal scheint es ihm sogar recht gewesen zu sein, gehen zu müssen ohne etwas gegessen zu haben. Einen Hungerkünstler haben wir ihn deshalb schon genannt. Ich antworte ihm nicht, schaue ihn nur an. Da ist wieder dieser von Grund auf vorwurfsvolle Blick. Tun wir ihm tatsächlich unrecht? Warum gebe ich ihm nicht einfach von dem Kartoffelgratin auf seinen Teller? Damit endlich Ruhe ist! „Käse!“, kommt es mir von Gegenüber entgegen. Nino stiert auf den Käseteller, der gerade über den Tisch gereicht wird. Die Hand hat er am Brotkorb. „Kannst du bitte einen ganzen Satz machen!“ Ich muß daran denken, daß er neulich, als wir ihm, ohne ihn zu fragen den Teller gefüllt hatten, sein Essen nicht anrühren konnte. Hungrig, mit krummem Rücken und auf seinen Händen sitzend, starrte er auf seinen Teller. „Käse!“ Ich verbiete Nino, weiterhin auf Meikes Teller zu starren. Er giert nach der Scheibe Käse, die mittlerweile auf dem Teller seiner Tischnachbarin zur Linken liegt. Sofort hat er seinen Zeigefinger zwischen den Zahnreihen, blickt mich an und beißt zu. Sein wütendes Jaulen, das er dabei hervorpreßt, ist ohrenbetäubend.

Harsch fahre ich ihn an und schicke ihn vom Tisch. Er soll im gegenüberliegenden Spielzimmer warten und sich überlegen, was es von ihm hier beim gemeinsamen Essen braucht, damit er überhaupt dabei sein kann. Er steht sofort auf, klettert an Janina vorbei und dampft schimpfend ab. Dieses Mal fliegt die Tür nicht hinter ihm ins Schloß. Dafür hören wir ihn weiterhin lautstark unartikuliert schimpfen. Ich stehe auf, jetzt bin ich es, der die Tür zwischen ihm und uns schließt. Es ist zum Aufatmen ruhig am Tisch als ich zurückkehre. Obwohl in mir noch der Sturm von Ninos Schnaufen sein Unwesen treibt, beginne ich doch durchzuatmen. Es ist angenehm. So würden wir wirklich in Ruhe essen können. Erst allmählich merke ich, daß es so ruhig nun doch nicht am Tisch ist. Die anderen sind mittlerweile bei der zweiten Portion angelangt.

Hinter mir höre ich eine Tür aufgehen. „Zu bald“, denke ich und will ihm schon entgegen gehen. Doch läßt mich irgend etwas sitzenbleiben. Als Nino direkt hinter mir steht und gerade an mir vorbeigehen will, drehe ich mich zu ihm um. Plötzlich weiß ich, was mich gerade davon abgehalten hat, ihn gleich wieder zurückzuschicken und eine längere Pause von ihm zu verlangen: Er ist ganz still. Kein Schnaufen. Kein Keuchen. Die Hände hat er ineinander verschränkt.

Sein Rücken ist auch beim Gehen rund. „Also gut, setz' dich noch einmal hin."

Ein drittes Mal an diesem Abend steigt Nino an Janina vorbei auf seinen Platz. Er sagt nichts. Er ist ruhig. Ich muß daran denken, daß er sich oft schon, wenn die anderen sich dem Ende des Essens genähert haben und er wieder einmal nur das Wenige in den Magen bekommen hat, was er sich genommen hat, bevor das gemeinsame Essen begann, – hungrig geblieben in ein abgedrehtes Lachen verfallen ist und sich so, seine Unabhängigkeit genießend, in eine groteske Heiterkeit hineingesteigert hat. Da höre ich Nino etwas sagen. Etwas. Was hat er gesagt? Ich bin sicher, es war ein ganzer Satz. Ich bin sicher, daß er gesagt hat, was er essen möchte. Ich bin sicher. Und doch habe ich es nicht gehört. Alle haben etwas gehört, das von Ninos Platz hergekommen ist. Aber niemand könnte wiedergeben, was er gesagt hat. Es war zu leise, zu genuschelt, zu undeutlich. Es war nicht wirklich an jemanden gerichtet. Ist es wirklich notwendig, zu erwähnen, daß ihm nicht eingefallen ist, es deutlicher zu wiederholen? Oder anders gesagt: Daß er die Verantwortung nicht übernommen hat, wirklich zu benennen, was sich da gesagt? Etwas von Nino war an unsere Ohren gedrungen, um nicht gehört zu werden.

## Anmerkungen

1 Vgl. dazu im folgenden den Abschnitt „Real, imaginär, symbolisch".

2 Lucien Israël ist im Januar 1996 gestorben. Zum Begriff der „symbolischen Begegnung", vgl.: Israël 1991.

3 Diese glückliche Formulierung gebrauchte einmal der Karlsruher Psychoanalytiker Peter Müller, der unsere Arbeit seit einigen Jahren begleitet.

4 Vgl. Mannoni 1994, S. 191 f.: „Anstelle autoerotischer Aktivitäten erscheint eine selbstzerstörerische Beschäftigung für den Autisten die einzige Möglichkeit, sich lebendig zu fühlen."

5 Vgl. dazu Lacan 1938, S. 48.

6 Maiello 1997, S. 182.

7 Vgl. dazu Maiello 1997, S. 182 f.: Während das Erleben von Unterschieden die Möglichkeit des Erkennens des Ähnlichen beinhaltet, und die Erfahrung des Ähnlichen die Voraussetzung für die

Identifizierung ist, führt das Verharren des Kindes in einem adhäsiv fusionalen Zustand des Einsseins mit der Mutter dazu, „daß Gleiches sich selber gleich bleibt. Das Identische blockiert die Entwicklung der Identifizierung, und die Wiederholung verhindert jede kreative Neuschöpfung."

8 Mannoni 1994, S. 206.

9 Mannoni 1994, S. 186 f.

10 Borens 1998, S. 39.

11 Vgl. dazu Lacan 1957/58, S. 67, S. 72 und Lacan 1960, S. 173 ff., S. 184.

12 Turnheim 1993, S. 141.

13 Widmer 1990, S. 53. Lacan 1960, S. 175.

14 Lacan 1953/54, S. 107 – 139.

15 Lacan 1953/54, S. 106 f.

16 Unter „Symbolik" versteht Freud „die Gesamtheit der Symbole mit konstanter Bedeutung, die in verschiedenen Produktionen des Unbewußten gefunden werden." Hinsichtlich seiner Bedeutung auf einer intrasubjektiv zu nennenden Ebene kann man imaginär „die fundamentale narzißtische Beziehung des Subjekts zu seinem Ich" nennen. Vgl. dazu: Laplanche / Pontalis 1973, S. 228 ff. und 487 ff.

17 „Freud legt den Akzent auf den Zusammenhang, der – wie komplex er auch sein mag – das Symbol mit dem, was es repräsentiert, verbindet, während für Lacan die Struktur des symbolischen Systems an erster Stelle steht; die Verbindung mit dem Symbolisierten (zum Beispiel der Ähnlichkeitsfaktor, die Isomorphie) ist zweitrangig und vom Imaginären durchsetzt." Laplanche / Pontalis 1973, S. 487.

18 Laplanche / Pontalis 1973, S. 487.

19 Laplanche / Pontalis 1973, S. 228.

20 Widmer 1990, S. 25. Vgl. dazu auch Widmer 1990, S. 57 f. Vgl. dazu auch Riepe 1998, S. 41: „Wie könnte etwas nicht an seinem Platz sein, an dem es gerade nicht ist? Aus der Sicht des Realen bedeutet das überhaupt nichts. Alles was real ist, ist stets und obligatorisch an seinem Platz, selbst wenn man es in Unordnung bringt. Das Reale hat zur Eigenschaft, seinen Platz unter seinen Schuhsohlen mit sich zu tragen."

21 Lacan 1954/55, S. 210.

[22] Lacan 1972/73, S. 132 ff.

[23] Hamad 1997.

[24] Ogden 1997, S. 1. Alle Zitate in diesem Abschnitt, sofern nicht anders gekennzeichnet, aus diesem Text.

[25] Wir werden auf diesen Begriff weiter unten ausführlich zu sprechen kommen.

[26] Und dies durchaus im Sinne von Lacans oben erwähnter Definition des Subjekts als „Diskontinuität im Realen". Lacans Theorie des Signifikanten geht allerdings in entscheidenden Punkten über die Unterscheidung zwischen Symbol und Symbolisiertem, an der Ogden sich im vorliegenden Text orientiert, hinaus.

[27] Freud 1916-17, S. 43.

[28] Freud 1940, S. 59.

[29] Borens 1998, S. 29.

[30] Borens 1998, S. 29 f.

[31] Müller 1997, S. 39. Vgl. dazu auch Müller 1997, S. 39: „Was die Versagung charakterisiert, ist nicht die Störung irgendeiner Funktion oder eines (bewußten) Anspruchs, sondern der Ausschluß des Begehrens [...]."

[32] Borens 1998, S. 29.

[33] Freud 1937, S. 388.

[34] Freud 1937, S. 392.

[35] Borens 1998, S. 39. Der Autor zitiert in diesem Zusammenhang Lacan, der die Psychoanalyse eine Operation genannt hat, „die in ihrem Wesen zum Verfehlen verurteilt ist. Darin besteht ihr Erfolg."

[36] Widmer 1990, S. 57.

[37] Freud 1909.

[38] Widmer 1990, S. 71. (Einfügungen F.G.)

[39] Zitiert nach Ogden 1997, S. 5.

[40] Zitiert nach Hamad 1997.

[41] Pontalis 1998, S. 17 f.

[42] Lefort / Lefort 1989.

[43] Lefort / Lefort 1989, S. 86: „Das 'mama' von Nadja, das sie in das Feld des Sprechens übergehen läßt, erlaubt es ihr, sowohl auf das Objekt zu verzichten, dessen Platz nun der Signifikant einnimmt, wie auch die Liebe des Anderen zu gewinnen, die Liebe, die eine metaphorische, d.h. eine signifikante Struktur hat."

[44] Lefort / Lefort, 1989, S. 88: „Jedes Subjekt macht sich, um geliebt zu werden, auf dem Wege des Signifikanten zum Objekt des Begehrens des Anderen."

[45] Mannoni 1994, S. 190.

[46] R. Lefort 1976, S. 200.

[47] Schindler 1991.

[48] Riepe 1998, S. 35. Hervorhebung und Einfügung F.G.

[49] Juranville 1990, S. 247. Vgl. zur Differenzierung von Frustration, Privation und Kastration weiterhin Riepe 1998, S. 40 - 43 und Juranville 1990, S. 247 - 254.

[50] Mannoni 1994, S. 189, 191 und 199.

[51] R. Lefort 1976, S. 200.

[52] Borens 1998, S. 26.

[53] Mannoni 1994, S. 198. Mannoni erinnert daran, daß der Begriff der adhäsiven Identifizierung von Esther Blick eingeführt wurde. Zum Unterschied zwischen projektiver und adhäsiver Identifikation vgl. Mannoni 1994, S. 197 ff.

[54] Mannoni 1994, S. 192.

[55] Vgl. dazu Mannoni 1994, S. 189 und 190.

[56] Vgl. zum Begriff des Phantasmas: Marcel Ritter 1996.

[57] Vgl. Mannoni 1994, S. 189 f.: „In der 'allzu realen' Beziehung, die das Subjekt mit der Realität unterhält, scheitert das Aufkommen des Imaginären." Das autistische Subjekt „kann das Imaginäre noch nicht vom Realen unterscheiden. [Es] lebt in einer reinen ursprünglichen Realität."

[58] Maiello 1997, S. 182: „Das Verharren des Kindes in einem adhäsiven fusionalen Zustand des Einsseins mit der Mutter führt dazu, daß Gleiches sich selbst gleich bleibt. Das Identische blockiert die Entwicklung der Identifizierung, und die Wiederholung verhindert jede kreative Neuschöpfung."

[59] Wie Freud schon 1895 die *Übertragung* nennt.

[60] Mannoni 1978, S. 217. Maud Mannoni ist Ende 1998 gestorben.

[61] Eine zweite Sequenz über Janina ist in der Einführung von Olaf Schmidt nachzulesen.

# Literatur


Borens, Raymond (1998): *Sprechen und kein psychoanalytischer Prozeß*, in: Zeitschrift für psychoanalytische Theorie und Praxis, XIII, I.

Freud, Sigmund (1895): *Zur Psychotherapie der Hysterie*, in: Studienausgabe, Ergänzungsband, Frankfurt am Main 1982.

Freud, Sigmund (1909): *Analyse der Phobie eines fünfjährigen Knaben*, in: Studienausgabe, Bd. VIII, Frankfurt am Main 1982.

Freud Sigmund (1916-17): *Vorlesungen zur Einführung in die Psychoanalyse*, in: Studienausgabe, Bd. I, Frankfurt am Main 1982.

Freud, Sigmund (1937): *Die endliche und die unendliche Analyse*, in: Studienausgabe, Ergänzungsband, Frankfurt am Main 1982.

Freud, Sigmund (1940): *Abriß der Psychoanalyse*, in: Studienausgabe, Ergänzungsband, Frankfurt am Main 1982.

Hamad, Annemarie (1997): *'Sag' mir, was soll es bedeuten' – Die Masken des Begehrens ...*, unveröffentlichter Vortrag, Karlsruhe.

Israël, Lucien (1991): *Die symbolische Begegnung*, in: Riss – Zeitschrift für Psychoanalyse, 2/1991, Zürich.

Juranville, Alain (1990): *Lacan und die Philosophie*, München.

Lacan, Jacques (1938): *Die Familie*, in: Schriften III, Weinheim, Berlin 1986.

Lacan, Jacques (1953/54): *Seminar I – Freuds technische Schriften*, hrsg. Von Norbert Haas, Olten, Freiburg 1978.

Lacan, Jacques (1954/55): *Seminar II – Das Ich in der Theorie Freuds und in der Technik der Psychoanalyse*, hrsg., von Norbert Haas, Olten, Freiburg 1980.

Lacan, Jacques (1957/58): *Über eine Frage, die jeder möglichen Behandlung der Psychose vorausgeht*, in: Schriften II, Weinheim, Berlin 1986.

Lacan, Jacques (1960): *Subversion des Subjekts und Dialektik des Begehrens im Freudschen Unbewußten*, in: Schriften II, Weinheim, Berlin 1986.

Lacan, Jacques (1972/73): *Seminar XX – Encore*, Weinheim, Berlin 1986.

Laplanche, Jean / Pontalis, Jean-Bertrand (1973): *Das Vokabular der Psychoanalyse*, Frankfurt am Main.

Lefort, Robert (1976): *Diskurs der Institution und Subjekt des Diskurses*, in: Mannoni, Maud, 'Scheißerziehung' - Von der Antipsychiatrie zur Antipädagogik, Frankfurt am Main.
Lefort, Rosine und Robert (1989): *Das Reale, das Symbolische das Imaginäre in der Dialektik des Anderen und des Objekts im Laufe der analytischen Kur*, in: Arbeitshefte Kinderanalyse, 10, Kassel.
Maiello, Suzanne (1997): *We must outgrow Theory - Das Vermächtnis von Frances Tustin*, in: Arbeitshefte Kinderanalyse, 25, Kassel.
Mannoni, Maud (1978): *Ein Ort zum Leben - Die Kinder von Bonneuil*, Frankfurt am Main.
Mannoni, Maud (1994): *Diese Kinder, die Autisten genannt werden*, in: Roedel, Wagner (Hrsg.), Annäherungen an Bruno Bettelheim, Frankfurt am Main.
Müller, Peter (1997): *Freie Assoziation?*, in: Michels, Müller, Perner (Hrsg.), Psychoanalyse nach 100 Jahren, München, Basel.
Ogden, Thomas H. (1997): *Über den potentiellen Raum*, in: Forum der Psychoanalyse, 13, Berlin.
Pontalis, J.-B. (1998): *Zusammenfassende Wiedergaben der Seminare IV-VI von Jacques Lacan*, in: Riss-Extra 3, Zürich.
Riepe, Manfred (1998): *Die Phobien - Ein Versuch über Angstneurose und psychotische Angst*, in: Riss - Zeitschrift für Psychoanalyse, 42, Wien.
Ritter, Marcel (1996): *Auf der Spur des nicht-spekulären Imaginären oder Hinführung zur Theorie des Phantasmas bei Lacan*, in: Brief der Psychoanalytischen Assoziation Die Zeit zum Begreifen, 17, Berlin.
Schindler, Regula (1991): *Symbolische Mutter - Realer Vater*, in: Riss - Zeitschrift für Psychoanalyse, 17, Zürich.
Turnheim, Michael (1993): *Freud und der Rest*, Wien.
Widmer, Peter (1990): *Subversion des Begehrens*, Frankfurt am Main.

*Ingrid Pertramer und Reinhold Wolf*

# Momente der Triangulierung am Rande des Schweigens

## Zur Frage des analytischen Raumes im Beziehungsfeld von Wohngruppe und ambulanten therapeutischen Einzelstunden

(Der folgende Text stellt ein Referat dar, das als Grundlage der Diskussion eines Tagungsseminars diente. Es wurde bewußt darauf verzichtet, diesen Text zu einem Vortrag umzuarbeiten.)

In unseren vorbereitenden Diskussionen auf diese Tagung passierte es immer wieder in auffallender Weise, daß eine Unzufriedenheit und Ratlosigkeit über den für die Tagung gewählten Begriff des analytischen Raumes entstand. Der Begriff schien uns schwer zu fassen und vage, weil er so vieles beinhaltet, was kaum in einer Definition auf einen Punkt zu bringen ist. Gleichzeitig schien uns in diesem Begriff eine Dynamik und Dialektik psychischer Prozesse angesprochen zu sein; sowohl im Sinne einer interpersonalen Dynamik in der Begegnung und Beziehung zu den Menschen, mit denen wir arbeiten, als auch im Sinne einer intrapsychischen Dynamik dessen, was sich innerhalb der an der Beziehung Beteiligten ereignet. Dies ließ uns dann wieder den Begriff interessant und geeignet für diese Tagung erscheinen.

Für dieses Seminar haben wir uns vorgenommen, anhand eines Fallbeispiels zu schildern, wie in einem schwierigen Beziehungsprozeß mit einem autistisch-psychotischem jungen Mann, der in der Wohngruppe für junge Erwachsene in Rottenburg lebt, etwas entsteht, was man vielleicht als Entstehen eines analytischen Raumes bezeichnen kann. Auch hier ist vorerst ganz vage damit gemeint die Möglichkeit einer Erfahrung mit sich selbst in der Begegnung mit einem anderen (bzw. den anderen, mit denen er im Gesamtrahmen der Betreuung zu tun hat), in der die andere Person zu einem Teilnehmer der inneren Situation des Patienten oder Betreuten wird, was diesem dann evtl. in einem längeren Beziehungsprozeß ermöglicht, Teile seiner Selbst wiederum aufsichzunehmen. Diese Erfahrung öffnet psychische und soziale „Spiel-Räume“ und Entwicklungen, ist aber gleichzeitig so bedrohlich, daß sie immer wieder neu negiert werden muß, da die unerträglichen, Angst erzeugenden Selbstanteile für das eigene Selbst wie in der Phantasie auch für den anderen als sehr gefährdend erlebt werden.

Anfangs möchten wir ein paar Gedanken zum Begriff des analytischen Raumes äußern; dann möchten wir etwas von unseren Begegnungen mit Peter – so wollen wir ihn hier nennen – schildern.

Ein Zugang zum Begriff des analytischen Raumes läßt sich von zwei Blickwinkeln her finden. Zum einen gibt es in der alltagssprachlichen Beschreibung von psychischen Situationen und zwischen-menschlichen, gefühlshaften Vorgängen eine häufige, metaphorische Verwendung des Raum-Begriffs, die u.E. zurückgeht auf die Körperhaftigkeit unserer Existenz und die zu unserem Selbst gehörenden, fundamentalen Erfahrungen als ein Körper-Ich in einem uns umgebenden Raum. Beispiele in der Alltagssprache sind etwa die Lokalisation von Gefühlen im Bauch oder im Kopf, sowie die somatischen Gefühlsäußerungen, wie einen „Kloß im Hals“ zu haben, einen „nagenden Hunger im Bauch“ etc. Zum anderen gehen diese alltagssprachlichen Vorstellungen natürlich auch ein in die professionelle Reflexion und in die Konzeptbildungen über Vorgänge in einer therapeutischen Beziehungssituation und über entwicklungspsychologische Aspekte der menschlichen Entwicklung; z.B. in den Kleinianischen Vorstellungen über die inneren Objekte, in Bions Container-Contained-Modell, oder in Winnicotts Gedanken zum Übergangsraum, zum „potentiellen Raum“ u.ä.

Im Begriff des analytischen Raumes scheinen verschiedene Dimensionen beinhaltet zu sein, von denen wir drei nennen möchten:

1. Der Raum als eine äußere, tatsächliche Realität, die in unserer Arbeit den räumlich-zeitlichen Ort und Rahmen markiert, bis hin zu den Bedingungen und der Arbeitsstruktur unserer Institution.
2. Der Raum schon metaphorisch als innerer Raum verstanden, mit dem auf seiten des Sozialarbeiters/Therapeuten die inneren Bedingungen, d.h. bewußte und unbewußte Aspekte gemeint sind, die auf die therapeutische Beziehungssituation einwirken, wie Einstellungen, Haltungen, theoretische und technische Orientierungen, Zielsetzungen etc.

3. Die Prozeßhaftigkeit des analytischen Raum-Begriffs als etwas, was sich in einer Person im Kontext einer Begegnung, bzw. Beziehung mit einer anderen Person ereignet.

Thomas H. Ogden spricht von dem „Eintritt in die analytische Erfahrung“ und sagt: „Letztendlich ist es nicht der individuelle psychische Raum des Patienten, sondern – in einem hohen Maße – der analytische Raum, der den Ort darstellt, an dem er sein unbewußtes inneres Drama erlebt [...]“ (Thomas H. Ogden 1995, S. 190). Die psychische Dynamik dieser Erfahrung innerhalb einer Beziehung hat, besonders in Hinsicht der frühen Störungen und Traumatisierungen, von denen die von uns betreuten Menschen betroffen sind, viel zu tun mit den psychisch-strukturellen Prozessen der Differenzierung zwischen Ich und Nicht-Ich, der Triangulierung und Symbolbildung. In Anlehnung an Winnicott und dessen Begriff des „potentiellen Raumes“ faßt Ogden diesen auf als „einen Gemütszustand, dem eine Reihe von dialektischen Beziehungen zugrundeliegen. Solche Beziehungen bestehen u.a. zwischen Phantasie und Realität, dem Ich und dem Nicht-Ich, dem Symbol und dem Symbolisierten etc., wobei jeder Pol der Dialektik seinen Gegenpol erschafft, prägt und negiert. Ein solcher dialektischer Prozeß wird durch einen Entwicklungsfortschritt erlangt, d.h. durch die Entwicklung vom „unsichtbaren Einssein“ der Mutter-Kind-Einheit zum subjektiven „Drei-Sein“ von Mutter-und-Kind (als symbolische Objekte) und dem Kind (als interpretierendes Subjekt)“ (Thomas H. Ogden, 1997, S. 1 – 2). Helen Schoenhals (1993) spricht vom „triangulären Raum“ als einem intra-psychischen Entwicklungsschritt, der im Prozeß einer analytisch-therapeutischen Beziehung entsteht, was durchaus übertragbar erscheint auch auf den sozialtherapeutischen Rahmen unserer Arbeit. In unserem Kontext der Vereinsarbeit und bezogen auf den hier vorgestellten Fall besteht die Frage, wie im Gesamtrahmen einer Betreuung die einzelnen, verschieden definierten Setting-Bestandteile und Beziehungsräume im jeweils individuellen Fall zusammenspielen, bzw. in der Lage sind, der Ort zu sein, an dem sich „das unbewußte innere Drama“ (Ogden) des Patienten gestalten kann und möglicherweise zu konstruktiven Erfahrungen führt.

Beim Erstkontakt in der Wohngruppe erlebten wir einen mittelgroßen, schmächtig gebauten und dunkel gekleideten jungen Mann, der blaß, in sich gekehrt und wortkarg in einem Stuhl saß und der seine Begleitpersonen für sich antworten ließ. Er nahm kaum Blickkontakt auf und wurde uns als antriebsschwach, zurückgezogen und zur Arbeit nicht motiviert beschrieben. Peter ist nun ein neunzehnjähriger, junger Mann, der seit nicht ganz zwei Jahren in unserer Wohngruppe für autistische und psychotische junge Erwachsene zusammen mit fünf weiteren jungen Menschen lebt. Alle jungen Erwachsenen verfügen über ein Einzelzimmer, welches sie nach ihrem eigenen Geschmack möblieren dürfen. Peter hatte von Anfang an klare Vorstellungen, wie er sein Zimmer einrichten wollte. Er kaufte mit uns ein Bett, einen Schrank, einen Tisch, ein Nachtkästchen und einen Stuhl und überraschte uns damit, daß er bereits mitten im Aufbau war, als mein Kollege in sein Zimmer kam, um mit ihm die erworbenen Möbel zusammenzubauen. In Windeseile hatte der als motivationslos und antriebsschwach geltende junge Mann die doch sehr komplizierten Konstruktionsanleitungen durchschaut und umgesetzt. Nur die endgültige, selbständige Zusammenstellung gelang ihm nicht, da es ihm nicht möglich war, verbindende Nägel mit dem Hammer ins Holz zu schlagen. Er mußte bei diesem Vorgang, den mein Kollege für ihn übernahm, regelmäßig das Zimmer verlassen.

Bevor etwas zu Peters Herkunft und Problematik gesagt werden soll, wollen wir kurz einige konzeptionelle Rahmenbedingungen der Wohngruppe darstellen. Die Wohngruppe ist eine Übergangseinrichtung, in der Jugendliche und junge Erwachsene zwischen siebzehn und einundzwanzig Jahren leben und die durch den Erwerb sozialer und lebenspraktischer Kompetenzen, besonders durch die Integration ins Arbeitsleben, auf das Leben in einem weniger intensiv betreuten Ort vorbereiten soll. Neben diesem Ort des Wohnens gibt es noch den Ort der Arbeit und den Ort der psychoanalytisch-sozialtherapeutischen Einzelstunden. Alle drei Orte sind sowohl zeitlich als auch räumlich voneinander getrennt und die jungen Erwachsenen werden ebenso an den verschiedenen Orten von unterschiedlichen MitarbeiterInnen unseres Vereines begleitet. Zur Integration ins Arbeitsleben stehen den jungen Erwachsenen die KollegInnen des Arbeitsprojekts zur Verfügung, die vorerst den von den meisten BewohnerInnen als sehr schwierig erlebten täglichen Übergang vom Wohngruppenalltag zum Arbeitsleben unterstützend begleiten. Eine weitere Aufgabe des Arbeitsprojektes ist es, den jungen Erwachsenen bei der Einfindung am jeweiligen Arbeitsplatz (meist in Werkstätten für psychisch Behinderte) die notwendigen Hilfestellungen zu geben, so daß sie allmählich an Sicherheit gewinnen und im Laufe der Integration eine gewisse Selbständigkeit erlernen können. Das selbständige Arbeiten in den Werkstätten wird genauso Schritt für Schritt erlernt wie die Benützung von öffentlichen Verkehrsmitteln. Peter wurde im Lauf des ersten Jahres durch eine sehr intensive Begleitung in den Arbeitstrainingsbereich einer Werkstatt für Behinderte integriert und wechselte im vergangenen Jahr in eine neu errichtete und näher am Wohnort gelegene WfB. Der dritte Ort, neben dem Wohnen und der Arbeit, stellen die psychoanalytisch-sozialtherapeutischen Einzelstunden dar, die ein- bis viermal pro Woche bei Mitarbeiter/Innen der Ambulanten Dienste unseres Vereins stattfinden. Diese Stunden haben die Funktion, einen vom Alltag getrennten Raum einzurichten, in dem auf die „Ver-rücktheit" und auf die regressiven Tendenzen nochmals anders eingegangen werden kann. Die Einzelstunden haben eine therapeutische Funktion im Sinne einer Beschäftigung mit den seelischen Themen, die im Beziehungsprozeß und im Zuge des Übertragungs- und Gegenübertragungsgeschehens auftauchen. Dabei ist sehr verschieden, wie die Ebenen einer sprachlich-verbalen Kommunikation und einer handlungsnahen, über Inszenierungen laufenden Kommunikation jeweils verteilt und gewichtet sind. Peter besucht einmal pro Woche seine Einzelstunden in der Ambulanz des Vereins.

Im folgenden möchten wir einiges zu Peters Herkunft und seiner Problematik erwähnen. Peter ist als zweites Kind geboren und hat zwei Schwestern. Eine ältere Halbschwester und eine um ein Jahr jüngere leibliche Schwester. Als Peter zehn Jahre alt war, kam es zwischen den Eltern zur Trennung und Scheidung. Die Schwangerschaft war unauffällig verlaufen, die Geburt war allerdings kompliziert durch eine Nabelschnurumschlingung des Halses sowie einen Schlüsselbein- und Nasenbeinbruch, so daß kurzzeitig sogar eine Sauerstoffzufuhr notwendig war. Sowohl die motorische und körperliche Entwicklung als auch die Sauberkeitsgewöhnung verlief völlig regelrecht, lediglich die Sprachentwicklung war leicht verzögert. Die Mutter beschrieb Peter als freundliches, fröhliches Kind mit einer zurückhaltenden Lebensart. Als problematisch fiel Peter überhaupt erst auf, als er in den Regelkindergarten kam. Ab diesem Zeitpunkt steigerten sich seine Verhaltensauffälligkeiten und es kam zu mehreren Schulwechseln in verschiedenen Sonderschulen. Peter erreichte keinen Schulabschluß. Ab diesem Zeitpunkt verließ Peter die Wohnung nur mehr in Begleitung der Mutter beziehungsweise der Schwester. Ein halbes Jahr später suchte Peters Mutter eine Beratungsstelle auf, die ihn an ein Therapiezentrum für autistische Kinder und Jugendliche verwies. Nach einem ambulanten Therapieversuch kam er im Alter von sechzehn Jahren in eine kinder- und jugendpsychiatrische stationäre Einrichtung. Anlaß dafür war neben seinen sonstigen Problemen ein selbstgefährdender, anorektischer Zustand. Peters völliger Rückzug, seine starke depressive Verstimmung, sein verändertes Eßverhalten und seine autoaggressiven Verhaltensweisen wie Schläge ins eigene Gesicht, Kopf gegen die Wand schlagen und Lippen blutig beißen, konnten im Laufe der gut einjährigen stationären Behandlung durch intensive Begleitung und unterstützenden Medikation bearbeitet und verändert werden. Um diesen erreichten Erfolg weitergehend zu stabilisieren und Peter eine Integration ins Arbeitsleben zu ermöglichen, kam es zu einer Anfrage in unserer Einrichtung.

Wir möchten nun den Verlauf der Betreuung schildern, und zwar wechselnd aus dem Blickwinkel der Ambulanz (R.W.) und der Wohngruppe (I.P.).

(R.W.): Die Anfangsphase der Einzelstunden mit Peter in der Ambulanz des Vereins war davon gekennzeichnet, daß unsere Begegnungen bei Peter mit unerträglichen Gefühlen verbunden zu sein schienen, die er nicht selbst artikulieren konnte, sondern in seiner Körperhaltung und -gestik zum Ausdruck brachte; in gebeugter Haltung saß er schweigend mir gegenüber am Tisch, sein Gesicht drückte Anspannung und Unzufriedenheit aus. In der Hauptsache weibliche Kolleginnen vom Arbeitsprojekt oder Wohngruppe, die Peter auf dem Weg zu mir begleiteten, sprachen aus, wie schwer es Peter falle, zu mir zu kommen. Ich selbst empfand bei Peter eine große Verletzlichkeit, Unzufriedenheit und Leiden. Der Betreuungsrahmen mit der für Peter verpflichtenden Setzung der ambulanten Einzelstunden schien mir in dieser Zeit immer wieder fragwürdig und eine Zumutung für Peter, aber auch für mich selbst darzustellen, indem nichts von einem auf die Begegnung mit mir gerichteten Wunsch oder einer Erwartung bei Peter sichtbar war. Ich versuchte, mit Peter herauszufinden, wie wir den Rahmen unserer Stunden gestalten könnten, so daß die unerträglichen Gefühle irgendwie aushaltbar werden könnten. In gemeinsamen Spielen, z.B. Malefitz, schien Peter sich etwas öffnen zu können und zeigte eine aggressive

Lust, verknüpft mit einem zwanghaft-ticartigen Verhalten, mich mit seinen Steinen völlig einzumauern. Bei der Begleitung Peters zu den Einzelstunden passierten anfangs seltsame Vergeßlichkeiten und Verwirrungen, die zu Stundenausfällen führten; darin schien etwas in Szene gesetzt zu sein von der psychischen Haltlosigkeit, Desorientiertheit und Verwirrung, die es in Peter gab und brachte uns dazu, sehr aufmerksam und bewußt Peter das notwendige Maß an Halt und Begleitung zu geben.

(I.P.): Ich erinnere mich noch genau daran, wie Peter nach seiner allerersten Einzelstunde beim Kollegen in der Ambulanz die Bezeichnung „gut“ formulieren konnte, als ich ihn danach fragte, wie seine erste Begegnung war. Vielleicht blieb mir dieses sehr echt klingende „gut“ deshalb so in Erinnerung, weil wir mit Peter genau ab diesem Zeitpunkt die unterschiedlichsten Situationen erlebten, die immer das Vergessen der Stunde beziehungsweise große Verwirrungen um diese beinhalteten. Es verging in dieser Anfangsphase kaum eine Woche, in der Peter sowohl uns BetreuerInnen aus der Wohngruppe als auch die KollegInnen des Arbeitsprojekts nicht auf unterschiedlichste Art und Weise verwickelte. Laut Plan wäre er einmal pro Woche zur festgelegten Zeit direkt von der Arbeit von einem Arbeitsbegleiter in die Ambulanz zu seiner Stunde gebracht worden. Rückblickend ist faszinierend, wie viele Möglichkeiten es gab, diesen einfachen Plan durcheinander zu bringen. Öfters kam es vor, daß Peter frühzeitig und selbständig von der Arbeit in die Wohngruppe fuhr und uns mit einer Selbstverständlichkeit begegnete, so als wäre es völlig normal, daß er schon in der Wohngruppe sei und wir gar nicht sofort bemerkten, daß er eigentlich seinen Termin in der Ambulanz gehabt hätte. Andere Male hatte er sich in sein Bett zurückgezogen, und wir entdeckten ihn erst nach unserem Dienstbeginn um 13 Uhr, als der Kollege aus der Ambulanz bei uns anrief, um sich nach einem wieder mal nicht auftauchenden Peter zu erkundigen. Ein anderes Mal stand ich mit ihm in einem Computerladen, als mir plötzlich mit Schrecken einfiel, daß Peter eigentlich längst auf dem Weg in die Ambulanz sein sollte und er es wieder einmal geschafft hatte, mich so in seine Angelegenheiten zu verwickeln, daß sein Vergessen der Stunde in mir so viel Platz fand, daß es erneut zu einer großen Verwirrung kam. Ähnliches gelang ihm auch mit den KollegInnen des Arbeitsprojekts, die ihn manches Mal ohne den Fehler zu bemerken, nicht wie nach Plan in die Ambulanz brachten, sondern in der Wohngruppe absetzten. Das Aufschlüsseln der Verwirrungen und der Versuch, dem Vergessen auf den Grund zu gehen, waren mühevoll, anstrengend und alles andere als einfach, da es Peter in dieser Anfangsphase überhaupt nicht möglich war, irgend etwas von dem, was für ihn im Kontext der Einzelstunden so unerträglich war, in Worte zu fassen. Diese auch für uns schwer faßbaren Gefühle brachte er auf diese Art bei uns unter. Eine Kollegin vom Arbeitsprojekt wurde auf der Fahrt mit ihm von der Arbeit zu seiner Stunde von einer plötzlich auftretenden und heftigen Übelkeit heimgesucht, die, nachdem Peter das Auto verlassen hatte, genau so plötzlich wieder verschwand, und die wir als Peters Übelkeit verstanden, und die unseres Erachtens mit seiner Angst vor der Stunde und mit dem Gefühl der Unerträglichkeit in Zusammenhang stand.

(R.W.): Langsam gewann der Rahmen der Begegnungen zwischen Peter und mir eine äußere und auch innere Kontur; d.h., Überlegungen und Erprobungen, ob das unerträgliche an unseren Stunden vielleicht nur aushaltbar wäre, wenn wir unsere Begegnungen nach draußen in Stadtgänge verlegen würden, führten dazu, daß zwischen uns eine Übereinkunft entstand und von Peter als Wunsch ausgesprochen wurde, hauptsächlich im Zimmer in der Ambulanz sein zu wollen. Damit fand der Bereich des Unerträglichen, der sich in der therapeutischen Beziehung zwischen uns konstelliert hatte, einen auch von Peter selbst zugewiesenen Platz und Beziehungsraum innerhalb des äußeren Rahmens unserer Stunden in der Ambulanz. Eher intuitiv als geplant entstand in dieser Zeit zwischen Peter, mir und der Kollegin der Wohngruppe eine kommunikative Verknüpfung, die ein Beziehungsdreieck darstellte, welches uns eine wichtige Übertragungs- und Gegenübertragungsbedeutung zu enthalten schien: Der Kollegin der Wohngruppe gegenüber fing Peter an, in Worte zu fassen, wie er sich in bezug auf die Stunden bei mir fühlte.

(I.P.): Nach der oben beschriebenen Anfangsphase nahmen Peters Stunden einen anderen Stellenwert ein. Es gab über längere Zeit keinen Montagabend, an dem ich nicht die Verbindung zum Kollegen in der Ambulanz aufnahm, um mitzuteilen, daß Peter zur Stunde am Dienstag kommen wird, wie er dort hingelangen und wer ihn wo wieder abholen wird. Nur so schien es möglich, über längere Zeit die Verbindung herzustellen. Die Präsenz dieses Termins rückte bei uns sehr in den Vordergrund. Gleichzeitig entstand, von Peter ausgehend, eine Verbindung zwischen der Wohngruppe und dem Ort der

Einzelstunden, indem er den Versuch startete, die Schwierigkeiten, die er in bezug auf seine Stunden erlebte, zu „thematisieren“. Anfangs brachte er sein Leiden, seinen Rückzug, sein Eingekapseltsein, seine Traurigkeit, seine Verzweiflung, sein Sich-elend-Fühlen bei mir unter, indem er leidend, klein und verloren wirkend im Büro saß und mit seinem schweigenden Ausdruck ein Bild bei mir entstehen ließ, als sei er von oben bis unten zugeschnürt und voll von all dem Leid. Jeglicher Versuch, das was ihn so belastete, in Worte zu fassen, war unheimlich mühsam und kraftraubend, und ich fühlte mich in diesen Zweiersituationen oft selbst eingekapselt, zugeschnürt, elend und ohnmächtig. Peters Schweigen erlebte ich häufig als dermaßen unerträglich, daß ich oft über unseren Alltagsrahmen froh war, der es mir ermöglichte, diese unerträglichen, luftabschneidenden Zweiersituationen nach einer Weile aufzulösen und mich mit Peter oder ohne ihn den Alltagsaufgaben zu widmen. In diesen Zweierkontakten, die oftmals einen Einzelstundencharakter hatten, versuchte ich immer wieder, die Wichtigkeit der Stunden in der Ambulanz ins Spiel zu bringen. In dieser Zeit gingen in der Wohngruppe immer wieder Elektrogeräte und andere Einrichtungsgegenstände kaputt, und es wurde für uns zunehmend klar, daß diese Vorkommnisse in Zusammenhang mit Peter standen. Unser Versuch, einen Zusammenhang zwischen seinem nicht in Worte zu fassenden Zustand und dem Kaputtgehen von Gegenständen herzustellen, konnte er nur schwer annehmen. Seine aggressiven Ausbrüche waren in dieser Anfangszeit völlig abgespalten. Nach und nach wurde es Peter möglich, mir ein paar Worte oder Sätze mitzuteilen, die seine Schwierigkeit in bezug auf die Stunden verdeutlichten. In einer Situation sagte er: „Ich gehe nicht mehr zum Wolf!“ Auf meine Frage: „Zu welchem Wolf?“, antwortete er: „Zum Wolf im Schafspelz! Der beißt!“ Nach einer Weile konnte Peter auch die Unerträglichkeit des Schweigens in den Stunden verbalisieren. In dieser Zeit entwickelte sich noch einmal eine andere Art der Verbindung zwischen Peter, dem Kollegen in der Ambulanz und mir, da Peter dem Vorschlag sehr klar zustimmte, daß ich meinem Kollegen in Anwesenheit von ihm einige Schwierigkeiten, Ängste und Wünsche mitteilen dürfe, die für ihn unmöglich wären, selbst anzusprechen.

(R.W.): Ich denke, daß in diesem Beziehungsdreieck in einem psychischen Sinne eine Elternfigur für Peter entstanden ist, die zwischen Wohngruppe und Einzelstunden für eine Zeitlang eine äußere Konkretion gefunden hat in Reaktion auf eine innere Situation der fehlenden Triangulierung und äußerst fragiler und fragmentierter intrapsychischer Subjekt- und Objektrepräsentanzen. Zugleich thematisierte sich in der Beziehung zwischen Peter und mir der in der Geschichte von Peter abwesende Vater. Auf mein Fragen nach dem Vater sagte Peter den prägnanten und gleichwohl rätselhaften Satz: „Der zeigt sich nicht!" Zumindest wurde mit dieser Bemerkung in meinen Gedanken erahnbar, wie die äußere Abwesenheit des Vaters in Peters Leben einer inneren, psychischen Abwesenheit einer väterlichen Repräsentanz entsprach und Peter mich auf diesem Hintergrund als höchst bedrohlich und verunsichernd – als „Wolf im Schafspelz" – erleben mußte.

Es kommt jetzt zwischen Peter und mir eine Entwicklung in Gang, in der Peter das Kommen zu unseren Stunden leichter fällt und er zumindest partiell unsere Beziehung als etwas zu erleben scheint, in der es Platz für einen Wunsch und eine Erwartung seinerseits gibt. Es kommt zu einer Intensivierung und Verdichtung des Übertragungs-Gegenübertragungsgeschehens, in dem die Unerträglichkeit seines Schweigens immer wieder unsere Stunden füllt. Peter entdeckt aber auch Möglichkeiten, sich mitzuteilen, neben sporadischen, sprachlichen Äußerungen hauptsächlich über Zeichnungen und auch über eine von ihm in der Wohngruppe an seinem Computer verfaßte Phantasie-Geschichte in zwei Teilen, die er mir am Ende zweier Stunden zusteckte. Es gibt in diesem Beziehungsprozeß zwischen uns sozusagen zwei Schauplätze. Der eine, auf dem sich zwischen uns, die wir im Zimmer am Tisch sitzen, das Schweigen ausbreitet und seine Dynamik entfaltet; davon möchte ich gleich Genaueres erzählen. Der andere, auf dem uns Peters Computer und seine Wünsche, mit mir in der Stadt Computer-Spiele anzugucken oder zu kaufen, beschäftigen. Peter hatte in der Wohngruppe für sich einen Computer angeschafft und saß daran stundenlang in seinem Zimmer. Von außen betrachtet, schien Peter mit seinem Computer wie in einem unendlichen Projekt verschmolzen zu sein. Reparaturen, Wünsche, Teile zu verbessern oder dazu zu kaufen, langes Warten auf bestellte Teile, Nicht-Funktionieren des Computers und wutentbrannte Zerstörungen wechselten einander ab. Mich bezieht Peter darin ein, indem er mich bittet, mit ihm in Computergeschäfte zu gehen, wo er Spiele, die ihn interessieren, anguckt, bestellt oder letztendlich auch kauft. Er läßt mich ein Stückweit miterleben, wie zäh oder auch wie starr er sein Ziel verfolgt, längst auf dem Markt vergriffene Spiele doch noch zu bekommen; wie zermürbend für ihn das lange Warten zu sein scheint. Er kann auch ganz punktuell und ansatzweise etwas erzählen von den Phantasiewelten, die ihn mit den Computerspielen verbinden: z.B. von muskelbepackten Männern, die gegen außerirdische Ungeheuer kämpfen; von bösen Kobolden, die die Menschen vernichten wollen und „Wellen der Finsternis" aussenden etc. Über diesen Schauplatz vermitteln sich mir Aspekte von Peters innerer Situation, über die wir in den begleitenden Supervisionen viel nachdenken: seine in sich fragile, phallisch-männliche Identität; seine starren Fixierungen; Anteile seiner ausgeprägten Phantasiewelt, die sicherlich durch ein sehr konkretistisches Erleben gekennzeichnet und deswegen für ihn selbst so bedrohlich und gefährlich sind. Ich denke, daß Peter mich in diesen Bereich seines Denkens und seiner Interessen z.T. einbeziehen und instrumentalisieren kann, weil der Bezug dieser Aktivitäten außerhalb unseres unmittelbaren Beziehungsgeschehens in dem konkreten Interessen- und Handlungszusammenhang seines Computers liegt, über den er selbst verfügt. Wenn Peter in diesem Interessenzusammenhang mit mir in Beziehung tritt, kann er in knappen, klaren Sätzen zu mir sprechen; er scheint dabei in einen sehr instrumentalen Bezug zu mir zu treten und in seiner Phantasie ganz über mich zu verfügen. Das Sprechen scheint ihm nicht möglich zu sein, wenn es im Bewußtsein zweier getrennter Subjekte und eines nicht handelnden Umgangs miteinander um die Mitteilung über innere Zustände geht.

Von dem anderen Schauplatz, dem des Schweigens, möchte ich jetzt noch etwas ausführlicher anhand einer Stunde mit Peter berichten.

Auffallend in der Zeit, in der die Stunde liegt, ist einerseits, wie viel „leichter" Peter zu den Stunden kommt und sie mit Erwartungen und Wünschen zu besetzen scheint; er entdeckt auch Möglichkeiten, in den Stunden etwas zu zeichnen oder zu spielen. Andererseits nimmt sein Schweigen in meinem Erleben eine Qualität an, durch die ich mich immer wieder in einem psychischen Sinne geradezu „getötet" und zunichte gemacht fühle.

In der vorausgehenden Stunde hatte ich vorsichtig etwas zu dem ersten Teil der von Peter verfaßten Geschichte gesagt, die er mir übergeben hatte, und Peter war dann ganz zufrieden wirkend weggegangen. Diese Geschichte erinnert vom Charakter her an eine Horrorgeschichte, in der eine in ihrer Geschlechtsidentität schwankende Hauptperson und ihre psychisch kranke Familie geschildert wird. Die Geschichte ist angefüllt mit sadistisch-verfolgenden und magischen Phantasien; die Hauptperson ist auf der Flucht vor verfolgenden Mächten und scheint auf der Suche nach ihrer eigenen Identität zu sein und ein tiefes Geheimnis zu hüten.

In der folgenden Stunde öffnet er beim Kommen ein im Treppenhaus befindliches kleines Fenster in einer Zwischentüre, guckt mich dahindurch an und begrüßt mich mit einer humorvollen Geste. Als wir ins Zimmer gehen, nehme ich an Peter eine Schreckhaftigkeit wahr, ein Zeichen vielleicht für eine Offenheit aber auch große Verletzlichkeit im Kontakt mit mir. Peter setzt sich an den Tisch und schweigt. Nach einer Weile versuche ich, an die letzte Stunde anzuknüpfen mit der Frage, wie es ihm wohl danach gegangen sei und versuche, einen Raum für die heutige Stunde zu öffnen. Peter schweigt weiter, und sein Schweigen breitet sich in mich hinein aus. Mit fortschreitender Zeit entsteht in mir das Gefühl, Peter und seinem Schweigen ohnmächtig ausgeliefert zu sein und allen Bewegungsspielraum zu verlieren. Vielleicht hauptsächlich um mich selbst zu schützen, beginne ich, zu Peter etwas darüber zu sagen, wie ich die augenblickliche Situation wahrnehme. Die emotionale Spannung kulminiert, als ich, einen Ausweg aus meinen Gefühlen der Hilflosigkeit und Wut suchend, etwas bissig frage, was denn das Sprechen nur immer wieder neu so schwer mache. Peter sagt daraufhin, er müsse auf die Toilette und verläßt das Zimmer für kurze Zeit. So hatten er und ich die Möglichkeit, etwas Distanz vom anderen und den intensiven Affekten zu gewinnen. Als er wiederkommt, ist die Atmosphäre zwischen uns merklich entspannter, und ich kann Peter jetzt ruhiger etwas von meinen Gedanken mitteilen, die er aufzunehmen scheint und mit Kopfnicken bestätigt oder auch verneint. Ich sage z.B. etwas zu den Gefühlen der Ohnmacht und Unsicherheit, die wohl in unser beider Erleben da waren; daß ich ihn in seinem Schweigen auch sehr mächtig erlebe, so, als ob er mir keine Chance geben wolle, in Kontakt mit ihm zu kommen. Daraufhin lächelt Peter. Ich sage ihm, daß er wahrscheinlich auch mich sehr mächtig und bedrohlich erlebt in meiner Fähigkeit zu sprechen; er habe aber inzwischen Möglichkeiten entdeckt, sich mitzuteilen über Zeichnungen und Texte. Die Stunde endet, indem ich in meiner Wahrnehmung von Peters Verhalten im Kontakt zu mir und in der

Wahrnehmung meiner eigenen Gefühlssituation eine Veränderung bemerke in Richtung einer Auflösung der enormen Spannung, die sich zwischen uns aufgebaut hatte.

Wenn man es mit einer räumlichen Metapher beschreiben will, so kann man sagen, daß Peters Schweigen uns beide in einer zunehmend engen Fesselung miteinander verband und uns die Luft nahm; dann entstand im weiteren Verlauf der Stunde ein Raum zwischen uns, in dem wir beide dem Schweigen gegenüber positioniert waren und es für einen Moment in einer sprechenden Kommunikation gemeinsam betrachten konnten. Es könnte momenthaft eine Triangulierung entstanden sein, die einen analytischen Raum eröffnet hat, in dem eine psychische Bewegung ins Spiel gekommen ist. Eckard Daser beschreibt die Triangulation im Zusammenhang einer therapeutischen Situation als interaktionellen Prozeß, der von mehr oder weniger starken Übertragungsbereitschaften und von Elementen kreativer Weiterentwicklung bestimmt wird: „Es ist also nicht die Frage, ob ich Übertragungen in einen Dialog einbringe oder nicht (denn das ist stets der Fall), sondern ob die darin enthaltenen Fixierungen so stark sind, daß sie den kreativen Austausch hindern, so daß die Beziehungsbildung selbst im Banne dieser Übertragungen verbleibt. So gesehen ist eine Beziehung nie übertragungsfrei, aber sie geht in diesen Übertragungen (sofern Entwicklung überhaupt möglich ist) auch nicht auf; und sie wirkt in dem Maße übertragungsbefreiend, als es ihr gelingt, das abwehrende Übertragen in ein produktives Metaphern zu verwandeln. Dies geschieht, wenn etwa Patient und Therapeut zu einem „dritten“ Punkt finden“ (Eckard Daser 1998, S. 239).

Typisch für die Beziehungsprozesse, die sich im Rahmen unserer Betreuungen ergeben, scheint mir zu sein, daß sich Öffnungen in analytische Räume hinein entwickeln können, die so etwas wie Hoffnung, auch konkret beschreibbare Fortschritte aufscheinen lassen; die aber gleichzeitig alte, traumatische Verwundungen neu entstehen lassen mit den lebensnotwendigen Schutzmechanismen von Abwehr und Widerstand. Bei Peter erleben wir, daß das, was in einem prozeßhaften Sinne in den Begegnungen als analytischer Raum entstehen kann, eine flüchtige Erscheinung ist. Im weiteren Verlauf unserer Begegnungen intensivieren sich eine Zeitlang Peters Versuche, mir über Zeichnungen etwas von seiner inneren Phantasie- und Gefühlswelt mitzuteilen; es entstehen aber auch wieder Gegen-Bewegungen von Rückzug und Verschlossenheit mit einer zum Ausdruck gebrachten großen Traurigkeit. Die auf spontanen Wunsch Peters in den Stunden entstandenen Zeichnungen sind authentische und kreative Akte, mir von seiner Phantasie- und Gedankenwelt etwas mitzuteilen. Er schob sie mir jeweils so zu, daß ich mich aufgefordert fühlte, sie anzugucken und etwas von meinen Wahrnehmungen dazu in Worte zu fassen. Diese Art des Dialogs wurde von Peter positiv aufgenommen, wobei er hoch-empfindsam und mit Rückzug reagierte, wenn er mein Sprechen als zu viel und eindringend erlebte. Peter zeichnete ausgesprochen geschickt und routiniert; es entstanden z.T. erschreckende Figuren, die er mit englischen Bezeichnungen oder Namen versah. Später setzte er die Figuren in einem hierarchisch-geordneten System verschiedener Ebenen und Instanzen zueinander in Beziehung. An oberster Stelle stand eine skletthaft-tote, bedrohliche Figur, „The holly scare crow", die mit magischen Kräften Ritter beherrschte, die Herzen aus Stein besaßen und mit phallischen Schwertern und Rüstungen ausgestattet waren, jedoch leer und leblos wirkten. Eine am ehesten menschliche Qualität besaßen die der untersten Ebene zugeordneten „Shadys", comicartig gezeichnete Hasenfiguren, die verschiedene Gefühlsqualitäten zu repräsentieren schienen, wie u.a. Angst, Schmerz und Verwirrung.

(I.P.): Auf die oben genannte Phase, in der in der Wohngruppe immer wieder Elektrogeräte und andere Einrichtungsgegenstände kaputt gingen, was wir zunehmend mit Peter in Zusammenhang brachten, folgte eine Zeit, in der Peter seine aggressiven Ausbrüche gezielter zum Ausdruck brachte und Gegenstände in seinem Zimmer zertrümmerte. Diese Attacken konnten auf einer bewußteren Ebene, die vor allem der Sprache zugänglich war, verhandelt werden. Dabei wurde deutlich, daß seine aggressiven Ausbrüche meist in Verbindung zu für ihn anstehenden Veränderungen zu sehen waren. Die anfangs also noch völlig abgespaltene Aggressivität veränderte sich im Laufe der Zeit dahingehend, daß Peter die Gewalt und Gefährlichkeit häufiger in den Beziehungen zu uns unterbrachte. In dieser Phase präsentierte sich uns Peter mit einem selbstgebastelten, schwarzen Kostüm, dessen Hauptmerkmal Peters Hände waren, die in schwarzen Handschuhen steckten und an denen an jedem einzelnen Finger in höchst professioneller Weise scharfe Messerklingen als Krallen befestigt waren. Neben der Faszination, welche dieses fast schon als kreatives Kunstwerk zu bezeichnende Kostüm auslöste, kam eine Gefährlichkeit ins Spiel, die Peter erstmals in dieser offenen Form präsentierte. Wir vereinbarten mit ihm, den gefährlichen Teil dieses kunstvollen Kostüms bei uns im Betreuerzimmer aufzubewahren und teilten ihm sowohl unsere Anerkennung als auch unsere Sorge mit. Kurz darauf spielte Peter mit selbstgebastelten Pfeilen in unserem Garten und nach genauerer Betrachtung bekam der kindlich-verspielte Anblick einen gefährlichen Beigeschmack. Peter hatte wiederum an seine Holzpfeile die scharfen Messerklingen befestigt und schoß damit im Garten herum. Es war möglich, die Gefährlichkeit seines Spieles anzusprechen, und ich hatte den Eindruck, als wäre er fast erleichtert gewesen, daß wir die Abmachung trafen, daß er die Messerklingen, - ebenso wie die Krallen –, zu seinem eigenen Schutz und zum Schutz der anderen sich im Haus befindenden Menschen bei uns abzugeben habe, daß es aber ebenso möglich wäre, mit ihm zusammen einen richtigen Pfeil und Bogen inklusive Zielscheibe zu basteln. Diesem Vorschlag stimmte Peter freudig zu, und es glich einem Vater-Sohn-Bild, als Peter mit einem Kollegen der Wohngruppe das Wochenende dazu nützte, um seinen Wunsch kreativ umzusetzen und es dadurch möglich war, in der Beziehung seinen Phantasien Ausdruck zu verleihen und die Gewalt und Gefährlichkeit in der Beziehung zu binden. Die Veränderung von der anfangs noch völlig abgespaltenen Aggressivität zu einer im Laufe der Betreuung in der Beziehung gebundenen, erachten wir als einen großen Entwicklungsschritt Peters.

Abschließend ist es uns noch wichtig zu erwähnen, daß sich Peters realer Vater unerwartet bei uns telefonisch gemeldet hat, um Kontakt zu seinem Sohn herzustellen. Peter, der den ersten Telefonkontakt ablehnte, ist bereit, sich mit unserer Hilfestellung der Auseinandersetzung mit seinem Vater, der in Peters bewußtem Erleben nie eine wirkliche Präsenz für ihn besaß und sich jetzt plötzlich zeigte, anzunähern. Wir sehen in dieser Auseinandersetzung eine große Chance und weitere mögliche Entwicklungsschritte für Peters Leben.

## Literatur

Daser, Eckard (1998): *Interaktion, Symbolbildung und Deutung*, in: Forum der Psychoanalyse,14, S. 225 - 240, Springer-Verlag.

Ogden, Thomas H. (1995): *Frühe Formen des Erlebens*, Springer-Verlag.
Ogden, Thomas H. (1997): *Über den potentiellen Raum*, in: Forum der Psychoanalyse, 13, S. 1 – 18, Springer-Verlag.
Schoenhals, Helen (1993): *Triangulärer Raum und Symbolisierung*, in: Gutwinski-Jeggle, J. und Rotmann, J.M. (Hg.), Die klugen Sinne pflegend, Tübingen, S. 191 – 208.

*Georg Bruns*

# Analytischer Raum – Psychose – Institution

Obwohl der Begriff des analytischen Raumes etwas unmittelbar Einleuchtendes besitzt, taucht er in der psychoanalytischen Literatur selten auf. Ich vermute, das liegt daran, daß seine Existenz in der üblichen Durchführung einer Psychoanalyse eine Selbstverständlichkeit ist: Analytiker und Analysand sind sich einig darüber, miteinander psychoanalytisch arbeiten zu wollen und gemeinsam den Raum zu errichten und zu erhalten, in dem psychoanalytische Arbeit möglich ist. Es ist ein symbolischer Raum, der für eine gewisse Zeit in einem gewissen Grade freigehalten wird von den Forderungen des Realitätsprinzips, in welchem statt dessen der Analysand Phantasie, Affektivität, Regression und eine Atmosphäre von Spiel und Virtualität entstehen lassen kann in dem Bewußtsein, daß sie hier einen Platz haben, ohne verboten, unterdrückt oder diskreditiert zu werden, ein Raum aber auch, in welchem ebenso der Analytiker frei von den Zwängen seiner eigenen inneren Welt und den Zwängen der äußeren Welt seine Assoziationen, Phantasien und Emotionen sich entfalten lassen kann. Voraussetzung für einen solchermaßen geschützten Raum ist die stabile Existenz eines psychoanalytischen Rahmens (Bleger 1966).

## Analytischer Raum und seine Koordinaten

Man kann den analytischen Raum auffassen als ein selbstverständliches, üblicherweise praktisch nicht wahrnehmbares Element der analytischen Situation, die Stone (1961, S. 9) als durch „die allgemeinen und gleichbleibenden Merkmale des analytischen Settings und des analytischen Verfahrens sowie die bewußten und unbewußten Bedeutungen und Funktionen der Arzt-Patient-Beziehung“ bestimmt definiert. Die analytische Situation sei v.a. gekennzeichnet durch einen „Zustand intimer Trennung“ (S. 104), der in seiner Bedeutung für das Unbewußte „die entscheidenden Trennungserfahrungen in der Beziehung des Kindes zu seiner Mutter“ (S. 127) repräsentiere. Der Spannungsbogen einer „intimen Trennung“ entsteht nach Stones Auffassung daraus, daß die primäre unbewußte Übertragungsbedeutung des Arztes für seine Patienten die der Mutter der vorsprachlichen Periode ist, weil er mit seinen Berührungen, Handreichungen, Austastungen und manuellen Diensten in intimer körperlicher Nähe, wie sie keine andere soziale Beziehung außer eben der pflegenden Mutter zuläßt, die mit ihr verbundenen frühen primitiven Phantasien wieder wachruft; der Analytiker aber stellt diese intime körperliche Nähe nicht her, wenn er auch mit der Lagerung des Analysanden auf der Couch den ersten Schritt in die Richtung der Lagerung auf der ärztlichen Untersuchungsliege als dem Äquivalent des mütterlichen Wickeltisches tut. Die Betonung der Sprache in der Analyse als Anknüpfung an die Phase des Spracherwerbs des Kindes und die Abstinenz von körperlicher Berührung – die Sprache ist die einzige physiologische Brücke – machen den Analytiker im unbewußten Erleben des Patienten zur Mutter der Separationsphase, die ihre sich einfühlenden körperlich-intimen Dienste am Kind zunehmend zurücknimmt, ihm statt dessen Denken, Sprechen und Selbstversorgen abverlangt. Balint faßt als ein entscheidendes Element der analytischen Situation eine Art Festgehaltenwerden auf, das dem beruhigend-besänftigenden Festhalten entspreche, das eine Mutter ihrem erregten Kind angedeihen lasse und das in dem Liegen und der Bewegungseinschränkung in der analytischen Situation symbolisiert werde (1968, S. 224).

Als die zwei Hauptelemente der psychoanalytischen Situation benennt Bleger (1966) den Prozeß und den Rahmen. Der Prozeß sei das Veränderliche, bestehend aus den Variablen, der Rahmen sei der Nichtprozeß, bestehend aus den Konstanten der psychoanalytischen Situation. Der Rahmen beinhaltet nach Bleger das Setting mit den Vereinbarungen zwischen Analytiker und Analysand über Zeit, Ort, Geld, Unterbrechungen und ggf. weiterem, aber auch die psychoanalytische Haltung des Analytikers (vgl. Kutter u.a. 1988) und die Einhaltung der psychoanalytischen Methode in der Behandlung.

Der psychoanalytische Raum kann in dieser Systematik als ein Subelement des psychoanalytischen Prozesses angesehen werden. Er ist, wie im folgenden deutlich werden wird, nicht regelmäßig vorhanden, wenn eine psychoanalytische Behandlung durchgeführt wird, sondern muß immer hergestellt werden. Insofern ist er ein inkonstanter, variabler Bestandteil der psychoanalytischen Situation, das vielleicht wichtigste Merkmal eines gelingenden psychoanalytischen Prozesses.

Der analytische Raum ist nach Viderman (1974) zugleich ein physikalischer, von Wänden umgebener Raum, ausgestattet mit Patientencouch und Analytikersessel, und ein imaginärer Raum, der sich erst allmählich herstellt und den spezifischen Bereich bezeichnet, in dem der analytische Prozeß abläuft. Seine Konstituierung setze neben dem Setting die Einhaltung bestimmter technischer Regeln voraus, v.a. die der analytischen Grundregel der freien Assoziation auf seiten des Patienten und der freischwebenden Aufmerksamkeit auf seiten des Analytikers. Im analytischen Raum entwickele sich die Übertragung des Patienten bis zur Übertragungsneurose mit ihren Affekten und Phantasien und die korrespondierende Gegenübertragung des Analytikers. Der analytische Raum weise eine charakteristische Unschärfe auf, die aus dem mythologischen Charakter des Unbewußten und der Unschärfe und Mehrdeutigkeit der Sprache stamme: Inhalte des Unbewußten würden erst durch ihre sprachliche Benennung konkretisiert und mit Sinn und Bedeutung versehen. Begriffe besäßen je nach Zusammenhang unterschiedliche Bedeutungen, die immer auch im jeweiligen Zusammenhang mitschwängen. Die Benennungen des Unbewußten durch die Deutungen des Analytikers repräsentierten eine Wahrheit, die im analytischen Raum konstruiert worden und an ihn gebunden sei. Außerhalb dieses Raumes verlören sie ihre Gültigkeit. An Freuds Krankengeschichte der Dora stellt Viderman dann dar, wie in dieser Behandlung Freud zwar eine analytische Situation hergestellt, aber seiner Patientin keinen analytischen Raum gelassen hat, seine Deutungen spielerisch, probeweise zu akzeptieren, vielmehr er seine Deutungen konkretistisch gesetzt, für absolut gültig erklärt und sie ihr entgegen der erforderlichen Zurückhaltung aufgezwungen hat. Diese Bedrängung ließ einen analytischen Raum der Resonanz nicht entstehen, weil Freud seine Deutungen nicht auf der affektiv im Vordergrund stehenden Übertragungs-/Gegenübertragungsebene gab. Sie wirkten deshalb fremd, wie von außen kommend. Dora wehrte sich heftig gegen sie und brach die Behandlung ab.

Sich auf Freuds Beschreibung seines technischen Vorgehens „von der jeweiligen Oberfläche aus“ (1905, S. 169) – übrigens in der Einleitung der Fallgeschichte der Dora – beziehend, entwickelt Poland

(1992) eine Gegenüberstellung von analytischer Oberfläche und analytischem Raum. Als einen entscheidenden Punkt von Deutungen benennt er, ob sie aus der Aktualität der analytischen Beziehung oder einem theoretischen Konzept des Analytikers stammen. Im letzteren Falle spreche der Analytiker zwar in einem analytischen Setting, aber von außerhalb des analytischen Prozesses wie ein Beobachter. Innerhalb dieses Prozesses wirkten bewußte und unbewußte Kräfte der zwei Beteiligten in der Entfaltung der Übertragungen aufeinander ein. Der analytische Raum beinhalte diese Abläufe und den Akt der Beobachtung selbst; er bestehe „aus der affektiven Beteiligung der zwei Partner innerhalb der einzigartig strukturierten analytischen Situation" (S. 394; Übersetzung G.B.). Diese starke Betonung der affektiven Beteiligung ist vermutlich ausschlaggebend dafür, daß Poland später (1996) vom „emotional space" als subtiler Konkretisierung des analytic space spricht.

Vidermans Auffassung ist eine konstruktivistische, wenn er den analytischen Raum als von beiden Beteiligten unter der günstigen Bedingung wechselseitiger affektiver Resonanz und unter der führenden Verantwortung des Analytikers hergestellt betrachtet. Diese Auffassung berücksichtigt den dynamischen Charakter der psychoanalytischen Interaktion, läßt die Mehrdeutigkeit und Virtualität psychoanalytischer Aussagen gelten, bietet eine Offenheit für verschiedene Dimensionen und erweitert den psychoanalytischen Theoriekorpus, weil sie eine spezifische Qualität der psychoanalytischen Situation beschreibbar macht.

Jedoch möchte ich die Definition von Viderman, der sehr auf die äußeren Elemente des analytischen Raumes in Form von analytischen Regeln abgehoben hat (1974, S. 471 f.; 1979, S. 279), modifizieren, die konstruktivistische Auffassung pointieren und die inneren Abläufe des analytischen Raumes besonders beachten. Nach meiner Auffassung ist der analytische Raum ein physikalischer und ein virtueller psychischer Raum, der in der psychoanalytischen Situation durch die konstruierende Tätigkeit des Analytikers hergestellt wird. Seine Virtualität ergibt sich aus der Mehrdeutigkeit und Kontextabhängigkeit der Aussagen, Konstruktionen, Benennungen und Bezeichnungen im analytischen Raum. Nur wenn diese Virtualität von beiden Partnern der analytischen Beziehung anerkannt wird, existiert ein analytischer Raum. In ihm können Analytiker und Analysand alle Phantasien, Wünsche und Affekte zur Wahrnehmung zulassen, der Patient alle zugänglichen Phantasien aussprechen und zur Untersuchung stellen; beide haben teil am analytischen Raum in der durch wiederholte gemeinsame Erfahrungen gefestigten Überzeugung, vor der Verwirklichung der Phantasien und Wünsche sicher zu sein, der Überzeugung also, daß jeder von ihnen über eine Fähigkeit zur analytischen Selbstreflexion, d.h. zur therapeutischen Ichspaltung verfügt. In einer topographischen Präzisierung kann der analytische Raum als der selbstempfundene innere Freiheitsraum, als der psychische Raum zwischen Analytiker und Analysand und schließlich als der Raum zwischen den beiden und der sie umgebenden Umwelt betrachtet werden.

Diese Definition umfaßt die Notwendigkeit der Herstellung eines analytischen Raumes und die Möglichkeit seiner Störung oder Beeinträchtigung aus inneren, interaktionellen und äußeren Quellen.

In der Tat werden solche Störungen aus äußeren Quellen (Meehan 1996, Bonac 1995), inneren Quellen des Analytikers (Colson 1995, Klyman 1994, Schwartz 1987, Fenster et al. 1986) oder des Patienten (s.u.) und interaktionellen Quellen (Epstein 1995) beschrieben.

## Psychose

Daß in den einigermaßen unkompliziert ablaufenden psychoanalytischen Behandlungen ein analytischer Raum existiert, erfährt, wer seine Absenz erlebt. Obwohl, wie meine Einteilung darstellt, verschiedene Störungsquellen existieren, stammen die wichtigsten und regelmäßigsten aus der Pathologie des Patienten selbst. In der klinischen Praxis vermischen sich die theoretisch und systematisch gut zu sondernden Störungsquellen oft oder bringt eine Störung weitere andere hervor. Gerade die aus inneren Quellen des Analysanden stammenden Störungseinflüsse tendieren, wenn sie auf dem Boden der sog. frühen Störungen entstehen, also in das Spektrum der narzißtischen, borderline- und psychotischen Pathologie fallen, dazu, sich interpersonell als Zwang, Handlungsdruck oder starke affektive Beeinflussung bemerkbar zu machen. Traumatische Störungen des Analysanden entfalten einen spezifischen Reinszenierungsdruck. Diese äußerst starken Einflüsse erdrücken oder paralysieren den analytischen Raum. Einen Notbehelf, um sich einen Minimalraum des unabhängigen Denkens zu erhalten, liefern dem Analytiker theoretische Konstrukte. Die Konstrukte Übertragung/Gegenübertragung und Projektive Identifizierung z.B. erlauben es dem Analytiker, in der Behandlung von Erwachsenen mit einer Inzestvorgeschichte die Abläufe in der Analyse dieser Patienten zu ertragen und vorerst kognitiv zu meistern (Price 1994), sie helfen ihm später, den Einfluß der Lebenserfahrungen dieser Patienten auf ihre Objektbeziehungen sich und ihnen zu verdeutlichen. Price spricht hier von den theoretischen Konstruktionen und dem, „what goes on in the analytic space", also den kaum ertragbaren reinszenierenden interpersonellen Prozessen. Diese Prozesse sind jedoch aus meiner Sicht nicht der analytische Raum, sondern einfach als zwingend erlebte Interaktionen. Der analytische Raum würde erst durch die Errichtung einer distanzierenden und symbolisierenden Verständnisebene hergestellt werden.

Dieses Verständnis des analytischen Raumes vertritt auch Gabbard (1991). Er unterscheidet zwischen containment und analytischem Raum. Den analytischen Raum faßt er auf als einen Funktionsmodus, der „reflexive Distanz, ein therapeutisches Bündnis und die Erschaffung einer psychischen Realität unabhängig von der Wahrnehmung äußerer Ereignisse ermöglicht" (S. 632; Übersetzung G.B.). Containment ist nach seiner Auffassung mehr als ein passives Abwarten oder ein masochistisches Aushalten der Attacken eines Patienten; es ist ein Fortschritt im Schweigen, beinhaltet aber auch verbale Klarifikationen zu den inneren Abläufen des Patienten und den Abläufen zwischen Patient und Analytiker, eine genaue Beobachtung der affektiven Zustände im Analytiker, eine Betrachtung der verinnerlichten Objektbeziehungen des Patienten, eine Selbstanalyse des Analytikers hinsichtlich seines Beitrags zum Kampf zwischen ihm und dem Patienten, die Suche nach Verbindungen zwischen den auseinandergerissenen Projektionen des Patienten und die vorerst schweigende Deutung dessen, was im Patienten abläuft als Vorbereitung der später zu verbalisierenden Deutung (S. 632). In der Phase des containment wird die Herstellung des analytischen Raumes vorbereitet.

Der analytische Raum setzt voraus, daß Phantasien und Affekte zur Wahrnehmung zugelassen werden, aber von der unmittelbaren Umsetzung in Handlungen abgehalten werden können. Er verlangt also die therapeutische Ichspaltung (Sterba 1934), eine anspruchsvolle Ichleistung unter Beteiligung von Selbstbeobachtung, Selbstkontrolle und Symbolisierung. Insbesondere die Symbolisierungsfähigkeit ist aber bei psychotischen Störungen zerstört oder beeinträchtigt. Diese bedeutet die Fähigkeit, ein abwesendes Objekt virtuell oder symbolisch präsent zu halten. Die entsprechende Fähigkeit entsteht in der Ablösung von bedeutsamen frühen Objekten und findet ihre vielleicht früheste von außen sichtbare Form in der Akquirierung eines Übergangsobjektes (Winnicott 1951), einer Vorstufe der verinnerlichten Objektrepräsentanz. Das Übergangsobjekt stellt in der Beziehung des Säuglings zum Primärobjekt zugleich das Prinzip des Dritten her. Übergangsobjekt, frühe Triangulierung (vgl. Rotmann 1978, Lamb 1981, Papousek 1987) und Symbolisierungsfähigkeit stehen insofern entwicklungspsychologisch in einem unauflösbaren Interdependenzverhältnis zueinander. Da vermutlich die wichtigste seelische Entwicklung der ersten ein bis zwei Lebensjahre die der Separation und Individuation ist (Mahler 1968), wird dieser Prozeß durch ernsthafte Konflikte während des ersten Lebensjahres gestört. Das ist nach heutigen Kenntnissen der Lebensabschnitt, in dem der schizophrene Basiskonflikt konstituiert wird. Beeinträchtigt oder unentwickelt bleibt auch die Symbolisierungsfähigkeit, eine Störung, die sich in späteren Lebensabschnitten als Konkretismus des Schizophrenen darstellt. Diesen Vorstellungen gemäß bezeichnet Lempa (1995) den schizophrenen Grundkonflikt als „präsymbolisches Muster". In der Behandlung entstünden zweifach Schwierigkeiten (S. 137), weil der Konflikt nicht in unbewußten inneren Repräsentanzen gebunden sei und weil eine Störung der Symbolverwendung vorliege.

D.h. die für die Behandlung entscheidende Störung ist nicht ein innerer Konflikt zwischen psychischen Instanzen, nennen wir sie Objektrepräsentanzen oder Ich, Es und Über-Ich, sondern die Störung der zur Symbolisierung und Errichtung von Repräsentanzen führenden Funktion. Diese präsymbolische Natur des schizophrenen Grundkonfliktes ist verantwortlich dafür, daß er nicht intrapsychisch gehalten werden kann, sondern so häufig in der Außenwelt inszeniert werden muß, in einer oft äußerst destruktiven Weise, etwa der Provokation von gewalthaften Eingriffen in Form von Zwangseinweisungen (s. Bruns 1993, S. 12 ff.). Die präsymbolische Natur des Konfliktes drängt die Patienten aber auch zur Herstellung von Realbeziehungen mit dem Therapeuten, denen dieser sich nicht entziehen kann und die er als Zwang erlebt. In diesen Beziehungen fehlt aber dann der intermediäre oder, wie er ihn später genannt hat, der potentielle Raum im Sinne Winnicotts (1971), also die spielerisch-kreative Freiheit, die eine Übertragungs-Gegenübertragungsbeziehung bietet. Alles was passiert, wird bitterer Ernst.

In dieser Situation bleibt dem Analytiker nur das Mitagieren oder bei häufig vermutlich mühsam erkämpftem Handlungsverzicht das containment, wie es Gabbard beschrieben hat. Dieses ist jedoch bereits die Sicherung eines analytischen Minimalraumes. Zwar gelingt es (noch) nicht, mit dem Patienten gemeinsam Situation, Interaktion und Beziehung in ihrer unbewußten Bedeutung zu erörtern und in der verbalen Symbolisierung den analytischen Raum zu erweitern und zu festigen, aber der Analytiker schafft sich einseitig einen Raum des Phantasierens, der Bedeutungsgebung und in der unausgesprochenen probeweisen Deutung einen Raum der Symbolisierung. Ich vermute, daß die wiederholte Identifizierung des Patienten mit dem solcherart arbeitenden Analytiker der erste Schritt zur Herstellung eines analytischen Minimalraumes auch bei ihm ist.

Mit einer erweiterten psychoanalytischen Behandlungstheorie, die einbezieht, daß mit psychotischen Patienten viel mehr als mit neurotischen Patienten unbewußte Interaktionen ablaufen, die mit den Konzepten der projektiven Identifizierung, der „role responsiveness" (Sandler 1976) oder des Handlungsdialogs (Klüwer 1983) gefaßt werden können, kann der Analytiker sich allerdings auch eine theoretisch generierte minimale Freiheit des Phantasierens und Denkens verschaffen, wenn er seine eigenen Handlungen und Unterlassungen als präverbale Deutungsakte versteht, wie es Ogden in seinem Konzept der „interpretive action" (1994) tut. Die interpretative Handlung ist natürlich noch keine Deutung, aber sie kann als eine organische oder szenische Symbolisierung betrachtet werden, die den ersten Schritt zu einer Deutung darstellt; diese wird formulierbar, wenn der Analytiker die mit seiner oft spontanen interpretativen Handlung verknüpften Phantasien und Affekte erfassen, verknüpfen und im geeigneten Moment für den Patienten auch verbal symbolisieren kann. Die Bedeutung der interpretativen Handlung liegt darin, daß sie wie das containment dem Analytiker einen vorerst einseitigen analytischen Minimalraum verschafft, den er zu einem von Analytiker und Analysand gemeinsam genutzten analytischen Raum erweitern kann.

Die präverbale, szenische Symbolisierung bleibt oft für lange Zeit die einzige Symbolisierungsmöglichkeit für psychotische Patienten. Sie stellt jedoch gegenüber der Produktion von psychotischen Symptomen einen Fortschritt dar. Die Inszenierungen sind Externalisierungen wichtiger verinnerlichter Objektbeziehungen. Charakteristisch für psychotische Erkrankungen ist, daß die Patienten wegen der eingeschränkten oder aufgehobenen Realitätsprüfung den Zuschreibungscharakter ihrer Projektionen nicht anerkennen können und sich von ihnen daher nicht distanzieren können. Es gelingt ihnen nicht, Wahrnehmung und Vorstellung, psychische und materielle Realität voneinander zu sondern. Symbolisierung als komplexe Ichleistung verlangt aber diese Fähigkeit; es muß anerkannt und genutzt werden, daß ein Wort für ein Ding steht, nicht das Ding selber ist. „Tisch" ist eine Bezeichnung für ein Ding, das als Tisch zu bezeichnen man sich geeinigt hat, ist nicht selbst das Ding, das man als Tisch bezeichnet. Das Bewußtsein von der Differenz zwischen Ding und Bezeichnung als ein Element der Realitätsprüfung läuft üblicherweise immer als Hintergrundeinstellung mit und führt im therapeutischen Prozeß bei neurotischen Patienten zu einer permanenten vorbewußten Distanzierung von Handlungen, Empfindungen und Aussagen. Dadurch entsteht der paradoxe Doppelcharakter von Virtualität und Echtheit, der der Beziehung zwischen Analytiker und Analysand mit ihren Übertragungsanteilen und ihren Realanteilen zu eigen ist. Viele und gerade oft die stärksten, peinlichsten, schamvollsten Empfindungen können in einer Analyse nur deswegen ausgesprochen werden, weil der Analysand sich des auch virtuellen Charakters der Übertragungsbeziehung, in der diese Empfindungen entstehen, bewußt ist.

Den ersten Schritt in Richtung eines solchen doppelten Beziehungserlebens kann der Psychotiker in einer Institution tun, die sich ihm als Bühne für die Externalisierungen seiner inneren Welt, die im ambulanten Bereich als Vernetzungsbemühungen der Patienten in Erscheinung treten (Bruns 1995, 1997), zur Verfügung stellt. Voraussetzung dafür ist, daß die Institution ein therapeutisches Milieu bietet, das dem Patienten Inszenierungen erlaubt und diese als interpretationswürdig betrachtet. Ein solches Milieu herzustellen ist nicht einfach. Üblicherweise wird das Funktionieren von Institutionen durch Regeln gesichert. Abweichungen von den Regeln werden mit Sanktionen geahndet. Solch ein berechenbar sanktionierendes Verhalten nun bestätigt letztlich dem Psychotiker seine psychotische Verkennung der Welt. Denn unter der Wirkung des unbewußten Wiederholungszwanges sucht er eine Bestätigung für seine Erwartung, daß sich traumatische Erlebnisse und Erfahrungen aus den frühesten Abschnitten seines Lebens für ihn immer wiederholen. Entsprechend seiner unbewußten Erwartung sucht er andere Personen oder Instanzen zu Mißhandlung, Vernachlässigung, Beziehungsabbruch oder -verweigerung, Entwertung oder unerträglicher Bedrohung zu veranlassen. Die berechenbar sanktionierende Institution ist leicht zu einer Reaktion zu bewegen, die vom Patienten in der von ihm benötigten Weise interpretiert werden kann. Um dem Patienten eine erste Ahnung von seiner Beteiligung, ein erstes Stutzen zu verschaffen, darf die erwartete und unbewußt provozierte Reaktion jedoch nicht eintreten.

Institutionen besitzen in der Regel eine größere Kapazität für Toleranz gegenüber aggressivem oder anderweitig sozial unangemessenem Verhalten aus einem einfachen Grund: sie halten ein nur von ihnen zu bestimmendes Binnenmilieu bereit, eine kleine gesellschaftliche Enklave, deren Gestaltung ihnen obliegt. Der alleine in seiner Praxis arbeitende Psychoanalytiker, Psychiater oder Psychologe kann einen von den gesellschaftlichen Regeln und Sanktionen partiell freigehaltenen Raum nur für eine Stunde am Tag bieten, für ein heftig agierendes Verhalten werden die Möglichkeiten einer Praxis schnell überschritten, weil ihr Binnenmilieu sehr klein ist. Das institutionelle Binnenmilieu eines Krankenhauses etwa kann nun so gestaltet werden, daß es tolerant gegenüber dem psychotischen Verhalten der Patienten ist. Es ist dabei abhängig von der Haltung der Mitarbeiter gegenüber den Patienten. Wenn sie das psychotische Verhalten der Patienten als zwar schwer zu entziffernden, aber prinzipiell sinnhaften Ausdruck ihrer inneren Welt auffassen, können sie Geduld, Toleranz und Zurückhaltung in ihren Reaktionen zeigen, sogar ein Verständnis der Bedeutung des Verhaltens der Patienten entwikkeln. Ihre bewußte und unbewußte Arbeit, um die Patienten zu verstehen, kommt diesen zugute; denn ohne daß Deutungen ausgesprochen werden, spüren die Patienten, daß sie verstanden werden. Durch ihre Haltung und ihr Verhalten vermitteln die Mitarbeiter der Institution die von ihnen erarbeitete Bedeutung des Verhaltens der Patienten diesen zurück. Es sind diese szenische Vermittlung einer Bedeutung des vordergründig Sinnlosen und Verrückten und das Angebot an die Patienten, sich mit einer toleranten und großzügigen Haltung der Mitarbeiter gegenüber psychotischen Symptomen zu identifizieren, die den Patienten in einem so gestalteten therapeutischen Milieu einen Minimalraum psychoanalytischer Reflexion verschaffen.

Insofern kann die „interpretive action“, die interpretierende Handlung als entscheidendes Mittel zur Entfaltung eines initialen analytischen Minimalraumes in einer Institution, die sich in der beschriebenen Weise zur Verfügung stellen kann, angesehen werden.

## Literatur


Balint, M. (1968): *Therapeutische Aspekte der Regression.* Rowohlt (rororo studium), Reinbek 1973.

Bleger, J. (1966): *Die Psychoanalyse des psychoanalytischen Rahmens.* Forum Psychoanal. 9 (1993), S. 268 - 280.

Bonac, V.A. (1995): *The Bountiful Mother and the Fate of Transference in Managed Health Care.* Int. J. Communicative Psychoanal. Psychother. 10/3 (1995), S. 59 - 72.

Bruns, G. (1993): *Ordnungsmacht Psychiatrie? Psychiatrische Zwangseinweisung als soziale Kontrolle.* Westdeutscher Verlag, Opladen 1993.

Bruns, G. (1995): *Soziale Vernetzung: Ein Parameter in der psychoanalytischen Behandlung psychotischer Patienten*, in: Forum Psychoanal. 11 (1995), S. 84 - 94.

Bruns, G. (1997): *Die Öffnung der Dyade. Eine patienteninduzierte Modifikation in der psychoanalytischen Behandlung psychotischer Patienten*, in: Psychotherapeut 42 (1997), S. 350 - 355.

Colson, D.B. (1995): *An Analyst's Multiple Losses: Countertransference and Other Reactions.* Contemp. Psychoanal. 31 (1995), S. 459 - 478.

Epstein, L. (1995): *Self-Disclosure and Analytic Space: Some Issues Raised by Jay Greenberg's Paper on Self-Disclosure.* Contemp. Psychoanal. 31 (1995), S. 229 - 236.

Fenster, S., S.B. Phillips, E.R.G. Raporport (1986): *The Therapist's Pregnancy: Intrusion in the Analytic Space.* Analytic Press, Hillsdale, NJ, 1986.

Freud, S. (1905): *Bruchstück einer Hysterie-Analyse.* GW 5, S. 161 - 286.

Gabbard, G.O. (1991): *Technical Approaches to Transference Hate in the Analysis of Borderline Patients*, in: Int. J. Psychoanal. 72 (1991), S. 625 - 636.

Gunderson, J.G. (1978): *Patient-therapy matching: A research evaluation*, in: Am. J. Psychiatry 130 (1978), S. 1193 - 1197.

Klüwer, R. (1983): *Agieren und Mitagieren*, in: Psyche 37 (1983), S. 828 - 840.

Klyman, C.M. (1994): *Widowhood: A Painful Intrusion into the Analytic Space.* J. Amer. Academy Psychoanal. 22 (1994), S. 571 - 585.

Kutter, P., R. Páramo-Ortega, P. Zagermann (1988): *Die psychoanalytische Haltung. Auf der Suche nach dem Selbstbild der Psychoanalyse.* Verlag Internationale Psychoanalyse, Stuttgart 1988.

Lamb, M.E. (1981, Ed): *The role of the father in child development.* Wiley, New York 1981.

Lempa, G. (1995): *Zur psychoanalytischen Behandlungstechnik bei schizophrenen Psychosen*, in: Forum Psychoanal. 11 (1995) S. 133 - 149.

Mahler, M.S. (1968): *Symbiose und Individuation.* Klett, Stuttgart 1972.

Meehan, B. (1996): *From „Comfort" to Chaos: Mental Health Insurance Coverage in the 1990s*, in: Barron, J.W., et al. (Ed.): Impact of Managed Care on Psychodynamic Treatment. Int. Univ. Press, Madison, CT, 1996, S. 73 - 103.

Ogden, T.H. (1994): *The Concept of Interpretive Action*, in: Psychoanal. Q. 63 (1994), S. 219 - 245.

Papousek, M. (1987): *Die Rolle des Vaters in der frühen Kindheit.* Kind und Umwelt, Heft 54, S. 29 - 49.

Poland, W.S. (1992): *From Analytic Surface to Analytic Space.* J. Amer. Psychoanal. Assn. 40 (1992), S. 381 - 404.

Poland, W.S. (1994): *Comment on „Monitoring the Analytic Surface".* J. Amer. Psychoanal. Assn. 42 (1994), S. 1314.

Poland, W.S. (1996): *Melting the Darkness: The Dyad and Principles of Clinical Practice.* Jason Aronson, Inc., Northvale, NJ, 1996.

Price, M. (1994): *Incest: Transference and Countertransference Implications*. J. Amer. Academy Psychoanal. 22 (1994), S. 211 - 229.
Rotmann, M. (1978): *Über die Bedeutung des Vaters in der „Wiederannäherungs-Phase"*, in: Psyche 32 (1978), S. 1105 - 1147.
Sandler, J. (1976): *Gegenübertragung und die Bereitschaft zur Rollenübernahme*, in: Psyche 30 (1976), S. 297 - 305.
Schwartz, H.J. (1987): *Illness in the Doctor: Implications for the Psychoanalytic Process*. J. Amer. Psychoanal. Assn. 35 (1987), S. 657 - 692.
Spence, D.P., L.C. Mayes, H. Dahl (1994): *Monitoring the Analytic Surface*. J. Amer. Psychoanal. Assn. 42 (1994), S. 43 - 64.
Sterba, R. (1934): *Das Schicksal des Ichs im therapeutischen Verfahren*. Int. Z. f. Psychoanal. 20 (1934), S. 66 – 73.
Stone, L. (1961): *Die psychoanalytische Situation*. Fischer, Frankfurt/M 1973.
Viderman, S. (1974): *Interpretation in the Analytic Space*. Int. R. Psycho-Anal. 1 (1974), S. 467 - 480.
Viderman, S. (1979): *The Analytic Space: Meaning and Problems*. Psychoanal. Q. 48 (1979), S. 267-291.
Winnicott, D.W. (1951): *Übergangsobjekte und Übergangsphänomene*, in: Ders. (1971): Vom Spiel zur Kreativität. Klett-Cotta, Stuttgart 1979, S. 10 – 36.
Winnicott, D.W. (1971): *Der Ort, an dem wir leben*, in: ders. (1971): Vom Spiel zur Kreativität. Klett-Cotta, Stuttgart 1979, S. 121 - 127.

*Johan De Groef*

# Nur wo Du bist, entsteht ein Ort

## Die Dialektik zwischen Einrichtung und Ausrichtung

Mein lieber Freund Martin Feuling,
das Wort Ort ist anscheinend ein Bedeutungsraum, in dem wir uns in den letzten Jahren begegnet sind; es gab den Kongreß 'Orte zum Leben' in Blankenberge; Sie gaben mir das Buch *Innere Orte – äußere Orte*; und heute haben Sie mich eingeladen zu Ihrer neunten Fachtagung: *Vom Entstehen analytischer Räume* – fast hätte ich gesagt: analytischer Orte.

Orte – Worte. Gestern habe ich den Hölderlinturm besucht und bewegend und bewegt erinnerte ich mich der Anfangszeilen seines Gedichtes Friedensfeier: „[...] Viel hat von Morgen an, Seit ein Gespräch wir sind und hören voneinander, Erfahren der Mensch; bald sind wir aber Gesang [...]."

Dieses Fragment war das Motto der Partitur – in Managersprache: das mission statement – von Zonnelied, der Behindertenanstalt, deren Direktor ich bin. Das Wort Partitur habe ich dabei bewußt gewählt: es handelt sich da um einen Grundtext, der aufgeht (sowohl in der Bedeutung 'verschwinden in' wie in der einer stimmenden mathematischen Funktion) in einer einzigartigen und tatsächlichen Ausführung. In dieser Ausführung spielen alle Teilnehmer unter Leitung eines Dirigenten, der – wie Sie ja wissen – über ein zerbrechliches Taktstöckchen verfügt. Dieses zerbrechliche Stäbchen ist vielleicht das herausragende Symbol für die Funktion eines Direktors. Wie man es auch nimmt, jede Ausführung ist ein verletzliches, weil das Innere hervorkeherendes, Geschehen.

Zonnelied ist eine Beschäftigungs- und Tagesanstalt für einhundertvierzig mäßig bis schwer geistig behinderte Erwachsene. Die Partitur von Zonnelied ist eine textuelle Ausarbeitung und zeitgemäße Verarbeitung des Sonnenliedes des heiligen Franziskus: Urvater und stiftender Ursprung des Ordens der Franziskanerschwestern, jenes Ordens, der selbst Ursprung der gemeinnützigen Vereinigung Sonnenlied ist. Die Partitur hatte für mich als Autor der zeitgemäßen Version die Bedeutung einer Art Konstruktion eines Familienromans: eines Romans, in dem das Sonnenlied des Franziskus mit der juristischen Figur des gemeinnützigen Vereins Zonnelied verknüpft ist, und zwar zusammen mit der lebensfaktischen Geschichte von Zonnelied als Organisation von und für Menschen.

Zonnelied ist noch kein Lied, es wird gesprochen. Die Partitur von Zonnelied ist der Text, der fortwährend ausgeführt wird, in der Hoffnung auf einen gelungenen Gesang. „Seit ein Gespräch wird sind, [...] bald aber sind wir Gesang".

„Vom Entstehen analytischer Räume". Die Geschichte von Olaf Schmidt und die Geschichten, die er vorlas, aus jedem Buchstaben des Alphabets, wurden gleichsam vorgesungen: ein Lied von der Erde mit dem A von Amerika usw. Die menschliche Stimme als erste Mitte – nicht Mittel – als ein Ort, an dem ich einen Augenblick wohnen und zustimmend zu mir selbst kommen kann.

Daher der Titel meines Vortrags: 'Nur wo du bist, entsteht ein Ort'. Nicht Ich, sondern Du als erste Person. Keine Anstalt, sondern ein Ort.

Dieser Vers von Elisabeth Barrett-Browning[1] (in der großartigen Übersetzung R.M. Rilkes) gibt dem, was ich hier zu sagen habe, die Tonart vor und ist zugleich auch die 'verdichtetste' Zusammenfassung meiner Ausführung.

„Nur wo du bist, entsteht ein Ort". Oder, wie auch geistig Behinderte schon mal fragen: „Darf ich bei dir wohnen?" Einfacher kann man sie nicht stellen, und dennoch, ... diese Frage bringt eine Wahrheit und den Fragesteller so unheimlich nahe beisammen, daß wir die Frage, den Fragesteller und die Wahrheit sicherheitshalber entweder ritualisiert wiederholen oder prosaisch verschleiern in Geschichten der 1001 Tage/Nächte.

Du, Sei wie Du, immer.[2]

Was ist das, sich selbst sein? 'Sich selbst' scheint eine Art Widerhall von 'selbst' – dasselbe – das Identische zu sein. 'Du sei wie du' deutet aber an, daß Sich-selbst-Sein heißt: 'sein wie ein du'; d.h. anders-sein. Sich-selbst-Sein und Sich-Unterscheiden sind unlöslich miteinander verbunden.

Sich-selbst-Sein, oder besser: Sich-selbst-Werden, ist eine Aufgabe und eine Gabe (d.h. ich habe es von einem anderen erhalten), es ist nichts Gegebenes; Sich-selbst-Sein ist man nicht von Natur aus, sondern 'von Kultur aus'. Dieses Selbst-Werden ist für den Menschen als begehrendes Wesen ein nie vollendeter Prozeß: man ist nie ganz sich selbst.

Die Kultur – der andere ist gleichsam der Spiegel[3], der uns vorgehalten wird, damit wir es zu einem Selbst bringen. Die Kultur ist die Puppe, die uns Sicherheit gibt auf dem Weg zu. Die Kultur als transitionelles Objekt.

Portmann hat die Tatsache beschrieben, daß wir viel zu früh geboren werden: mit Instinktdefiziten und unfertig (vgl.: Fr. Nietzsche: das noch nicht festgestellte Tier; J.G. Herder: Mängelwesen, J. Lacan: der Seinsmangel). Wir haben Merkmale sowohl der Nesthocker wie der Nestflüchter. Im Nest oder draußen, zu Hause oder nicht zu Hause: wir haben unsere Stellung in der Welt noch zu suchen, wir haben unsere Welt noch einzurichten. Philosophisch gesprochen: der Mensch existiert, d.h. erst außerhalb seiner selbst kommt der Mensch zu sich. Er muß sich verlieren, um sich finden zu können.

Nach einem neunmonatigen intra-uterinen Aufenthalt erwarten uns als prämature Wesen noch einige Jahre in einer sozialen Gebärmutter, bevor wir unsere ersten selbständigen und unsicheren Schritte in die Welt, in die Sprache machen können. Diese gebrochene Geburtsstruktur ist der Grund des Risikos und die Möglichkeit, alles lernen zu müssen. Nichts und niemand spricht von sich aus, nichts ist 'selbstredend'; das wird es erst, indem geredet wird. Sogar unsere Sinne werden von der kulturellen Geschichte herangebildet. Sobald etwas selbstredend wird, schweigt es.

Diese ursprüngliche Abhängigkeit kann niemals in eine restlose Autonomie umgebeugt werden. Dieses ursprüngliche Bedürfen (nicht: Bedürfnis) des anderen kann nur symbolisch vermittelt und begrenzt werden.

Die Entwicklungsgeschichte eines jeden Menschen besteht aus dem Lernprozeß der Teilnahme an einem Gespräch, das im Grunde immer schon über ihn ging. Vor unserer Geburt wird *über* uns gesprochen, seit unserer Geburt wird *zu* uns gesprochen, und im Alter von etwa drei Jahren ist die Zeit angebrochen, in der wir grammatisch korrekt 'ich' sagen können. Zuvor sprachen wir so, wie andere über uns sprachen: Fritzchen ist brav, Fritzchen ist dies und das.

Erst indem wir 'ich' sagen, erscheinen wir als ein 'ich' gegenüber einem anderen. Das 'ich' ist die Redeform par excellence, es ist die Eintrittskarte zur Kultur, unser Paß.

'Ich und Du', 'Ich und jenes Du, gedacht als ein anderes Ich' ist die Struktur jedes intersubjektiven Sprechens. Ich und Du ist aber das Ergebnis eines *Grundwortes Ich-Du* (Buber[4]). Aber wir sprechen nicht mit Grundworten; wir sagen nicht ich-du, wir sagen ich und du. Das diagonale Grundwort ist die Bedingung unseres Sprechens. Die Frage bleibt aber, ob wir auf andere Weise als auf die eines Ich jenes du denken, sagen usw. können. Es ist, als ob wir mit dem ich in unsere Kultur hineingeredet werden, als ob wir das du des Grundwortes ich-du abschneiden müssen. Im Ich-Sagen verliere ich das du. Das Du als Eintrittspreis zu unserer Kultur?

Das ist nicht nur ein genetischer Prozeß, sondern im Grunde auch ein strukturelles Verfahren, wobei die drei Sprechmodi – reden über – anreden – zusammen reden – unsere Existenz auf Dauer zeichnen. (Z.B. im Rahmen der Anstalt: Aufnahme vs. Empfang, besprechen, anreden und sprechen. Wieviel Raum gibt es für ein Sprechen mit Behinderten? Manche Gäste schweigen aus vollem Halse.)

Das In-die-Kultur-hineingeredet-Werden nannten die Lateiner vitam instituere[5] (das Leben einrichten). Unsere Kultur ist gleichsam die große Institution, die große Veranstaltung, in der wir wohnen. Mit einer noch älteren Metapher: jene Kultur, jene Institution ist das Schiff, auf dem wir eine Zeitlang fahren und erfahren.

In diesem Prozeß spielen Spiegel eine zentrale Rolle: sei es ein normaler Spiegel, seien es die Augen oder die Geschichten eines anderen.

Ein Spiegel läßt mich mich selbst als Einheit – als Identität sehen. Auf den ersten faszinierten Blick scheint mein Spiegelbild identisch mit mir selbst zu sein; doch schnell zeigt sich, daß dieses Spiegelbild nur ein Bild meiner selbst ist und nicht mit mir selbst zusammenfällt. Das Spiegelbild gibt mir ein Bild meiner selbst und zugleich wirkt es mir gegenüber entfremdend. Sich selbst gewinnen und zugleich sich selbst verlieren. Wenn ich mit meinem Spiegelbild zusammenfalle, wenn ich mein Spiegelbild umarme, ertrinke ich, das lehrt uns der Mythos des Narzißmus.

Die perfekte Wiedergabe gibt es nicht. Immer handelt es sich um eine vermittelte Wiedergabe, immer gibt es Rückseiten, die nicht in Bild gebracht werden können. (Hinter jeder Tür, die ich öffne, steht eine andere Tür). Immer wenn glaube, mich selbst zu finden, erfahre ich, daß ich mich zugleich verloren habe und mich durch eine Trauerarbeit hindurch mit einem Fragment zufriedengeben muß. Niet voor niets draagt Hölderlin zijn gedicht de titel Friedensfest: het zingen dat éénstemmigheid sticht.

Wer bin ich in deinen Augen, und bin ich das denn wirklich oder bin ich noch etwas anderes? Die Selbstbestimmung 'Ich bin, der ich bin' ist nicht für Menschen bestimmt. Solch eine vollständige Identitätsbestimmung ist zu voll, und also zu leer. An einem leeren Ort kann man bleiben, aber auf dieser Erde ist das kein Menschenschicksal. Unser Leben ist eine dauernde Suche, eine Odyssee; nach der Vertreibung aus dem Paradies (dem Ort der Unmittelbarkeit) - sind wir abgedriftet und mit allen möglichen Mitteln versuchen wir zu überleben. Sicherheitshalber treiben wir in einem Schiff. Und so wie Odysseus herumdümpelte, manchmal von starken Strömungen verführt, so schippern auch wir in Erwartung einer Ankunft herum. Unterwegs legen wir hier und da in einem Hafen an (ein Bild, eine Geschichte). Aber immer wieder müssen wir uns auf den Weg begeben ins gelobte Land, das wir am Horizont wahrzunehmen glauben.[6]

Erfahren, so schreibt Eckermann, Behrisch zitierend, in seinen Gesprächen mit Goethe[7]: „ist, daß man erfahrend erfährt, was erfahren zu haben, man nicht gerne erfahren haben möchte."

Erfahren ist an sich nicht angenehm. Erfahren bedeutet: einen sicheren Hafen verlassen, weg vom Geträumten ins Unbekannte. D.h.: immer gibt es jenes unbestimmte Gefühl, jenes Unbehagen in der Kultur (Freud), das mir sagt, daß ich noch nicht vollständig da bin und also fortfahren muß in der Suche nach dem, was ich in Wahrheit bin. Wie sehr man auch immer zu Hause ist, immer bleibt ein unheimliches Gefühl zurück.

Vitam instituere. Hilflos geboren, auf der Suche nach unserem Selbst, werden wir in unsere Kultur hineingeredet und identifizieren wir uns mit dieser Kultur. Sie wird gleichsam zu unserer zweiten Natur. Das verläuft nicht reibungslos, sondern ist das Ergebnis symbolischer Gewalt, wie die heutigen Anthropologen es zu nennen pflegen. Wir werden in eine Form hineingeredet, wir werden in eine Lebensform eingefügt. Wie ein Leviathan (Hobbes) verschluckt uns die Kultur - wir werden Teilhaber einer riesigen kulturellen Maschine: der machina machinarum. Als Entwurzelte (das alte Band der Unmittelbarkeit ist verloren) finden wir unsere Verwurzelung, nicht ohne Unbehagen, in jener Kultur (ein neues Band der Mittelbarkeit).

Dieser Vorgang ist die orthopädagogische Einfügung von uns allen noch vor aller orthopädagogischen Betreuung im engeren Sinne. Das Mängelwesen Mensch wird – um nicht abzudriften – auf den rechten Weg gesetzt und betreut in einer Institution, die wir unsere Kultur nennen. Das Erwerben dieser kulturellen Einstellung ist das (ortho-) pädagogische Projekt schlechthin. Dieser Prozeß ist lebensnotwendig.

Gehlen[8] hat behauptet, daß der Mensch ein Tier ist, das einen Herrn braucht. Schon zweihundert Jahre früher hat Herder das Umgekehrte gesagt: Der Mensch, der einen Herrn braucht ist ein Tier. Herr: ein geladenes Wort. Nicht umsonst ist Freuds Psychoanalyse als narzißtische Kränkung erfahren worden.

Wer ist Herr über wen?

Im Spannungsverhältnis dieses Paradoxes (einen Herrn brauchen, keinen Herrn brauchen) ist auch die Orthopädagogik und das Denken über Institution, Anstalt und Normalisierung anzusiedeln.

Die Intelligenz, so schreibt Gadamer[9], hat in unserer Kultur eine zu einseitig rationale und instrumentelle Bedeutung bekommen. Für Gadamer hat Intelligenz fundamental etwas mit dem zu tun, was die Griechen phronesis nannten. Etwas davon klingt noch durch, wenn man im Niederländischen von jemandem sagt, daß er die 'Jahre des Unterschieds' erreicht habe, d.h. daß er erwachsen, vernünftig geworden ist. Und wir wissen jetzt ja, daß Unterschiede-Machen das Wesen unserer Kultur ausmacht; eine zutiefst ethische Angelegenheit. Denken wir nur an Unterscheidungen wie Ich und der andere, innen und außen, gut und böse [...].
Die Definition, daß der Mensch ein intelligentes Tier sei, kontert Gadamer am Schluß mit der Behauptung, daß der Mensch ein Mensch sei, ohne weiteres.

Der Unterschied behindert – nicht behindert ist vor diesem Hintergrund sekundär. Es ist ein kulturelles Handikap, daß wir diese Unterscheidung überhaupt brauchen. Zugleich – schon wieder ein Paradox – ist es dank unserer kulturellen Handikaps, daß wir an jenen anderen Handikaps etwas tun können. Doch ist vor allem der Mensch mit einem Handikap, mit einer Behinderung ein Mensch. Ohne weiteres.

In dieser Hinsicht ist es eine merkwürdige Umkehrung, daß die Römer einen Menschen, der geistig gleichsam keinen Stock hatte, auf den er sich stützen konnte, einen im-becillus nannten; buchstäblich einen, der keine Stütze (becillum), keinen Stock besaß. So betrachtet, braucht der nicht geistig Behinderte einen Stock: der gesunde Mensch humpelt – ihm fehlt etwas. Mit Lacan: der Mensch begehrt aus einem fundamentalen Mangel oder Fehl heraus.

Betreuung von geistig behinderten Menschen besteht deshalb darin, ihnen ihren Mangel vor Augen zu führen und ihnen einen ‘becillus’ zur Verfügung zu stellen. Mit einem Wort von Martin Feuling kann man ‘betreuen’ auch als eine Art ‘bemangeln’[10] verstehen. In diesem Sinn bekommt auch das zerbrechliche Stäbchen des Dirigenten/Direktors eine besondere Bedeutung, die ihn zur Zwischenfigur macht zwischen ‘becillus’ und ‘imbecillus’: ist das vielleicht die analytische Position?

Nur wo Du bist, entsteht ein Ort. Ein solches Du als ein Ort, an dem ein anderes du wohnen kann, impliziert eine Dialektik von innen und außen, von Eigenem und Fremdem. Solche Orte sind Gärten, Orte zum Spazieren, wo Damen und Herren mit (Spazier-)Stöcken sich begegnen.

Wenn Zonnelied den Anspruch stellt, ein solcher Ort zu sein, wo ein Du wohnen kann, dann stellt sich die Frage, auf welche Weise jene Dialektik von innen und außen, von Eigenem und Fremdem, auf welche Weise jenes ‘bemangeln’ Gestalt angenommen hat.

Mittels einer analytischen Lektüre zweier markanter Ereignisse mit Behinderten – Ereignisse, die ich lesen möchte, als wären sie Symptome von Zonnelied selbst –, will ich versuchen, die Geschichte von Zonnelied weiter als einen Familienroman ‘des’ Behinderten zu deuten und zu rekonstruieren.

## Klinische Geschichten

Pascal war ein geistig schwerbehinderter Mann mit einer zusätzlichen Sehbehinderung. Seit einigen Jahren kam er ins ambulante Tageszentrum, wo er vor allem an Bewegungsaktivitäten der sogenannten ‘PIT’-Gruppe (Persönlich Intensiv Trainieren) und erlebnisorientierten Aktivitäten im Holzatelier teilnahm. Pascal hatte noch zwei ältere Brüder. Der Vater war Metzger und hielt sich eher im Hintergrund. Die Mutter war eine übermäßig besorgte Frau, die in ihren Kontakten sehr flüchtig und gehetzt war. Seit Pascals Geburt hatte die Mutter verschiedene Depressionen durchgemacht.

Wie ein Blitz aus heiterem Himmel – so vernahmen wir es eines Morgens in der Zeitung – entdeckte der Vater, als er eines Tages von der Arbeit nach Hause kam, auf dem Dachboden seine Frau, die zunächst Pascal und danach sich selbst, am selben Strick, erhängt hatte. Als ich ihn an jenem Tag besuchte, zeigte er mir die Todesanzeige (siehe Abbildung 1) seiner Frau und seines Sohnes. Für ihn war es sehr wichtig, daß sie zusammen abgebildet wurden und daß die Anzeige nicht gefaltet wurde.

Abbildung 1

Mutter und Sohn sind im selben Format abgebildet worden, als wären sie ein Paar. Das Bild durfte nicht gefaltet werden. Eine Falte bedeutete ja schon zu viel Abstand zwischen beiden. Falte und Trennung gehen ja ineinander über, denn Trennung liegt ja jeder Entfaltung zu Grunde. Mutter und Sohn, am selben Strick tödlich verknüpft. Sie hingen so aneinander, daß die Leben spendende Nabelschnur zur tödlichen Mundschnur wurde.

Warum begehren Eltern nach Kindern? Kinder verlängern Eltern.

Kinder beherbergen unseren Mangel – unsere Endlichkeit – indem sie unsere Geschichte fortsetzen. Kinder gewähren uns gleichsam eine Galgenfrist. Jeder Elternteil muß aber, im Gleichschritt mit dem Aufwachsen seiner Kinder, Trauerarbeit leisten: das wirkliche Kind ist nicht das geträumte Kind.[11] Mein Kind ist nicht *mein* Kind. Das Eigentliche und das Uneigentliche in einem.

Dieses Sterben des geträumten Kindes ist aber kein einmaliges Geschehen, sondern ein dauernder dialektischer Vorgang. Wie das auch mit unseren Bildern der Fall ist, gibt es hier ein dauerndes Hin und Her zwischen den Träumen und der Erfahrung des Reellen. Das geträumte Kind muß nicht nur sterben, wir müssen auch von dem gestorbenen und reellen Kind träumen. Wenn wir *nicht mehr* träumen können, dann gibt es kein Leben mehr, nur noch Überleben; wenn wir *nur noch* träumen können, dann gibt es ebenfalls kein Leben mehr, sondern wir geraten in eine Todesstille und in eine tödliche Zwangsjacke.

Die Geburt eines behinderten Kindes zerstört sofort den Spiegel unzähliger ungeborener Erwartungen. Man bekommt nicht die Zeit, sich an den anderen zu gewöhnen. Jener andere präsentiert sich mit aller Brutalität: fürwahr eine unheimliche Erfahrung. Das Vertrauteste (ein Kind als Verlängerung des eigenen Selbst) ist zugleich das Fremdeste.

Das ideal-geträumte Kind muß sterben, d.h. kulturell behindert werden (durch den Prozeß der symbolischen Gewalt), damit ein Raum für das reale, das begehrende Kind entsteht. Ein Zuviel an diesem Mangel (was unser Maß übersteigt) – etwa eine Behinderung zusätzlich zu jener wesentlich menschlichen Behinderung – erschwert diesen Prozeß.

Manchmal scheint es, als ob Menschen mit einer Behinderung phantasmatisch und unbewußt im Vorraum jenes geträumten Ideals eingeschlossen bleiben. Sie werden damit gleichsam ein Engel auf Erden oder ein gefallener Engel.

Ist es vielleicht das, was Schiller ahnte, als er schrieb, daß es eine Affinität gibt zwischen dem Genie und dem Idioten, nämlich darin, „daß beide nur das Reale suchen und für den bloßen Schein gänzlich unempfindlich sind?“[12]

*

Oliva, eine massiv geistig behinderte einundvierzigjährige Frau mit zusätzlicher psychotischer Symptomatik, schuf im Tonatelier (wo man frei und ohne jede therapeutische Intention arbeiten kann) aus sich selbst heraus – also ohne Vorgabe – folgendes Bild: ein siamesischer Zwilling, zwei Köpfe, ein Körper. Die Verarbeitung nach der raku-Technik wurde vom Betreuer eingeleitet. Seitdem – weil ein solches Bild viele faszinierte – hat sie viele gleichartig verwachsene ‘Familienmitglieder’ so nennt sie sie) in Ton abgebildet.

Abbildung 2

Oliva stellt dar, was meines Erachtens die Grundproblematik des geistig Behinderten überhaupt ist: ein Mangel an Faltung, die Entfaltung erst ermöglicht. Das impliziert ein 'bemangeln', damit die Ganz- und Vollständigkeit aufgegeben wird und Raum schafft für eine Dialektik des Begehrens.

Das wiederholt sich auf poetische Weise in dem Gedicht *Der Idiot im Bade* von Maria Vasalis[13]:

Der Dampf, der vom warmen Wasser aufsteigt
macht ihn ruhiger: weißer Flaum [...]
Und bei jedem Kleidungsstück, das ihm abgeht,
fängt ihn stärker ein alt vertrauter Traum. [...]
er hat die Weisheit des Körpers nicht verloren
und braucht die Dinge des Geistes nicht zu verstehen. [...]
Und jede Woche wird er neu geboren
und grausam getrennt vom sicheren Wasser-Leben,
und jede Woche ist ihm das Schicksal beschert
erneut ein banger Idiot geblieben zu sein.

„[...] Ein Zeichen sind wir, deutungslos [...]“ (Hölderlin).

Das Vorangehende hat weitgehende Konsequenzen für die Institution: die Anstalt. Wie Pierre Legendre mehrmals in seinen *Leçons* behauptet:

„L'institution c'est l'humain. Il est important alors de veiller à son humanité. Et tout ce qui peut ramener le sujet à la position archaique fusionelle avec la mère éloigne de l'humain en tant que pris dans le symbolique [...] l'introduction du tiers devrait être l'objectif de tout fonctionnement institutionnel."

(„Die Anstalt ist das Menschliche. Es ist also wichtig, über ihre Menschlichkeit zu wachen. Und alles, was das Subjekt zur archaischen Verbindung mit der Mutter zurückbringt, entfernt vom Menschlichen, insofern es im Symbolischen gefaßt ist. [...] Die Einführung des Dritten muß das Ziel sein, auf das jedes Wirken der Anstalt hinarbeitet.")

## Eine zu kurze Skizze von Zonnelied

Abbildung 3

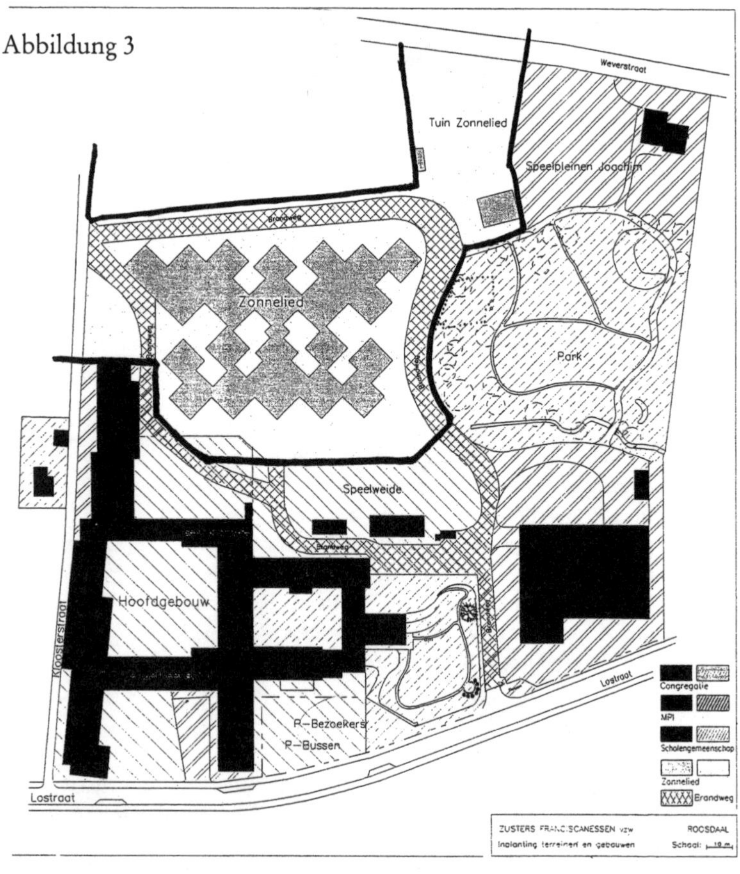

Zonnelied ist als juristische Entität (eigene Direktion /Anstaltsleitung) im Jahre 1980 gegründet worden. Anfänglich wurde es nur als Beschäftigungsheim für geistig behinderte erwachsene Frauen anerkannt. Rechts unten wohnte die 'tragende' Stiftung: der Orden der Franziskanerschwestern von Borchtlombeek. (Stifter: Franziskus von Assisi). Links daneben und durch die gemeinschaftliche Küche (die Nabelschnur?) verbunden, befand sich das MPI Sankt Franziskus, eine andere gemeinnützige Vereinigung für Minderjährige. Ganz rechts befindet sich das Schwimmbad und die Sportinfrastruktur. Die zwei leeren Quadrate unten sind der Spielplatz für die Kinder und das 'atrium', der Innenhof des Klosters. Diese Gebäude stehen alle an der Straßenseite.

Zonnelied wurde im Garten des MPI gebaut und liegt gleichsam geschützt in einer Bachhöhle, angewiesen auf die gemeinschaftliche Küche. Nur die Rezeption von Zonnelied liegt links oben an einer Straße. Es sieht so aus, als ob MPI und Zonnelied einander ergänzen, mehr noch: als ob sie ein Spiegelverhältnis hätten. Gäste, die als Minderjährige auf der anderen Seite wohnten, leben ab ihrem einundzwanzigsten Lebensjahr auf dieser Seite. Es waren die Eltern, die um diese Kontinuität gebeten hatten, und zwar aus einem mühsam gewachsenen – uneigentlichen? – Vertrauen heraus. Die Übertragung ist so stark, daß ein Übergang nur als Fort – und Weitergang betrachtet werden kann. Rechts von Zonnelied befindet sich der Friedhof des Ordens.

Makrostrukturell scheint Zonnelied ein organisches Ganzes zu bilden – ein Körper – mit dem MPI und dem Orden. Juristisch und in seiner tatsächlichen Organisation ist im Prinzip alles für ein eigenständiges Funktionieren vorgesehen.

Abbildung 4

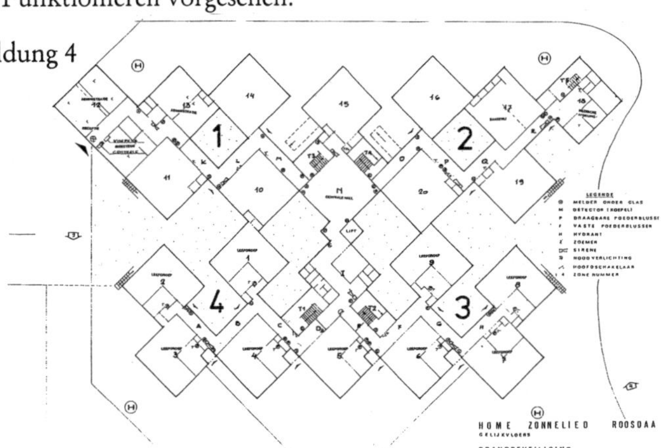

Von außen gesehen macht Zonnelied – die einzelnen Dächer wecken diese Illusion – den Eindruck einer Sammlung identischer Wohnungen. Im Grunde aber ist es eine Anstalt, in der man sich – wenn man einmal hineingefunden hat – durch ein Labyrinth von Gängen und Räumen zu den verschiedenen Ecken und Aufenthaltsräumen (Arbeitsgruppen und Ateliers) begeben kann. Es macht irgendwie den Eindruck der Kompartimentierung eines Bienenkorbs. Auffällig dabei ist die Orientierung nach innen: es ist schwierig, den Eingang zu finden; und einmal drinnen ist es genau so schwierig, wieder hinauszufinden. Die Gänge und Flure sind eigentlich eine Art Passagen – überdachte Straßen; aber die Tatsache, daß die Toiletten nur vom Flur her zugänglich sind, und nicht etwa von den Aufenthaltsräumen her, macht, daß man 'privat' eigentlich auf der Straße sitzt. Es sei denn, dieses Draußen ist selbst ein Drinnen. Will man ein Stockwerk durchqueren oder das Stockwerk wechseln (etwa vom Bodengeschoß zum Keller), dann muß man jeweils durch die zentrale Halle gehen. Diese Halle – das sonst leere Atrium – war der geschäftige Mittelpunkt für die damals einhundert Einwohnerinnen. Als Symbol wurde an diese 'Kreuzung' der Glockenturm der Kapelle gestellt, die da früher stand. Die einhundert Einwohnerinnen lebten in neun räumlich homogenen Gruppen. Abends mußten sie im Schlafanzug wieder durch die Flure, die zentrale Halle und die Flure im ersten Stock zum Schlafsaal. Die Keller waren anfänglich nur als Lagerplatz gedacht.

Das Ganze macht den Eindruck, als wäre das Hauptgebäude – das Mutterhaus von Zonnelied – eine Artikulation jenes mütterlichen Phantasmas, das wir auch in den oben angeführten individuellen Bildern lesen konnten: die totale und exklusive Mutter, in der (und nicht so sehr: mit der) man verbunden ist.

Die Geschichte der letzten zehn Jahre, in denen ich Direktor von Zonnelied war, ist auch die Geschichte eines Hinwirkens daraufhin, daß Zonnelied – durchaus nach dem Wort Hölderlins – ein dichterischer Ort werden konnte, an dem Menschen begehrend werden können. Dichterisch heißt ja: den Mangel zur Friedensfeier machen.

Ich möchte jetzt – mit konkreten Anstalten im Kopf – eine kleine beschreibende Phänomenologie des Unterschieds zwischen 'Stelle' und 'Ort' vorschlagen.

Eine Stelle ist ein geometrischer, auf irgendeine Weise standardisierter und objektivierbarer Raum. Stellen können von außen eindeutig benannt und kartographiert werden. Sie sind auch immer jemandes Eigentum. Stellen können programmiert werden, sie sind austauschbar und haben eine funktionelle Form. Stellen sind zeitlos, auch historische Stellen: denn es geschieht dort nichts mehr. An Stellen wohnt (bleibt) man nicht, man übernachtet dort höchstens, meistens sind es Passierstellen, man flaniert herum, man streift sie auf dem Weg zu [...], man hält einen Augenblick, man besucht sie als Tourist. Stellen sind in diesem Sinne lebensfremd, zumindest für den Alltag. Es sind Räume für Paraden und Zeremonien, in denen toter Helden und Siege gedacht wird. Stellen sind gleichsam definitionsgemäß öffentliche Stellen. Stellen kann man sehen und übersehen. Sie sind transparent und immer hellbeleuchtet. Stellen trennen deutlich zwischen innen und außen. Deshalb sind es klar abgeschlossene und abschließbare Räume, auf bestimmte Weise und zu bestimmten Zeiten zugänglich.

Stellen können (zugleich) Orte werden. Ein Ort ist viel archaischer, es ist eine ursprüngliche Stelle. Ein Ort ist immer ein Ort für Menschen aus Fleisch und Blut mit einem Nach- und Vornamen, oft noch mit einem Bei- und Kosenamen. Ein Ort ist nie mein Ort, sondern immer ein geteilter Ort; geteilt mit einem anderen. Orte sind in ausgezeichnetem Sinne historisch; nicht die große Historie der Helden, sondern die kleine Geschichte der kleinen Leute ist aber gemeint. Orte sind das Flußbett des augenblicklichen Geschehens und sind deshalb Ankerplätze für das, was Menschen an wesentlichen Erfahrungen überkommt. Orte sind auf Karten oder in Führern unauffindbar, nur im intimen und oft im extremen Sinne sinnlichen Gedächtnis ('les lieux de mémoire' bei Proust). Orte sind nicht zu übersehen und lassen sich deshalb auch nicht vorhersagen oder programmieren, sie sind nicht austauschbar. Orte sind ihrer Definition nach privat. An einem Ort herrscht nie Todesstille oder (womöglich feierlicher) Lärm. Es ist dort höchstens ruhig, aber meistens murmelt etwas. Ein Ort appelliert an alle unsere Sinne (vor allem die archaischen wie spüren, riechen, tasten). Ein Ort ist nie voll und ganz durchsichtig. Ein Ort dämmert, hat undeutliche Grenzen zwischen innen und außen. Orte sind nicht abgeschlossen oder abschließbar, sondern immer zugänglich, im Prinzip für jedermann, tatsächlich aber nur für Eingeweihte: in diesem Sinne sind Orte heilige Orte.

So betrachtet haben Stellen und Orte eine ganz eigene Dynamik. Stellen sind Räume, die den Gesetzen des geometrischen Denkens entsprechen: der Mathematik, der Physik, der Logik. Stellen sind Teil der ökonomischen Knappheitskalkulation. Orte dagegen entsprechen nur psychologischen Gesetzen, mehr noch, sie folgen 'les lois que la raison ne connaît pas'; d.h. 'les raisons du coeur' (Bl. Pascal). Im Vergleich mit Stellen, die ordentlich sind, sind Orte 'Ohr'dentlich. Orte sind knapp, aber nicht im Sinne der ökonomischen Gesetzmäßigkeit: Es gibt Orte – nicht Stellen – für jeden, und wenn es ein Nadelöhr wäre.

An Stellen ist man nie zu Hause. An einem Ort fühlt man sich aber wohl zu Hause, jedoch nie oder selten voll und ganz: an einem Ort wird ja gelebt. Deshalb ist ein Ort nie ein Himmel auf Erden, aber auch keine Hölle.

An einer Stelle steht man in aller Vertikalität und Aktivität oder man wird dort in aller Horizontalität und Passivität aufgenommen. Reden über und zureden sind die typischen Sprechweisen an Stellen. An einem Ort befindet man sich; Horizontalität und Vertikalität, Passivität und Aktivität sind immer vermischt. Die typische Sprechweise an einem Ort ist das Reden und das angeredet werden; mehr noch, nur an einem Ort kann man, nach Maeterlincks Wort, mit jemandem schweigen.

Ich kann zusammenfassen mit dem Gedicht *Der Ort* von Herman de Coninck[14]:

Man muß nicht nur, um den Ort zu erreichen,
zu Hause weggehen, sondern auch aus Sehweisen.
Es gibt nichts zu sehen, und das muß man sehen,
um alles beim sehr Alten zu lassen.

Es gibt hier. Es gibt Zeit.
Um übermorgen etwas zurückgelassen zu haben
Dafür muß man heute sorgen
Für die Sterblichkeit.

Es gibt also viel zu tun. Eine „Arbeit bedeutet zwar eine narzißtische Kränkung, insofern ihre Notwendigkeit die Grenzen der Allmacht der Gedanken anzeigt und als Zeichen für die Vertreibung aus dem Paradies, wo man im Einklang mit dieser Allmacht weilte, gilt, gleichzeitig ist aber die Arbeit das wichtigste Instrument, um jene Phantasien und die Realität einander nahezubringen. Die Praxis, die das Individuum mit anderen verbindet, bringt die Modifizierung der Allmachtsphantasien zustande, die ihre Unterbringung im Ich-Ideal ermöglicht"[15]. Für eine Organisation gilt, was Freud[16] schrieb über „Der Mensch [...] will die narzißtische Vollkommenheit seiner Kindheit nicht entbehren, und [...] sucht ... sie in der neuen Form des Ichideals wieder zu gewinnen. Was er als sein Ideal vor sich hin projiziert, ist der Ersatz für den verlorenen Narzißmus seiner Kindheit, in der er sein eigenes Ideal war."

## Zonnelied: eine Arbeit des Begehrens

Die Arbeit, die wir verrichten, ist die Schaffung einer Welt von Unterschieden. Ein erster Schritt wurde gemacht, als wir als Tageszentrum für Männer und Frauen anerkannt wurden. Das homogene Heim bekam Falten: es wurde mit Frauen und Männern zusammen gearbeitet und täglich gab es Besuche aus anderen Heimen. Überdies sahen wir uns aus Platzmangel verpflichtet, zu 'delozieren': ein erstes Draußen von Zonnelied entstand, einige Kilometer weiter weg, ein Gebäude, das früher dem Orden des heiligen Josef gehörte, was in diesem Kontext nicht ohne Bedeutung ist.

Merkwürdigerweise nahmen die nicht geplanten und nicht vorgesehenen künstlerischen und Medienateliers in den dunklen Kellern Gestalt an; einige davon zogen mit um, nach draußen. Das Theateratelier war ja definitionsgemäß auf ein Publikum orientiert.

Der nächste Schritt war die Mischung des Heims selbst. Das ging mit dem Aufbrechen der Mauern des Mutterhauses und einem „Abbau' der homogenen Gruppen einher. Es wurden ausgelagerte Räume geschaffen, wo Gäste auf differenzierte und persönliche Weise ihren Ort ausbauen konnten. Das Selbst-Werden verlief parallel zum Unterschiedlich-Werden und hing mit dem Thema der Integration zusammen. Das Falten und Entfalten sorgte dafür, daß alles etwas weniger seine Ordnung hatte und daß man sich nicht mehr so sehr zu beugen hatte; dennoch war es das, was alle verlangten.

Mit der Differenzierung und der deutlicheren Profilierung von Zonnelied ergab sich auch ein anderes Verhältnis zur den anderen gemeinnützigen Vereinigungen des Ordens. Erst jetzt wuchs die Möglichkeit zur Zusammenarbeit, zum Ausbau eines gerade nicht zentralisierten Netzwerkes.

Bis dahin die kurze Darstellung unseres 'jugendlichen' Bestehens. Unser Orientierungsrahmen stammt aus der Psychoanalyse und der institutionellen Psychotherapie.

## Ein klinisches Bild

Abbildung 5

Heide ist eine schwer geistig Behinderte, die im Textilatelier die Chance bekam, neben dem normalen Weben auch Zweige und Garne zu sammeln, und diese zu einem Gewebe zu verarbeiten. Sie wickelt sich ein. Deshalb besteht die Betreuung darin, ihr nein zu sagen und ihr ein Halt zuzurufen, damit nicht das Ganze eingewickelt wird. Die Intervention sorgt dafür, daß Raum zum Einnisten übrig bleibt. Das Du als ein Gewebe, wo ich wohnen kann/darf.

Auch als Direktor soll man sich in diesem ganzen Prozeß der megalomanen und narzißtischen Neigung enthalten, alles, was des Menschen ist, beherrschen und organisieren zu wollen. Organisieren hört sich so gefährlich organisch an, als ob man Menschen falten kann auf das hin, was einem Urideal gleicht. Man schafft aber nur von oben Bedingungen, die im Bauwerk des anderen, der der/die Behinderte ist, aufgehen.

Dank 'einer' Psychoanalyse versuche ich, ein behinderter Direktor zu sein. D.h. ich brauche selbst ein Draußen, ein becillus, der mich unterstützt. Zugleich soll ich – nach einem Wort van Keats – die negative Fähigkeit kultivieren, allein zu tragen, was innerhalb der Organisation noch nicht zu ertragen ist, jenes andere, das vorläufig kein Du gefunden hat, wo es wohnen darf. Vielleicht befindet sich mein Büro deshalb an der Rezeption – dem Empfangsraum des Mutter-/Haupthauses? Das Schwierigste überhaupt ist das Arbeiten im Bewußtsein der eigenen und institutionellen Sterblichkeit, im Wissen, daß alle nach Kontinuität und Sicherheit fragen.

Für Zonnelied ist nichts schwieriger, als sich selbst zu finden in einem Gut-genug-Sein, das tolerant die Spannung enthält eines begehrend An-etwas-Arbeiten.

Das letzte Wort überlasse ich konsequenterweise dem Dichter mit einem Vers aus der Sammlung des *Knaben Wunderhorn*[17]:

Ich schenk Dir Was
Was ist denn das?
Ein silbernes Wart ein Weilchen,
und ein goldnes Nixchen
in einem niemalenen Buchschen.

## Anmerkungen

1 Elisabeth Barrett-Browning (1806-1861) im „7. Sonnet from the Portuguese“: '*The names of country, heaven, are changed away for where thou art or shalt be, there or here*', in der Übersetzung R.M. Rilkes: 'Die Namen: Heimat, Himmel schwanden fern, nur wo du bist, entsteht ein Ort'.

2 Anfang eines Gedichtes des rumänisch-jüdischen Dichters Paul Celan aus seinem Gedichtband *Lichtzwang*, 1970.

3 Siehe Lacans Aufsatz: *Le stade du miroir comme formateur de la fonction du Je*, in: *Ecrits*. Ed. du Seuil.

4 Siehe Martin Bubers Hauptwerk *Ich und Du*.

5 Siehe für eine gründliche Studie dieses Phänomens P. Legendre, insbesondere *L'amour du censeur*. Ed. du Seuil und *Les enfants du texte*. Ed. Fayard.

6 Eine Anspielung auf D. Anzieus Aussage in: *La bisexualité dans l'autoanalyse de Freud*: „Sehen ist das Wahren des richtigen Abstandes zwischen dem Begehren und der Gefahr.“

7 Eckermann, J.P. (1986): *Gespräche mit Goethe in den letzten Jahren seines Lebens*. München, Hanser, S. 350.

8 Für eine ausführliche Besprechung, siehe J.M. Broekman: *Recht en antropologie*. SWU. Antwerpen. Insbesondere Kap. 2: Mens en dier.

[9] Siehe Gadamers Aufsatz: *'Zum Problem der Intelligenz'*, in: H.G. Gadamer: Über die Verborgenheit der Intelligenz. Frankfurt Suhrkamp. (Bibliothek Suhrkamp).

[10] Siehe Feuling, Martin (1991): *Be-Mangeln – Der Mangel als wirksames Moment in der institutionellen Betreuung/Behandlung psychotischer Menschen*, in: Fragmente, Schriftenreihe zur Psychoanalyse, Bd. 37, Die Psychosen – Einschlüsse und Auswege, Kassel 1991.

[11] Siehe hierfür die gediegene Studie von J. Cl. Quentel: *L'enfant. Problèmes de genèse et d'histoire*. Bruxelles, Ed. De Boeck, 1993.

[12] Schiller, Fr.: *Über die ästhetische Erziehung des Menschen*. 26. Brief.

[13] Vasalis, M.: *Parken en Woestijnen*.

[14] de Coninck, Herman (1998): *De Gedichten 1*, De arbeiderspers, Amsterdam, S. 337.

[15] Erdheim, Mario (1982): *Die gesellschaftliche Produktion von Unbewußtheit*. Eine Einführung in den ethnopsychoanalytischen Prozeß. Frankfurt a.M., S. 310.

[16] Freud, Sigmund, *Zur Einführung des Narzißmus*.

[17] von Arnim, Achim und Brentano, Clemens (1979): *Des Knaben Wunderhorn*, Alte deutsche Lieder gesammelt von Achim von Arnim und Clemens Brentano, Insel Taschenbuch 85, S. 275.

*Heinfried Duncker*

# Ist der psychoanalytische Raum noch zu retten?

Die Frage ist bewußt provokatorisch. Wir sind weder in einer geschichtlichen Entwicklung wie 1933 noch steht die Zukunft der Psychoanalyse in der Bundesrepublik unter den Vorzeichen, die sich den chilenischen Psychoanalytikern nach der Machtübernahme Pinochets zeigten und viele von ihnen dazu veranlaßten, das Land zu verlassen, um ihrer Arbeits- und Denkweise treu bleiben zu können. Mit der faschistischen und der gewaltsamen Machtübernahme Pinochets verband sich eine Disziplinierung der Gesellschaft in einem Ausmaß, das mit der Fortsetzung eines authentischen, auf die innere Wahrheit abzielenden Diskurses nicht mehr vereinbar war. Im Bereich des individuellen psychoanalytischen Diskurses und der dafür notwendigen Schaffung eines Raumes für die subjektive Wahrheit, ist die gesellschaftliche Entwicklung der Bundesrepublik sicher nicht an einem vergleichbaren Punkt des disziplinierenden Umgangs mit den Menschen im Allgemeinen angekommen. Auch haben wir diesen Punkt noch nicht im Umgang mit den Menschen erreicht, die psychisch krank sind, oder die sich durch Straftaten am Rande oder außerhalb der Gesellschaft bewegen.

Dementsprechend stellt sich die Frage, ob es noch eine Möglichkeit gibt, einen psychoanalytischen Raum zu schaffen oder aufrechtzuerhalten, nicht als eine Frage der Gesellschaftspolitik. Es gibt nicht die Gefahr des Wiederentstehens eines faschistischen Regimes, das die Existenz authentischer, intersubjektiver Diskurse in Frage stellt. Betrachtet man allerdings über den Umweg der heutigen therapeutischen Diskurse die Versorgungssituation, so können bei einer hintergründigen Betrachtungsweise bestimmte Anklänge doch nicht übersehen werden. Hierzu muß allerdings der Gesamtzusammenhang enger und genauer betrachtet werden.

## 1. Von der Psychoanalyse und ihren „Legierungen"

Was definiert den psychoanalytischen Raum? Der psychoanalytische Raum ist ein fiktiver Raum. Er definiert sich über bestimmte Regeln, die an einem Ort und zu bestimmten Zeiten die Begegnungen zweier Menschen definieren. Es handelt sich somit um einen imaginären Raum und die Regeln, die darin herrschen, sind eigentlich allen bekannt:

- Der Analysand sollte alles sagen, was ihm spontan einfällt (freie Assoziation).
- Alles ist sagbar, weil nicht gehandelt wird, es keine direkte Konsequenz gibt (Abstinenz).
- Der Ort ist geschlossen, d.h. aus ihm dringt nichts nach außen.
- Der Analytiker ist derjenige, der Inhalte zurückspiegelt, um dem Analysanden zu ermöglichen, seine inneren Wahrheiten zu erkennen.
- Über die freie Assoziation ergibt sich in diesem Raum die Interpretation von Übertragung und Gegenübertragung, von Widerstand und Wunsch.

In diesem Konstrukt ist die primäre Fragestellung nicht die nach dem Symptom. Es gibt zunächst auch keine Zielsetzung der Heilung, sondern es geht darum, alles sagen zu können, was soviel bedeutet wie sich alles sagen zu können, d.h. zu seiner subjektiven Wahrheit stehen zu könne. Es geht in diesem Setting also darum, nicht Symptome zu bekämpfen, sie verschwinden zu lassen, jemanden zu heilen, sondern es geht darum, einen Prozeß der Findung der subjektiven Wahrheit zu ermöglichen, an dessen Schluß gegebenenfalls, wenn alle Worte gesagt sind, die Freiheit von unbewußt bedingten Symptomen steht.

Dieser grundlegende Prozeß psychoanalytischer Arbeit ist in der Bundesrepublik in Frage gestellt. Ich wurde in Frankreich auf meine neuen Facharztbezeichnungen angesprochen, insbesondere den Facharzt für psychotherapeutische Medizin. Einige französische Analytiker stellten mir die Frage, ob mit der Einführung dieser Facharztbezeichnung an Stelle der früheren Zusatzbezeichnungen Psychotherapie bzw. Psychoanalyse gleichzeitig die Psychoanalyse abgeschafft worden sei. Ich denke, diese Fragestellung, so polemisch sie auch wirken mag, gibt ein Stück wieder, worum es heute in der Anwendung der Psychoanalyse in unserem Land geht. Ist Psychoanalyse ein Erkenntnisprozeß im Sinne des oben beschriebenen Raumes und der darin wirkenden Kräfte, oder ist Psychoanalyse eine Heilmethode? Ist die Psychoanalyse primär Heilmethode, dann kann es nicht, oder nicht nur um die subjektive Wahrheit gehen. Es gibt dann eine bewußte Zielsetzung, die auch die Konsequenz hat, die Qualität der Arbeit an dieser Zielsetzung zu messen. Dies kann die Qualität der freien Assoziation als einen wesentlichen Teil des Erkenntnisprozesses bei dem Patienten und in der Kontrolle der Gegenübertragung bei dem Analytiker nicht unbeeinflußt lassen. Wir befinden uns dann sehr schnell im Bereich der tiefenpsychologisch fundierten Psychotherapiemethoden, die die theoretischen Konstrukte psychoanalytischer Arbeit benutzen, die bestimmte Techniken und Vorgehensweisen, bestimmte Interpretationsformen des psychoanalytischen Settings übernehmen, die aber bezüglich des Selbsterkenntnisprozesses nicht im eigentlichen Sinne Psychoanalyse betreiben.

Um es gleich auf den Punkt zu bringen: Es geht in keiner Weise darum, hierbei eine implizite Wertung einführen zu wollen. Es gibt nicht die gute, reine psychoanalytische Lehre einerseits, und die verfremdete, evtl. manipulative, unreine psychotherapeutische Arbeit andererseits. Psychotherapie, auch tiefenpsychologisch fundierte Psychotherapie, auch die Psychotherapieverfahren, die sich nicht sehr eng an die Vorgehensweise der Psychoanalyse anschließen, sind nicht weniger wert als die Psychoanalyse selbst. Schon Freud (1919) hat darauf hingewiesen, daß in Anbetracht des Bedarfes an psychotherapeutischer Behandlung und entsprechenden Angeboten die reine Lehre der Psychoanalyse zu Legierungen mit der Arbeit in pädagogischen, in sozialen und, wie wir heute wissen, auch im psychiatrischen Bereich genutzt werden muß. Dies entwertet weder die Psychoanalyse noch die von ihr abgeleiteten Therapieverfahren, so wie Freud dies in seinem Vergleich, das Gold der Analyse mit dem Kupfer der Suggestion zu legieren (1919, S. 249), aufzeigt. Aber es muß Klarheit darüber geben, was mit Patienten geschieht. Diese Klarheit fordert, daß auch gesagt wird, ob man sich in einem analytischen Raum befindet, ob man Psychoanalyse betreibt oder Psychotherapie.

In der Psychoanalyse definiert die Position des Analytikers, daß ihm seitens des Analysanden unterstellt wird, daß er die Wahrheit wüßte, er sie aber nicht weiß. Das Ende der Analyse ist dann die Entdeckung des Analysanden, daß nur er seine Wahrheit weiß, und er sie nur weiß, wenn er sie sich auch sagt. Der Analysand erkennt also die Hilfsfunktion des Analytikers. Letzterer stellte nur die Möglichkeit dar, auf dem Umweg über ihn sich selbst die Wahrheit zu sagen.

Der psychoanalytisch orientiert arbeitende Therapeut ist hier in einer anderen Position. Es geht nicht nur um die subjektive Wahrheit, sondern es geht auch darum, daß ein Symptom verschwindet. Er ist insofern zumindestens zum Teil derjenige, der weiß. Und dies definiert auch seine Position im Spiel der Kostenträger. Auch für die durch die Krankenkassen erstattete „psychoanalytische Behandlung" hat er zu wissen. Er muß eine Prognose stellen, er sollte eine Psychodynamik beschreiben können, und somit muß er zwangsläufig etwas wissen. Je weiter wir in den Bereich der moderneren Anwendungsformen psychotherapeutischer Arbeit mit den Fokal- und Kurztherapien kommen, desto stärker ist dieses Wissen des Analytikers gefragt, desto stärker geht die Orientierung von der Selbsterkenntnis des Patienten weg hin zu einer symptomatischen Behandlung, die einen gewissen disziplinierenden Charakter nicht verleugnen kann.

Legierungen der reinen psychoanalytischen Lehre gab es sehr früh. Eine der ersten war die psychoanalytische Pädagogik, die sich von Beginn an äußerst intensiv um die Prävention und Behandlung dissozialer Entwicklungen bei Jugendlichen bemühte. Diese im deutschen Sprachraum entstandene Bewegung fand allerdings mit dem Anschluß Österreichs 1938 ein abruptes Ende und geriet hierzulande ein wenig in Vergessenheit. Andere Legierungen betreffen die institutionelle Einbindung psychoanalytischer Denkmodelle. Sie sind aus der Bewegung der institutionellen Psychotherapie in Laborde (Oury, 1977), aus Maud Mannonis „gesprengter Institution" (1976) oder auch Bettelheims „Orthogenischer Schule" (1975) hervorgegangen. Auch hier geht es darum, Erkenntnisse der Psychoanalyse auf institutionelle Vorgänge anzuwenden, bei denen durchaus neben dem Interesse der subjektiven Wahrheitsfindung auch eine therapeutische Zielsetzung mit einer Symptomveränderung oder -behebung besteht. Diese Entwicklung hängt auch damit zusammen, daß sich die Klientel für die Anwendung dieser Methodik oder der von ihr abgeleiteten Verfahren ausgeweitet hat. Zum einen steht dies im Zusammenhang mit der Psychosomatik und der in ihr angebotenen Behandlungsweisen, zum anderen gibt es den Zusammenhang zur präventiven Arbeit mit Kindern und Jugendlichen. Außerdem gibt es für die nicht neurotischen Zustandsbilder einen Modifikationsbedarf, der mit der Sprach- und Beziehungsfähigkeit dieser Patienten in direktem Zusammenhang steht. Psychoanalyse in ihrer Reinform könnte bei diesen Zustandsbildern nicht angewendet werden, weil diese Patienten nicht im Besitz einer vollen, authentischen und imaginationsfähigen Sprache sind. Weil sie fehlt, hat ihre Beziehungsfähigkeit nicht ein Ausmaß erreicht, das ein authentisches Ringen um die Wahrheit im intersubjektiven Feld erlaubte. Die Änderungen, die damit auftreten, können also nicht nur den Psychoanalytikern zugeschrieben werden, die ihrer Methode selbst untreu geworden wären, sondern sie müssen auch der Tatsache zugerechnet werden, daß es im Rahmen eines therapeutischen Vorgehens eine notwendige Ausrichtung der Methoden auf die Ist-Situation, die Ressourcen und Mängel der zu versorgenden Klientel geben muß. Hierbei ist es allerdings sicher so, daß sich die Methode verfremdet. Wie bei jeder Verfremdung muß der Analytiker sich die Frage stellen, ob er noch im Bereich der Wahrheit seiner Methodik verbleibt oder ob er sie soweit verfremdet, daß außer dem Namen eigentlich von ihr nichts übrig bleibt. Wie jedes Wissen kann nämlich auch das psychoanalytische Wissen instrumentalisiert und somit seiner authentischen Dynamik entrissen werden. Dieser Punkt muß notwendigerweise eine große Beachtung bei den Praktikern finden.

## 2. Zur Forensischen Psychotherapie

Extreme Situationen zeigen häufig die Grenzen der Belastbarkeit, die Grenzen der Methoden oder bereits vollzogenen Grenzüberschreitungen auf. Eine der extremen Situationen der Anwendung psychoanalytischer Erkenntnisse ist die Arbeit mit Kriminellen. Diese Arbeit hat Psychoanalytiker bereits früh gereizt. Freud selbst hat zwar relativ wenig zu den Phänomenen der Kriminalität gesagt, aber Aichhorn hat schon 1925 bis heute gültige grundlegende Prinzipien der Arbeit mit dissozialen Jugendlichen beschrieben, die auf die Arbeit mit kriminellen Erwachsenen durchaus übertragen werden können. Liest man die Überschriften der Zeitschrift für Psychoanalytische Pädagogik, so sind fast die Hälfte der Beiträge dem Thema der Prävention, der Behandlung oder der Entstehung dissozialer

Verhaltensweisen bei Jugendlichen gewidmet. Eissler (1949) hat nach dem Krieg die Theorienbildung von Aichhorn aufgegriffen. In der französischen Psychoanalyse ist die Diskussion um die Frage der Kriminalität und der Gewalt im kriminellen, aber auch im psychosomatischen Geschehen äußerst intensiv. Diese Diskussion verbindet sich mit durchaus bekannten Namen der französischen Psychoanalyse z.B. Lacan und Lagache früher, aktuell Balier (1988, 1996) und Bergeret (1984). Die Arbeit mit Kriminellen ist also ein Randgebiet, das immer interessiert hat, das aber auch ganz besonders die Grenzen der Einsatzmöglichkeit der von der Psychoanalyse abgeleiteten Verfahren aufgezeigt hat.

Eine der Anwendungsmöglichkeiten der von der Psychoanalyse abgeleiteten Verfahren in der Bundesrepublik eröffnet sich, wenn man es denn will, im Bereich des Maßregelvollzuges, d.h. in dem Teil der forensischen Psychiatrie, in dem psychisch kranke Straftäter behandelt und leider auch verwahrt werden. Therapie bedeutet, daß es einen primären Behandlungsauftrag gibt, und ein Behandlungsauftrag ist nur dann ein authentischer Auftrag, wenn das Ziel der Behandlung nicht nur die innere, sondern auch die äußere Freiheit, d.h. die Rehabilitation des Patienten in die Gesellschaft und ihre Beziehungsgeflechte, ist. Ein authentischer Behandlungsauftrag kann nicht darin bestehen, jemandem die innere Freiheit zu ermöglichen, damit er hierdurch besser den Verlust der äußeren Freiheit erträgt, ihm die innere Freiheit zu ermöglichen, ohne ihm Gelegenheit zu geben, sie im Kontext der sozialen Bindungen und Kommunikation auch zu nutzen. Hier stellt sich also die Frage nach den Möglichkeiten und den Voraussetzungen für eine derartige Arbeit in diesem Bereich.
Die Intention des Gesetzgebers bei der großen Strafrechtsreform Ende der sechziger und Mitte der siebziger Jahre bestand darin, die Unterbringung im Maßregelvollzug einem therapeutischen Primat zu unterstellen. Dies findet seinen Niederschlag zum einen in der ausdrücklich primären therapeutischen Zielsetzung sowie im § 62 StGB und dem darin verankerten Grundsatz der Verhältnismäßigkeit. Zum anderen wird insbesondere in den §§ 1 und 16 MRVG-NW festgeschrieben, daß die Unterbringung den therapeutischen und pädagogischen Kenntnissen entsprechend durchzuführen ist, daß sie sich so früh wie möglich an den allgemeinen Lebensbedingungen ausrichten soll, und daß sich das Maß des Freiheitsentzuges, sowohl das Ausmaß der äußeren Sicherungen als auch das Ausmaß

der den Patienten zustehenden Lockerungen, ausschließlich am Stand der therapeutischen Entwicklung auszurichten hat.

Der augenblickliche wissenschaftliche Kenntnisstand bezüglich der psychotherapeutischen Arbeit im Maßregelvollzug wurde zuletzt von Pfäfflin (1997) zusammengefaßt. Er beschreibt darin drei Elemente, die für eine erfolgreiche psychotherapeutische Arbeit notwendige Grundlage sind:

- die korrigierende emotionale Erfahrung,
- das Element der Überraschung,
- die Notwendigkeit der realen Befriedigung des Patienten zu irgendeinem Zeitpunkt der Behandlung.

Auf einer solchen grundlegenden Basistherapie könnte dann die notwendige psychodynamische oder kognitive Psychotherapie im eigentlichen Sinne aufbauen.

Die Patientengruppe, bei der diese drei Elemente am schwierigsten zu realisieren sind, ist sicher die der persönlichkeitsgestörten Straftäter, zu denen insbesondere auch eine große Anzahl der im Maßregelvollzug untergebrachten Sexualstraftäter gehören.

Die drei genannten inhaltlichen Elemente der Basistherapie erfordern bestimmte Rahmenbedingungen. Sie erfordern auch, daß der gesamte therapeutische Prozeß in drei aufeinander folgende, sich gegenseitig ergänzende und bedingende Phasen unterteilt wird. Im zeitlichen Ablauf stellen diese drei Phasen drei spezifische Momente dar:

- eine initiale Zeit der geschlossenen, gesicherten Behandlung, in der eine Konfrontation mit der Realität außerhalb der geschlossenen Einrichtung des Maßregelvollzuges nicht möglich aber auch nicht therapeutisch sinnvoll wäre;
- eine zweite Phase, in der die Fortsetzung der Therapie beinhaltet, daß über Lockerungen, die in der ersten Phase gemachten Erfahrungen, die neu erlernten Verhaltensweisen, die neuen Erlebens- und Reaktionsweisen und die neuen Beziehungsmodalitäten unter therapeutischer Begleitung in das konkrete Leben und in die konkrete Auseinandersetzung mit der Realität hineingenommen werden können;
- eine letzte Phase der Rehabilitation und Wiedereingliederung in die Gesellschaft, bei der darauf zu achten ist, daß sie sich, insbesondere bei größeren Einrichtungen der forensischen Psychiatrie, nicht im direkten Umfeld der Institution abspielt.

Wir können die Patienten in diesem Prozeß nicht auf ein konfliktfreies Leben vorbereiten, sondern wir müssen zunächst im beschützten Rahmen mit ihnen erarbeiten, wie Konflikte anders bewältigt werden können, nämlich z. B. gewaltfrei. Diese neuen Möglichkeiten zur Konfliktlösung müssen dann an den realen Konflikten in den gesellschaftlichen Zusammenhängen gestärkt und weiterentwickelt werden.

Bezüglich der inhaltlichen Arbeit erfordert der Aufbau korrigierender emotionaler Erfahrungen ein therapeutisches Milieu, in dem sich über den Weg möglichst kleiner überschaubarer Gruppen, effektive intersubjektive Beziehungsprozesse zwischen den Patienten untereinander und den Patienten und den Mitarbeitern aufbauen, so daß sich ein authentischer, die intersubjektive und intrapsychische Wahrheit betreffender Diskurs entwickeln kann. Die Entwicklung und Beibehaltung dieser Diskursebene ist kein Automatismus, denn er wird sowohl seitens der Patienten als auch seitens der Therapeuten durch die Ansätze rein strategischer Vorgehensweisen bedroht. Diese drohen immer dann, wenn Patienten mehr an die möglichst kurzfristige Unterbringung als die Findung der subjektiven Wahrheit denken und dann, wenn die Therapeuten in einer Verteidigungsposition mehr über die dafür notwendige Strategie nachdenken als über die intersubjektive Wahrheit in der therapeutischen Beziehung (s.a. Duncker, Müller, 1994). Ziel dieses gemeinsamen Lebens ist es, grundlegende Erfahrungen der Patienten über ihre Beziehungen zu verändern. Sie müssen Beziehungsqualitäten betreffen, die in diesem Bereich ein gewisses Ausmaß an Urvertrauen entwickeln und festigen, das die Patienten weder in ihrer frühen Kindheit sammeln, noch in den Wiederholungen der Adoleszenz reparieren konnten. Diese Prozesse erfordern inhaltlich ein Höchstmaß an Professionalität seitens der Mitarbeiter. Auf der formalen Ebene erfordern sie:

- eine ausreichende Anzahl entsprechend qualifizierter therapeutischer Mitarbeiter,
- eine ausreichend kleine und überschaubare Gruppe, die normalerweise acht Personen nicht überschreiten sollte (s.a. v. d. Bergh et al., 1996),
- eine ausreichende Anzahl von Mitarbeitern im Bereich der Sozio- und Milieutherapie, welche die Gestaltung des therapeutischen Klimas im Alltagsleben aktiv bestimmen können. Hierbei ist sowohl die Gruppengröße und ihre sachliche, personelle und orga-

nisatorische Ausstattung zu beachten (v. d. Bergh et al., 1996), als auch die Sicherstellung einer authentischen Interdisziplinarität (s.a. Schüler-Springorum, 1996). Die Wahrung der Professionalität hängt sehr stark mit den, den Mitarbeitern zur Verfügung gestellten, supervisiven und intervisiven Angeboten zusammen.

Um korrigierende, emotionale Erfahrungen zu erreichen, muß im Bereich der Reaktionen dieses interdisziplinären Teams immer wieder ein ausreichendes Ausmaß überraschender Effekte gelingen können. Ein überraschender Effekt besteht für einen Patienten darin, daß die Reaktionen des Teams auf eine Handlung anders sind, als er sie nach seinen Erfahrungen erwartet hat oder sie anders ausfallen, als es ansonsten in der Institution üblich ist: z.B. das Team reagiert paradox, eine Auffälligkeit wird nicht unbedingt sanktioniert, oder das Team läßt sich nicht durch jeden Versuch, den der Patient startet, es zu beunruhigen, auch wirklich verunsichern. Hierfür bedarf es eines sicheren Teams. Dies betrifft zum einen die Situation in der Institution selbst: Wie viele Patienten muß jeder Mitarbeiter betreuen? Laufen die sachlichen Voraussetzungen nicht permanent den therapeutischen Bemühungen zuwider? Gibt es eine Supervision? Gibt es ein interdisziplinäres Selbstverständnis? Die Sicherheit hängt aber auch davon ab, welche Reaktionen erfolgen, wenn das System der paradoxen Antwort nicht klappt, wenn die Anwort nicht deeskalierend sondern eskalierend wirkt. Wenn hier Befürchtungen bestehen müssen, daß therapeutische Entscheidungen innerhalb und außerhalb der Anstalt als Risikofaktoren dargestellt werden, dann wird jede mißlungene überraschende Reaktion zum Risiko im Selbstverständnis der Therapeuten. Sie werden sie dann nicht erfinden können oder sich nicht trauen, sie durchzuführen. Dieses Risiko und die mit ihm entstehende Angst wirkt lähmend und wird die für überraschende Reaktionen notwendige Phantasie behindern. Es besteht dann die Gefahr, daß sich ohne derartige Reaktionen ein bleierner Mantel über die Interaktionen legt, und daß in der Institution statt Psychotherapie die Verwaltung der Patienten einsetzt. Dies verhindert dann innere Entwicklungen bei den Patienten.

Die reale Befriedigung ist letztendlich für die Patienten die wiedergewonnene Freiheit. Es sind sicher auch die Lockerungen, die derartige reale Befriedigungen darstellen. In der therapeutischen Realität dürfen aber die realen Befriedigungen nicht auf die Lockerungsaspekte reduziert werden. Dann würde reale Befriedigung, wie es zum Krankheitsbild der Patienten gehört, nur nach außen orientiert erlebt werden. Die reale Befriedigung, die in der Reifung des Patienten ja nicht nur ein äußerlicher, sondern auch ein innerlicher Prozeß werden muß, ist auch durch die Reichhaltigkeit der Angebote, die dem Patienten gemacht werden, sicherzustellen. Reale Befriedigung ist sicher auch da möglich, wo im Rahmen der geschlossenen und gesicherten Unterbringung dem Patienten Freiräume zur Verfügung gestellt werden, in denen er selbstverantwortlich bestimmte Teile seines Lebens gestalten kann. Es sind auch die Angebote, die im Bereich der kreativen Therapien den Patienten erlauben, die therapeutischen Ansätze nicht nur defizitorientiert zu erleben, sondern über die Nutzung und Entwicklung der eigenen inneren Ressourcen zu entdecken, welche Qualitäten in ihnen versteckt sind.

Mit diesen drei Elementen muß in der beschriebenen zeitlichen Dynamik die Therapie durchgeführt werden. Rehabilitation erfordert, daß zumindest während der auch von Schüler-Springorum u.a. (1996) beschriebenen Mittelstückproblematik ein Prozeß eingeleitet wird, in dem mit kleinen, eventuell kleinsten Schritten versucht werden muß, die Veränderungen von Erlebens- und Reaktionsweisen, die der Patient in dem geschlossenen und geschützten Raum erarbeitet hat, langsam in die Beziehungen zur äußeren Realität und die dort bestehenden Konflikte einzubinden. Dies ist kein Automatismus. Wird der Patient, und dies ist auch in der Allgemeinpsychiatrie ein bekanntes Faktum, zu unvorbereitet, zu schnell, zu plötzlich wieder mit den harten, an Konflikten reichen Bedingungen der Realität konfrontiert, dann wird er nicht auf seine neu erlernten Reaktionsweisen zurückgreifen, sondern er wird die alten pathologischen, im geschützten Rahmen überwundenen Beziehungs- und Reaktionsweisen reaktivieren müssen. Deshalb ist es ein langwieriger, schwieriger und therapeutisch zu begleitender Prozeß. Es muß dafür Sorge tragen, daß die neuen Reaktionsweisen auch in die Realität eingebunden werden können. Mit diesem Schritt sind potentielle Gefährdungen und viele Befürchtungen der Allgemeinheit verbunden, auch wenn dieses Risiko, wie es in Eickelborn untersucht wurde (Westf. Arbeitskreis 'Maßregelvollzug', 1991), mit einem Zwischenfall auf zehntausend Lockerungen relativ gering erscheint. Der Einzelfall ist aber dann unentschuldbar oder zu viel, wenn in der öffentlichen Meinung nicht das Ausmaß erreichter zusätzlicher Sicherheit die Meßlatte darstellt, sondern die Forderung nach einem Nullrisiko besteht (s.a. Schüler-Springorum, 1998).

Die mit diesen Entscheidungen verbundene Prognose, wenn sie ausreichend sorgfältig getroffen werden will, muß den Vorgaben entsprechen, die in dem Gutachten zur Behandlung von Sexualstraftätern (Schüler-Springorum et al., 1996) festgelegt wurden. Zum einen müssen sämtliche Informationen aus der direkten Nähe des Patienten vollständig zusammengetragen sein; zum anderen ist mindestens ein zweistufiges Verfahren bei den Lockerungsentscheidungen unabdingbar. Die Therapeuten der Patienten sollten jedenfalls nicht diejenigen sein, die über die Lockerung entscheiden, sie können sie vorschlagen. Die Entscheidung darf nicht zu weit vom Patienten entfernt gefällt werden, sie gerät sonst in die Gefahr, nur noch ein bürokratischer Akt zu sein. Hier wäre es sicher richtig, wenn der letztendlich für eine Lockerungsentscheidung Verantwortliche nicht mehr als circa neunzig Patienten in seiner Verantwortung zu betreuen hätte, wie dies auch in dem Gutachten der Europäischen Expertenkommission (v. d. Bergh et al., 1996) festgehalten wurde.

Gegenüber dieser zeitlichen Entwicklung hat es schon immer bestimmte Patienten gegeben, bei denen keine therapeutischen Fortschritte festgestellt werden können, bei denen zwar immer wieder therapeutische Ansätze gemacht werden, die aber nicht fruchteten. Diese Patienten sind auch bisher in den Institutionen des Maßregelvollzuges geblieben. In Eickelborn sind 17,8 % der Patienten zwischen sechs und zehn Jahren, 9,2 % zwischen zehn und fünfzehn Jahren, und darüber hinausgehend 2,6 % untergebracht.

## 3. Über die Verfremdung authentischer Diskurse

Will man das oben beschriebene psychotherapeutische Geschehen, das einen psychotherapeutischen, wenn auch nicht psychoanalytischen Raum, entstehen läßt, in die Realität umsetzen, dann bedarf es des Aufbaues eines Raumes, in dem die Beziehung ein wesentliches Element der therapeutischen Arbeit darstellt. Dies ist nur vorstellbar, wenn es zwischen dem Patienten und dem Therapeuten, zwischen den Patienten als Gruppe und dem therapeutischen Team, einen authentischen Diskurs gibt. Dieser ist nie ein für alle Mal gesichert. Sowohl das Team, seine Mitglieder, aber insbesondere auch die

Patienten schwanken zwischen authentischen und strategischen Diskursen hin und her. Dies ist sowohl für die Patienten wie für die Therapeuten kein Geschehen, das ausschließlich intrapsychisch bedingt ist. Allerdings darf man diese intrapsychischen Faktoren nicht außer acht lassen.

Auf der Seite der Patienten gibt es insbesondere bei den persönlichkeitsgestörten Straftätern erhebliche Tendenzen, keine volle Sprache entwickeln zu können. Sie verbleiben häufig im Bereich einer primären Handlungssprache. Diese Sprache ist instrumentalisiert und erfüllt somit von vornherein bestimmte Kriterien des strategischen Diskurses. Insofern gibt es auch direkte Anknüpfungspunkte, die die Patienten zu einem derartigen strategischen Diskurs verführen müssen. Diese stehen in direktem Zusammenhang mit der Unterbringung und der Möglichkeit ihrer Beendigung: dem therapeutischen Erfolg. Es gibt somit enorme intrapsychische Beweggründe für die Patienten, sich nicht auf einen authentischen Diskurs einzulassen, sondern strategisch instrumentell ihre Schwierigkeit zu erklären, einen pseudoeinsichtigen Diskurs der Therapiemotivation zu führen. In ihm werden häufig aktuelle Schwierigkeiten z.B. historisch erklärt. Damit wird die Schuld für ihre augenblicklichen Schwierigkeiten in den Bereich ihrer historischen Entwicklungen und der dafür Verantwortlichen verschoben. Dies zeigt sich in den Therapien z.B. darin, daß Patienten meinen und sehr logisch darlegen können, daß sie die heutigen Schwierigkeiten dann nicht hätten, wenn sich ihre Mütter, Väter, Lehrer, sonstige Erziehungspersonen oder frühere Therapeuten ihnen gegenüber anders verhalten hätten. Geht der Therapeut auf diese historische Erklärung, die eine volle Sprachbenutzung voraussetzt, ein, läßt er sich im Grunde in der Außenfixiertheit der instrumentellen Beziehungen einbinden.

Auf der Seite der Therapeuten gibt es ebenso enorme intrapsychische Beweggründe, dieses Angebot eines strategischen Diskurses seitens der Patienten zu akzeptieren. Viele Patienten wissen nicht, was sie ändern müssen, sind wenig therapieeinsichtig. Sie geben damit zunächst einmal dem Therapeuten nicht die Rolle, die er aus seinem Selbstverständnis hat, nämlich die des Therapeuten. Er wird sehr häufig in die Rolle des verlängerten Armes der Justiz gerückt, desjenigen, der viel zu kritisch die Aussagen der Patienten hinterfragt, der gegebenenfalls auch in den Augen der Patienten viel zu mißtrauisch ist. Dementsprechend müssen, auch bei den Therapeuten, zahlreiche innere Bestrebungen existieren, sich auf diese Ebene des therapeutischen Diskurses einzulassen, da die Andeutungen von Therapieeinsicht und -motivation, wie sie z.B. historische Öffnungen und Erklärungen des Patienten darstellen können, sehr verführerisch wirken.

Dieses wechselseitige Geschehen der Instrumentalisierung der Beziehung wird nie aus therapeutischen Bezügen im Bereich der forensischen Psychiatrie auszuschließen sein. Es ist eine Frage der Kontrolle im Sinne der Supervision, des interdisziplinären Austausches im multiprofessionellen Team und der intervisiven Anleitung des Teams, darauf hinzuwirken, daß derartige Gegenübertragungsautomatismen aufgedeckt werden können und eine entsprechende Bearbeitung zu einer Korrektur dieser Reinszenierung führt. Dies bedeutet aber, daß zumindest im Bereich des interdisziplinären Teams die Möglichkeit zu einem authentischen Diskurs gegeben sein muß. Grundlage hierfür ist:

- daß es eine professionelle Strukturierung und Rollenverteilung im interdisziplinären Team gibt,
- daß die Mitarbeiter die Anleitung und Unterstützung für den Aufbau derartiger authentischer Strukturen haben,
- daß die Mitarbeiter natürlich über eine entsprechende Aus- und Weiterbildung verfügen,
- daß die Beziehungen zum Auftraggeber auf der Grundlage eines authentischen und klaren Auftrages beruhen.

Im Bereich der forensischen Psychiatrie ist nämlich der Auftraggeber zunächst einmal nicht der unter seinen Symptomen leidende Patient, sondern die Gesellschaft, die einen Auftrag der Rehabilitation und Wiedereingliederung ihrer psychisch kranken Rechtsbrecher an die Therapeuten übertragen hat. Ist diese Auftragslage nicht eindeutig, dann können die verschiedenen Ebenen des professionellen Austausches über die Patienten, die für eine qualitativ und inhaltlich richtige Arbeit Voraussetzung sind, nicht mit der notwendigen Eindeutigkeit organisiert und durchgeführt werden.

## 4. Therapie als Disziplinierung?

Diese Grundlagen werden z.Zt. de jure und de facto den Mitarbeitern des Maßregelvollzugs immer weitergehender entzogen. So wird ihre Aussage, sie wären die Therapeuten der Patienten, (im bewußtunbewußten Raum sowohl den Therapeuten als den Patienten bekannt) allein dadurch in Frage gestellt, daß die Rehabilitation nicht mehr an die therapeutischen Fortschritte gebunden ist. So sehen es zumindest die Änderungen des StGB und die Entwürfe zur Veränderung des Maßregelvollzugsgesetzes in Nordrhein-Westfalen vor. Allen Beteiligten, sowohl den Patienten wie den Therapeuten, ist bekannt, daß die geforderte Prognosesicherheit über eine zukünftige Straffreiheit als Grundlage für Lockerungen, Wiedereingliederungsprozesse und letztlich die Entlassung eine Hürde aufbaut, die kaum oder selten erreicht werden kann. Wem ist denn möglich, über das zukünftige Verhalten eines Menschen im Bereich der Kriminologie eine Prognose abzugeben, in der mit Sicherheit davon ausgegangen wird, daß keine gravierenden Straftaten passieren werden?

Über diese Regelung werden Therapeuten zu einem unauthentischen Diskurs gezwungen. Die in der Beziehung oben beschriebenen immanent vorhandenen Tendenzen auf seiten der Therapeuten, zum Aufbau strategischer Diskurse zu neigen, müssen hierdurch immens verstärkt werden.

Analoges gilt für die vorgesehenen Änderungen des nordrhein-westfälischen Maßregelvollzugsgesetzes, in denen Lockerungsmöglichkeiten nicht mehr an therapeutische Fortschritte gebunden werden, sondern daran, daß es keine vernünftigen Zweifel an der Richtigkeit dieser Lockerungsmaßnahme gibt. Dies betrifft nicht nur Lockerungsmaßnahmen, die den Patienten außerhalb der Institution Freiheiten einräumen, sondern auch solche Lockerungsmaßnahmen, die das Leben in der Institution selbst betreffen. Keine vernünftigen Zweifel sind, wenn man von einem teambezogenen Entscheidungs- und Informationsprozeß ausgeht, immer ein Zeichen dafür, daß für den Leiter höchste Vorsicht geboten ist. Nur ein symbiotisches Team hat keine Zweifel mehr. Entweder ist die gesamte Teamfunktion aus den Fugen geraten und seine Mitglieder meistern kollisionsartig das stationäre, berufliche und auch das private Leben zusammen, oder Teams können, bezogen auf einen Patienten, ihre Gegenübertragung nicht mehr kontrollieren, weil unterschiedliche Standpunkte zu bedrohlich sind. Keine vernünftigen Zweifel an der Begründung für eine Lockerung bedeutet also entweder, sie nie geben zu können, wenn die Teams gesund funktionieren, oder, sie immer dann zu geben, wenn die Teams selbst in Bedrängnis geraten sind. Eine derartige Vorschrift zeugt zum einen vom Ausmaß repressiver

Tendenzen bei den politisch Verantwortlichen, zum anderen macht sie deutlich, wie therapeutische Gedankengänge dadurch ad absurdum geführt werden können, daß das Risiko des Lebens, denn es gibt kein risikofreies Leben, ausgeschlossen werden soll. Sie zeigt auch, wie wenig therapeutische Überlegungen zu den politisch Verantwortlichen durchgedrungen sind, denn ansonsten hätte eine derartig unprofessionelle Regelung sicher seitens eines Fachministeriums nicht vorgeschlagen werden dürfen.

Einen ähnlichen Trend hat die in Eickelborn seit 1994 eingeführte Regelung, daß Patienten mit bestimmten Delikten aus dem Bereich der Tötungs- und Sexualdelinquenz in dem Ort selbst keine Lockerungen mehr erhalten dürfen. Diese Regelung hat zur Folge, daß Patienten die ersten kleinen Schritte der Konfrontation mit der Realität nicht mehr in der ihnen nun vertraut gewordenen Umgebung zwischen den verschiedenen Stationen in Eickelborn selbst machen können, sondern in der ihnen zwischenzeitlich zumindest teilweise entfremdeten Region, in der sie später, wenn sich ihre psychische Stabilität weiter gefestigt hat, rehabilitiert werden sollen. Dies ist eine politische Entscheidung für die Bürger dieses mit über 350 Patienten konkret überlasteten Ortes. Sie bedarf insofern keiner therapeutischen Begründung. Wenn sie dennoch therapeutisch begründet werden soll, dann führt dies zum Aufbau eines strategischen Diskurses. Mit welcher therapeutischen Begründung sind die ersten fünf Minuten eines unbegleiteten Ganges in Bochum ungefährlicher als in Eickelborn? Wie soll es therapeutisch begründet werden, daß die psychische Stabilität während eines Kinobesuches im Ruhrgebiet nach mehrstündiger Anfahrt höher sei als ohne diese Fahrt? Mit welchen therapeutischen Argumenten, mit welchen psychopathologischen Begründungen kann der Therapeut erklären, daß die psychische Stabilität eines Patienten so gefestigt ist, daß er einerseits den ganzen Tag in Dortmund alleine leben und arbeiten kann, sie aber in Eickelborn so ungefestigt ist, daß er dort jede Minute begleitet werden muß? In diesem Zwang zur therapeutischen Begründung politisch notwendiger Maßnahmen verfremdet sich der authentische Diskurs, wird zu einem strategischen. Damit ist der therapeutische Raum unabhängig von der angewandten Methodik geschlossen. Es ist somit nur eine Frage der Zeit, wann der bessere Stratege, und dies ist meistens auf Grund seiner intrapsychischen Struktur der Patient, gewinnen wird.

Dieser Prozeß macht deutlich, wie die Aufhebung der therapeutischen Intersubjektivität im Bereich der forensischen Psychiatrie fortschreitet. Er führt zu zunehmend repressiven Vorgehensweisen, die auch gegenüber den Symptomen repressiv sind. Wenn Patienten nach Delikten kategorisiert werden, zählen die Motive, d.h. die intrapsychische Wahrheit, wenig, es zählen lediglich die Äußerlichkeiten der Symptombildungen, die es zu unterdrücken gilt. Wir sind also weg vom Weg zur intrapsychischen Wahrheit auf dem Weg zur normierten Gesellschaft, in der ausschließlich die Anpassungsleistung gefordert wird.

## 5. Die Schwierigkeiten für einen emanzipatorischen Weg

Wer glaubt, daß dieser Prozeß in der heutigen Gesellschaftsstruktur auf die forensische Psychiatrie beschränkt ist, täuscht sich. Betrachtet man die Fortentwicklung der Qualitätssicherung im Bereich der psychotherapeutischen Angebote und der Angebote einer präventiven und heilenden Jugendhilfe, so zeichnen sich hier ähnliche Entwicklungen ab. Meßbar im Sinne einer Qualitätskontrolle, eines Kosten-Nutzen-Vergleichs sind äußere Stigmata. In einer Studie über therapeutische Wirkfaktoren hat zwar vor sehr langer Zeit Kernberg (1972) nachgewiesen, daß die Therapiemethodik selbst ein relativ geringes, die Bindung zwischen Therapeut und Patient aber ein sehr großes Gewicht hat. Dieses Wissen ist aber nicht oder nur schwer quantifizierbar, weil komplexe, bio-psycho-soziale Prozesse interdisziplinär erfaßt werden müßten. Qualitätsmanagementprozesse, die sich sehr eng an die Prozesse anlehnen, wie sie in der produzierenden Industrie mit Erfolg eingeführt wurden, messen im Querschnitt an Leitsymptomen orientiert die Ergebnisse bestimmter Behandlungsansätze und vergleichen Aufenthaltsdauern, Sitzungsfrequenzen, Zeiträume der Arbeitsunfähigkeiten, Fallkosten pro Behandlungsabschnitt. Heilung oder Gesundheit im Sinne der Psychoanalyse ist aber lieben und arbeiten zu können. Dies mißt sich an schwerer faßbaren Kriterien wie der Lebensqualität, der Fähigkeit zur Autonomie, der Beziehungsfähigkeit und der Qualität der bestehenden Beziehungen, dem Ausmaß der vorhandenen bzw. gewonnenen Kreativität. Dies erfordert Interdisziplinarität und kann ohne die Betrachtung des Lebenslängsschnitts nicht durchgeführt werden.

Die Ergebnisse sind allerdings auch weniger vergleichbar. Jedes Qualitätsmanagement hat über seine Bewertungen einen direkten Einfluß auf die angewandten und kontrollierten Methoden. Je stärker sich die Qualität an der Diskussion um Leitsymptome, monokausale oder duale Behandlungsansätze und dem Vergleich ihrer Effizienz im Lebensquerschnitt orientiert, desto mehr werden Therapieansätze gefördert, die eher disziplinierenden denn emanzipierenden Charakter haben werden. Hier wäre eine kritische Betrachtungsweise dieser notwendigen Qualitätssicherungen und ihrer notwendigen Komplexität gefordert, um emanzipatorischen therapeutischen Prozessen die Möglichkeit einer weiteren Existenz zu eröffnen.

Ein besonderes Augenmerk sollte man auf spezifische Methoden im Bereich der Jugendarbeit, wie z.B. der Erlebnispädagogik, legen. Hier gibt es ein flagrantes Beispiel dafür, wie sich die jahrzehntelange auf emanzipatorische Ziele ausgerichtete, instrumentalisierte Benutzung bestimmter pädagogischer Techniken schließlich gegen die Autoren wendet. Sie führt letztlich dazu, daß die Forderung nach geschlossenen Heimen als ultima ratio in der Arbeit mit schwierigsten Jugendlichen unüberhörbar und in manchen Bundesländern unumgänglich wird. Im Bereich der Erlebnispädagogik wurde davon ausgegangen, daß z.B. das Kennenlernen anderer Gesellschaften, das Erleben neuer Rahmenbedingung, die Erlebnisse einer nicht unter dem Erfolgsdruck stehenden Gruppe eine emanzipatorische Wirkung haben könnten. Sicher wird dies bei reifen Persönlichkeiten, die über authentische Beziehungen verfügen, die sich in der Andersartigkeit des Anderen selbst erkennen und bestätigen können, deren Identifizierung in diesem Sinne ein reifes Stadium erreicht hat, zu beobachten sein. Im Bereich der Erlebnispädagogik wurde diese Technik allerdings unabhängig von der Aufnahme und Rezeptionsfähigkeit und der psychischen Strukturierung der betroffenen Jugendlichen als Technik eingesetzt. Sie sollte die stationäre geschlossene Unterbringung in der Jugendhilfe vermeiden und endgültig ad absurdum führen. Die Technik des Symptomverbots, ebenso wie jegliche instrumentalisierte therapeutische Technik außerhalb der Beziehung, sprich außerhalb der Akzeptanz der Beziehungsebene, die dem Patienten möglich ist, hat aber nun einmal keine wirklich profunde therapeutische Wirkung. Diese Technik muß sich ad absurdum führen. Eine scheinbare Emanzipation, die statt mit einem authentischen mit einem strategischen Diskurs durchgeführt wird, ist der Ansatzpunkt der nächsten Unterwerfung. Auf diese Weise führt sich die Methode ad absurdum. Wenn technische Aspekte der Beziehung in den Vordergrund treten und sich emanzipatorisch nennen, dann wird ihr Versagen zur Grundlage der nächsten stärkeren und ausdrücklichen Repression. Es gibt keinen Weg um die Emanzipation herum, es sei denn den, alles Fremdartige, Andersartige zu unterdrücken. Entweder es gelingt eine Anpassung, oder es folgt der Ausschluß dieses Unangepaßten aus der Gesellschaft. In diesem Prozeß sind wir sehr weit vorangeschritten, und ich denke, es gilt sehr wachsam zu sein, daß wir im Bereich der Anwendung der psychotherapeutischen Methoden nicht in die Gefahr geraten, uns soweitgehend instrumentalisieren zu lassen, daß die emanzipatorische Auswirkung hinter der instrumentalisierten Benutzung verschwindet und damit diese Vorgehensweise zu einer Technik der Unterdrückung wird.

Die Benutzung emanzipatorischer Prozesse und Gedanken zur besseren Repression hat der Stasiuntersuchungsausschuß des Berliner Senats aufgezeigt. Bei der Durchsicht der Unterlagen bezüglich bestimmter Stasimitarbeiter und ihrer Ausbildung wurde sehr deutlich, daß hier gezielt Techniken aus dem Bereich der psychotherapeutisch-emanzipatorischen Verfahren dazu benutzt wurden, Menschen auszuspionieren, Menschen zu manipulieren und somit besser zu beherrschen. Solche Gefahren gilt es zu sehen, bewußt wahrzunehmen und ihnen auch mit Entschiedenheit entgegenzutreten.

Hier schließt sich der Kreis zu den Anfangsbemerkungen. Symptome werden klassifiziert und in den Prozessen der Qualitätskontrolle zu Tracerdiagnosen gemacht, an denen die Qualität unterschiedlicher Angebote gemessen werden soll. Marker der Qualität sind kurzfristige Kosten, wie sie sich in Aufenthaltsdauern, Behandlungszeiträumen, Dauer der Krankschreibungen u.ä. niederschlagen. Die erklärenden Bedingungsgefüge für Symptombildungen oder Heilungseffekte haben eine Tendenz zur Monokausalität, in der die Suche nach rein biologischen Erklärungsmodellen die Oberhand zu gewinnen scheint. Wir befinden uns hier an einer Schwelle. Folgt man den Überlegungen des französischen Juristen und Psychoanalytikers, P. Legendre (1989), dann bestand eines der Verbrechen der Naziideologie darin, daß sie den Menschen aus seiner geschichtlich-sprachlichen Verankerung riß, ihn in ein pseudowissenschaftliches und pseudobiologisches Modell einpaßte. Er beschreibt dies als schlächterische Konzeption der Menschheit. Diese Variante der Betrachtung der conditio humana ist nicht deshalb verschwunden, weil wir uns eine demokratische Grundordnung gegeben haben. Dieses Modell ist ja auch nicht entstanden, weil die Politiker des Naziregimes die Autoren von in ihrer Zeit überzeugenden Wissenschaftstheorien gewesen wären. Es gab in der biologischen Psychiatrie vor der Machtergreifung bereits Ansätze, die in den Rechtfertigungen der Euthanasie nur aufgegriffen zu werden brauchten. Ihnen gegenüber hat es nie eine grundlegende, mehrheitsfähige Kritik gegeben. Die Psychiatrie oder die Medizin als ein Teil der Wissenschaften über den Menschen hat sich nie mit den Ansätzen kritisch auseinandergesetzt, die sich im Bereich der pseudowissenschaftlichen und pseudobiologischen Erklärungsversuche wie selbstverständlich in die Textur des heutigen Verständnisses eingewoben haben. Diese Verstrickungen sind im Bereich der Medizin genauso vorhanden, wie sie von A. Glucksmann (1977) für den Bereich der Philosophie aufgedeckt wurden. Nur so ist es zu erklären, daß die Diskussionen im heutigen Europa bzgl. sowohl der Bioethikkonvention als auch der Euthanasie in den letzten Jahren wie losgelöst von der Vergangenheit geführt werden können. Wenn monokausale Krankheits- und Therapieauffassungen, pseudobiologische ethiologische Zuschreibungen in der medizinischen und psychiatrischen Versorgung wieder das Leben zeichnen, dann sind wir in der Nähe der zu Beginn aufgezeigten Gefahr. Ein derartiges Verständnis verbietet einen psychoanalytischen Diskurs mit seiner emanzipatorischen Wirkung, und er steht in der Gefahr, daß seine tendenziell emanzipatorischen Ansätze zu disziplinierenden Vorgehensweisen verfremdet werden.

## Literatur

Aichhorn, A. (1925): *Verwahrloste Jugend*. Wien.

Balier, Cl. (1988): *Psychanalyse des comportements violents*. Paris.

Balier, Cl. (1996): *Psychanalyse des comportements sexuels violents*. Paris.

Bergeret, J. (1984): *La violence fondamentale*. Paris.

Bergh, van den, W. et al. (1996): *Entwicklung und Struktur einer neuen Maßregelvollzugseinrichtung – Bericht einer internationalen Ex-*

*pertenkommission zur Dezentralisierung des Maßregelvollzuges in Westfalen Lippe*. R & P, 14, 2, S. 57 - 68.

Bettelheim, B. (1975): *Un lieu pour renaître*. Paris.

Duncker, H., Müller, G. (1994): *Unterschiede zwischen drogenabhängigen und alkoholabhängigen Straftätern in Entwicklungsgeschichte, Einweisungsdelinquenz und Einweisungspraxis*, in: Rotter, F. (Hrsg.): Psychiatrie, Psychotherapie und Recht. Lang, Frankfurt, S. 207 - 219.

Eissler, K.R. (1949): *Searchlights on delinquency*. New York.

Freud, S. (1919): *Wege der psychoanalytischen Therapie*, in: Studienausgabe, Sonderband, S. 241 - 249, Frankfurt/Main.

Glucksmann, A. (1977): *Les maîtres penseurs*. Paris.

Kernberg, O.F. et al. (1972): *Psychotherapy and Psychoanalysis: Final report of the Menninger Foundation's psychotherapy research project*, in: Bulletin of the Menninger Clinic, 36, S. 1 - 275.

Legendre, P. (1989): *Le crime du caporal Lortie*. Paris.

Mannoni, M. (1976): *Un lieu pour revivre*. Paris.

Oury, Y (1977): *Psychiatrie et Psychothérapie institutionnelle*. Paris.

Pfäfflin, F. (1997): *Günstige und ungünstige Rahmenbedingungen für Psychotherapie im Maßregelvollzug*, WsFPP, 4, 1, S. 153 - 156.

Schüler-Springorum, H. et al. 1996: *Sexualstraftäter im Maßregelvollzug. Grundfragen ihrer therapeutischen Behandlung und der Sicherheit der Allgemeinheit*. MschrKrim., 79, 3, S. 147 - 201.

Westf. Arbeitskreis ‚Maßregelvollzug' (1991): Lockerungen im Maßregelvollzug (§ 63 StGB) - ein „kalkuliertes Risiko"? NStZ, 11, 2, S. 64 - 70.

*Irmgard Salzmann*

# Zwischen den Zeilen

Es gibt eine unbearbeitete Lücke in der Tradition deutscher Psychotherapie. Wir sind zwar weit gekommen in der kritischen Aufarbeitung des Kulturbruchs in unserem Land, wir haben uns weit vorgewagt damit. Die Schuld, die wir zu tragen haben, öffentlich auf uns zu nehmen, die Folgen zumindest ansatzweise zu tragen, versuchen, den Schaden zu mindern und unsere Kinder über das Geschehene zu informieren.

Soweit ist das alles wohlgeordnet, für manche schon überbeanspruchend ihre Toleranz und Mitgefühlsfähigkeit, und dennoch muß ich insistieren zu sagen, daß es nicht genug ist, entgegen aller Walserschen Hoffnungen, in Frieden sterben zu können. Es gibt keine Ruhe im Leben, auch nicht für die, die sie ständig beschwören. Wenn die einen sie erzwingen, haben die anderen sie dafür im Übermaß, das liegt auf der Hand und ist darin begründet, daß wir sprechen. Wenn wir den Mund aufmachen und die Fassungen des Gewesenen von uns geben, die sich in uns gebildet haben, greifen wir auf alles zurück, was uns zu hören beschert war, ein Sammelsurium von Metaphern, die aus dem jeweiligen Leben sich zusammengesintert haben und ihrer Funktion, die Person gefaßt zu halten, gerecht werden müssen. Das ist der Stoff, aus dem wir gemacht sind, und hier gibt es die entscheidende Lücke, von der ich sprechen möchte.

Man kann der Sprache auch Gewalt antun, und genau das ist passiert. Es gab das, was man die Umwertung aller Werte nannte, eine gewaltsame Umorientierung des Bedeutungsgehaltes vieler Metaphern. Wenn wir uns beruhigen damit, daß diese Worte nicht mehr in der infamen Weise wie vor sechzig Jahren gebraucht werden, sind wir schon auf dem Holzweg über dem Sumpf, in dem wir ertrinken werden, wenn wir den Weg nicht pflegen. Von dieser Pflege etwas zu sagen ist nicht ganz leicht, dennoch bewegen wir uns dabei fast ganz im luftleeren Raum. Nach dem „Wörterbuch des Unmenschen" sind zwar ein paar Artikel und auch das eine oder andere Buch wie „LTI" („Lingua Tertii Imperii") erschienen, alle aber fachintern herausgegeben und fast ohne Breitenwirkung in den Archiven verschwunden, nur für wissenschaftliche Zwecke benutzt. Es braucht aber öffentliche Rede, allgemeines Bewußtsein des Bodens, auf dem wir stehen, wollen wir nicht einbrechen in diese Löcher, die uns die Nazis in die Sprache geschlagen haben.

Es ist alltäglich, wovon ich reden will, angefangen bei dem schrecklichen Präfix „mords-“, das wir wie selbstverständlich seit dem letzten Kriege verbreitet haben auf allergewöhnlichste superlativische Bedeutung, mords-Weib und mords-Geschäft steht als Beispiel im Duden, die blutige Brigida von Maidanek und der Verkauf der Knochen an Seifenfabriken fällt nicht vielen Leuten dabei ein, und das ist für mich die gefährliche Lücke. Es geschieht hier etwas nachträglich, was man mit Fug und Recht unbewußt machen nennen kann, ein Teil unserer Geschichte entgleitet uns, indem Metaphern, die diesen Teil zu tragen imstande wären, aus ihrem Bedeutungskontext herausgeschnitten werden.

Das Morden zum Zwecke des Geschäftes wird so als Superlativ des Geschäftes überhaupt bewundernd tradiert, gleichzeitig wird diese wahre Bedeutung in ihrem historischen Kontext abgetrennt vom Bewußtsein. Die Leute sagen, es sei eine Mordsarbeit, wenn sie für den Urlaub Koffer packen oder ähnliches, der Mord selbst verharmlost sich auf diesem Wege beständig, er ist in aller Munde, ohne daß die Besitzer dieser Münder auch nur im geringsten beschämt sind, es ist schon, und das nach nur 60 Jahren, fast vollständig unbewußt. Das ist für mich eine alarmierende Entwicklung, denn es gibt dergleichen Metaphern sehr viele.

Wir sind im Begriff, unsere Sprache zu verlieren, wage ich zu sagen, und ich denke nicht, daß das eine Übertreibung ist, leider kann ich das nicht denken. Wenn es denn so ist, wovon ich ausgehe, daß wir von der Sprache leben, von ihrem bewußten und ebenso von ihrem unbewußten Gehalt, dann kann uns das nicht gleichgültig sein, und ich meine nicht nur, daß wir, die wir „sprechend“ tätig sind in der „sprechenden Medizin“, wie das ausgrenzend heißt, als hielten alle anderen den Mund, ich meine, daß wir sprechende Wesen sind vom ersten Tag an und ohne etwas zu hören zu bekommen, keine paar Wochen alt werden.

„Das menschlichste, was wir haben, ist doch die Sprache“, sagt Fontane, und ich schließe mich dem voll und ganz an; das beinhaltet auch schon, daß es das Unmenschlichste sein kann, was wir haben.

„Bis zur Vergasung“ ist ein Ausdruck, der schon vielen bewußtseinsfähig geworden ist, es bezeichnet übermenschliche Anstrengung, wird aber durchaus im passiven Sinn gebraucht, etwa in der Weise, einen Zustand zu bezeichnen, in dem man, nicht ohne geheimen Stolz, das Letzte zu geben bereit war. Diese Bereitschaft, so etwas zu tun, das Letzte zu geben, ist dabei wesentlich wichtiger als der Blick darauf, was eigentlich getan wurde, soweit der Gehalt dieser Metapher, er ist damit nicht ausgeschöpft. Ich habe ihn schon benutzt gehört mit dem augenzwinkernden, Verständnis heischenden Vergnügen daran, daß ja jeder weiß, was auch noch gemeint ist, aber davon nicht die Rede sein soll, man will unter sich, versteht sich, seine Freude daran haben, natürlich nur sehr verhalten, daß man „das Letzte geben kann“, zu einer übermenschlichen Anstrengung fähig ist, ganz wie kleine Jungs, die die Pinkelstrecke taxieren. Können wir es uns leisten, diesem Weg gelassen zuzuschauen, wenn wir Kinder haben, dürfen wir kommentarlos hinnehmen, wenn sie davon in dieser Weise sprechen? Ich meine nein, wenn uns an der Gesundheit unserer Kinder gelegen ist, da will ich noch gar nicht und muß es auch nicht, von den Opfern der Taten, die es dazu gegeben hat, reden.

Es ist hier, in beiden genannten Fällen, nämlich von dem Kulturbruch selbst die Rede in einer verharmlosenden oder noch richtiger beweihräuchernden Weise. „Du sollst nicht morden“ ist das einzige der zehn Gebote, das als Verbot geäußert ist, alle anderen wurden erst später in der Übersetzung verbotsmäßig ausgedrückt, vorher waren sie eher Anleitungen zum Unglücklichsein. Dieses Eine aber hatte immer eine andere Funktion. Es bezeichnete die Grenze zur Kultur. Wer mordet, kann nicht mehr sprechen, mit dem nicht, dem er das angetan hat, und ich vermute, und darauf will ich hinaus, selbst auch nicht mehr.

Die Sprache verwandelt sich von dem Augenblick an in etwas anderes, Funktionales, ihre poetische Potenz geht verloren. Wie kann man das beweisen? Hier klafft die Lücke, von der ich sprechen wollte, und ich gestehe, dafür auch nur sehr löchrige Ideen zu haben, wie oben angedeutet. Die Ideen dazu habe ich von den Patienten, die sich mit schweren Störungen ihrer Persönlichkeitsentwicklung herumschlagen, am Rande des Lebens, wie es einer formulierte, mit dem Kopf gerade noch über Wasser, mehr existieren als leben und aus deren Geschichte, so wie sie sie mir erzählten, mich lehrten. Es sind die Giftwirkungen solcher Metaphern, die wie Altlasten den Menschen im Fleisch stecken und um sich herum richtige Tabuzonen haben, die so giftig sein können wie der radioaktive Hof um das geborstene Tschernobylkraftwerk. Das größte Problem dabei scheint mir zu sein, daß wir ohne Geigerzähler auf der Spur sein müssen, denn die Sprache, die wir als Behandler führen, enthält eben diese Todeszonen. Wie also noch hören können, wovon die Rede ist, wie sich diese lebenstötenden Metaphern ins Bewußtsein rufen?

Nur damit sie nicht denken, ich sauge mir das aus den Fingern, ein kleines Beispiel, von dem ich jüngst hörte. Ein Mann, schwer hypochondrisch erkrankt, sein Leben mit Todesphantasien füllend, hart am Rande seiner sozialen Existenz, hatte einen Vater, der sich als Offizier der Nazis Ende des Krieges selbst ermordete, einen Bruder, der sich im Auto vergaste. Dieser Mann hat drei Söhne. Wie kann in dieser Familie von dem Schaden die Rede sein, wenn es gar keine Möglichkeit mehr gibt, die Bedeutung als lebendiges Element zuzulassen? Kann man nicht fürchten, daß diese Söhne in großer Gefahr sind, einen Schaden weiterzutragen, von dem sie nichts wissen und ihren Kindern weiterzugeben, einen Schaden, der sie immer weiter entfernt von ihrer eigenen Rede. Ahnt man nicht schon die Entwicklung von dem, was wir die Psychose nennen? Das völlige Abgesperrtsein von einer lebendigen Sprache. Die Sprache in sich eingepflanzt zu erleben wie einen Fremdkörper, eindeutig und unwandelbar, wäre in der oben genannten Familie nicht auch die Mutter noch am Leben, die eine Ahnung von der Gefahr hat, wäre sie wirklich groß, etwa so wie bei laufenden Lemmingen auf dem Weg zur Klippe.

Ich höre schon die Fragen nach dem Umgang mit dem Gesagten und bin schon im Begriff, ihnen davonzulaufen, denn da ist das Praktische an der Lücke, das einen schon verzweifeln lassen könnte, hätte man nicht die Theorie, die Hypothese, die uns trägt, solange wir nicht viel wissen. Sprache läßt sich lockern, wie ein Schiff wieder flott wird, nachdem es aufgelaufen war, wenn der Schaden nicht ganz so groß ist wie bei der Pallas, da wird es den Leuten schon zu teuer. Auch das kann passieren. Aber es gibt einen Bereich, in dem es geht, ich habe es ausprobiert. Lacan hat in seinem Psychosen-Seminar zwar nicht direkt, aber indirekt davon gesprochen, und er scheint es gekannt zu haben, man hat mir davon erzählt. Es geht darum, den nicht gebildeten oder festgefahrenen Metaphern wieder

Leben einzuhauchen. Das ist nicht ganz ungefährlich, denn sie werden manchmal plötzlich sehr lebendig, und es muß deshalb Spezialisten vorbehalten bleiben, die sich mit dem Einsatz der Sprache als Heilmittel auskennen oder zumindest ihn zu lernen bereit sind. Freuds Werk enthält Beispiele, wie Metaphern wieder flott werden können und Symptome überflüssig werden dadurch, von ihm auszugehen halte ich für eine unabdingbare Voraussetzung, will man nicht sich im Gesetzlosen verlaufen. Er hat Grundgesetze des Umganges mit der Sprache als Heilmittel geschaffen, die einen Rahmen schaffen, mit dem man arbeiten kann und verantwortungsbewußt Risiken eingehen. Darin heißt es auch, daß das Mordverbot kulturbildend ist, ein Bruch an dieser Stelle einen Kulturbruch bedeutet. Das ist eine conditio sine qua non.

Wie lange, kann man sich fragen, braucht eine Gesellschaft in der unbewußten Beweihräucherung von Mords-Geschäften, bis einer einbricht und es wahr machen will im wortwörtlichsten Sinne, wer ist dafür dann verantwortlich, wenn nicht zu einem Teil auch der Duden und seine Herausgeber, in dem das einfach so unschuldig steht, ohne jeden Zusatz in bezug auf die Geschichte und ohne jeden Hinweis auf den vergangenen Gebrauch. „Der Duden“ als Metapher für die Kultur, in der wir leben, ihre Herausgeber als Sinnbilder für die Menschen, die diese Kultur repräsentieren, versteht sich hoffentlich. Diese Bücher sind Lehrmaterial in unseren Schulen und werden, soweit ich weiß, unkritisch benutzt in dieser Sache. Hier beginnt, denke ich, unser aller Verantwortung, die wir auf uns nehmen können. Mir scheint, daß in den Vorträgen mehrfach die Rede war, manchmal ganz explizit, manchmal implizit, insgesamt jedoch in erfreulicher Weise sehr viel mehr, als man gemeinhin gewöhnt ist.

*Ingrid Allerdings und Joachim Staigle*

# Der Verein für Psychoanalytische Sozialarbeit

## 20 Jahre Betreuung[1] von jungen Menschen mit schweren seelischen Handicaps. Zu Gründung, Struktur und Arbeitsbereichen

### Arbeitsfeld

Die Mitarbeiterinnen und Mitarbeiter des Vereins für Psychoanalytische Sozialarbeit e.V. Rottenburg betreuen seit der Gründung des Vereines im Jahr 1978 seelisch behinderte Kinder, Jugendliche und junge Erwachsene auf psychoanalytisch-sozialtherapeutischer Grundlage. Die Hilfsangebote richten sich auch an die Eltern, Geschwister und anderen Bezugspersonen sowie Institutionen, die in den Lebensbeziehungen dieser jungen Menschen für sie bedeutungsvoll sind.

Das Betreuungsangebot ist Teil der öffentlichen Wohlfahrtspflege im Überschneidungsbereich von Psychiatrie, Behindertenhilfe, Jugendhilfe und ambulanter Richtlinienpsychotherapie. Formell waren die Hilfeformen bis 1991 als Eingliederungshilfen für seelisch Behinderte oder von Behinderungen Bedrohte im Rahmen des Bundessozialhilfegesetzes definiert. Seit dem Inkrafttreten des neuen Kinder- und Jugendhilfegesetzes (1990) und des ersten Änderungsgesetzes (1993) handelt es sich formal in der Regel um Eingliederungshilfe für seelisch Behinderte im Rahmen der Jugendhilfe nach § 35 a KJHG.

Die Teileinrichtungen des Vereins als organisierte, institutionalisierte Hilfeformen sind:

- Die Stationären Dienste mit einem Heim für autistische und autistisch-psychotische Kinder und Jugendliche mit fünf/sechs Plätzen und mit einer Wohngruppe für fünf/sechs autistische, autistisch-psychotische und andere ich-selbststrukturell schwergestörte Jugendliche und junge Erwachsene, die sich an der Schwelle zur Integration ins Arbeitsleben und zur Verselbständigung ins Erwachsenendasein hinein befinden.

- Die Schule am Therapeutischen Heim als Außenstelle der Kliniksonderschule.
- Die Ambulanten Dienste, die mit zwölf Mitarbeiterinnen und Mitarbeitern etwa fünfzig junge Menschen in unterschiedlichsten Settingvariationen betreuen.
- Das Arbeitsprojekt als Untergliederung der Ambulanten Dienste, das mit den Institutionen des zweiten Arbeitsmarktes und den Werkstätten für Behinderte die Arbeitsbegleitung und Eingliederung seelisch behinderter junger Menschen ins Arbeitsleben fördert und oft erst ermöglicht.

Zu den Arbeitsschwerpunkten des Vereines gehört in unauflösbarer Verbindung mit der praktischen psychoanalytischen Sozialarbeit die fachspezifisch ausgerichtete Öffentlichkeitsarbeit, die Fortbildungstätigkeit nach innen und außen und die Erforschung der besonderen Erfahrungen mit den Betreuungssettings, die für an psychotischen Ängsten leidende junge Menschen eingerichtet wurden. Insbesondere widmet sich die Aufklärungs- und Selbstaufklärungsarbeit aller an diesem Reflexionsprozeß beteiligten Personen dem Verhältnis von Psychoanalyse und Sozialarbeit, das unserer Auffassung nach nur sinnvoll in Zusammenhang mit den Beziehungen zwischen den Sozialarbeiterinnen und Sozialarbeitern und den konkret betreuten Menschen mit ihren spezifischen „inneren“ Beziehungsvoraussetzungen behandelt werden kann.

Zentraler und wirksamster Teil dieser Öffentlichkeitsarbeit ist die einzelfallorientierte Zusammenarbeit mit den Institutionen der öffentlichen Wohlfahrtspflege und den in ihnen tätigen Personen, mit dem Ziel, für einen bestimmten leidenden (und damit oft auch Leiden verursachenden) Menschen eine „seiner Frage“ angemessene Lebens- und Unterstützungsmöglichkeit zu finden. Eine Aufklärung der „entscheidenden“ Personen über die existentiellen Nöte seelisch höchst belasteter Menschen ist unserer Erfahrung nach leichter über die unumgängliche Beschäftigung mit dem Einzelschicksal zu erreichen als über einen noch so „gelehrten“ oder objektivierenden fachlich-wissenschaftlichen Diskurs.

## Zur Entstehungsgeschichte

Der Verein für Psychoanalytische Sozialarbeit ist die Fortsetzung klinischer psychoanalytischer Sozialarbeit. Der Verein besteht als juristische Person seit 1978. Der Zeitpunkt der Vereinsgründung und die Aufnahme der konkreten Betreuungsarbeit fallen mit der Gründung des Therapeutischen Heimes in Rottenburg zusammen. Die Herausbildung von erneuerten und erweiterten stationären und ambulanten Behandlungsformen – für vorwiegend psychotische Kinder und Jugendliche – durch ein therapeutisches Team war zunächst ein an die stationäre Arbeit einer Klinik gebundenes Projekt. Es begann bereits 1975 an der Abteilung für Kinder- und Jugendpsychiatrie in Tübingen. Ihr ärztlicher Direktor war Prof. Reinhart Lempp. Damals drängten mehrere unterschiedliche Faktoren zu dieser Entwicklung.

Um der Entstehungsgeschichte der institutionalisierten Psychoanalytischen Sozialarbeit in Rottenburg und Tübingen angemessen darstellend nachgehen zu können, soll das Zusammenwirken dieser verschiedenen Faktoren beschrieben werden, ergänzend zur Geschichte kreativ und verantwortlich handelnder Gründerpersonen.

1976 befand sich zumindest der stationäre Teil der Abteilung für Kinder- und Jugendpsychiatrie in einer Umbruchsituation bzw. in einem „Selbstfindungsprozeß“ (A. Roller-Jünger, 1984, S. 363). Mündlichen Berichten damaliger Mitarbeiter zufolge (vgl. auch S. Becker, 1987, S. 7) sei im Rahmen der stationären Aufenthalte mit den Kindern und Jugendlichen kaum im Sinne einer stationären Psychotherapie gearbeitet worden, vielmehr habe eine schwerpunktmäßige Orientierung auf stationäre Beobachtung und daran angeschlossene Diagnostik im Vordergrund gestanden.[2] Eine Reflexion der im Rahmen stationärer Arbeit sich verändernden Beziehungsmuster habe in systematischer, theoretisch-behandlungstechnischer Weise nicht stattgefunden. In polemischer Zuspitzung wird berichtet: Hatte während des stationären Aufenthaltes der jungen Patienten sich keine Besserung ergeben, so wurde das Ergebnis zwar als unbefriedigend empfunden, wobei jedoch als subjektiver Trost das Ziel der Aufnahme sowieso nur in einer klaren diagnostischen Einordnung und einer dann daraus abgeleiteten Empfehlung für handhabbaren Umgang und eine förderliche Unterbringung bestand. Hatte sich im Rahmen des therapeutischen Milieus der Stationen und der ärztlichen und psychologischen Gespräche eine Verbesserung ergeben, so wurde dies zwar als ein erfreulicher Erfolg auch therapeutischer Bemühungen aufgefaßt, jedoch wurden die gemachten Erfahrungen kaum begleitend oder nachträglich durchgearbeitet mit dem Ziel, spezielle entwicklungsfördernde Umstände und Strukturen den anderen Patienten in einer auf sie angepaßten Weise zukommen zu lassen.

Besonders die Mitarbeiterinnen und Mitarbeiter der Pflegeteams litten sehr unter dieser Situation, sich gegenüber den Kindern und Jugendlichen auf eine besondere Weise hilflos zu fühlen. Sie konnten weder die Beziehungsprobleme zwischen sich und den Patienten hypothesenbildend verstehen, noch waren sie mit den organisierten alltäglichen Versorgungsstrukturen für ihre Schützlinge besonders zufrieden. Vertieft wurde diese Unzufriedenheit durch ein Mitleiden, weil sich die Mitarbeiter mit ihren Patienten identifizierten, mit denen sie meist acht Stunden pro Tag in sehr engem Kontakt verbrachten. Diese Identifizierungen bezogen sich zumindest in bewußter Hinsicht auf die berechtigten Entwicklungs- und Selbstentfaltungsinteressen der Patienten und ihre jeweiligen Einschränkungen über die institutionellen Gegebenheiten.

Es gab vorwiegend auf der Ebene des Pflegepersonals eine sich entwickelnde Diskussion um die Funktion und Bedeutung der alltagsbegleitenden Betreuungspersonen im therapeutischen Prozeß. Sie entwickelte ihre spezifische Dynamik aus unterschiedlichen Einflüssen:

- Innerhalb und außerhalb der Psychiatrie wurde zum gegebenen historischen Zeitpunkt, allerspätestens mit der Diskussion um die Psychiatrieenquete, bereits die gesamte institutionelle Versorgungs- und Behandlungspraxis kritisch reflektiert und führte zu einer neuen Institutionalisierungsbewegung beispielsweise in Gestalt der Sozialpsychiatrie. Es erfolgte eine Rezeption der Psychiatriekritik und von neueren Behandlungsansätzen, Versorgungsmodellen und Arbeitsweisen in Medizin und klinischer Sozialarbeit, wie sie in England und den USA formuliert wurden und etwas später über die Diskussion der italienischen Psychiatriebewegung auch in Deutschland in die öffentliche Wahrnehmung drangen.
- Das Selbstverständnis ärztlich-psychiatrischen Handelns wurde neu diskutiert.

- In diesen Zusammenhang gehört die Neuorientierung im Selbstverständnis des Pflegepersonals in der psychiatrischen Versorgung. Die Auswirkungen der politischen Auseinandersetzungen durch die und nach der sogenannten Studentenrevolte hatten auf gewerkschaftlicher und zugleich fachlicher Ebene vor allem die nichtärztlichen Mitarbeiter erreicht. Sie stellten in fachlicher und politischer Hinsicht das bisherige Modell medizinischer Versorgung mit seiner hierarchischen Verfassung in Frage. Es war unter den damaligen Mitarbeitern bereits das wirksam, was später in der Diskussion um die italienische Psychiatriekritik mit dem Schlagwort „vor der Befreiung des Patienten kommt die Befreiung des Pflegers" umrissen wurde. Das Pflegepersonal suchte sowohl auf der Ebene der Macht- und Ressourcenverteilung wie auch in immaterieller Hinsicht nach einer angemessenen Anerkennung seiner Bedeutung in der alltäglichen Arbeit. So wenig sich im folgenden die Mitarbeiter der Pflegeberufe als Ausführende ärztlicher Therapie- und Pflegeanweisungen verstanden, so wenig konnten künftig noch die Patienten als Objekte eines therapeutischen Vorgehens verstanden werden. Der Patient wurde vermehrt als Subjekt seines eigenen Leidens und als Subjekt der Veränderungen diesen Leidens im Behandlungsprozeß verstanden. Die Empfänglichkeit für die Aufnahme und das Wirksamwerden neuer theoretischer Modelle und behandlungstechnischer Anpassungen der Organisation stationärer Psychotherapie von psychotischen Patienten war gegeben.

Dieser in der Abteilung für Jugendpsychiatrie sich vollziehende Prozeß fachlicher und organisatorischer Orientierungssuche wurde – so ist dies zumindest aus heutiger Sicht zu beschreiben – seitens der ärztlichen Leitung in Person von Prof. Reinhart Lempp nicht nur als Verunsicherung, sondern auch als eine Chance für kreative Umbildungsprozesse entlang der vorhandenen beruflichen und persönlichen Fähigkeiten der einzelnen konkreten Mitarbeiter verstanden. Die besonders wirksame Förderung einer solchen institutionellen Weiterentwicklung bestand nicht vorrangig in strukturierenden Entwicklungsimpulsen der formalen Leitungsebene, sondern häufig darin, daß durch R. Lempp keine Widerstände gegen neue Ideen und selbständige neue Arbeitsweisen aufgerichtet wurden, sondern alle Mitarbeiter konnten für die neu entwickelten Ansätze auf die begleitende Reflexion, auf die Deckung und Mitverantwortung nach außen und auf einen Halt in der Institution durch den ärztlichen Leiter vertrauen. Dies war besonders für das nichtdestruktive Austragen der unvermeidlich sich einstellenden heftigen innerinstitutionellen Konflikte unverzichtbare Voraussetzung.[3]

Ein wesentlicher Impuls im Sinne einer „Organisation des kritischen Potentials" für die weitere Entwicklung der stationären Psychotherapie junger psychotischer Patienten ging von Stephan Becker aus. Er begann Ende 1975 seine Arbeit als psychoanalytisch orientierter Psychologe im Rahmen eines Forschungsauftrags über psychoanalytische Therapieprozesse in klinischen Institutionen. Auf dem Hintergrund einer weitreichenden psychoanalytischen und sozialwissenschaftlichen Vorbildung, der genauen Kenntnis der amerikanischen klinischen Sozialarbeit und der Einrichtungen und klinischen Arbeiten von Personen wie Ernst Federn, Rudi Ekstein, Bruno Bettelheim u.a. thematisierte er die vorfindbaren Rahmenbedingungen. Durch eine aktive Beteiligung an der Betreuungs- und Behandlungsarbeit und durch eine gleichermaßen scharfe wie konstruktive und praktisch wirksame Kritik eröffnete er Möglichkeiten zur Transzendierung des Gegebenen. Der zentrale Ansatzpunkt für die fruchttragenden Veränderungsbemühungen lag vor allem in der Unterstützung des „Bewußtmachens" der therapeutischen Kompetenzen des sogenannten Pflegepersonals und in der Abstützung der Veränderungswünsche durch Bezugnahme auf klinische Studien[4] und theoretische Konzepte der Psychoanalyse, sowie auf moderne Untersuchungen zur Soziologie des Asyls.

Zwischen 1975 und 1978 war auf der Station 3 an der Abteilung für Kinder- und Jugendpsychiatrie eine neue Form der stationären sozial- und psychotherapeutischen Behandlung von Psychosen des Jugendalters entstanden. Dieser Prozeß trug krisenhafte Züge mit allen Erscheinungen der Spaltung der Institution, der Infragestellung und Auflösung von gewachsenen Hierarchien und Identitäten. Die nur unter schwierigen Auseinandersetzungen und über manche Widerstände hinweg mögliche Integration psychoanalytischer Essentials in die klinische Arbeit führte auf Station 3 zur Einrichtung einer Supervisionsgruppe in Gestalt einer Balintgruppe für das Pflegepersonal und zum Angebot von Einzelfallsupervisionen für alle arbeitsteilig im Bezugspersonensystem mit den Patienten arbeitenden Mitarbeitern. Über viele Jahre hinweg blieben die Ärzte und Psychologen der Station von der Teilnahme an der Balintgruppe ausgeschlossen. Dies war ein politisch und nicht fachlich begründeter Ausdruck der Tatsache, daß an der Klinik zwar seit Jahren eine äußerst qualifiziert arbeitende Balintgruppe existierte, an der aber nur die akademisch ausgebildeten therapeutischen Mitarbeiter teilnehmen durften. Es war zu dieser Zeit weiterhin ein symbolischer Ausdruck der Tatsache, daß die wesentliche Beziehungsarbeit durch die Mitarbeiterinnen und Mitarbeiter im Pflegedienst geleistet wurde. Diese arbeiteten über viele Jahre hinweg kontinuierlich auf der Station, begleiteten die Patienten über die gesamte Dauer ihres stationären Aufenthaltes hinweg. Sie hatten durch ihre alltägliche Präsenz auf der Station für die Patienten die wesentlichste Bedeutung und übten den stärksten sozialisatorischen Einfluß aus. Die Ärzte waren im Rahmen ihrer Facharztausbildung damals oft nur relativ kurze Zeit auf der Station tätig und wechselten häufig. Dies führte dazu, daß bei langandauernden stationären Behandlungen die im Bezugspersonensystem arbeitenden Pflegekräfte auch die zentralen therapeutischen Bezugspersonen wurden, mit denen die Patienten ihre Einzelgespräche führten. Diese Mitarbeiter führten auch ambulante Nachbetreuungen durch.

Auseinandersetzungen als Ausdruck von Widerstand gegen diese Tendenz zur Enthierarchisierung, vor allem mit dem leitenden Oberarzt, der sich in seiner Leitungskompetenz infrage gestellt, sich hinsichtlich seiner ärztlichen Mitverantwortung für die so geführten Behandlungen zu wenig einbezogen sah, blieben nicht aus.

Sie führten unter anderem dazu, daß Stephan Becker als Psychoanalytiker auf Dauer nicht mehr unmittelbar als Mitarbeiter von Station 3 selbst behandeln durfte. Er mußte seine direkte Mitarbeit auf Station 3 aufgeben. Er blieb weiterhin der Leiter der Balintgruppe für das Pflegepersonal und Einzelfallsupervisor für die Bezugspersonenteams.

Das sich weiter entwickelnde Modell einer psychoanalytisch-sozialtherapeutisch orientierten stationären Psychosentherapie konnte zu diesem Zeitpunkt erhalten werden, weil ein äußerst selbstbewußtes, qualifiziertes, verantwortungsvolles und auch streitbares Mitarbeiterteam die Kontinuität der Alltagsarbeit sicherte.[5] Für die Weiterführung der in dieser Weise entwickelten Arbeit mußte jedoch eine gewisse Isolation von Station 3 im Gefüge der Klinik in Kauf genommen werden. Bemerkenswerterweise wurde erst Jahre später eine intensivierte fachliche Diskussion zwischen den unterschiedlichen Stationen und den unterschiedlichen Berufsgruppen möglich. Die drei Stationen haben sich später in ihrer konzeptionellen Ausrichtung einander stark angenähert.

Die Schwierigkeiten, psychoanalytische Sozialarbeit in befriedigender Weise an der Klinik zu etablieren, der Ausschluß des äußerst aktiven, begabte und interessierte Kollegen und Kolleginnen mitreißenden, teilweise auch polarisierenden Impulsgebers Stephan Becker, der Wunsch zweier Mitarbeiterinnen, eine eigene Einrichtung zu gründen und vor allem die Hoffnung gebenden Erfahrungen mit der Arbeit in der Klinik und das gleichzeitige Leiden an den institutionellen Beschränkungen[6] führten nach einer eineinhalbjährigen konzeptuellen Vorbereitungszeit zur Gründung des Vereins für Psychoanalytische Sozialarbeit, der als Träger eines geplanten Therapeutischen Heimes fungieren sollte.

## Die Gründung des Vereines für Psychoanalytische Sozialarbeit und der Aufbau des Therapeutischen Heimes

Am 22.12.1978 erfolgte mit der Eintragung ins Vereinsregister die formelle Gründung des Vereins.[7] Durch die bis heute in unveränderter Form gültige Satzung wurde die formal-rechtliche institutionelle Struktur festgelegt. Sie umschließt die konkreten institutionellen Arbeitszusammenhänge. Diese in der Alltagspraxis gebildeten Arbeitszusammenhänge haben sich im Verlauf der Jahre in ihrer Struktur sehr verändert, insbesondere was die institutionalisierten und nichtinstitutionalisierten Formen der Entscheidungskompetenz, der Leitung und der Verwaltung des Vereins betrifft.

1978, als das Therapeutische Heim und der Verein für Psychoanalytische Sozialarbeit gegründet wurden, bestanden enge und überschaubare Arbeitsbeziehungen zwischen den beteiligten Personen. Die Gründung des Therapeutischen Heims kann mit gutem Recht als die engagierte Tat von einzelnen Personen beschrieben werden: Ohne Stephan Becker, seine Parteinahme und sein Interesse für psychotische Patienten, seine Durchsetzungsfähigkeit gegenüber scheinbar festgefügten sozialpolitischen Realitäten, sein Eintreten für die soziale Verantwortungsübernahme durch die psychoanalytisch Denkenden und Tätigen, seine Bereitschaft über lange Zeiten auch zu (eher) symbolischen Honoraren als Supervisor, Psychoanalytiker und zur komplexen fachlichen Leitung des Vereines zur Verfügung zu stehen, wäre die Entwicklung Psychoanalytischer Sozialarbeit in dieser Form vermutlich gar nicht angeregt und durchgesetzt worden. Mit Anita Roller, Hedwig und Bruno Jünger haben sich Personen gefunden, die bereit waren, ihre persönliche Geschichte mit der Realisierung einer Idee und mit der Leidensgeschichte von zunächst einem autistisch-psychotischen Mädchen zu verknüpfen, das an der Abteilung für Kinder- und Jugendpsychiatrie aufgenommen war und das über einen sehr viel längeren Zeitabschnitt eine Behandlung und Betreuung durch verläßlich verfügbare Personen brauchte, als dies in der Klinik möglich war.

Hier zeigte sich bereits ein Entwicklungsmerkmal, das auch in den Weiterentwicklungen der Psychoanalytischen Sozialarbeit als Kristallisationskern fungierte: Die Gründung des Therapeutischen Heimes, wie später der Ambulanten Dienste und der Wohngruppe für junge Erwachsene kann auch als eine indirekte Gründung durch die Betroffenen betrachtet werden. Am Beginn jeder Konzeptionsdiskussion und jeder neuen Hilfestruktur als institutionalisierte Hilfe stand zunächst ein junger Mensch, der sich und die Personen, die sich um ihn kümmern mußten, vor scheinbar unlösbare Probleme stellte. Die unlösbaren Schwierigkeiten standen meist mit ungeeigneten und nicht veränderbaren Lebens- und Betreuungsumständen in Zusammenhang. Es handelte sich bei diesen jungen Menschen um Personen, die mit einer besonderen Kraft und Intensität in der Lage waren, nicht nur selbst extrem zu leiden oder an diesem Leiden zu zerbrechen, sondern die in ihrer Lebendigkeit auch andere schwer leiden ließen. Wenn bei den Betreuungspersonen die Fähigkeit zur Einfühlung unter diesem Druck nicht verlorenging, so führte dies zur kreativen Suche nach anderen „Überlebensmöglichkeiten". Es sind auf diese Weise unsere Patienten, die zu neuen Lösungen drängen. Wir sind gezwungen, von unseren Patienten zu lernen.

Aus dieser Sicht sind neue Betreuungsansätze wie der des Therapeutischen Heimes weniger das Resultat der Umsetzung fruchtbarer theoretischer oder sozial aufklärerischer Konzepte als vielmehr die Anpassung der Betreuungsstrukturen an die Bedürfnisse der uns anvertrauten Menschen.

Im Herbst 1977 kauften Anita Roller, Hedwig und Bruno Jünger aus eigenen Mitteln und durch keine haltende Institution abgesichert ein Haus in Rottenburg und begannen es zu renovieren. Anita Roller und Hedwig Jünger beendeten im Frühjahr 1978 ihre Pflegedienstmitarbeit auf Station 3 der Kinder- und Jugendpsychiatrie und zogen mit einer jungen Patientin, die sie bereits an der Klinik als Bezugspersonen betreuten, in dieses Haus, das Therapeutisches Heim genannt wurde.

Anita Roller hat diese Phase des Aufbaus so beschrieben: „... 1978 begannen Hedwig Jünger und ich unsere Arbeit auf der Basis von Sonderpflegestellen in Zusammenarbeit mit Stephan Becker als psychoanalytischem Supervisor. Ab 1979 konnte Ingrid Biermann, zunächst hospitierend, dann ab 1980 als weitere psychoanalytische Supervisorin für die Arbeit gewonnen werden. Bis zum Sommer 1980 waren in Rottenburg zwei Kinder zur Pflege aufgenommen worden. Die beiden Hauptbezugspersonen wohnten und lebten ebenfalls im Haus. Die Wohnung der Mitarbeiterinnen befand sich zwar auf einer getrennten Etage – zu der die Kinder keinen Zugang hatten –, jedoch war diese Phase des Heimaufbaus gekennzeichnet von sehr großer Nähe, familienähnlichen Strukturen und der Notwendigkeit eines sehr großen Durchhaltevermögens seitens der Mitarbeiterinnen, wobei die Unterstützung von außen eine große Rolle spielte. Für die Kinder wurde ein strukturierter Tagesablauf mit festen Ritualen (Mahlzeiten, Mittagspause, Singen am Abend) entwickelt ...

Die große räumliche Nähe sowie die Angst, die die zahlreichen Infragestellungen des Projektes bei allen Beteiligten auslöste, hatte vorübergehend auch Rückwirkungen auf die Kinder, nämlich eine gewisse Tendenz zur Überbehütung beziehungsweise vorübergehenden „Überbrütung“ (A. Roller, 1984, S. 364 f.).

Bis 1980 wurde das Therapeutische Heim über Sonderpflegestellen finanziert. Seit Herbst 1980 lebten fünf Kinder im Therapeutischen Heim. Ab September 1980 erhielten diese Kinder regelmäßig Unterricht durch eine Sonderschullehrerin. Der tägliche Schulunterricht ist integraler Bestandteil der Betreuungskonzeption. Im wahrsten Sinne des Wortes wurde „unter dem Dach“ des Therapeutischen Heimes eine kleine Heimschule eingerichtet. Formal ist sie bis heute eine „Außenstelle der Staatlichen Sonderschule für Kranke in langer Krankenhausbehandlung an der Universitätsklinik Tübingen in Rottenburg“ (vgl. A. Schinkel, 1982)[8].

Die Konzeption des Heimes wurde schriftlich gefaßt und eine Anerkennung durch das Landesjugendamt erfolgte am 17.12.1980. Damit konnte nun in abgesicherterer Weise die Arbeit fortgesetzt und über den abgeschlossenen Sonderpflegesatz beim Landeswohlfahrtsverband als stationäre Eingliederungshilfe für Behinderte abgerechnet werden.

Mit der Heimanerkennung durch das Landesjugendamt, dem Ankauf des Gebäudes durch den Verein, der Trennung der Wohnungen der Mitarbeiterinnen und Mitarbeiter vom Therapeutischen Heim und der Einrichtung der Schule, kam die Phase der Heimgründung zu einem Abschluß. Neben dieser äußerst schwierigen, kräftezehrenden Aufbauarbeit mußte die therapeutische Arbeit mit den Kindern geleistet werden. Es zeigt sich bis heute, daß diese Arbeit die größten Schwierigkeiten bereitet und daß immer wieder neu gelernt und viele „Rückschläge" verarbeitet werden müssen.

In dieser Gründungsphase erhielten die Mitarbeiter von außenstehenden Begleiterinnen und Begleitern unterschiedliche Formen von Unterstützung. In fachlicher Hinsicht sind hier neben den Supervisorinnen und Supervisoren Stephan Becker und Ingrid Biermann vor allem Rudi Ekstein, Ernst und Hilde Federn, Esther Schulz-Goldstein, Norman Elrod, Aloys Leber, Hellmuth Becker, Carl Nedelmann und Reinhart Lempp zu nennen. Ohne deren Unterstützung wäre eine fachöffentliche Diskussion der Rahmenbedingungen dieser Arbeit nicht so rasch vorangekommen und die sozialpolitische Anerkennung dieser Rahmenbedingungen in Gestalt eines Sonderpflegesatzes wäre möglicherweise verweigert worden. Hier ist viel der besonderen Fähigkeit S. Beckers zu verdanken, tragfähige Arbeitsbeziehungen mit erfahrenen Wegbereitern und Wegbereiterinnen zu knüpfen. Viel ist der geduldigen Alltagsarbeit der Kolleginnen und Kollegen im Betreuungsdienst in Heim und Klinik zu verdanken, daß solche Arbeitsbeziehungen bestehen und fruchtbar blieben.

An entscheidenden Stellen erhielt der Verein für Psychoanalytische Sozialarbeit von der Stiftung für Bildung und Behindertenförderung finanziell großzügige Unterstützung: Immer wenn es um eine finanziell schwierige oder riskante Entscheidung für eine neues Projekt ging, wie z.B. Ausbau von Schulräumen, Aufbau von Ambulanten Diensten, Einrichtung eines Arbeitsprojektes, Einrichtung eines Forschungsprojektes für besondere Beschulungsformen usw., ermöglichte die Stiftung für Bildung und Behindertenförderung eine Aufbauphase innerhalb derer sich erweisen konnte, ob das Projekt arbeits- und auch selbsterhaltungsfähig ist.

Unterstützt wurde die Arbeit des Vereins auch von vielen Mitarbeiterinnen und Mitarbeitern der örtlichen Jugend- und Sozialämter, mit denen sich entlang konkreter Einzelfallarbeit gute Kooperationsbeziehungen etablierten.

Ein weiteres Datum in der bisher etwa zwanzigjährigen Geschichte der Psychonalytischen Sozialarbeit in Tübingen ist der Aufbau der Ambulanten Dienste, der September 1984 begann. Anlaß für die Ambulanzgründung war ein dreizehnjähriger Junge, der wegen seiner skurrilen Verhaltensweise und beängstigenden Selbst- und Fremdgefährdungen aus allen sozialen Betreuungszusammenhängen herausgefallen war, der sich aus seiner Herkunftsfamilie nicht lösen ließ und der daher weder in einer Psychiatrie noch in einem Heim Aufnahme fand (vgl. J. Staigle, 1987, S. 25 ff.).

Die Notwendigkeit Ambulanter Dienste wurde insofern durch den Verein schon immer betont, als die stationär im Therapeutischen Heim oder in der Kinder- und Jugendpsychiatrie begonnenen Maßnahmen teilweise darauf angelegt waren, irgendwann einmal in ambulante Maßnahmen überführt zu werden. Es wurde mit der Ambulanzgründung auch auf einen Bedarf einer Gruppe von Kindern und Jugendlichen reagiert, die weder in einem klassisch ambulanten noch in einem stationären Rahmen sinnvoll betreut werden können.

1990 wurde formal als Erweiterung des Therapeutischen Heimes, praktisch aber als eigenständige Einrichtung, die Wohngruppe für junge Erwachsene ins Leben gerufen, die als eine Übergangseinrichtung für autistisch psychotische und psychotische junge Erwachsene einen Ort des Hineinwachsens ins „geschützte" Arbeitsleben und des Verselbständigens heraus aus Familie oder stationären psychiatrischen Einrichtungen in Richtung auf die Eingliederung in mehr oder weniger intensive Betreuungsformen für Erwachsene bieten soll. Die „Gründer" waren auf der einen Seite ein junger Mann aus der Kinder- und Jugendpsychiatrie, für den im Anschluß an seine langjährige stationäre Psychotherapie keine geeignete Erwachseneneinrichtung gefunden werden konnte, und eine autistische junge Frau aus dem Therapeutischen Heim, für die sich nach einer langen erfolgreichen Betreuungszeit die Strukturen des Therapeutischen Heimes als zu eng, zu wenig geöffnet auf das Leben außerhalb von Schule und zu wenig auf Arbeit und Verselbständigung gerichtet zeigten, die aber noch einer längeren Zeit der Weiterbehandlung durch ihre bisherige

Bezugsperson bedurfte. Die Gründer auf der anderen Seite[9] waren eine Arbeitsgruppe aus engagierten Mitarbeitern und Mitarbeiterinnen aus der Kinder- und Jugendpsychiatrie und vom Verein, die in einer längeren Vorbereitungsphase die Konzeptionsdiskussion führten und die ersten praktischen Schritte zur Gründung einleiteten. Zwei ehemalige Mitarbeiter der Kinder- und Jugendpsychiatrie, die sich beruflich neu orientierten und die in besonderer Weise bereit waren, sich der Offenheit einer solchen Aufgabe zu stellen, waren diejenigen Kollegen, die die besonders schwierige Aufbauarbeit der Wohngruppe in der initialen Pionierphase leisteten. Einer dieser Mitarbeiter war auf Station 3 der Kinder- und Jugendpsychiatrie bereits für den erwähnten ersten Patienten der gegründeten Wohngruppe Einzelbetreuer bei Arbeitserprobungen (M. Feuling, H. Nonnenmann, 1991).

Unter dem Dach der Ambulanten Dienste wurde gleichfalls 1990 als Voraussetzung für die Einrichtung der Wohngruppe für junge Erwachsene das Arbeitsprojekt geschaffen, durch das sowohl Patienten[10] der Wohngruppe wie auch andere von uns betreute junge Menschen eine notwendige Begleitung bei der Integration in berufliche Ausbildungen, vor allem aber in den sogenannten zweiten und dritten Arbeitsmarkt erhalten (vgl. M. Feuling, H. Nonnenmann, T. Glatz, 1991, S. 124 ff.).

Im folgenden werden die heute bestehenden Arbeitsfelder des Vereins und in vereinfachter Form unser Verständnis Psychoanalytischer Sozialarbeit zusammengefaßt dargestellt.

## Das Therapeutische Heim

Im Therapeutischen Heim werden in einer kleinen Gruppe bis zu sechs Kinder und Jugendliche in einem alltagsorientierten, pädagogisch-erzieherischen, langfristig-kontinuierlichen Rahmen betreut. Dieser Rahmen sieht einen strukturierten Wechsel von An- und Abwesenheit der fünf festangestellten pädagogischen MitarbeiterInnen und ein bis zwei PraktikantInnen oder Zivildienstleistenden und mehreren nebenberuflichen Nacht- und Sitzwachen und externen therapeutischen Betreuern vor. All diese MitarbeiterInnen gestalten im Alltag für die Kinder und Jugendlichen einen strukturierten Wechsel zwischen Gemeinschaftsritualen, begleiteten Einzelaktivitäten, offenem Gruppenleben und Phasen des geschützten Alleinseins, d.h. eines Alleinseins in der Gegenwart anderer. Alle lebenspraktischen Notwendigkeiten wie Kochen, Essen, Waschen usw. werden von den pädagogischen Mitarbeitern gemeinsam mit den Kindern und Jugendlichen bewältigt.

Neben dem Alltagsrahmen werden die Kinder und Jugendlichen, die in der Regel anfangs nicht im herkömmlichen Sinne gruppenunterrichtsfähig sind, von drei Lehrern und einem sozialpädagogischen Schulbegleiter in einer Kleinstschule in der Nähe des Therapeutischen Heimes einzeln, in Kleingruppen und in der Gesamtgruppe unterrichtet.

Alle Kinder und Jugendlichen haben wöchentlich bis zu vier psychoanalytisch orientierte therapeutische Einzelstunden im Zweipersonensetting. Zusätzlich finden außerhalb des Heimalltags auf den Einzelfall abgestimmte, unterstützende körper-, bewegungs-, reit- oder musiktherapeutische Aktivitäten statt.

### Wohngruppe für junge Erwachsene

Die Übergangswohngruppe für ältere autistisch-psychotische und psychotische Jugendliche und junge Erwachsene soll speziell schwer vermittelbare autistische und psychotische junge Erwachsene durch den Erwerb sozialer und lebenspraktischer Kompetenzen und durch die erstmalige, meist besonders schwierige und betreuungsintensive Integration in das Arbeitsleben auf das dauerhafte Leben an einem weniger intensiv betreuten Ort vorbereiten.

Der betreuerische Alltag in der Wohngruppe gestaltet sich entlang der unterschiedlichen Fähigkeiten der einzelnen Bewohner und zielt über deren pädagogische Förderung zum Erreichen eines höheren Ausmaßes an Selbsthilfe. Jeder Betreute hat zwischen einer und vier psychoanalytisch orientierte Einzelstunden bei Therapeuten, die grundsätzlich nicht zum Team der Wohngruppenbetreuer gehören.

Um den Bewohnern eine Eingliederung in Ausbildungen und geschützte Arbeitsplätze zu ermöglichen, werden diese durch sogenannte Arbeitsbegleiter in Werkstätten für Behinderte, in überbetriebliche Ausbildungen oder sonstige geschützte Arbeitsplätze eingegliedert. Auch die Mitarbeiter des Arbeitsprojektes, das bei den ambulanten Diensten angesiedelt ist, gehören grundsätzlich nicht zum Team der Wohngruppenbetreuer.

## Die Ambulanten Dienste

In Tübingen arbeiten die 1984 gegründeten Ambulanten Dienste. Hier betreuen gegenwärtig zwölf psychoanalytische Sozialarbeiter und Sozialarbeiterinnen etwa fünfzig seelisch behinderte Kinder, Jugendliche und junge Erwachsene.

Die seelischen Behinderungen der betreuten Personen reichen von schweren Neurosen über dissoziale und ich-selbst-strukturelle Störungen bis hin zu autistischen Psychosen. Hierzu gehören für uns selbstverständlich auch junge Menschen, die gleichzeitig an geistigen und seelischen Behinderungen leiden.

Durch die ambulanten Dienste werden in sehr umfangreicher Weise auch die Eltern, die weiteren Bezugspersonen und kooperierende Institutionen der Jugend- und Behindertenhilfe beraten.

Der Kürze der Darstellung geschuldet beziehen sich alle nachfolgenden Beschreibungen sowohl auf ambulante, wie auf stationäre Betreuungen. Bei den von uns betreuten Kindern, Jugendlichen und jungen Erwachsenen handelt es sich immer um Personen, bei denen der Prozeß von Reifung und Entwicklung noch nicht abgeschlossen ist bzw. der zu einem sehr frühen Zeitpunkt so nachhaltig gestört wurde, daß noch nie eine reale Unabhängigkeit von einer versorgenden Umwelt, noch nie eine auch noch so fragile, Autonomie gewährende Ich-Selbst-Struktur erreicht wurde. Die Betreuung dieser Personen hat also nicht eine Wiedereingliederung in die Gesellschaft zum Ziel, sondern sie orientiert sich an einer grundsätzlich zu leistenden, erstmaligen Integration dieser Personen in die sozialen Bezüge zu anderen Menschen. Dies erfordert eine Arbeit, die ausgehend von ganz basaler Versorgung, wie zum Beispiel mit Essen, Kleidung, Wohnung und Körperpflege auch ein Zusammenspiel von Bildung, Erziehung und Therapie erfordert. Für junge Erwachsene nach dem Ende ihrer Schulzeit muß zusätzlich über geeignete Maßnahmen der Arbeitsbegleitung auch eine Teilnahme am allgemeinen Arbeitsleben ermöglicht werden.

Die meist schon seit früher Kindheit bestehenden seelischen Behinderungen zeigen sich nach außen in vielerlei Verhaltensauffälligkeiten und Symptomen. Sie führen meist zum Herausfallen aus der Familie, dem Kindergarten, der Schule, aus Jugendhilfeeinrichtungen und sämtlichen sonderpädagogischen Schulangeboten. Es sind Symptome wie Selbst- und Fremdverletzungen, soziales Rückzugsverhalten, der verrückt und skurril anmutende Gebrauch unbelebter autistischer Objekte, ein anscheinend sinnentleerter konkretistischer Sprachgebrauch, Mutismus, zwanghaftes Verhalten und Veränderungsangst, fehlende zeitliche und räumliche Orientierung, Denkstörungen bzw. eingeschränkte Denk- und Wahrnehmungsfunktionen, dissoziale Verhaltensweisen und extreme Ängste.

In der Arbeit mit seelisch behinderten, autistischen, psychotischen und dissozialen Kindern und Jugendlichen gehen wir entlang theoretischer Überlegungen und klinischer Erfahrungen grundsätzlich davon aus, daß auch noch das problematischste, abstoßendste und verrückteste Verhalten grundsätzlich einen Sinn hat und für den Betroffenen etwas bedeutet. Autismus, Psychose und Neurose als Erscheinungsform seelischer Behinderung beeindrucken zwar zunächst durch tiefgreifende Einschränkungen normaler Fähigkeiten und Ich-Funktionen wie zum Beispiel von Denkfähigkeit, Wahrnehmungstätigkeit, Sprache, Unterscheidungsfähigkeit zwischen innerer und äußerer Realität usw. Dabei handelt es sich aber nicht um vorrangig organisch bedingte Ausfälle. Im Rahmen unserer psychoanalytischen Auffassung von psychischer Krankheit und seelischer Behinderung werden diese Defizite als Ausdruck von mißlingenden Problemlösungs- und Selbstheilungsversuchen interpretiert. Erst diese mißlingenden Problemlösungs- und Selbstheilungsversuche und damit das Fortbestehen von seelischen Abwehrprozessen, die zu Ich-Einschränkungen beitragen, führen im Verlauf der Entwicklung des einzelnen zu den Persönlichkeitsstörungen, die dann als Defekte imponieren.

Dieser Auffassung von seelischer Behinderung liegt somit kein Defektmodell zugrunde, sondern die Vorstellung von dem Wirken psychischer Abwehr- und Verarbeitungsvorgänge, mit denen das Kind auf ein Entwicklungsproblem reagierte, ohne es angemessen lösen zu können. In der Regel wurde das Entwicklungsproblem von der sozialen Umwelt nicht erkannt.

Diese Grundauffassung von seelischer Behinderung hat für den betreuenden Umgang sehr weitreichende Konsequenzen. Im therapeutisch-pädagogischen Alltag kann eine wirksame Hilfe nur geboten werden, wenn das bisher ungelöste und unerkannte Entwicklungsproblem im Rahmen der Betreuungsbeziehung erkannt und herausgearbeitet werden kann und wenn eine neue Form des Umgangs mit diesem Problem gefunden wird. Anders ausgedrückt: Man kennt zwar die Symptome und äußeren Verhaltensschwierigkeiten, aber die inneren Verursachungszusammenhänge sind zunächst verborgen. Aus diesem Grunde weiß man auch noch nicht, welches Beziehungsangebot eine zur Veränderung treibende Hilfe sein könnte. Damit ist es im Grunde sinnlos, von vornherein festgelegte Hilfs- und Therapieangebote bereitzuhalten und Hilfe- und Therapieziele festzulegen, bevor das zentrale Beziehungsproblem angemessen verstanden ist.

Aus diesen Überlegungen resultiert ein wichtiges Gestaltungsprinzip psychoanalytischer Sozialarbeit mit seelisch schwer behinderten Menschen. Wir bemühen uns, die Rahmenbedingungen sowohl der stationären als auch der ambulanten Betreuungsangebote so flexibel wie möglich zu halten. Für jedes Kind und jeden Jugendlichen mit seinem besonderen individuellen Problem muß ein Betreuungssetting neu entwickelt werden und stets veränderbar bleiben. Die Organisation unserer Arbeit muß sich den emotionalen Entwicklungsmöglichkeiten und dem Entwicklungsstand der Bedürfnisse und Fähigkeiten des Patienten anpassen und darf diesen nicht den Einrichtungsroutinen unterwerfen.

Unverzichtbar für eine solch flexible Anpassung sind in der Arbeit mit schwer beziehungsgestörten Menschen erfahrene Mitarbeiterinnen und Mitarbeiter. Nebenbei möchten wir anmerken, daß auch nur solche Betreuungspersonen eine lebendige und entwicklungsfördernde Atmosphäre im alltäglichen Umgang schaffen können, die sich selbst in ihrer Arbeit wohl, gefordert und gefördert fühlen.

Die Qualifizierung zu psychoanalytischer Sozialarbeit und die allgemeine Fähigkeit zu therapeutisch-pädagogischer Arbeit ist etwas sehr Persönlichkeitsgebundenes und kann nicht alleine über formale Ausbildungswege erworben werden.

Ein weiterer Grundbestandteil der psychoanalytisch-sozialtherapeutischen Betreuungskonzeption ist die externe psychoanalytisch orientierte Einzel- und Gruppensupervision aller an Betreuungen beteiligten Mitarbeiterinnen und Mitarbeiter. Über ein intensives Netz von wöchentlichen Einzel- und Gruppensupervisionen durch speziell erfahrene Psychoanalytikerinnen und Psychoanalytiker bewahren die Betreuerinnen und Betreuer ihre Einfühlungsfähigkeit und kritische Distanzierungsfähigkeit.

In diesen Supervisionen können entlang der Erfahrungen aus der Betreuungsbeziehung, also der Reflexion der Übertragungs- und Gegenübertragungsmanifestationen, erste Hypothesen dazu entwickelt werden, welche intrapsychischen Verarbeitungsweisen von welchen Erfahrungen zu den aktuell im Vordergrund stehenden Beziehungsformen führen. Mit diesen ersten psychodynamischen Hypothesen zum Zustandekommen der seelischen Behinderung und ihrem Niederschlag in den Beziehungen zu belebten und unbelebten Objekten können auch erste Vorstellungen über hilfreiche, konkrete Betreuungsangebote gebildet werden.

In diesen Supervisionen muß auch immer wieder neu die eigene Wahrnehmungs- und Handlungssensibilität aufrechterhalten oder wiederhergestellt werden. Im engen Betreuungskontakt zu Menschen mit psychotischen Persönlichkeitsanteilen entwickeln sich in diesen Beziehungen äußerst heftige Prozesse mit extremen Gefühlsreaktionen sowohl auf Mitarbeiter-, wie auch auf Patientenseite. Die sich unter einem hohen Handlungsdruck entwickelnden Übertragungs- und Gegenübertragungsbeziehungen müssen laufend reflektiert und durchgearbeitet werden. Nur so kann sich für uns und unsere Patienten die Möglichkeit ergeben, neue Erfahrungen zu machen, was wiederum Voraussetzung einer neuen, korrigierenden, inneren Strukturbildung ist.

Die Arbeit des Vereins für Psychoanalytische Sozialarbeit kann in beschränkter Weise auch entlang von Fragen der praktischen Vorgehensweise beschrieben werden, die mit dem sozialen und rechtlichen Ort psychoanalytischer Sozialarbeit im Feld professionell organisierter öffentlicher Jugendhilfe verknüpft sind:

- Wie gestaltet sich das Aufnahmeverfahren?
- Wer definiert und diagnostiziert seelische Behinderung?
- Wer sind die Kostenträger und wie und wann erfolgt die Antragstellung?
- Was beinhalten die Behandlungs- und Jugendhilfepläne?
- Welche pädagogisch-therapeutischen Beratungs- und Behandlungssettings sind erforderlich?
- Wie wird auf die Entlassung und Verselbständigung hingearbeitet und wie sieht die Nachsorge aus?

Für ein Kind oder einen Jugendlichen und seine Eltern ist es immer eine sehr einschneidende Erfahrung mit weitreichenden Konsequenzen, wenn man ihm rät, eine therapeutische Betreuungsbeziehung einzugehen oder aber den bisherigen Lebensmittelpunkt aufzugeben und von nun an über mehrere Jahre seine Heimat im Therapeutischen Heim oder der Wohngruppe für junge Erwachsene zu finden. Gerade im Interesse des Patienten muß ein fundierter Abklärungsprozeß stattfinden. Dieser Prozeß soll zum einen probeweise die Frage beantworten, an welchem Problem der Betroffene leidet und welches darauf zugeschnittene Beziehungsangebot diesem Problem eine Entwicklungsperspektive bieten könnte. Ferner muß geprüft werden, ob durch die konkreten verfügbaren Mitarbeiter, durch den bestimmten freiwerdenden Heimplatz und die sich ergebenden Beziehungen zur bereits dort lebenden Patientengruppe überhaupt das notwendige flexible und kontinuierlich verfügbare Beziehungsangebot im Alltag der Betreuung gemacht werden kann. Auf keinen Fall sollten institutionelle Betreuungserfordernisse über eine konkrete Aufnahme entscheiden.[11]

In der Herangehensweise im Rahmen der Erstbegegnungen zwischen dem Hilfesuchenden und den Mitarbeitern des Vereins für psychoanalytische Sozialarbeit ist die Phase des Kennenlernens und der Entwicklung eines Behandlungsangebotes sowie die schließliche Aufnahme im ambulanten und stationären Bereich sehr ähnlich, so daß wir die Vorgehensweise zusammengefaßt beschreiben.

Zunächst findet ein sogenannter Erstinterviewprozeß statt, bei dem das erste unverbindliche, persönliche Kennenlernen des Patienten und seines potentiellen zukünftigen Betreuers im Vordergrund steht. Diese Erstkontakte können sowohl nur wenige Einzelgespräche oder teilnehmende Spielbeobachtungen umfassen, als auch über einen ausgedehnteren Zeitraum stattfinden, sollte dies für eine beziehungsdiagnostische Abklärung notwendig sein. Ergänzend hierzu werden ausführliche Erstgespräche mit den Eltern und den weiteren bisherigen Pflege- und Bezugspersonen geführt. Meist finden auch Gespräche mit den bisherigen Lehrern, Therapeuten, Ärzten und Betreuungspersonen aus denjenigen Einrichtungen statt, in denen das Kind oder der Jugendliche bisher behandelt oder beschult wurde oder wo es vielleicht bisher lebte. Ergänzend werden die verfügbaren Erziehungsberichte, Schulunterlagen und vorliegende ärztliche Untersuchungsberichte angefordert. Im Zentrum der Entscheidung über eine Aufnahme und ein Betreuungsangebot steht die genaue Betrachtung der sich in den ersten Begegnungen ergebenden Übertragungs-, Gegenübertragungsbeziehung zwischen dem Patienten und dem ihm begegnenden Sozialarbeiter im Rahmen der psychoanalytischen Einzelsupervision und im Rahmen einer weiteren Vorstellung der Erstbegegnungen in der psychoanalytisch orientierten Gruppensupervision des gesamten Betreuerteams. Hier können auch die teils sehr unterschiedlichen Beziehungserfahrungen ins Verhältnis zueinander gesetzt werden, falls mehrere Personen oder das gesamte Team zum Beispiel im Falle einer Aufnahme ins Therapeutische Heim in den Erstinterviewprozeß einbezogen waren. Es geht hier um das Erkennen des sich einstellenden Beziehungsmusters, das die Besonderheit dieses Patienten kennzeichnet. Hier soll auch eine Vorstellung erarbeitet werden, wofür gerade diese Beziehungsbesonderheiten, diese Verhaltensauffälligkeiten sinnvoll sind oder einmal sinnvoll waren.

Eine Diagnostik kann in diesem Verständnis immer nur eine Beziehungsdiagnostik zum gegebenen Zeitpunkt sein. Sie versteht sich als eine therapeutische Diagnostik, die sich mit dem Behandlungs- und Betreuungsprozeß verändert und differenziert. Hat sich das Mitarbeiterteam im Zusammenwirken mit Eltern, Betroffenem und anderen anfragenden Personen entschieden, einem Kind oder Jugendlichen ein Beziehungsangebot zu machen, das auf eine bestimmte, nun schon vorzudenkende Form hin gestaltet ist, so kann nun auch die formelle Seite einer Aufnahme in die Wege geleitet werden.

In der Regel wurde der zuständige Kostenträger, meist das Kreisjugendamt des Herkunftsortes, bereits zum Zeitpunkt der Anfrage[12] an den Verein für Psychoanalytische Sozialarbeit über die Aufnahmeanfrage informiert, um die bestehende Notlage des Betroffenen bekannt zu machen und seinem Hilfeanspruch auch formale Geltung zu verschaffen.

Nach dem Erstinterviewprozeß wird an das zuständige Jugendamt ein ausführlicher Bericht über den Verlauf der Erstkontakte verfaßt. Dieser Bericht enthält sowohl Vorgeschichte und bisherige Befunde als auch die zentralen Behandlungs- und Betreuungshypothesen im Sinne einer eigenen diagnostischen Einschätzung. Außerdem werden Aussagen über das notwendige Betreuungssetting, über die voraussichtlich notwendige Dauer der Betreuung und die damit verbundenen Kosten gemacht. Der Pflegesatz des Therapeutischen Heimes beträgt gegenwärtig etwa 397,00 DM und der Stundensatz der Ambulanten Dienste 86,00 DM.

Auf der Basis dieses Berichts und mitunter auch nach Hausbesuchen des Allgemeinen Sozialen Dienstes des zuständigen Jugendamtes bei den Familien der Betroffenen findet eine sogenannte Helferkonferenz statt. Diese Helferkonferenz verzichtet oft aus inhaltlichen Gründen auf die Teilnahme des Patienten und seiner Angehörigen, weil die Diskussion der hypothetischen Psychodynamik der vorliegenden seelischen Behinderung in Gegenwart des Patienten einer Deutung ohne Berücksichtigung der zunächst noch unverzichtbaren Abwehr- und Schutzfunktionen gleichkäme. Nach unserer Erfahrung und in Übereinstimmung mit psychoanalytischer Behandlungstechnik können und dürfen Deutungen nur entlang der Abwehr und unter Respektierung der sinnvollen psychischen Schutzmechanismen des Patienten erfolgen, will man diesen nicht seines Selbstschutzes berauben und zusätzlich traumatisieren und verängstigen. Dies gilt auch für Gespräche mit jungen Menschen und ihren Familien, die in einem sozialarbeiterischen Rahmen geführt werden. Andererseits muß im Kontakt mit dem Kostenträger meist sehr differenziert und drastisch über Wesen und Ausmaß der seelischen Behinderung und der innerseelischen sowie interpersonellen Konflikte und Verarbeitungsweisen gesprochen werden, will man mitunter sehr kostenintensive und aus dem üblichen Rahmen fallende Hilfsmaßnahmen genehmigt und finanziert bekommen.

Im Rahmen dieser Helferkonferenzen wird der zu erstellende Jugendhilfeplan besprochen und eine Entscheidung über die fachliche Angemessenheit der avisierten Betreuung getroffen. Es wird auch abgesprochen, ob zusätzlich zu den vorliegenden Untersuchungsergebnissen und Befundberichten ein Formblatt A erstellt werden muß. Meist übernimmt diese unabhängige diagnostische Aufgabe die Abteilung für Kinder- und Jugendpsychiatrie der Universitätsnervenklinik Tübingen oder aber niedergelassene Kinder- und Jugendpsychiater, manchmal auch die Gesundheitsämter der einzelnen Kommunen. In besonders schwierigen oder strittigen Fällen wird der Landesarzt für Behinderte hinzugezogen.

Von besonderer Bedeutung bei der Abfassung des Formblattes A[13] ist, ob es sich bei der festgestellten Behinderung gleichzeitig auch um eine Krankheit im Sinne der Reichsversicherungsordnung handelt und ob neben der seelischen Behinderung auch eine körperliche oder geistige Behinderung vorhanden ist und welche dieser Behinderungen bei der geplanten Betreuungsmaßnahme im Vordergrund steht.

Das Formblatt A kann je nach Herangehensweise, Qualifikation und Untersuchungsinteresse des Gutachters unterschiedlich gestaltet werden. Entweder es folgt in seiner Darstellung lediglich der Aufgabe, die vorliegende seelische Behinderung diagnostisch klassifizierend einzuordnen, oder aber es enthält neben der Abgrenzung zwischen Krankheit, seelischer, geistiger und körperlicher Behinderung bereits Aussagen zur Psychodynamik der vorliegenden Behinderung und des daraus abgeleiteten Betreuungssettings sowie weitere Aussagen zu den im Rahmen der Betreuung zu erwartenden Problemen, zu der notwendigen Mitarbeiterqualifikation und zur allgemeinen Prognose bezogen auf die angestrebten Eingliederungsziele.

Durch das Kinder- und Jugendhilfegesetz, § 36, ist festgelegt, daß für jede nach dem KJHG geförderte Betreuungsmaßnahme ein Hilfeplan erstellt werden muß, der auch Aussagen über geplantes Vorgehen und angestrebte Ziele der Hilfe enthalten muß. Wir grenzen nach unserem Verständnis den durch das Gesetz geforderten Hilfeplan, der unter unserer Beteiligung aufgestellt wird, von einem nicht sinnvoll zu erstellenden Behandlungsplan ab. Eine konkrete Behandlungsplanung ist, entsprechend unserem Ausgangskonzept psychoanalytischer Sozialarbeit und nach unserem Verständnis vom Wesen schwerer Beziehungsstörungen, nicht möglich. Es lassen sich auch keine Behandlungspläne im Sinne bestimmter therapeutischer Interventionsformen von vornherein festlegen.

Dieses Problem stellt sich in ähnlicher Weise auch bezogen auf die Erstellung der im Gesetz geforderten Jugendhilfepläne. Jeder kennt vermutlich die Schwierigkeit, daß sich im Rahmen der Jugendhilfepläne nur relativ allgemeine und wenig aussagefähige Ziele festlegen lassen. Trotzdem können und müssen die Jugendhilfepläne Aussagen darüber enthalten, welche Mittel über welchen zunächst vermuteten Zeitraum hinweg angesichts des bestehenden Problems eingesetzt werden müssen und wann über die Weiterführung oder die Modifizierung der beantragten Hilfe berichtet und erneut entschieden wird.

Unserer Ansicht nach ist hiermit allerdings grundsätzlich noch nicht die Möglichkeit verbunden, im nachhinein das Gelingen oder Mißlingen einer Betreuung zum Beispiel über das Herstellen einer Kosten-/Nutzenrelation unter Zugrundelegung der im Jugendhilfeplan festgelegten Betreuungsziele zu treffen. Auf das Problem ethischer und behandlungstechnischer Implikationen bei der normierenden Festlegung von Jugendhilfezielen und daraus abgeleiteten Effektivitätsüberlegungen kann hier nicht eingegangen werden.

Festzuhalten ist, daß der Jugendhilfeplan immer entlang der Reflexion des Beziehungsgeschehens im Rahmen des Betreuungsverlaufes fortgeschrieben werden muß und eine Neuformulierung von Hilfe- und Eingliederungszielen unausweichlich ist. Einer starren, normativen Festlegung von gesellschaftlich wünschenswerten, konkreten Entwicklungen einzelner Kinder und Jugendlicher muß widerstanden werden, soll pädagogische Hilfe zur Persönlichkeitsentfaltung und therapeutische Unterstützung zur Auflösung von Entwicklungshindernissen nicht zu Manipulation verkommen.

Einen durchaus positiven Sinn haben die Jugendhilfepläne für uns, für die betreuten Kinder, Jugendlichen und für ihre Eltern vor allem in der Hinsicht, als sie einen Vertrag darstellen, in dem sich alle Seiten verpflichten, auf eine zeitlich und umfänglich konkretisierte Weise zusammenzuarbeiten. Die Hilfepläne sind damit ein bewußt formulierter Teil des zwischen Betreuten und Betreuern zu schließenden Arbeitsbündnisses. Dieses Arbeitsbündnis ist zusätzlich zu der dem Bewußtsein zugänglichen rationalen Beziehungsebene auch auf der Basis unbewußter Einstellungen und Motivationen von Betreuer und Betreutem geschlossen.

Zur Frage, welche Beratungs- und Behandlungssettings für seelisch behinderte Kinder und Jugendliche angemessen sind, möchten wir nur wenige Gedanken zur Diskussion stellen. Diese Gedanken berühren auch die vielleicht falsch zugespitzte Fragestellung, ob für seelisch behinderte Menschen im Jugendhilfebereich Spezialbetreuungseinrichtungen geschaffen werden müssen, oder ob diese Menschen durch bereits bestehende Jugendhilfestrukturen gefördert werden sollten. Diese Menschen brauchen vielleicht nicht unbedingt neu zu schaffende Spezialeinrichtungen, sicher brauchen sie aber spezielle, individuell zugeschnittene Settingskonstruktionen, wenn sie in Jugendhilfeeinrichtungen gehalten werden sollen.

Obwohl in der Arbeit mit borderline-, grundgestörten, psychotischen und autistisch-psychotischen Kindern und Jugendlichen Behandlungs- und Beratungssettings nur entlang der Beziehungserfahrungen im Einzelfall entwickelt werden sollten, liegen aus unserer Sicht klinische Erfahrungen vor, die bestimmte Merkmale von Settingskonstruktionen nahelegen.

Besonders Jugendliche mit schweren ich-selbst-strukturellen Störungen, sei es auf Borderlineniveau, seien es schwere narzißtische Störungen oder autistische und psychotische Problematiken, können häufig ein prekäres, innerseelisches Gleichgewicht nur aufrechterhalten, indem sie massive Spaltungsübertragungen entwickeln. Das heißt, sie müssen für sich selbst seelisch widersprüchliche und unvereinbare Einstellungen und Gefühle wie zum Beispiel den Gegensatz von Gut und Böse, Liebe und Haß aufspalten und zumindest einen Aspekt davon aus sich hinausverlagern.

Dies gelingt ihnen, indem sie ihre Erzieher, Lehrer, Therapeuten und sonstige Bezugspersonen zu Trägern dieser Projektionen machen und diese sich auch dazu machen lassen. Sie bringen diese Personen meist auch dazu, sich in diesem Sinne zu fühlen und zu verhalten. Selber fühlen sie sich dann von unerträglichen Gefühlen und bedrohlichen, widersprüchlichen Wahrnehmungen eigener Anteile entlastet.

Um einen schwer beziehungsgestörten Patienten in einer Betreuungsbeziehung stabilisieren zu können, ist daher die Möglichkeit, konflikthafte Beziehungserfahrungen auf verschiedene Betreuungspersonen aufspalten und übertragen zu können, zumindest in der ersten Phase einer Betreuung unverzichtbar, soll es nicht zu schweren bösartigen Regressionen oder fluchtartigen Betreuungsabbrüchen kommen.

Die Integration dieser zunächst auf mehrere Personen verteilten Beziehungserfahrungen muß zunächst im Rahmen der Supervisionen in der Betreuergruppe bzw. in der Denk- und Wahrnehmungstätigkeit des Therapeuten erfolgen, bevor der Patient selber eine solche Integrationsleistung erbringen kann.

Die Möglichkeit, sehr widersprüchliche und ängstigende oder überschwemmende eigene Regungen aufspalten und auf unterschiedliche Personen verteilen zu können, ist im Grunde kein pathologisches Phänomen, sondern gehört durchaus zu Durchgangsstadien einer normalen und gelingenden kindlichen Entwicklung und zu unserem täglichen geistig-seelischen Funktionieren.

Aus solchen allgemeinen Überlegungen und unseren konkreten Betreuungserfahrungen heraus gehen wir davon aus, daß für schwer seelisch behinderte Kinder und Jugendliche, die an lebensgeschichtlich früh eingetretenen Entwicklungs- und Beziehungsstörungen leiden, in vielen Fällen ein Mehrpersonensetting angeboten werden sollte. Die einzelnen Betreuungspersonen können dabei unterschiedlichste, sich ergänzende Funktionen einnehmen, wie zum Beispiel als Lehrer, Psychotherapeut, Arbeitsbegleiter oder alltagsbegleitender

Sozialarbeiter. Soll es dabei nicht zu einer dauerhaft aufrechterhaltenen Spaltung und Fragmentierung der Persönlichkeit des Patienten kommen, müssen die heterogenen Übertragungen und Gegenübertragungen in der Supervision des gesamten Betreuerteams immer wieder zusammengeführt werden, um über geeignete handelnde und sprachliche Deutungen dem Patienten auch wieder die Rücknahme der projizierten Persönlichkeitsanteile zu ermöglichen.

Vielleicht lassen sich aus diesen Gedanken heraus auch manche der Schwierigkeiten in Wohngruppen der Jugendhilfe verstehen, wenn man bedenkt, daß zunehmend mehr ich-strukturell gestörte Jugendliche aufgenommen und betreut werden müssen, ohne daß durch angemessen erhöhte Pflegesätze eine entsprechend erweiterte Betreuungsstruktur eingerichtet werden kann. Nur selten ist es bei den gegebenen Personalschlüsseln möglich, daß mehr als gleichzeitig eine Betreuungsperson für die Jugendlichengruppe da ist. Dies führt zu der Konsequenz, daß sich vermehrt belastende und kaum rückführbare Spaltungsübertragungen – auch innerhalb der Jugendlichengruppe – entwickeln.

Mit dem Problem der Betreuung besonders schwieriger borderline- und grundgestörter Jugendlicher, die sich in Wohngruppen der Jugendhilfe befinden und die eine ergänzende, über die Wohngruppenbetreuung hinausgehende psychoanalytisch-sozialtherapeutische Einzelbetreuung benötigen, um dort nicht herauszufallen, gehen wir in Tübingen in enger Kooperation mit anderen Trägern der stationären Jugendhilfe so um, daß seelisch behinderte Jugendliche nach Möglichkeit in den Normalwohngruppen weiterleben und ihnen außerhalb der Wohngruppe zusätzlich durch Mitarbeiterinnen oder Mitarbeiter der Ambulanten Dienste des Vereins für Psychoanalytische Sozialarbeit therapeutische Einzelbetreuung angeboten wird.

Damit konnte eine Möglichkeit unserer stationären und ambulanten Betreuungssettings auch auf die Kooperation zwischen mehreren Einrichtungen der Jugendhilfe übertragen werden. Grundsätzlich haben alle durch uns betreuten Kinder und Jugendlichen neben der alltagsbegleitenden oder auf Schul- und Arbeitsintegration zielenden sozialarbeiterischen Betreuung psychotherapeutische Einzelstunden in einem von der Alltagsbegleitung zeitlich und örtlich abgegrenzten Raum.

Abschließend stichwortartig noch Bemerkungen zur Vorbereitung auf die Entlassung und die Nachsorge. Ein Teil der von uns stationär betreuten Kinder und Jugendlichen sind in Anbetracht der Schwere und des Ausmaßes ihrer Störung auch nach vielen Jahren der Förderung oft nicht zu einer völligen Verselbständigung in der Lage und lebenslänglich auf eine gewisse Alltagsbegleitung angewiesen. Meist werden diese Personen entweder in die Herkunftsfamilie oder aber in Standardeinrichtungen der Behindertenhilfe entlassen, wenn sie in der Lage sind, mit einem stark verringerten Betreuungsbedarf zurechtzukommen. Dieser Wechsel an den neuen Lebensort wird von langer Hand vorbereitet. Wo es angezeigt ist und es die räumliche Entfernung zuläßt, wird die ursprünglich stationäre Betreuung ambulant durch die bisherigen Bezugspersonen weitergeführt. Dies ist vor allem davon abhängig, wo der neue Lebensmittelpunkt liegen kann. Oft muß lange Zeit gesucht werden, bis sich eine Einrichtung findet, die für einzelne unserer Schützlinge die geeigneten Bedingungen bietet. Manchmal versuchen wir mitzuhelfen, in anderen Einrichtungen Bedingungen zu schaffen, die eine Aufnahme möglich machen. In anderen Fällen wiederum müssen wir uns überlegen, selber einen Ort zum Leben zu schaffen.

Für die Entlassenen, ihre Familienangehörigen und die aufnehmenden Institutionen stehen die bisherigen Bezugspersonen weiterhin als Anlaufstelle zur Verfügung. In der Regel wird durch Besuche über lange Zeit ein Kontakt zu den Betroffenen und auch zu ihren Eltern aufrechterhalten. Dies ist insbesondere für Menschen mit psychotischen Problemen von immenser Bedeutung, da sie in besonderer Gefahr stehen, Trennungen und Beziehungsveränderungen mit der Zerstörung ihrer inneren Beziehungen zu den Bezugspersonen gleichzusetzen und die Trennung als traumatisierende Wiederholung einer inneren Katastrophe zu verarbeiten.

Ambulante Betreuungen werden meist so lange aufrechterhalten, bis dem Betreuten eine Ablösung möglich ist und er auch von sich darauf hinarbeitet. Wie lange jemand wie betreut werden muß und wann eine Hilfe beendet oder abgegeben werden sollte, ist eine schwierige Frage. Wir orientieren uns auch diesbezüglich in unserer Arbeit an dem englischen Kinderarzt und Psychoanalytiker Donald W. Winnicott, der meinte, es komme nicht darauf an, wieviel man tun könne, sondern wie wenig man tun müsse.

## Psychoanalytische Sozialarbeit und Enthierarchisierung. Verein für Psychoanalytische Sozialarbeit als Verwaltungsinstitution

Der Verein verkörpert als juristische Person und als eine Verwaltungsinstitution die institutionellen Rahmenbedingungen für alle Mitarbeiterinnen und Mitarbeiter, unter denen die Arbeit mit den jungen Menschen möglich wird. Die institutionellen Rahmenbedingungen sind soziale Garantien für die in der Institution miteinander in Beziehung tretenden Menschen. Diese Rahmenbedingungen sind die zugleich haltende und begrenzende Funktion der Institution.

Über die Satzung des Vereins sind vielerlei Bezüge rechtlich bindend festgelegt: Was der Vereinszweck ist, Ziel und Struktur seiner Tätigkeit. Was die Mittel des Vereines sind. Wer die Mitglieder und damit die „Bestimmer und Bestimmerinnen" im Verein sind. Welche Rechte und Pflichten die Mitglieder haben. Welche ausführenden Organe der Verein hat: Mitgliederversammlung, Vorstand, Geschäftsführung. Was die Aufgaben der Organe sind. Wer diese Organe kontrolliert. Wer das Schiedsgericht ist, das in Konfliktfällen vermittelt und entscheidet. Wer unter welchen Bedingungen über Satzungsänderungen und damit über Änderung der Rahmenbedingungen bestimmt.

Über diese rechtliche Regelung und Festlegung ist eine Struktur geschaffen, die es auch bei schweren interpersonellen Konflikten ermöglicht, handlungsfähig zu bleiben. Die Vereinssatzung ist das Gesetz, auf dessen Boden sich alle Mitarbeiter und Mitglieder bewegen. Wie alle Gesetze bedarf auch die Satzung und die Wahrnehmung satzungsgemäßer Aufgaben der Interpretation.

Der Verein als konkrete Verwaltungsinstitution stellt eine Interpretation der Vereinssatzung durch die Mitglieder des Vereins und durch die als Mitarbeiter im Verein tätigen Mitglieder dar.

Die Satzung des Vereins wurde ausdrücklich so gestaltet, daß es möglich ist, als Mitarbeiter auch Mitglied des Vereins zu sein. Tatsächlich sind mit wenigen Ausnahmen seit der Vereinsgründung 1978 fast alle Mitglieder des Vereins ausschließlich dessen gegenwärtige oder ehemalige Mitarbeiter.[14] Umgekehrt sind aber nicht alle Mitarbeiter gleichzeitig Mitglieder im Verein. Auch der Vorstand als entscheidungsbefugtes Leitungsgremium ist mehrheitlich durch Mitarbeiter besetzt.[15]

Diese Konstruktion auf institutioneller Ebene korrespondiert der Forderung nach flexiblen Settingvariationsmöglichkeiten in der Psychoanalytischen Sozialarbeit. Die institutionellen Rahmenbedingungen als Verwaltungsstrukturen sollten durch die Bedürfnisse der in der Institution miteinander umgehenden Menschen geprägt werden. Die Institution als Verwaltung sollte sich in ihrer Ausgestaltung an den sozialtherapeutischen Zielen orientieren. Die Verwaltung sollte explizit nicht, wie in vielen anderen Einrichtungen üblich, eine Art unkontrollierten Eigenlebens entwickeln und mit spezifischen Verwaltungserfordernissen behindernden Einfluß auf die Gestaltung der Betreuungssettings nehmen.

Dieser Grundgedanke ist für die Geschäftsführung und Leitung des Vereines von Beginn an bis heute ein bestimmendes Element: Geschäftsführungs- und Managementaufgaben, von der Gestaltung der Buchhaltung über Personal- und Beschäftigungsfragen bis hin zu Projektanträgen und Außenvertretungen des Vereines, wurden nie von Personen übernommen, die nicht auch gleichzeitig mit einem Hauptteil ihrer Arbeitskraft als Psychoanalytische Sozialarbeiterinnen oder Sozialarbeiter schwer beziehungsgestörte Menschen betreuten. Auf diese Weise sollte die Anpassung der Verwaltung an die konkreten Bedingungen Psychoanalytischer Sozialarbeit gewährleistet bleiben.

Eine weitere Leitlinie in der Konstruktion der Institution ist die Arbeit aller Beteiligten unter weitgehend enthierarchisierten Bedingungen. Die Strukturen zeichnen sich eher durch eine horizontale denn durch eine vertikale Gliederung aus. Jeder sollte in gleichberechtigter Weise für sich und seine Arbeit die Verantwortung übernehmen müssen und dürfen. Und jeder sollte gleichberechtigt über die Gestaltung der Institution mitbestimmen können.

Dieses immer wieder Konsens aller Mitarbeiter und Mitarbeiterinnen fordernde demokratische Kooperationsmodell stellt einerseits ein konfliktträchtiges Ideal dar, das nie realisiert werden kann, weil sich bestimmte Formen der Hierarchiebildung – auch unter dem Aspekt der Erfahrung, der entlastenden Formen von Arbeitsteilung usw. – kaum vermeiden lassen, und es häufig auf der Ebene der psychischen und auch der sozialen Bedürfnisse aller Beteiligten eine bewußte und eine unbewußte Forderung nach entlastender Hierarchisierung der Beziehungen gibt. Andererseits konnte sich diese geordnete Zusammenarbeit über Jahre als erfolgreiches Organisationsmodell erhalten. Dies vermutlich auch, weil die maximale Ausbeutung der Arbeitskraft nur dann ohne allzu große Effektivitätseinbußen und ohne heftige Widerstände erreicht werden kann, wenn diese Ausbeutung in eigenem Namen als freiwillige Selbstausbeutung erfolgt.

Die festangestellten Mitarbeiterinnen und Mitarbeiter des Vereines erhalten unabhängig von ihrer Ausbildung das gleiche Gehalt. Es gibt vielfältige arbeitsteilige Spezialisierungen und die Mitarbeiterinnen und Mitarbeiter nehmen sehr unterschiedliche Aufgaben wahr. Nur drei Mitarbeiter und Mitarbeiterinnen sind mit einem Teil ihrer Arbeitszeit für Verwaltungs- und Managementtätigkeiten freigestellt. Es gibt bis heute keine Einzelperson, die die Rolle einer Leiterin oder eines Chefs einnimmt.

Mit der Gründung des Therapeutischen Heimes 1978 hatte der Verein zunächst – Stephan Becker als Supervisor und damals Erstem Sprecher des Vorstandes eingeschlossen – zunächst drei und ab Ende 1980 neun MitarbeiterInnen. Unter diesen Bedingungen und unter den Bedingungen der schwierigen Gründungszeit waren die Frage einer Leitung des Vereins und die Frage nach den Hierarchien, sowie die Praxis der Gestaltung und Handhabung von Geschäftsführung und Verwaltung noch sehr einfach. Auch ist nicht zu unterschätzen, was es für institutionelle Stabilität und Identität bedeutet, wenn man sich als ein neues Projekt konstituiert, das sich real oder vermeintlich als von außen bedroht, nicht gewünscht und zu wenig unterstützt erlebt.

Zu dieser Zeit wurde das Modell des Funktionierens der Institution in den Selbstdarstellungen als eine Art basisdemokratisches Projekt beschrieben, das eine Kultur der Auseinandersetzung pflegte nach dem Motto „sich streiten ohne sich zu zerstreiten“.[16]

Lange Zeit, etwa bis zum Ende der achtziger Jahre, gab es in praktischer Hinsicht ein Nebeneinanderherbestehen unterschiedlicher Funktionsweisen der Institution. Hinsichtlich der alltagsorientierten Grundverwaltungsvorgänge und in der Wahrnehmung von kaufmännischer Verantwortung war die oben beschriebene Form der enthierarchisierten Festlegung konkreter Ordnungen, die konsensuelle Abstimmung der Art der Vorgehensweisen im Mitarbeiterteam herrschende Praxis. Neben diesen alltäglichen und unkomplizierten Formen von Verwaltung gab es eine Wahrnehmung sehr konzentrierter Management- und Leitungstätigkeit durch die Gründerfigur und den Ersten Vorstandssprecher Stephan Becker. Formal war diese Leitungstätigkeit immer an das Mitarbeiterteam zurückgebunden und etwas verschleiernd als die Funktion eines „primus inter pares" bezeichnet. Inhaltlich war diese Tätigkeit mit unterschiedlichen, meist sehr konstruktiven Auswirkungen durch die besondere Form der Begabung von Stephan Becker geprägt, dessen Ideen, Interessen und Fähigkeiten lange als „Motor" der Vereinsentwicklung wirkten. Gleichzeitig war Stephan Becker auch in den allermeisten Behandlungen Einzel- und Gruppensupervisor. Dieses Zusammenfallen von Supervisions- und Managementaufgaben hatte in der Strukturierung der Arbeit des Vereins bis Ende der achtziger Jahre eine tragende Funktion und die daraus resultierenden Probleme wurden hingenommen. Mit der wachsenden Erfahrung vieler Mitarbeiter und Mitarbeiterinnen wuchs auch die Fähigkeit, sich diesen Problemen kritisch zu stellen. Es wurden Wege gesucht, wie Supervisions- und Leitungsaufgaben besser auseinandergehalten werden können, ohne daß zu große Ängste, bei wem und in welcher Position auch immer, freigesetzt werden.

Um in dieser Situation eine Wahrnehmungssensibilität gegenüber der eigenen Form der Institutionalisierung zu behalten, wurde begonnen, bei wichtigen Entwicklungsfragen externe Institutionssupervision in Anspruch zu nehmen.

1984 wurden die Ambulanten Dienste gegründet und damit gab es erstmals differenzierte Arbeitsbereiche innerhalb des Vereines und die Leitungs- und Kommunikationsanforderungen veränderten sich grundsätzlich.

In der Zeit etwa zwischen 1988 und 1990 war die Mitarbeitergruppe im Verein auf ca. zwanzig Personen angewachsen. In der Zeit zwischen etwa 1986 bis 1990 hatte es innerhalb des gesamten Vereines eine Form der Infragestellung der überkommenen Selbstverwaltungsstrukturen gegeben.

Die Phase der Pionierzeit schien abgeschlossen und mittlerweile arbeiteten bereits drei Mitarbeitergenerationen innerhalb der Teams. Nicht alle Mitarbeiter fühlten sich in den gegebenen Leitungs- und Verantwortungsstrukturen angemessen gehalten. Manche fühlten sich in der Gleichzeitigkeit von Arbeitnehmer- und Arbeitgeberposition überfordert und persönlich benachteiligt. Andere wiederum forderten in stärkerem Maße eine Verbesserung der Demokratisierung und die Neufassung und Explizierung geeigneter Entscheidungsstrukturen. Zur mitunter heftigen Dynamik dieses institutionellen Diskussions- und Umbildungsprozesses trugen wesentlich die Belastungen und Risiken aus den schwierigen Betreuungen der psychotischen Patienten bei.

Es wurde als vorherrschende Tendenz aber nicht nach einem starken Leiter gerufen, der in Person des Ersten Sprechers potentiell durchaus zur Verfügung gestanden hätte, falls die Arbeitsorganisation dies ermöglicht und die Teams das gewünscht hätten. Statt dessen waren die Mitarbeiter bereit und in der Lage, ökonomisch, fachlich und sozialpolitisch mehr Verantwortung für die Arbeit nach innen und nach außen zu übernehmen. Es war in der Zeit bis 1992 auch äußerst schwierig, die Arbeit des gesamten Vereines und aller angestellten Mitarbeiter ausreichend zu finanzieren. Jedes der trotzdem in Angriff genommenen neuen Projekte bedeutete gleichzeitig das Risiko einer möglichen finanziellen Pleite und damit den möglichen Untergang aller Einrichtungen des Vereins.

Ab 1988 wurde die faktische Leitung des Vereins erweitert, indem durch den gesamten Vorstand, erweitert um die Geschäftsführer alle wesentlichen Entwicklungsimpulse für den Verein und alle zur Disposition stehenden wichtigen Entscheidungen diskutiert und erst dann getroffen wurden. In der Vergangenheit war ein solcher Diskussions- und Entscheidungsprozeß in der Regel immer zwischen dem Ersten Sprecher und einzelnen Mitarbeitern aus Therapeutischem Heim und Ambulanz lokalisiert, hatte keinen festen institutionellen Ort.

Mit dem Weggang von Stephan Becker nach Berlin – er gründete dort den Verein für Psychoanalytische Sozialarbeit Berlin-Brandenburg und übernahm eine Honorarprofessur an der Humboldt-Universität – ist eine Zäsur in der Geschichte des Vereines gesetzt. Die Entwicklung der Managementstrukturen, die die Lücke nach dem Weggang der lange Zeit zentralen Gründungs-, Leitungs- und Repräsentationsfigur schlossen, hatte bereits ein bis zwei Jahre vorher begonnen.

Diese Trennung kann als ein Verlust bestimmter Kompetenzen beschrieben werden. Man kann sie aber auch als eine Chance für die Herausbildung neuer und in veränderter Weise tragfähiger Strukturen des Vereinsmanagements beschreiben. Diese Chance wurde rückblickend erfolgreich genutzt.

Die Mitarbeiter und Mitarbeiterinnen des Vereines suchten sich keine neue idealisierbare Führungsfigur. Sie verzichteten damit auf die vermeintliche Entlastung durch eine Herausbildung neuer hierarchischer Verantwortlichkeiten. Es wurde eine Struktur von Orten und Zeiten der Kommunikation und der Informationsübergabe geschaffen und eine Besprechungsrunde eingerichtet, die für alle „Geschäfte" Entscheidungskompetenz hat, wenn kein begründeter Widerspruch erfolgt. Diese Leitungsstrukturen sind nicht gleichzusetzen mit den Organen der Satzung und sind nur durch Übereinkunft aller Mitarbeiter legitimiert, nicht aber juristisch durch die Satzung legalisiert.

Es gibt seit 1991 zwei Ebenen organisierter Leitung, Verwaltung und Verantwortung.

Die eine Ebene ist die durch die Mitarbeiterinnen und Mitarbeiter geschaffene und legitimierte. Sie hat Entscheidungskompetenz, solange alle Mitarbeiter und Mitarbeiterinnen die Zuständigkeit für legitim anerkennen. Sie gliedert sich in drei Bereiche:

1. Alltägliche Management- und Geschäftsführungstätigkeit, die durch drei je zu 50% ihres Arbeitsauftrags freigestellte Kolleginnen bzw. Kollegen wahrgenommen wird. Diese Kollegen sind gehalten, sich in allen wesentlichen Entscheidungen mit den betroffenen Teams und Mitarbeitern abzusprechen und ihre Tätigkeit im Leitungskollektiv abzustimmen. Oberstes Prinzip ist weitestgehende Transparenz aller durch die Geschäftsführung erledigten Arbeiten. Daß diesem Ziel schon durch die schiere Informationsfülle Grenzen gesetzt sind, braucht nicht verhehlt zu werden. Sich nicht selten ergebende Konflikte müssen laufend im Leitungskollektiv und in den Teambesprechungen der einzelnen Teilbereiche erörtert werden.
2. Einmal pro Woche tagt das sogenannte Leitungskollektiv, dem die drei „aktiven vereinsinternen" Vorstandsmitglieder, die Geschäftsführer, je ein Vertreter jedes Arbeitsbereiches des Vereins, ein Vertreter der Schule und alle interessierten Mitarbeiter oder Mitarbeiterinnen angehören. Es ist real die eigentliche Steuerungs- und Leitungsinstanz des Vereins.[17] Wie alle Sitzungen von „Vereinsorganen" tagt auch das Leitungskollektiv grundsätzlich vereinsöffentlich. Die kollektive Leitung des Vereins lebt neben der ausgesprochenen Legitimation durch die Mitarbeiter vor allem vom persönlichen Engagement der einzelnen Kolleginnen und Kollegen. Diese Organisationsform bringt es in der Realität mit

sich, daß derjenige Leitungsautorität besitzt, der sich der Arbeitsaufgaben annimmt. Einfach formuliert: „Die Macht hat der, der sie sich nimmt. Aber nicht unabgestimmt."
Wenn im Leitungskollektiv Fragen zur Diskussion stehen, die dort nicht einvernehmlich gelöst werden können und die alle Mitarbeiterinnen und Mitarbeiter besonders betreffen, auch wenn die Strukturen des Vereins grundsätzlich zur Disposition stehen, dann wird eine sogenannte Mitarbeiterversammlung einberufen.

3. Die Mitarbeiterversammlung trägt die legitimierte Organisationsstruktur des Vereins. Sie ist kein Satzungsorgan. Für die Mitarbeiterversammlung ist das Prinzip bestimmend, daß der inhaltlich anzustrebende Konsens die informellen organisatorischen Strukturen des Vereins schafft, erhält und zu benützen erlaubt. Sie ist das Gremium, in dem schwer konflikthafte Fragen oder ungelöste schwere Probleme bis zu ihrer Bewältigung behandelt werden. Wenn Konflikte hier nicht gelöst werden und zum Ausgleich kommen können, indem beispielsweise auch nur ein Mitarbeiter gegen eine Entscheidung votiert oder wenn bestimmte kritische und polarisierende „Personalfragen" aus rechtlichen oder persönlichen Gründen nicht vereinsöffentlich besprochen werden können, so kann diese Entscheidungsebene nicht mehr genützt werden. In einem solchen – äußerst selten und nicht in jedem Jahr auftretenden – Fall kann nur noch das satzungsgemäß zuständige Organ, der Vorstand, entscheiden.

Die zweite – formalrechtlich zuständige – Ebene der Leitungsstrukturen ist der von der Mitgliederversammlung gewählte Vorstand. Er sichert die Handlungsfähigkeit des Vereins, wenn die selbstgegebenen Organisationsstrukturen der Mitarbeiterschaft nicht mehr genützt werden können. Bevor wir uns aber mit solchen Formen der Konfliktlösung durch Einschaltung Sicherheit gebender hierarchischer Strukturen zufriedengeben, versuchen wir bei Konflikten, die durch mehr als nur objektive Interessengegensätze gekennzeichnet sind, eine Entscheidungsfähigkeit bei uns wieder neu zu etablieren, indem wir die entsprechenden Probleme mit außenstehenden unabhängigen Personen erörtern und auch hinsichtlich ihrer unerkannten institutionellen und interpersonellen Bezüge zu verstehen suchen.

Die Psychoanalyse erforscht nicht nur das innere Ausland von Personen. Sie richtet den Blick auch auf die Logik der Institution. Weder macht die Psychoanalyse glücklich, noch übernehmen flexible Institutionen alle Lasten. Beide helfen aber dem einzelnen zu tragen und machen ihn für andere erträglich. Wenn vieles gutgeht.

## Anmerkungen

1 Wir beschreiben unsere Arbeit mit den uns anvertrauten Menschen häufig mit dem Begriff der Betreuung. Wir versuchen, uns bewußt zu bleiben, daß dieser Begriff historische und gesellschaftliche Bedeutungen enthält, die zutiefst inhumane, rassistische und mörderische Haltungen und Handlungen ansprechen. Der Begriff der „Betreuung" wurde im Nationalsozialismus z.B. bei der sogenannten „Ausmerzung lebensunwerten Lebens" als Deckbegriff für die Ermordung geistig behinderter oder psychisch kranker Menschen verwendet. Ähnlich problematisch ist der Begriff der „Maßnahme" und der „Betreuungsmaßnahme". Von „Behandlung" wollen wir ebenfalls nicht sprechen, da wir die Gesamtheit unserer Arbeit nicht im Sinne einer medizinischen Behandlungsauffassung begreifen können und wollen.

2 Zum sich verändernden Verhältnis von medizinisch-psychiatrischer Diagnostik und therapeutischer Diagnostik, verstanden als Bestimmung der psychischen Beziehungen des Patienten zu seiner Umwelt und der Umwelt zum Patienten, besonders im Bereich der Kinder- und Jugendpsychiatrie, vgl. R. Lempp, 1984, S. 325. In den Ausführungen Lempps kann nachvollzogen werden, warum es gerade im jugendpsychiatrischen Bereich zur entwicklungsfördernden Unzufriedenheit des Pflegepersonals, aber auch von Teilen des akademischen Personals kommen konnte und mußte, eben weil in fachlicher Hinsicht das überkommene Ideal einer bettfixierten Heilung und Krankenpflege nicht zu halten war. (Zur diesbezüglich interessanten Psychiatrie- und Medizingeschichte vgl. R. Lempp, 1984, S. 321 und K. Dörner, U. Plog, 1978, S. 427 ff.)

3 „Es soll ... festgestellt werden, daß im Bereich der Psychiatrie insbesondere aber im Bereich der Kinder- und Jugendpsychiatrie eine solche Veränderung der Krankenhausstruktur von einer vertikalen in eine horizontale Ausrichtung möglich und meines Erachtens auch nötig ist. Ja, ich bin der Meinung, daß aus der Erkenntnis der Psychoanalyse von der Wirkung, insbesondere von der

dauernden Wirkung emotionaler Beziehungen für Erkrankung und Therapie letztlich gar keine andere Möglichkeit bleibt, als eine solche mehr horizontale Struktur anzustreben.

Eine solche braucht mit dem Prinzip der Verantwortlichkeit eines einzelnen für eine solche Institution nicht in Widerspruch zu geraten, nämlich dann, wenn die horizontale Struktur nicht zu einem isolierten Nebeneinander einer großen Zahl von 'Einzeltherapeuten' gelangt, sondern im Sinne eines sich gegenseitig abstützenden und kontrollierenden Geflechts zu einer zusammenwirkenden therapeutischen Gemeinschaft. Die gegenseitige Information, begleitet von Einzel- und Gruppensupervision, bietet, wenn sie funktioniert, im Grunde ein viel höheres Maß an Sicherheit für den Verantwortlichen als die Struktur einer einfachen Befehlspyramide, auf der im wesentlichen nur die Angst vor dem Versagen weiter nach unten delegiert werden kann" (R. Lempp, 1984, S. 324 f.).

4 „Eines der wichtigsten Vorbilder für diese Art von Arbeit, die wir Psychoanalytische Sozialarbeit nennen, war die auf Paul Federn zurückgehende Arbeit der Autoren Freeman/Cameron/McGhie: 'Studie zur chronischen Schizophrenie' (1969), in der Krankenschwester, Krankenpfleger, Sozialarbeiter analytisch-sozialpsychiatrisch geschult, die Behandlungen der psychotischen Patienten durchführten, wobei die Analytiker als Supervisoren zur Verfügung standen" (S. Becker, 1984, S. 281).

Der klinisch-theoretische Bezugspunkt in der Psychoanalyse war vor allem die englische Objektbeziehungspsychologie und ihre Rezeption und Weiterbearbeitung durch Wolfgang Loch. In den Fortbildungen für die Stationsmitarbeiter wurden anfangs vor allem die Arbeiten Winnicotts, Balints, Kleins, Bettelheims, Ekšteins, Khans, Lochs, Mahlers, Bions ... thematisiert. Den prägendsten organisierenden Effekt auf die Arbeit und das therapeutische Handlungsselbstverständnis hatten anfangs wohl Winnicotts Begriffe des „holding", der haltenden Umwelt, der ausreichend guten Mütterlichkeit in Verbindung mit Balints Auffassung der therapeutischen Aspekte der Regression.

5 Als erste „Pflegeväter und Pflegemütter" der Psychoanalytischen Sozialarbeit an der Kinder- und Jugendpsychiatrie sind hier stellvertretend auch für weitere damalige Kolleginnen und Kollegen

zu nennen: Brigitte Bach, Margarete Grosser, Hedwig Jünger, Elisabeth Kleefeld, Lisa Schell, Anita Roller, Ellen Wöhrle, Ulrich Hufnagel, Waldemar Jantz, Hartmut Kleefeld, Günther Märkle, Wilhelm Niethammer u.a.

6 „Die Erfahrungen der Arbeit in der Klinik und speziell der Behandlung ... (eines/J.S.) Kindes führten zu der Erkenntnis, daß eine psychoanalytisch orientierte Behandlung so schwer gestörter Patienten anderer Rahmenbedingungen bedürfte, als dies in der Klinik möglich war. Eine große Schwierigkeit war zum Beispiel der häufige Personalwechsel. So lernte oben genannte Patientin in dem Jahr ihres dortigen Aufenthalts annähernd fünfzig verschiedene Mitarbeiter kennen. Außerdem war die zeitliche Begrenzung der Behandlung auf maximal zwei Jahre, gesetzt durch die formalen Grenzen der Krankenkasse, für eine umfassende Behandlung unzumutbar" (Roller, A., 1984, S. 364). Hauptargumente für die Gründung eines Heimes waren: Sicherstellung der personellen Kontinuität in der Betreuung; Sicherstellung einer ausreichenden Betreuungszeit und damit der Betreuungskontinuität ohne entwicklungsinadäquate Beziehungsabbrüche; Anpaßbarkeit der institutionellen Rahmenbedingungen an die Entwicklungsbedürfnisse der Betreuten; Organisation der therapeutischen Arbeit außerhalb der medizinischen Institutionen; die Einrichtung sollte auch ein Ort zum Leben sein und nicht ausschließlich ein Ort der Behandlung; die Einrichtung sollte in gleichem Sinne auch den Entwicklungs- und beruflichen Selbstverwirklichungswünschen der Mitarbeiter Raum geben.

7 Gründungsmitglieder: Stephan Becker, Ingrid Biermann, Christoph Ertle, Beate Hölscher, Waldemar Jantz, Bruno Jünger, Hedwig Jünger, Wilhelm Niethammer, Anita Roller, Lisa Schell.

8 Seit 1996 ist die Schule räumlich getrennt vom therapeutischen Heim.

9 Hartmut Kleefeld und Dieter Koller nahmen als Vertreter der Kinder- und Jugendpsychiatrie Tübingen an den konzeptuellen Planungen teil und stellten stets die wichtigen Arbeitsverbindungen zur Klinik sicher. Sie brachten die besonderen Nachsorge- und Versorgungsaspekte aus Sicht der Bedürfnisse der Klinikpatienten ins Gespräch. Michael Maas und Horst Nonnenmann leisteten als erste Mitarbeiter der Wohngruppe eine Aufbauarbeit, die

sich anfangs nicht mit einer Tätigkeit im Rahmen einer geregelten 38,5-Stunden-Woche zur Deckung bringen ließ.

10 Wir verwenden für die von uns betreuten jungen Menschen und ihre Angehörige unterschiedliche Begriffe. Meist hängt diese Begriffsverwendung von sehr subjektiven Einstellungen des Schreibenden und Sprechenden ab. Wir konnten bisher keinen Begriff finden oder prägen, der uns wirklich zufriedengestellt hätte: Bei „Patient" schwingt stets „krank" und „heilen" mit. „Klient" bringt vor allem den „Hörenden/Hörigen", den „Schützling", den „Kunden" zum Ausdruck. Und „Kunde" stellt ein bestimmtes reduziertes Austausch- und Verwertungsprinzip in den Vordergrund. Andererseits läßt sich nicht immer nur von „jungen Menschen", Hilfesuchenden usw. sprechen.

11 Diese Forderung ist eine Bedingung für eine angemessene Betreuung. Es ist gleichzeitig eine Idealvorstellung, der alltäglich nur in Näherungen entsprochen wird. Wir sind uns bewußt, wie häufig wir unter dem Druck von außen gesetzter Bedingungen und innerinstitutionellen Gegebenheiten nur zu einer Art Kompromißbildung zwischen den Entwicklungsforderungen unserer Patienten und den Erhaltungsbedingungen unserer Institution in der Lage sind. Um die Auswirkungen solcher Widersprüchlichkeiten und solcher Kompromißbildungen auf den Verlauf der Betreuung nicht aus dem Auge zu verlieren, ist es unumgänglich, daß sich die Supervisionsarbeit auch auf die Analyse der Institution und der gesellschaftlichen Bedingungen ihrer Einbettung erstrecken muß. Die zu reflektierenden Bedingungen sind sehr konkreter und nicht abstrakter Natur.

12 In vielen Fällen ist das Jugendamt selbst die um eine betreuende Hilfe anfragende Institution.

13 In Baden-Württemberg wird, in der Regel unter Beteiligung der örtlichen Gesundheitsämter, eine Art Gutachten erstellt, das eine diagnostische Einordnung der jeweiligen Erkrankungen und Behinderungen in die Schemata der Behinderungsbegriffe des BSHG (§ 39) und des KJHG (§ 35a) vornimmt und diese Behinderungen und die geplanten Eingliederungshilfen zu bestehenden Krankheiten und entsprechenden Therapien in Beziehung setzt bzw. sie voneinander abgrenzt. Das Gutachten wird landesweit in gleicher Form erstellt und 'Formblatt A' genannt.

[14] Damit ergibt sich der gewünschte Effekt und das doch nicht unkomplizierte Problem, daß indirekt die Mitarbeiter des Vereins gleichzeitig Arbeitnehmer und Arbeitgeber sind.

[15] Aus Kenntnis der Schwierigkeiten, die sich ergeben können, wenn eine externe Position des Wahrnehmens und Nachdenkens verlorengeht, wurde in der Vergangenheit bei Vorstandswahlen immer darauf geachtet, daß ein Vorstandsmitglied nicht Mitarbeiter des Vereins ist und daß damit eine möglichst exzentrische Position erhalten bleibt.

[16] Wie für viel Institutionen, so könnte auch für den Verein für Psychoanalytische Sozialarbeit eine Geschichte der Trennungen, der Abspaltungen, der ungelösten und durch persönliche Abschiede erledigten Konflikte beschrieben werden. Das Ideal des Streitens ohne sich zu zerstreiten wurde nie eingelöst, doch gab es eine ausreichend große Toleranz und eine Tendenz zur Großzügigkeit im Geltenlassen persönlicher Unterschiede innerhalb der sich als „zentral“ verstehenden Kerngruppe der Mitarbeiter. Ob die Kehrseite einer solchen Großzügigkeit im Umgang miteinander auch Elemente von Verkennung, narzißtischer Selbstbespiegelung, Tendenzen, das Projekt als zu großartig überzubewerten usw. trug, das kann mit Recht gefragt werden. Anläßlich einer Diskussion nach zehn Jahren Bestehen Psychoanalytischer Sozialarbeit wurde die Frage erörtert, ob man als „Neuling“, als Institutionsgründer den Aufbau der Arbeit mit psychotischen Menschen nur wagen kann, wenn man von einer Portion realitätsverleugnender Grandiosität getragen ist und viele der Schwierigkeiten, die sich auftun können, zunächst nicht zur Kenntnis nimmt.

[17] Bisher fehlt noch die Stimme, die den Verein als ein kopfloses Unternehmen bezeichnet. Ihr würde vermutlich mit einem Zug von Selbstbewußtsein nicht nur widersprochen.

## Literatur

Allerdings, I., Becker, S., Biermann, I., [...], Roller-Jünger, A. u.a. (1984): *Der psychotische Jugendliche, die Institution und die Psychoanalyse.* Geschichte und aktuelle Probleme des Vereins für Psy-

choanalytische Sozialarbeit e.V., in: Psychoanalyse Heft 4/84, Fellbach.
Becker, S. (1987): *Einleitung in das Schwerpunktthema*, in: Psychosozial, Heft 32, München-Weinheim.
Dörner, K. u. Plog, U. (1978): *Irren ist menschlich.* Wunstorf/Hannover.
Feuling, M., Glatz, T. u. Nonnenmann, H. (1991): *Trennen und Verbinden: Arbeiten*, in: Psychose und Grenze, Tübingen.
Lempp, R. (1984): *Kinderpsychiatrie und Psychoanalyse – therapeutische Kooperation und institutioneller Wandel*, in: Psychoanalyse Heft 4/84, Fellbach.
Schinkel, A. (1982): *Das Zusammenspiel von Psychoanalyse und Pädagogik in der schulischen Arbeit mit psychotischen Kindern und Jugendlichen*, in: Neue Sammlung Heft 1, Stuttgart.
Staigle, J. (1987): *Die ambulanten Dienste des Vereis für Psychoanalytische Sozialarbeit*, in: Psychosozial Heft 32, München-Weinheim.

# Autorinnen und Autoren

*Allerdings, Ingrid,* Psychoanalytische Sozialarbeiterin. Mitarbeiterin der Ambulanten Dienste und Geschäftsführerin des Vereins für Psychoanalytische Sozialarbeit e.V. Rottenburg und Tübingen.
Anschrift: Neckargasse 9, D-72070 Tübingen.

*Bruns, Georg,* Dr. habil., Dr. med., Dipl.-Soz., Psychoanalytiker (DPV) und Nervenarzt, Lehranalytiker, Priv.-Doz. für Soziologie mit Schwerpunkt Medizinische Soziologie an der Universität Bremen. Interessenschwerpunkte sind psychoanalytische Psychosentherapie, Aggression, Zwang und Gewalt in der Psychiatrie, die Verbindung psychoanalytischer und soziologischer Theorien und Methoden. Zahlreiche Publikationen.
Anschrift: Schubertstraße 54, D-28209 Bremen.

*Busch, Eva,* Dr. phil., Analytische Kinder- und Jugendlichenpsychotherapeutin (aKJP) in freier Praxis, Dozentin und Supervisorin am Ausbildungsinstitut für aKJP in Hannover.
Anschrift: Brehmstraße 50, D-30173 Hannover.

*Danckwardt, Joachim F.,* Dr. med., Choreographische Ausbildung bei L. & H. Wrona und R. Scharre. Ausbildung zum Psychoanalytiker bei der Psychoanalytischen Arbeitsgemeinschaft Stuttgart-Tübingen (Institut der Deutschen Psychoanalytischen Vereinigung [DPV] / Internationale Psychoanalytische Vereinigung [IPV]. Psychiatrische Ausbildung in Berlin und Tübingen. Federführendes Gründungsmitglied der Beratungsstelle für Studierende an der Universität Tübingen. Oberarzt und Lehrbeauftragter für psychosomatische Medizin an der Universitäts-Nervenklinik Tübingen. Arbeitet seit 1979 bis heute als Psychotherapeut in der kassenärztlichen Versorgung. Von 1982 bis 1986 Vorsitzender der psychoanalytischen Arbeitsgemeinschaft Stuttgart-Tübingen (DPV/IPV) und kommissarischer Leiter des örtlichen Ausbildungsausschusses. Von 1992 bis 1998 Mitglied des Vorstandes der DPV. Von 1994 bis 1996 Vorsitzender der DPV. Berufspolitische Tätigkeit und wissenschaftliche Arbeit zur Sicherstellung der Psychoanalyse in der kassenärztlichen Versorgung. Lehranalytiker, Supervisor und Dozent am Institut für Psychoanalyse der Psychoanalytischen Arbeitsgemeinschaft Stuttgart-Tübingen (Institut DPV/IPV). Betreibt praxisbegleitende Erkundungsforschung mit zahlreichen deutsch- und teils englischsprachigen Veröffentlichungen über Beratung, stationäre Psychotherapie, Indikation/Kontraindikation, Interaktion von psychoanalytischer Psychotherapie und Psychopharmakotherapie, Traumarbeit, Affektarbeit, über den psychoanalytischen, assoziativen und künstlerischen Prozeß (Paul Klee), über Pro-

zeßidentifizierungen bei Suizid, ethischen Grenzverletzungen, Sublimierung und Kreativität sowie über die Geschichte der Psychoanalyse.
Anschrift: Im Buckenloh 2, D-72070 Tübingen.

*Duncker, Heinfried*, Dr. univ. Rouen, Facharzt für Psychiatrie und Psychotherapie, Facharzt für Psychotherapeutische Medizin. Medizinalreferent in der Gesundheitsabteilung, Landschaftsverband Westfalen-Lippe, arbeitet seit sechzehn Jahren im Maßregelvollzug, Lehrauftrag für Forensische Psychiatrie an der Ruhr-Universität Bochum, Veröffentlichungen zur psychoanalytisch orientierten Sozialtherapie im Maßregelvollzug, Mitglied des wissenschaftlichen Beirates der Internationalen Kriminologischen Gesellschaft, verantwortlicher Herausgeber der Zeitschrift „Forensische Psychiatrie und Psychotherapie".
Anschrift: Bülbergstraße 28, D-34431 Marsberg.

*Feuling, Martin*, Dr. phil., Dipl.-Päd., Psychoanalytischer Sozialarbeiter. Seit 1988 Vorstandsmitglied des Vereins für Psychoanalytische Sozialarbeit e.V. Rottenburg und Tübingen. Mitarbeiter der Ambulanten Dienste im Verein für Psychoanalytische Sozialarbeit e.V. Rottenburg und Tübingen.
Anschrift: Neckargasse 9, D-72070 Tübingen.

*De Groef, Johan*, Psychoanalytiker in privater Praxis (Brüssel). Direktor von Zonnelied (Roosdaal - Belgien), eine Einrichtung für geistig behinderte Erwachsene.
Anschrift: Kloosterstraat 7, B-1761 Roosdaal.

*Grohmann, Frank*, Dipl.-Soz.-Päd., Psychoanalytischer Sozialarbeiter. Mitarbeiter der Wohngruppe für Kinder und Jugendliche des Therapeutischen Heims im Verein für Psychoanalytische Sozialarbeit e.V. Rottenburg und Tübingen.
Anschrift: Niedernauer Straße 11, D-72108 Rottenburg a.N.

*Hamad, Annemarie*, Dr. phil. Sozial-Anthropologie, Dipl.-Psych., Psychoanalytikerin in freier Praxis. Leiterin einer psychotherapeutischen und heilpädagogischen Ambulanz für Kinder. Mitarbeiterin in einer eigens für Säuglinge und Kleinkinder erarbeiteten sozial-psychoanalytischen Einrichtung. Psychotherapeutische Begleitung von Krebspatienten und deren Angehörigen.
Anschrift: 171, rue du fbg. Poissonnière, F-75009 Paris.

*Kögler, Michael*, Dr. med., Kinderarzt, Kinderjugendpsychiater, Facharzt für psychotherapeutische Medizin, Lehr- und Kontrollanalytiker der Deutschen Psychoanalytischen Gesellschaft, Leiter des Instituts für analytische Kinder-

und Jugendlichenpsychotherapie Hannover.
Anschrift: Geibelstraße 104, D-30173 Hannover.

*Krüger, Christof*, Dipl.-Soz.-Päd., Psychoanalytischer Sozialarbeiter. Mitarbeiter der Ambulanten Dienste des Vereins für Psychoanalytische Sozialarbeit e.V. Rottenburg und Tübingen.
Anschrift: Neckargasse 9, D-72070 Tübingen.

*Nonnenmann, Horst*, Dipl.-Päd., Psychoanalytischer Sozialarbeiter. Mitarbeiter der Wohngruppe für junge Erwachsene des Therapeutischen Heims im Verein für Psychoanalytische Sozialarbeit e.V. Rottenburg und Tübingen. Vorstandsmitglied des Vereins für Psychoanalytische Sozialarbeit e.V. Rottenburg und Tübingen.
Anschrift: Hagenwörtstraße 65, D-72108 Rottenburg a.N.

*Pertramer, Ingrid*, Dipl.-Päd., Psychoanalytische Sozialarbeiterin. Mitarbeiterin der Wohngruppe für junge Erwachsene des Therapeutischen Heims im Verein für Psychoanalytische Sozialarbeit e.V. Rottenburg und Tübingen.
Anschrift: Hagenwörtstraße 65, D-72108 Rottenburg a.N.

*Salzmann, Irmgard*, Dr. med., Psychoanalytikerin in freier Praxis.
Anschrift: Waldstraße 8, D-75399 Kapsenhardt.

*Schmidt, Olaf*, Psychoanalytischer Sozialarbeiter. Mitarbeiter der Wohngruppe für Kinder und Jugendliche des Therapeutischen Heims im Verein für Psychoanalytische Sozialarbeit e.V. Rottenburg und Tübingen.
Anschrift: Niedernauer Straße 11, D-72108 Rottenburg a.N.

*Staigle, Joachim*, Dipl.-Päd., Psychoanalytischer Sozialarbeiter, Analytischer Psychotherapeut für Kinder und Jugendliche, Mitarbeiter der Ambulanten Dienste und Geschäftsführer des Vereins für Psychoanalytische Sozialarbeit e.V. Rottenburg und Tübingen.
Anschrift: Neckargasse 9, D-72070 Tübingen.

*Winkler, Karoline*, Pädagogin und Sozialpsychologin M.A. Mitarbeiterin im Spielhaus Hannover und zur Zeit in Ausbildung zur analytischen Kinder- und Jugendlichenpsychotherapeutin.
Anschrift: Erichstraße 2, D-30449 Hannover.

*Wolf, Reinhold*, Dipl.-Psych., Psychoanalytischer Sozialarbeiter. Mitarbeiter der Ambulanten Dienste des Vereins für Psychoanalytische Sozialarbeit e.V. Rottenburg und Tübingen.
Anschrift: Neckargasse 9, D-72070 Tübingen.

## Weitere Veröffentlichungen des Vereins für Psychoanalytische Sozialarbeit

Stephan Becker (Hg.)
**Psychose und Grenze**
Zur endlichen und unendlichen psychoanalytischen Sozialarbeit mit psychotischen Kindern, Jugendlichen, jungen Erwachsenen und ihren Familien
186 Seiten - 24,00 DM - ISBN 3-89295-554-9 - Tübingen 1991
Dokumentation der 5. Fachtagung

---

Verein für Psychoanalytische Sozialarbeit e.V. Rottenburg/Tübingen (Hg.)
**Innere Orte - Äußere Orte**
Die Bildung psychischer Strukturen bei ich-strukturell gestörten Menschen
272 Seiten - 25,00 DM - ISBN 3-89295-559-X - Tübingen 1993
Dokumentation der 6. Fachtagung

---

Verein für Psychoanalytische Sozialarbeit e.V. Rottenburg/Tübingen (Hg.)
**Supervision in der psychoanalytischen Sozialarbeit**
269 Seiten - 28,00 DM - ISBN 3-89295-585-9 - Tübingen 1994

---

Verein für Psychoanalytische Sozialarbeit e.V. Rottenburg/Tübingen
**Fragen zur Ethik und Technik psychoanalytischer Sozialarbeit**
249 Seiten - 28,00 DM - ISBN 3-89295-598-0 - Tübingen 1995
Dokumentation der 7. Fachtagung

---

Verein für Psychoanalytische Sozialarbeit e.V. Rottenburg/Tübingen
**Vom Umgehen mit Aggressivität**
Zur Bewältigung von psychotischer Angst, Depression und agierter Aggression
253 Seiten - 32,00 DM - ISBN 3-89295-625-1 - Tübingen 1997
Dokumentation der 8. Fachtagung

---

Verlag:
**edition diskord - Schwärzlocher Straße 104/b - D-72070 Tübingen**